BASTEI
LÜBBE

BASTEI LÜBBE

Aus der Serie MYSTERIES sind bei
BASTEI LÜBBE TASCHENBUCH erschienen:

13 972 Die Außerirdischen von Roswell
13 982 Im Tunnel der Zeit
13 991 Die Jäger mit dem Zweiten Gesicht
14 137 Unheimliche Gäste

DORETTA JOHNSON
JIM HENDERSON

UNHEIMLICHE GÄSTE

Der bisher spektakulärste und bestrecherchierte Fall von Poltergeist

Aus dem Amerikanischen
von Marion Sohns

MYSTERIES

BASTEI
LÜBBE

BASTEI LÜBBE TASCHENBUCH
Band 14 137

Erste Auflage: September 1998

Deutsche Lizenzausgabe 1998 by
Bastei-Verlag Gustav H. Lübbe GmbH & Co.,
Bergisch Gladbach
Originaltitel: The People in the Attic
Originalverlag: William Morris Agency
Lektorat: Text und Stil, Hamburg
Titelbild: Bavaria
Umschlaggestaltung: Manfred Peters, Bergisch Gladbach
Satz: KCS GmbH, Buchholz / Hamburg
Druck und Verarbeitung:
Brodard & Taupin, La Flèche, Frankreich
Printed in France
ISBN 3-404-14137-7

Euer Widersacher, der Teufel, geht wie ein brüllender Löwe umher und sucht, wen er verschlingen kann.

– Erster Brief Petrus 5, Vers 8

The mind is its own place, and it self
Can make a Heav'n of Hell, a Hell of Heaven.

– Milton

1. Kapitel

Mitternacht ist lange vorüber, und bis vor einer Stunde hat das Haus sich weitgehend ruhig verhalten. In letzter Zeit sind die Zwischenfälle so harmlos geworden, daß niemand in der Familie ihnen noch Beachtung schenkt. Und doch nagt immer noch leiser Zweifel an mir, ob die Schlacht wirklich vorüber ist, oder ob es – was immer es war, wogegen wir kämpften – sich nicht lediglich in verborgene Winkel des Hauses zurückgezogen hat und dort lauert.

Trotz der späten Stunde habe ich mich entschlossen, meine Tagebucheintragungen fortzusetzen, eine Gewohnheit, die mir hilft, wenigstens einen Funken Sinn in die Geschehnisse der Vergangenheit zu bringen.

Gelegentlich locken diese Eintragungen Erinnerungen in mir hervor, die vielleicht dazu beitragen, eines Tages die Antworten auf all meine Fragen ans Licht zu bringen. Und wenn nicht, so hat das Ganze zumindest eine Art therapeutischen Effekt, weil es wie Balsam auf meine Seele wirkt, so daß es die Mühe in jedem Fall lohnt. Meine Gedanken zu Papier zu bringen hilft mir, die verdrängten Erinnerungen in meinem Inneren hervorzuholen und zu ordnen, und ich klammere mich verzweifelt an die Hoffnung, daß jede neue Entdeckung mich der Wahrheit näher bringt.

Irgend etwas hat sich in unser Leben geschlichen, und kein Mitglied dieser Familie wird jemals wieder wie vorher sein. Dieses *Etwas*, was immer es sein mag, hinterließ eine Spur von Tod, Schmerz und emotionaler Verwüstung, und die Narben werden ein Leben lang in unsere Erinnerung eingebrannt sein. Das schreckliche Bild meiner sechsjährigen Tochter Ashley, die, ein dünnes Seil mehrfach um ihren Hals geschlungen, an einem Baum hängt; die Erinnerung an Steven, meinen sechzehnjährigen Sohn, auf einem Krankenhausbett, nur durch den Flur getrennt von der trauernden Familie jenes Jungen, der den Unfall *nicht* überlebte – Bilder, die wir niemals ganz aus unserem Bewußtsein werden löschen können.

Ein Satz, den ein Berater einmal zu mir sagte, ging mir heute abend immer wieder durch den Kopf. *Wenn Sie diese Ereignisse erst einmal aufgearbeitet haben, werden Sie feststellen, wie viele Parallelen zu Ihrem Leben darin existieren.*

Die Vorstellung erschien mir gleichermaßen absurd und abstoßend. Welche Ereignisse in meinem Leben sollten mit dem Fluch in Zusammenhang stehen, der uns in den vergangenen fünf Jahren heimgesucht hatte?

Mit den Geräuschen, die aus der Tiefe des Hauses heraufhallten und den schrillen Schreien, die vom Dachboden ertönten, dem nächtlichen Türenschlagen und den Erscheinungen, die sich auf den Korridoren des Hauses umtrieben und uns folgten, wohin wir auch flohen?

Erinnerungen an meine Kindheit existieren nur bruchstückhaft. Zu viele dieser Jahre sind in Vergessenheit geraten, wie der Inhalt sorgfältig verpackter, in einem unbekannten Lagerhaus zurückgelassener Kisten. Von Zeit zu Zeit kommt es vor, daß der Inhalt einer dieser Kisten wie eine unterschwellige Botschaft aus meinem Unterbewußtsein emportaucht; sei es in Form eines Gesichtes oder einer Empfindung, doch stets unvermittelt und in keinem Zusammenhang zu meinen rationalen Erinnerungen.

Vor zwei Jahren begann ich ernsthaft mit dem Bemühen, mir jene verlorengegangenen Bruchstücke wieder bewußt zu machen; mit einem gewissen Erfolg. Mein Versuch, jenen Geheimnissen auf den Grund zu gehen, hat dazu beigetragen, einen bestimmten Grad der Kontrolle über mich und meine unmittelbare Umgebung zu erlangen – gerade genug, um das Grauen, das ich niemals ganz begreifen werde, in Schach zu halten. Mein Einfluß ist leider nur gering und meine Kontrolle möglicherweise schwächer, als ich ahne.

Heute abend verbrachte ich fast vier Stunden damit, Danny Daines am Telefon nach Hinweisen auszuquetschen. Danny ist einer aus der langen Reihe von Stiefvätern, die während der kurzen Zeit, die ich bei meiner Mutter verbrachte, in mein Leben traten. Sie hatte einen Hang zu Verlierern, Dieben, Faulenzern, Alkoholikern und Schlägertypen, die sich vorzugsweise an ihr und uns Kindern vergriffen. Obwohl Danny in dieser Hinsicht auch keine Ausnahme bildete, war er noch der beste von allen. Für ein paar flüchtige Jahre stellte er das einzige Zuhause zur Verfügung, das meine Geschwister und ich je kennenlernten.

Was sich meiner Erinnerung besonders eingeprägt hat, ist die Tatsache, daß er einem regelmäßigen Job bei Ford nachging, was unserem Leben den Anschein einer gewissen Ordnung und Normalität verlieh. Außerdem verbrachte Danny seine Zeit gern mit uns Kindern. Es gab Feiertagsessen und Geburtstagsparties. Er schnitt mir die Haare, ging mit mir zum Spielen in den Park und achtete darauf, daß ich zur Kommunion ging und – als es soweit war – in eine katholische Schule eingeschult wurde.

Dennoch war Danny alles andere als eine ideale Vaterfigur. Er selbst war in Kinderheimen und Besserungsanstalten aufgewachsen und besaß einen Hang zum schnellen, leicht verdienten Geld, auch wenn er dadurch Gefahr lief, mit dem Gesetz in Konflikt zu geraten. Mit fünf oder sechs verbrachte ich regelmäßig meine Zeit in den Spielhallen von Gary, Indiana, wohin Danny mich mitnahm, wenn meine Mutter arbeitete. Ich saß auf Billardtischen und rollte Kugeln herum oder spielte mit Würfeln, während Danny den anderen Kunden das Geld aus der Tasche zog. Auf dem Nachhauseweg hielten wir irgendwo an und besorgten Dannys Lieblingsimbiß – Sardinen, Crackers und Bier –, den er dann zu Hause mit mir teilte. Angesichts meines zarten Alters schenkte er mir allerdings immer ein kleineres Glas Bier ein als sich selbst.

Danny besaß ein gewalttätiges Temperament und war äußerst reizbar. Doch obwohl er meine Mutter wie uns Kinder regelmäßig verprügelte, sind meine Erinnerungen an ihn nicht ausschließlich negativ, denn eine Zeitlang vereinte er mich mit meinen Geschwistern und gab uns ein Zuhause. Die Prügel akzeptierte ich. Da ich nie etwas anderes gekannt hatte, dachte ich, daß es in allen Familien so zuging.

Danny und meine Mutter hatten eine gemeinsame Tochter, Nancy. Kurz nach deren Geburt ließen sie sich scheiden. Ich hatte nie besonders engen Kontakt mit Danny und jahrelang nichts von ihm gehört, bis er vor zwei Monaten plötzlich anrief. Er war soeben aus dem Bundesgefängnis entlassen worden und lebte in New Orleans. Seine erste Frage lautete: »Verdammt noch mal, wie alt bist du jetzt eigentlich?« Ich seufzte, *soviel zu Vater-Tochter-Plaudereien,* dachte ich insgeheim. Wir unterhielten uns etwa eine Stunde, ohne daß ich ihm an jenem Abend besonders viele Fragen über meine Kindheit stellte.

Heute hingegen war dieses Bedürfnis viel stärker.

In den vergangenen zwei Jahren haben Experten immer wieder betont, daß die Sicherheit meiner Familie und meine persönliche geistige Gesundheit sehr stark von der Aufarbeitung meiner Kindheitserfahrungen abhänge. Meine Kontrolle ist noch immer nicht vollständig. Das Böse, das hier wohnte, mag zur Zeit seinen Winterschlaf halten, doch längst ist das Haus noch nicht ganz von dieser Geißel befreit. Das kleine Mädchen ist nach wie vor hier, und sie stellt uns vor ein Rätsel. Genau wie Ashley wird sie älter. Manchmal sehen wir sie, dann wieder hören wir nur ihre Schritte oder spüren ihre Anwesenheit: einen kaum wahrnehmbaren Blütenduft, von einem Hauch kühler Luft durch den Raum getragen. In der Vergangenheit schien sie verängstigt, doch nun, da die anderen Energien – eine treffendere Bezeichnung fällt mir nicht ein – weitgehend zur Ruhe gekommen scheinen, wirkt sie nahezu heiter.

Wir wissen nicht, wer sie ist. Dr. William G. Roll, ein Parapsychologe, behauptet, sie sei ich, oder zumindest ein Teil von mir, ein spektraler Rest meines Unterbewußtseins, das sich, begierig nach der Kindheit, die ich nie kannte, an diesen Haushalt klammert. Ron, mein Mann, vertritt die Meinung, sie sei Ashleys Zwilling, der unentwickelte Fötus, der meinem Leib wenige Minuten nach Ashleys Geburt entnommen und, ohne daß jemand ihn uns gezeigt oder mit uns darüber gesprochen hätte, entsorgt wurde. Ich selbst enthalte mich jeder Spekulation. Sie ist nichts als eine kindliche Energie, etwas, das gegenwärtig ist, um uns daran zu erinnern, daß unser Martyrium noch nicht vorüber ist.

Danny rief gegen neun an, und zuerst war ich überhaupt nicht zum Plaudern aufgelegt. Der Abend schien wie geschaffen dafür, sich in Ruhe zurückzuziehen. Sonnige Momente und warme Schauer hatten den Tag schwül und stickig werden lassen und für jene graue, trübe Luft gesorgt, die auf der Haut klebt und bis ins Herz zu kriechen scheint. Aber nachdem ich ein paar Minuten mit ihm gesprochen hatte, wurde meine Energie durch meine Neugier wachgerüttelt.

»Danny«, bat ich ihn, »erzähl mir von der Zeit, als du mit meiner Mutter verheiratet warst. Ich versuche, gewisse Dinge herauszufinden. Egal woran du dich erinnerst, es könnte mir helfen.«

»Na ja, ich war ungefähr neunzehn, als ich deine Mutter kennenlernte«, antwortete er, »sie war ein paar Jahre älter. Du weißt ja, daß sie ziemlich auf Alkohol und Drogen war.«

Und wie ich das wußte. Sprit und Drogen gehörten zu ihrem Leben wie Nahrung und Wasser. »Ich weiß noch, daß du sie geschlagen hast«, sagte ich zu ihm, »daran kann ich mich gut erinnern. Warum hast du das getan?«

»Nun, sie brauchte das einfach. Sie wollte, daß ich sie schlug«, erwiderte er. »Sie haßte sich für das Leben, das sie führte, und wollte dafür bestraft werden. Weißt du, sie hatte diese gespaltene Persönlichkeit, eine gute Seite und eine schlechte. Wenn die schlechte Seite überhand nahm, flippte sie aus, wurde regelrecht bösartig. Nach einer anständigen Abreibung hat sie sich wieder ein paar Wochen zusammengerissen.

Zum Teufel, sie mußte ja nicht bei mir bleiben. Einmal hab' ich sie wirklich übel verdroschen. Ich hab' ihr die Zähne eingeschlagen und mußte sie ins Krankenhaus fahren. Deine Tante Mary informierte sofort deine Großmutter, und die kam, um sie zu holen. Deine Mutter wollte nicht mit ihr gehen und weigerte sich, mich anzuzeigen. Sie beteuerte jedem, daß sie mich liebe und mich nicht verlassen werde.«

»Danny«, fragte ich, obwohl ich die Antwort im tiefsten Inneren bereits ahnte, »war meine Mutter eine Prostituierte?«

Er zögerte, und ich hörte, wie er tief Luft holte. »Ja ... sie ging anschaffen, als ich sie kennenlernte, und während unserer Ehe ... und soviel ich weiß, hörte sie nach der Scheidung auch nicht damit auf.«

Er hatte nicht nur gewußt, daß sie als Prostituierte arbeitete, sondern auch noch von ihrem Beruf profitiert. Leute, die ihn kannten, hatten ihn *drugstore pimp* genannt, wie er ohne Scham oder Reue zugab. »So war es nun mal«, sagte er. »Ich war zwar nicht ihr Zuhälter, aber ich hab' auf sie aufgepaßt ... sie vor ihren Freiern beschützt ... aber ihr Geld hab' ich nie angerührt.«

Seine Worte versetzten mich weder in Erstaunen, noch schockierten sie mich sonderlich. Soweit ich mich erinnern konnte, war der Beruf meiner Mutter noch die geringste ihrer Schwächen gewesen. In Wahrheit wollte ich mehr über mich selbst erfahren, über jene Ereignisse, die meine Großeltern mir verschwiegen und mit ins Grab genommen hatten, Wahrheiten, die ich heute dringend nötig hatte.

»Was für Erinnerungen hast du an mich?« fragte ich ihn.

»Na ja, Mädchen, wir beide sind ganz gut miteinander klargekommen«, antwortete er. »Ich weiß noch, wie ich dich das erste Mal mit raus in den Schnee nahm. Du warst ein blasses kleines Ding und hast dir die Nase am Fenster plattgedrückt, um den Kindern draußen beim Spielen zuzusehen. Da hab' ich dir deinen Mantel angezogen, und auf ging's. Ich nahm dich mit zu Goldblatt's und kaufte dir erstmal eine Mütze, Fausthandschuhe und ein Paar warme Winterstiefel, und dann besorgten wir in der Spielwarenabteilung einen Schlitten. Deine Mutter fand uns im Schnee tobend im Park und zeterte sofort los, ich würde dich umbringen. Du bekamst damals noch diese Herzmedikamente. Ich antwortete deiner Mutter, daß Spielen dich vielleicht umbringen könnte, nicht zu spielen aber erst recht. ›Das Mädchen soll wenigstens lachend sterben‹, habe ich zu ihr gesagt, was sie überhaupt nicht witzig fand.«

»Du warst nicht dabei, als ich die Herzoperation hatte«, sagte ich.

»Nein, das war vor meiner Zeit mit euch. Da war deine Mutter noch mit Jimmy Mikos verheiratet.« Jimmy Mikos. Der Name verursachte mir Übelkeit.

»Hat sie dir jemals davon erzählt … irgend etwas aus der Zeit, als ich im Krankenhaus lag?«

»Nur daß du vor der Operation immer schwächlich und krank gewesen bist.«

»Nichts über ein Stofftier … oder daß sie aus irgendeinem Grund wütend auf mich geworden ist … daß sie mich aus dem Krankenhausbett gezerrt und geschüttelt hat?«

»Nein, darauf besinne ich mich nicht. Wieso?«

»Ach, nur so. Ich versuche bloß, mich an etwas zu erinnern, aber ich war damals erst drei Jahre alt.«

Mitternacht ging vorüber. Obwohl ich seit Stunden auf dem harten Küchenstuhl gesessen hatte, fühlte ich mich kein bißchen müde oder unruhig. Wieder waren ein paar Erinnerungslücken gefüllt, ein paar Fugen gekittet worden. Das Gespräch hatte mich sogar ein wenig erleichtert. Die Tatsache, endlich die Wahrheit über meine Mutter erfahren zu haben, war nur halb so schmerzvoll, wie ich erwartet hatte. *So war es nun mal.* Außerdem wollte ich die

Vergangenheit nicht nur aufdecken, sondern auch meinen Frieden mit ihr schließen.

Kurz bevor wir einhängten, forderte Danny mich auf, ihn in New Orleans zu besuchen. »Es geht im Augenblick nicht«, sagte ich. »Ich habe eine Menge zu tun und kann nicht weg.«

Er schnauzte mich an, als sei ich immer noch sein Mündel. »Vergiß, was immer du zu tun hast, setz dich gefälligst ins Flugzeug und komm her!«

Augenblicklich versteifte sich mein Körper, während die Erinnerung an seine Brutalität in mir erwachte. Besonders ein Vorfall war mir noch schmerzhaft ins Gedächtnis gebrannt. Eines Tages hatte er mich in Gordon's Lebensmittelladen erwischt, obwohl er mir verboten hatte, dort hinzugehen, weil er irgendwie im Clinch mit dem Besitzer lag. Den ganzen Weg nach Hause prügelte er mit seinem Schuh auf mich ein. Dann zerrte er mich ins Haus, warf mich aufs Bett und griff sich einen Riemen von der Wand. Jeder Schlag hinterließ einen roten Striemen auf meiner Haut. Meine Mutter stand gleichgültig wie ein Besenstiel daneben, obwohl sie diejenige gewesen war, die mich in den Laden geschickt hatte, um Limonade zu kaufen. Ich flehte sie mit den Augen vergeblich um Hilfe an. In diesem Augenblick haßte ich sie mehr als Danny. Er verwundete nur meinen Körper. Sie verriet meine Seele.

Ich hatte niemals das Wort gegen Danny erhoben oder mich ihm in irgendeiner Weise widersetzt, aber heute war ich nicht mehr das kleine Mädchen, das er einschüchtern konnte, und seine penetrante Art brachte mich in Rage. *Wofür zur Hölle hält er sich?* Plötzlich wurde die Atmosphäre im Haus warm und schwer wie Sirup.

»Danny«, sagte ich zu ihm. »Du hast mir keine Vorschriften zu machen.«

Meine Hand krampfte sich um den Hörer, und ich zwang mich, die Worte, die ich ihm am liebsten entgegengeschleudert hätte, hinunterzuschlucken. *Zähme deine Gefühle, Doretta, damit deine Dämonen nicht geweckt werden.* Ich sagte Danny, ich sei müde, und beendete das Gespräch.

Lange saß ich da und starrte auf den Tisch. Bleierne Müdigkeit hatte von mir Besitz ergriffen, und ich fühlte mich zu ausgelaugt, um aufzustehen und ins Bett zu gehen. Es war so still im Haus, daß ich das Ticken der Uhr nebenan und das Geräusch meines eigenen Atems hören konnte. Vor ein paar Minuten hatte ich mein Tagebuch aufgeschlagen und auf die leere Seite geblickt. Ich war verärgert über Dannys Aggressivität, aber mehr noch verbitterte es mich, auf der Suche nach – ja, was eigentlich? – in meiner Vergangenheit herumstöbern zu müssen. Ich wußte nicht einmal, wonach ich suchte. Die Erbitterung, die Danny heraufbeschworen hatte, breitete sich in mir aus wie kalter Zigarettenrauch in einer leeren Spielhalle, Erbitterung über die Dinge, die meinen Kindern, meiner Ehe und dem Leben, das wir uns in dieser reizenden kleinen Stadt am Ufer des Ohio erträumt hatten, widerfahren waren.

Beruhige dich, Doretta, dieses Etwas nährt sich durch Zorn. Es kennt deine Gefühle und Gedanken und wird durch dich lebendig.

Durch das dunkle Fenster betrachtete ich die Bäume, die still und silbrig glänzend im Mondschein schimmerten. Durch die Küchentür fiel ein fader Lichtschein auf jenen Flügel des Hauses, der einst ein Motel gewesen war. Wir hatten große Pläne gehabt, diese fünf Räume gewinnbringend zu nutzen, aber sie befinden sich immer noch fast im gleichen Zustand, in dem wir sie vorgefunden haben. Dieses Haus widersetzte sich all unseren Plänen und Bemühungen. Während Groll und Frustration in mir anschwollen, begann ich zu schreiben:

Ich verfluche den Tag, an dem Ron auf dieses alte Motel stieß …

Eine neue Woge warmer, schwerer Luft wehte durch den Raum, und ich hörte schwache, knarrende Geräusche, wie sie alten Gemäuern eigen sind. Aber es war nicht das Haus, das knarrte. Wie so oft, wenn ich meinen Gedanken auf dem Papier freien Lauf ließ, rührte sich etwas *im* Haus und, genährt durch meinen Zorn, erschienen sie, wie Aaskrähen, die sich auf tote Fische hinabstürzen. Die Hintertür schlug, und die Vorhänge blähten sich wie von einem heftigen Windstoß erfaßt.

Zur Hölle mit ihnen. Ich werde diese Eintragungen zu Ende bringen. Ich blickte von meinem Tagebuch auf, ließ die Augen durch den Raum schweifen und wäre nicht überrascht gewesen, wenn der *Alte* sich wieder gezeigt hätte. Ein Hauch von Herren-Eau-de-Toilette schwebte im Raum, und ich wußte, er war da. Sokrates, mein Kater, erwachte auf dem Sessel und flüchtete unter den Tisch.

»Verschwinde, du Bastard«, flüsterte ich herausfordernd, »ich kenne alle deine Tricks.«

2. Kapitel

Mein Gott, was für eine Aufregung der Kauf dieses alten Hauses bei uns auslöste! Für Ron bot sich damit die Chance, eine eigene Existenz zu gründen, und für mich verkörperte es jene Beständigkeit und Stabilität, nach der ich mich immer gesehnt hatte. Ich erinnere mich noch genau an den Tag, als Ron, aufgeregt wie ein Kind, mit dem Immobilienmagazin nach Hause kam.

»Schau dir das an«, sagte er und schob mir die Anzeige entgegen. Er deutete auf das Foto eines Hauses, das nicht unbedingt wie mein Traumhaus aussah. Die Zufahrt war ungepflastert, der Rasen sträflich vernachlässigt, und an das steinerne Hauptgebäude hatte man offenbar nachträglich einen Seitenflügel mit fünf Eingangstüren angefügt. Das Haus wirkte nicht direkt häßlich, nur etwas ungewöhnlich. Es erschien mir durchaus vorstellbar, daß man es mit etwas Liebe und viel harter Arbeit sehr schön herrichten konnte, wobei letzteres mich bedenklich stimmte.

»Es war früher ein Motel«, meinte Ron. Die kurze Notiz sagte, das Anwesen hätte zwei Morgen Land, davon dreihundertachtzig Quadratmeter Wohnfläche, und läge zentral am Clifty Drive, der im Norden und Osten die äußeren Stadtbezirke mit den wichtigsten Einkaufszentren umschließt. Der veranschlagte Preis belief sich auf neunundfünfzigtausendneunhundert Dollar.

»Das ist eine einmalige Gelegenheit«, versicherte Ron. Der Osten hinkt wirtschaftlich zwar noch hinterher, aber in den nächsten Jahren wird der Aufschwung hier Einzug halten.

Seit ein oder zwei Jahren spielte Ron ernsthaft mit dem Gedanken, sich selbständig zu machen, und das Haus schien ihm die ideale Gelegenheit zu bieten. Wir konnten in dem großen Hauptgebäude wohnen und im Seitenflügel eine Kindertagesstätte errichten, eine Einrichtung, nach der in Madison, Indiana, große Nachfrage herrschte. Rons Mutter Marge hatte Erfahrung in Kinderbetreuung, und er rechnete damit, daß ihre Kenntnisse uns beim Aufbau der Tagesstätte von Nutzen sein würden.

»Es wäre perfekt!« Mein Mann glühte vor Begeisterung. »Wir können dort wohnen, während wir nebenan den Hort betreiben. Außerdem werden die Immobilienpreise früher oder später in die Höhe schnellen. Wenn jemand in ein paar Jahren dort wieder ein Motel oder etwas in der Art eröffnen will, machen wir beim Verkauf noch einen hübschen kleinen Profit.«

»Werfen wir einen Blick darauf«, schlug ich vor.

Erst ein Jahr zuvor, 1986, waren wir von Louisville nach Madison gezogen. Zum Teil, um näher an Rons Arbeitsstelle, den Kentucky Versorgungswerken in Ghent, zu wohnen, zum Teil, um familiären Problemen zu entkommen. Rons Mutter hatte unsere Heirat nie gutgeheißen, und die Spannungen zwischen ihr und mir hatten allmählich auf mein Verhältnis zu Ron abgefärbt. Der Umzug sollte nicht nur eine Sechzig-Meilen-Pufferzone zwischen unsere Vergangenheit und unsere Zukunft legen, sondern die neue Umgebung sollte auch dazu beitragen, die Zwistigkeiten in unserer Ehe zu beseitigen.

Wir mieteten ein Haus auf der Allen Street und verliebten uns sofort in die bezaubernde kleine Stadt Madison. Hier werden die Flußufer von blühenden Bäumen und wilden Lilien gesäumt; weithin erstrecken sich üppige Sojabohnen-, Getreide- und Tabakfelder; Straßen winden sich durch zerklüftete Hügellandschaften, und die Nächte sind so still, daß man das Gefühl hat, die unsichtbar vorüberziehenden Wolken hören zu können. *Norman Rockwellville*, so nannte ich dieses Städtchen insgeheim bereits kurz nach unserer Ankunft. Hier herrschte jener friedvolle, idyllische Lebensrhythmus, den ich mir sowohl für meine Kinder als auch für mich selbst immer gewünscht hatte. Man konnte kurz zum Lebensmittelhändler huschen, ohne das Haus in der Zwischenzeit gegen Einbrecher verriegeln zu müssen, und einen dunklen Parkplatz überqueren, ohne dabei ständig aus Angst vor Überfällen über die Schulter zurückzublicken. Für die zwanzig Meilen zu seinem Arbeitsplatz brauchte Ron hier nicht länger, als wenn er in Cincinnati einmal um den Block gefahren wäre. Und vor allem war die Umgebung ideal, um Kinder hier großzuziehen – alles in allem die vollkommene Heimat für meine Familie.

Ashley war drei Monate alt, als wir hierherzogen, und Steven war elf ... nur noch neun Jahre, und er würde bereits zwanzig sein. In Louisville war er dem Kindesalter viel zu schnell entwachsen. Angesteckt durch alle möglichen modischen Ticks – angesagte Klamotten, verrückte Haarschnitte, Ohrringe – steuerte er auf eine Teenagerzeit auf den Straßen der Stadt zu, wo er tagtäglich den üblichen Verführungen wie Drogen, Alkohol und Kriminalität ausgesetzt gewesen wäre.

Ich hatte erlebt, was diese Straßen meinen Geschwistern und mir angetan hatten. Patrick, mein drei Jahre älterer Bruder, wurde auf dem Rücksitz eines Wagens erschossen. Larry und Billy, beide älter als Patrick, pendelten zwischen Drogenkonsum und Gefängnis hin und her. Nancy, meine kleine Schwester, gerade erst dem Teenageralter entwachsen und selbst schon Mutter eines Kleinkindes, wartete zu dem Zeitpunkt, zu dem wir Louisville verließen, gerade auf ihre Verurteilung wegen Drogenhandels. Ich habe als Teenager gleichfalls meine Erfahrungen mit Drogen gemacht, und wäre nicht meine Großmutter gewesen, wäre auch ich in diesem Sumpf steckengeblieben.

Gewiß, auch Kleinstädte bergen Versuchungen, aber in unserer neuen Umgebung schien das Laster noch nicht in diesem Maße Einzug gehalten zu haben.

Wir wohnten erst ein paar Wochen in Madison, als zwei Jungen mit Angelruten bei uns vorbeikamen. Sie waren etwa in Stevens Alter und luden ihn ein mitzukommen. Als sie sich entfernten, sah ich, wie einer der beiden auf Stevens Ohrring deutete und ihn fragte: »Mann, was ist das denn?« Ich empfand diese Unschuldsgeste wie eine erfrischende Brise, die von einem Alfalfafeld herüberzieht. Ja, hier herrschte die Atmosphäre, in der meine Kinder aufwachsen sollten.

Die ersten Monate waren geradezu idyllisch. Steven hatte keine Probleme, sich in seiner neuen Schule einzugewöhnen; und ich gewann ein paar gute Freundinnen: Barbara Sommers, die selbst fünf Kinder hatte, das jüngste davon etwa in Ashleys Alter, und Kellie Lane, deren beide Töchter Ashleys engste Freundinnen werden sollten. Fast mühelos paßte sich meine Familie dem gemächlicheren Lebensrhythmus dieser Stadt an.

Die aufwühlenden Ereignisse der jüngsten Vergangenheit – der Schmerz über den Verlust meiner Großmutter, die schwierige Schwangerschaft mit Ashley, die ständigen Reibungen mit meiner Schwiegermutter – rückten immer weiter in die Ferne. Im Frühjahr 1987 fühlte ich mich so entspannt wie seit Jahren nicht mehr. Selbst die Tatsache, das wir aufgefordert wurden, unsere Mietwohnung zu räumen, nahm ich gelassen hin.

Meine einzige Sorge war Nancy. Sie wurde wegen des Drogendeliktes zu sechs Jahren ins Frauengefängnis von Pewee Valley eingewiesen. Wenn schon nicht ihretwegen, so fühlte ich mich doch um ihrer kleinen Tochter willen veranlaßt, noch einen Versuch zu unternehmen, ihr dabei zu helfen, ihr Leben in den Griff zu bekommen.

»Hier ist es«, sagte Ron, bog vom Clifty Drive ab und parkte den Wagen vor dem Motelflügel des alten Hauses. Mein erster Eindruck war geradezu trostlos. Der Ort wirkte aufs ärgste vernachlässigt. Der Boden war von Unkraut und ungeschnittenen Sträuchern überwuchert. Das Haus machte einen heruntergekommenen, verlassenen Eindruck und schien uns mit seinen verstaubten Fenstern wie aus traurigen Augen anzustarren.

Ron stieg aus, legte die Hände an die Schläfen und lehnte sich gegen ein Küchenfenster.

»Nun ja, da scheint eine Menge Arbeit notwendig zu sein.«

Das Innere war nur durch das spärliche Licht auszumachen, das durch die schmutzigen Fenster fiel, aber ich konnte genug erkennen, um zu sehen, wie sehr Ron untertrieben hatte. Wir bahnten uns einen Weg um das Haus, vorbei an drei Schlafzimmern und zwei Badezimmern, die an den Längsseiten lagen, bis zu einer geschützten Veranda im rückwärtigen Teil, linsten in die drei verlassenen Motelzimmer und spazierten um den großen Hintergarten herum.

Etwa fünfzig Meter in nördlicher Richtung stand noch ein altes Haus, das in nicht viel besserem Zustand schien. Ein Mann trat heraus und schlenderte auf uns zu.

»Kann ich Ihnen behilflich sein?« fragte er, »ich bin Benny Cyrus … so eine Art Hausmeister für das Ganze hier.«

»Wir sehen uns nur ein wenig um«, antwortete

Ron. »Wir haben gelesen, daß das Haus zum Verkauf steht.«

Benny erzählte uns, daß das Gebäude einem gewissen Jerry Freeman gehörte, der es vor Jahren als Investitionsanlage erworben hatte. Cyrus hatte mit seiner Familie in dem Haus gelebt und sich um das Motel gekümmert, bis es geschlossen wurde. Danach hatte Freeman ihnen angeboten, in das dahinterliegende, kleinere Haus zu ziehen.

»Wir sind hier einfach nicht mehr zurechtgekommen«, sagte er, und ich nahm an, er sprach von den Schwierigkeiten, so ein großes altes Haus in Schuß zu halten.

Was für Pläne der Besitzer mit dem Anwesen auch gehabt haben mochte, sie wurden vermutlich aufgegeben, als man die Arbeiten am Marble Hill Kernkraftwerk einstellte. Madison erfuhr damals eine Art wirtschaftlichen Einbruch, was sich unter anderem auch auf die Immobilienpreise auswirkte. Daraufhin bot Freeman das Grundstück zum Verkauf, hatte jedoch nach zwei Jahren noch immer keinen Interessenten gefunden, wie uns Benny Cyrus mitteilte.

»Schauen Sie sich ruhig in Ruhe um«, ermunterte er uns und ging davon, ohne uns jedoch anzubieten, das Innere des Hauses zu besichtigen.

»Ich werde mich mit dem Makler in Verbindung setzen«, sagte Ron auf der Heimfahrt.

»Sollten wir nicht erst ein Weilchen darüber nachdenken?« fragte ich zweifelnd.

Wir hatten uns bisher noch nicht nach kommerziell nutzbaren Grundstücken umgesehen. Ein paar Monate zuvor waren wir unterrichtet worden, daß unsere Wohnung verkauft worden war und die neuen Besitzer so bald wie möglich selbst einziehen wollten. Da wir also ohnehin umziehen mußten, hielten wir es für eine kluge Entscheidung, selbst ein Haus zu kaufen. An dem gerade besichtigten Objekt war jedoch eine Menge Arbeit erforderlich, und wir waren nicht besonders gut bei Kasse. Die neunundfünfzigtausendneunhundert Dollar waren wohl angemessen, aber wenn man pleite ist, erscheint alles unerreichbar. Ron jedoch war vom Eifer gepackt. Er sprach unablässig von den Möglichkeiten, die uns dieses Haus bot, und war nicht mehr zu bremsen.

Obwohl das Haus nicht dem Traumschloß meiner Phantasie entsprach, war auch ich nicht schwer zu überzeugen. Sich auf eigenem Grund und Boden selbständig zu machen war ein reizvoller Gedanke. Kurz vor Ashleys Geburt hatte ich aufgehört zu arbeiten, und wir konnten ein zusätzliches Einkommen gut gebrauchen. Eine Kindertagesstätte würde mir die Möglichkeit bieten, mich zu Hause um meine eigenen Kinder zu kümmern und gleichzeitig zum Einkommen der Familie beizutragen.

»Der Zeitpunkt für den Kauf könnte gar nicht günstiger liegen«, sagte Ron, und ich mußte ihm beipflichten.

Leider hatte ich die Suche nach einem geeigneten Objekt und die Verhandlungen weitgehend Ron überlassen müssen. In jenem Frühjahr beunruhigten mich die Schwierigkeiten, in denen meine kleine Schwester steckte, zutiefst, und die Auseinandersetzung mit ihren Problemen brachte mir auf schmerzliche Weise meine eigene Vergangenheit wieder ins Bewußtsein.

Nancy war zwar nur fünf Jahre jünger als ich, war aber immer mehr wie eine Tochter für mich gewesen. Als wir aufwuchsen, pflegte ich sie anzuziehen, zur Schule zu bringen, und versuchte darauf zu achten, daß sie nicht in die Fußstapfen unserer anderen Geschwister geriet. Nun, was das letztere anging, so hatte ich versagt. Doch inzwischen hatte sie selbst eine knapp vierjährige Tochter, die sie brauchte. Tim, Nancys Ex-Ehemann, hatte die Vormundschaft über das Kind zugesprochen bekommen, fühlte sich als alleinerziehender Vater jedoch weitgehend überfordert.

Sobald ich erfuhr, daß Nancy im Gefängnis saß, begann ich herumzutelefonieren, Briefe zu schreiben und jede erdenkliche Begründung für ihre Freilassung aufzuführen. Ich hatte sie schon einmal aus dem Gefängnis geholt, aber diesmal war es nicht so einfach. Sie hatte sich eines ernsthaften Vergehens schuldig gemacht, aber ich versuchte, die verantwortlichen Behörden davon zu überzeugen, daß eine psychiatrische Betreuung in ihrem Fall sinnvoller sei als eine Inhaftierung, und bot mich an, die Verantwortung für sie zu übernehmen.

Schließlich gelang es mir, einen Richter davon zu überzeugen, Nancy auf Bewährung freizulassen. Sie wurde in meine Obhut entlassen, mit der Auflage, sich beim Madison State Hospital einer psychiatrischen Beurteilung sowie einem Drogenentzug zu unterziehen. Ich besuchte sie häufig, und zuerst bedeutete ihr Aufenthalt in Madison keinerlei Belastung für mich. Ich war einfach glücklich, sie aus dem Gefängnis geholt und ihr die Chance zu einem Neubeginn ermöglicht zu haben. Das änderte sich erst, als ich einen Anruf aus dem Krankenhaus erhielt und zu einem Gespräch mit einem von Nancys Therapeuten aufgefordert wurde.

»Ich frage mich, ob sie jemals wirklich erwachsen wird«, sagte ich zu meinem Mann.

»Irgendwann wirst du sie loslassen müssen«, antwortete er achselzuckend.

»Sie hat es nicht leicht gehabt«, verteidigte ich sie instinktiv. Wie sollte Ron, der in einer ganz normalen Mittelklassefamilie aufgewachsen war, auch nur annähernd verstehen, was Nancy durchgemacht hatte?

Der Psychiater des Krankenhauses war sehr zuvorkommend, verschwendete jedoch keine Zeit, zur Sache zu kommen.

»Wir brauchen ein paar Hintergrundinformationen über Nancy«, sagte er.

»Ich werde mein Möglichstes tun«, versprach ich, mit einem Mal unsicher, ob ich tatsächlich alles wußte oder mich an alles würde erinnern können.

»Ich möchte mit Ihnen über Ihre Familie sprechen«, sagte er, »und darüber, inwieweit Sie und Ihre Schwester an den sexuellen Aktivitäten Ihrer Mutter beteiligt waren.«

»Wie bitte!« Mir verschlug es die Sprache. Ich spürte,

wie mein Gesicht sich verfärbte, und krampfte meine Hände um die Armlehnen des Stuhls. »Sind Sie verrückt?«

Was für eine Frage an einen Seelenklempner!

Er sah mich gelassen an. Ich holte tief Luft und versuchte, mich zusammenzureißen.

»Was hat sie Ihnen erzählt?« fragte ich.

»Nancy sprach von der Zeit, als Sie beide klein waren, davon, daß Sie mit Ihrer Mutter und deren Liebhabern im Bett lagen und an den Dingen, die vor sich gingen, teilnahmen.«

»Sind Sie wahnsinnig?« fragte ich wieder. »Nichts dergleichen ist jemals geschehen.«

In den darauffolgenden Tagen klang diese Unterredung in meinem Bewußtsein nach wie eine alte Melodie. Ich ärgerte mich über die Versuche meiner Schwester, mich in ihre Therapiesitzungen mit einzubeziehen und auf diese Weise meine Privatsphäre zu verletzen. Während Ron mit mir über das Haus am Clifty Drive sprach, wanderten meine Gedanken zu den Dingen, die Nancy ihren Ärzten über unsere Kindheit berichtete. Der Versuch, mir jene Jahre ins Gedächtnis zurückzurufen, hatte zur Folge, daß ich mir vorkam wie ein Rabe, der eine Müllhalde nach verwertbaren Resten durchkämmt.

Ein winziges, spärlich möbliertes, unaufgeräumtes Apartment. Ich bin acht oder neun Jahre alt. Patrick und Nancy sind ebenfalls da. Mutter hat viel getrunken. Ich weiß, was das bedeutet, und schaudere beim Anblick der Flasche. Sie würde uns in eine winzige Kammer sperren und die Tür verriegeln. »Ich krieg' gleich Besuch von 'nem Freund, und kein Wort davon, daß ihr meine verdammten Gören seid. Ich bin euer Babysitter! Habt ihr das, verflucht noch mal, verstanden? Wenn einer von euch Bastarden mich Mom nennt, dreh' ich euch den Hals um! Kapiert?« Sie knallt die Tür zu, und wir hören, wie sich der Schlüssel im Schloß dreht. Es gibt keine Fenster, und der Raum ist heiß und stickig. Nancy kauert sich in eine Ecke und beginnt zu weinen. Patrick und ich hocken auf dem Boden. Wir haben

Angst zu sprechen, Angst davor, daß Mama Nancys Wimmern hört und uns alle bestraft. Wir sitzen auf der Erde und warten darauf, daß sie uns wieder herausläßt.

Ja, Mutter hatte in der Tat eine furchteinflößende Persönlichkeit besessen: rücksichtslos, unberechenbar und gemein. Aber die Story, die Nancy dem Psychiater weisgemacht hatte, war an den Haaren herbeigezogen. Ich schreckte nachts schweißgebadet und nach Luft ringend aus bedrückenden Träumen hoch. Ich versuchte Nancys Probleme aus meinem Kopf zu verbannen, indem ich mich auf die Suche nach einem geeigneten Haus konzentrierte, aber manchmal, während ich Auto fuhr, mit der Hausarbeit beschäftigt war oder einen Lebensmittelwagen durch die Reihen des Supermarktes schob, huschte ein verschwommenes Bild an meinem geistigen Auge vorbei und verschwand, ehe ich es festzuhalten vermochte. Es erschien mir wie eine alte Schwarz-weiß-Photographie: vier Personen in einem Bett – zwei kleine Mädchen, etwa sieben und zwei Jahre alt, eine junge Frau und ein Mann. Ich erkannte meine Mutter, Nancy und mich selbst, aber die Züge des Mannes waren verblaßt. Ein Augenblick, eingefroren in der Vergangenheit. Nichts bewegt sich. Absolut nichts.

June Neibert, die Maklerin, die das Grundstück verwaltete, war reizend und zuvorkommend, doch als ich das Innere des Hauses sah, wäre ich am liebsten davongerannt. Es befand sich in einem weitaus schlimmeren Zustand, als ich befürchtet hatte. Man sah auf den ersten Blick, daß der künftige Besitzer des Hauses sich auf eine endlose Belagerung durch Installateure, Elektriker, Verputzer, Maler, Tapezierer und weiß der Himmel was sonst noch gefaßt machen mußte.

Ron schien sich durch den Zustand des Hauses nicht entmutigen zu lassen, sondern sprach unentwegt von den

Veränderungen, die mit diesem oder jenem Raum durchzuführen seien, wie man die Wände im Motelflügel versetzen könne und was für einen idealen Spielplatz der rückwärtige Garten abgebe.

Mrs. Neibert machte uns unverblümt auf die Mängel des Hauses aufmerksam und legte alles andere als eine aggressive Verkaufstaktik an den Tag. Im Gegenteil, nachdem ihr Rons Enthusiasmus auffiel, stellte sie uns eine Frage, die bestimmt in keinem Handbuch für Verkaufsstrategien vermerkt war. »Ist Ihnen klar, worauf Sie sich hier einlassen?«

Eigenartige Frage, dachte ich, *will sie uns vom Kauf des Hauses abhalten?*

»Warum hat das Haus so lange leergestanden?« fragte ich sie.

»Ach, es ging das Gerücht um, daß die Bodenbalken minderwertig seien. Das ist zwar Unfug, aber jetzt will keiner mehr etwas von dem Haus wissen«, erklärte sie.

Ich mußte Ron buchstäblich aus dem Haus schieben. Minderwertige Bodenbalken hin oder her, er schien immer noch nicht gewillt, einen Rückzieher zu machen.

»Vielen Dank für Ihre Hilfe«, verabschiedete ich mich von Mrs. Neibert.

»Wir bleiben in Verbindung«, sagte Ron zu ihr.

Oh, tatsächlich?, dachte ich.

Und doch war es so. Ron ist ein sehr geschickter Handwerker, und er war überzeugt, daß er das meiste der anfallenden Arbeiten selbst erledigen konnte. In den darauffolgenden Tagen telefonierte er mehrmals mit Mrs. Neibert und sah sich das Haus noch ein paarmal an. Er ließ ihr solange keine Ruhe, bis sie uns ein eigenes Schlüsselbund überließ, so daß wir das Haus jederzeit betreten konnten. Ron maß fast jeden Quadratzentimeter des Gebäudes aus, um die Material- und Renovierungskosten abzuschätzen, die auf uns zukommen würden. Er rief sogar seine Mutter in Louisville an, um sie zu fragen, ob sie bereit wäre, uns das Geld für eine Anzahlung zu borgen.

»Ich werde ihm ein Angebot machen«, verkündete er

schließlich, nachdem er überzeugt war, alle notwendigen Informationen über das Haus zu haben. »Vierundzwanzigtausend Dollar.«

»Da wird er niemals drauf eingehen«, lachte ich. »Das ist ja nicht mal die Hälfte von dem, was er verlangt.«

»Ein Versuch kann nichts schaden«, erwiderte Ron.

Mrs. Neibert reagierte ähnlich wie ich. »Ich weiß nicht recht, ob ich ihn mit so einem Angebot behelligen soll«, sagte sie. »Ich bezweifle stark, daß er soweit runter gehen wird.«

»Das werden wir ja sehen«, beharrte Ron.

Die Maklerin schüttelte belustigt den Kopf. »Okay«, willigte sie ein, »aber rechnen Sie nicht zu sehr darauf.«

Von da an übernahm Ron das Feilschen. Jerry Freeman schraubte die verlangte Kaufsumme etwas herunter und machte Ron eine Art Kompromißvorschlag, aber dieser beharrte auf seiner Offerte, und die Verhandlungen zogen sich über mehrere Tage hin. Als Mrs. Neibert schließlich anrief und ihm das endgültige Angebot des Eigentümers mitteilte, legte er auf und drehte sich grinsend zu mir um. »Wir kriegen es für vierundzwanzigfünf.«

Am zweiten Juli 1987 nahmen wir das Haus in Besitz. Wir waren so aufgeregt, daß wir gar nicht auf die Idee kamen, uns zu fragen, warum der Eigentümer sich mit vierundzwanzigtausendfünfhundert Dollar – fünfunddreißigtausendvierhundert Dollar unter dem ursprünglich verlangten Preis – zufrieden gegeben hatte. Natürlich, die Grundstückspreise waren in den Keller gegangen, aber so viel? Wir fragten uns auch nicht, warum Benny Cyrus mit seiner Familie in das kleinere, rückwärtige Haus gezogen war. Genausowenig, warum die Maklerin die Frage aufgeworfen hatte, *ob wir wüßten, worauf wir uns einließen*. Wir stellten weder das Haus noch den Boden, auf dem es stand, in Frage. Warum sollten wir auch? Es war nur ein Haus aus Holz und Stein. Wie viele Käufer wissen denn schon etwas über die Geschichte des Hauses, das sie erwerben?

3. Kapitel

In jenem Sommer verbrachten wir den größten Teil unserer Freizeit damit, einige Zimmer im Haus soweit herzurichten, daß wir wenigstens teilweise einziehen konnten.

Wir hatten uns auf Komplikationen eingestellt, waren jedoch nicht im mindesten auf die Hindernisse vorbereitet, die sich uns mit jedem Handgriff in den Weg stellten. Das Haus war zu Beginn nicht nur unbewohnbar, es schien sich obendrein auch all unseren Renovierungsversuchen zu widersetzen. Selbst simple Arbeiten wie Anstreichen oder Tapezieren erwiesen sich als gewaltige Herausforderungen.

Unser erstes Ziel bestand darin, die Elektroverkabelung komplett zu überholen (ich hatte panische Angst vor Bränden) und eine neue Heizung sowie eine Klimaanlage zu installieren, um die alte Fußleistenheizung zu ersetzen. Auch eines der Badezimmer mußte dringend in Ordnung gebracht werden. Da Wasserleitungen und Abflußrohre in einem erbärmlichen Zustand waren, funktionierte weder die Toilettenspülung, noch konnte man baden.

Nichts lief glatt. Der Elektriker stieß ständig auf neue Hindernisse, welche die Verkabelung verzögerten; sein Werkzeug verschwand auf unerklärliche Weise, und die Ersatzteile, die er bestellt hatte – Schalter, Sicherungskästen und dergleichen – wurden so beschädigt geliefert, daß er sie nicht verwenden konnte.

Dem Mitarbeiter der Telefongesellschaft erging es ähnlich. Er verlegte die Telefonkabel, schloß die Apparate an, doch die Leitung war tot. Er versuchte es wieder, aber nichts tat sich. Erst nachdem er eine Weile daran herumgebastelt hatte, gelang es ihm wenigstens zeitweise, den Anschluß herzustellen, doch die Verbindung wurde immer wieder unterbrochen, und wenn sie funktionierte, war die Leitung so gestört, daß eine Unterhaltung unmöglich war.

»Wir könnten es in den Griff kriegen«, sagte er der Verzweiflung nahe, »aber das wird eine Heidenarbeit und würde Sie vierzig Dollar die Stunde kosten.«

Mit der Verlegung des Fernsehkabels lief es auch nicht besser. Es dauerte nicht lange, bis der Monteur mir mit den Worten »viel Glück, aber die zahlen mir nicht genug, als daß ich Ihren Dachboden betreten würde« die Kabel vor die Füße warf und ohne weitere Erklärung das Haus verließ. Ich nahm an, daß er entweder zu faul oder verhaltensgestört sei. Schließlich übernahm eine andere Firma den Job, allerdings mit erheblichen Verzögerungen.

Na ja, es ist ein altes Haus, redete ich mir ein, *ein paar Probleme waren zu erwarten.*

Wir beabsichtigten, zunächst ein Bad, die Küche und das geräumige mittlere Schlafzimmer zu renovieren. Dort würden wir alle schlafen, bis die anderen Schlafräume hergerichtet waren. Ashley sollte den großen Raum später behalten, und Steven hatte Anspruch auf das vordere Schlafzimmer angemeldet. Der rückwärtige Schlafraum war zwar klein, aber dafür hatte er mehrere schöne Fenster und schien mir wie geschaffen für Ron und mich. Das Wohnzimmer, die eingezäunte Veranda (die wir in einen Wintergarten umwandeln wollten) und das zweite Badezimmer würden warten müssen.

Rons Mutter, seine Schwester und sein Schwager kamen von Louisville herauf, um uns zu helfen. Wir konnten wahrhaftig jede zusätzliche Hand gebrauchen. Ron hatte angefangen, den Fußboden im Badezimmer auszubessern und die Tür zum angrenzenden Bad zu versiegeln. Als wir das Schlafzimmer in Angriff nahmen, konnten wir die Frustration des Elektrikers und des Telefonverlegers nachvollziehen. Das Haus verweigerte jede Kooperation. Wir trugen die Farbe mit Rollen auf, aber sie schlug Blasen und rann die Wand hinunter. Wir versuchten es von neuem, mit dem gleichen Ergebnis.

»Ich glaube, wir haben minderwertige Farbe erwischt«, sagte Ron. Er brachte die Eimer zurück zum Laden, wo die Farbe geprüft und für in Ordnung befunden wurde.

»Vielleicht steckt Feuchtigkeit in den darunterliegenden Natursteinplatten«, überlegte der Verkäufer. »Versuchen Sie's nochmal, und wenn es wieder nicht hält, rufen Sie mich an.«

Es hielt nicht, und man schickte uns einen Mitarbeiter des Malergeschäftes, der die Wände prüfte. Er entdeckte weder Feuchtigkeit noch einen anderen Grund, warum die Farbe nicht haftete. Erst nach mehrmaligen Anläufen klappte es endlich.

Das Haus widersetzte sich anfänglich auch unseren Bemühungen, das Wohnzimmer zu tapezieren.

Die Tapeten, die wir abends angeklebt hatten, lagen am nächsten Morgen auf dem Boden – nicht etwa zerknüllt, als ob sie von der Wand gerutscht wären, sondern sorgfältig auf dem Teppichboden ausgebreitet. Das geschah ein paarmal, bevor die Tapete endlich hielt.

Trotz all dieser Hürden war das Haus Ende des Sommers halbwegs bewohnbar, und wir begannen mit dem Einzug, nahmen jedoch vorerst nur die wichtigsten Dinge mit und lagerten den Rest unserer Sachen ein. Wir ahnten nicht, daß es noch ein volles Jahr dauern sollte, bis wir endgültig mit all unserem Hab und Gut einziehen konnten.

Mit jedem Schritt, den wir vorwärtskamen, schienen wir zwei zurückzumachen. Eines Morgens entdeckten wir, daß die Wand im Wintergarten durchnäßt war. Wir fanden weder auf dem Dachboden eine Ursache für das Wasser, noch wies irgend etwas darauf hin, daß das Dach undicht war. Außerdem hatte es seit Tagen nicht geregnet. Das Licht ging ständig an und aus, doch eine Inspektion der Stromkabel lieferte keine plausible Erklärung. Haushaltsgeräte erzeugten Kurzschlüsse, Glühlampen explodierten, und sogar unsere Autos schienen verhext zu sein; einige Wochen nach unserem Einzug gab der Motor eines der beiden Wagen seinen Geist auf. Die Zahl der Rückschläge nahm kein Ende.

Vor das größte Rätsel stellte uns der Kamin. Seine schöne Sandsteinverkleidung wurde genau über der Öffnung von einem langen, sichelförmigen Flecken verunstaltet, der mich von Anfang an gestört hatte. Alle meine Versuche, ihn – sowohl mit Haushaltsreinigern als auch mit chemischen Mitteln – zu entfernen, schlugen fehl.

»Wir könnten es mit einem Sandstrahler versuchen«, schlug Ron vor.

So etwas ist eine ziemlich aufwendige Angelegenheit, aber der Kamin ist der Mittelpunkt des Wohnzimmers, und ich war nicht gewillt, diesen Flecken ständig vor Augen zu haben. Also mieteten wir einen Sandstrahler, verhängten die Wände mit Plastikplanen und deckten alles ab.

Es funktionierte großartig. Der häßliche Fleck verschwand, und zurück blieb eine makellos glatte Oberfläche. Aber innerhalb von ein paar Tagen kehrte der Fleck zurück, zuerst ganz blaß, doch mit jedem Tag ein wenig mehr, bis er exakt so aussah wie zuvor.

Es hatte den Anschein, als verfügte das Haus über einen eigenen Willen und wünschte nicht, daß wir an ihm herumpfuschten. Wir pflanzten Blumen und Sträucher, und sie gingen ein. Fast neue Rasenmäher gaben ihren Geist auf. Wir setzten neue Fensterscheiben ein, sie gingen zu Bruch. Hätte ich an Gespenster geglaubt, ich wäre überzeugt gewesen, daß sich auf diesem Grundstück Geister tummelten, die versessen darauf waren, es für sich allein zu behalten.

Mit der Zeit gipfelten die Vorfälle, die bisher nur ärgerlich gewesen waren, ins Unerklärliche.

Als ich eines Nachts im Halbschlaf unter meiner Decke lag, vernahm ich scharrende Geräusche vom Dachboden. Mein Körper versteifte sich, und ich starrte zur Decke. Ein paar Minuten vergingen, und ich war gerade zu der Überzeugung gelangt, daß ich mir das Geräusch nur eingebildete hätte, als es von neuem begann.

Ich rüttelte meinen Mann wach. »Da ist irgend etwas auf dem Dachboden«, sagte ich zu ihm.

Er lauschte und hörte nichts. Mit vielsagendem Blick,

als sei ich nicht ganz bei Trost, drehte er sich mißmutig grunzend um und schlief weiter. Ein paar Nächte später geschah das gleiche. Diesmal war das Scharren jedoch laut genug, daß auch Ron davon erwachte.

»Wahrscheinlich hat sich ein Vogel in den Speicher verirrt«, brummte er.

Das wirkte nicht sonderlich beruhigend auf mich. Als Kind hatte ich gehört, daß Vögel, die in ein Haus eindringen, ein schlechtes Omen seien, ein Vorbote des Todes. Ich war zwar nicht abergläubisch, forderte das Schicksal aber auch nicht gerne heraus. Wäre es nach mir gegangen, sollten Vögel sich dem Haus lieber fernhalten. Und was den angeblichen Vogel in unserem Dachboden anging, so mußte er mindestens so groß wie ein Truthahn sein, um einen derartigen Lärm zu verursachen.

»Das war viel zu laut für einen Vogel«, protestierte ich.

»Egal«, erwiderte Ron gähnend, »auf jeden Fall irgendein Tier. Schlaf weiter.«

Was konnte es wohl sonst gewesen sein? Bestimmt weder eine Ratte noch ein Eichhörnchen. Voller Unbehagen malte ich mir alle möglichen Bestien aus, die in unseren Speicher eingedrungen sein könnten.

Am darauffolgenden Morgen, ich war gerade mit dem Bettenmachen fertig, segelte eine Feder von der Decke und landete vor mir auf dem Laken. Ich blickte zum Schacht der Klimaanlage hinauf und fühlte mich wie ein Narr. Also war es doch ein Vogel gewesen. *Doretta, dieses Haus kostet dich noch den Verstand.*

Sechs Tage der Woche im Kampf mit dem Haus zu liegen war auf Dauer nervenaufreibend, und wir suchten am Wochenende so oft wie möglich das Weite. Eines Sonntags morgens fuhren wir nach Louisville zum Einkaufen und um Rons Mutter zu besuchen. Als wir am darauffolgenden Tag zurückkehrten, fanden wir im Inneren des Hauses Blutflecke, winzige Gehirnmembrane und tote Vögel. Irgendwie waren die Tiere ins Haus geraten und hatten sich beim Flug gegen die Wände die Köpfe zerschmettert. Einer von ihnen flatterte immer noch taumelnd gegen die

Wand, als wir das Haus betraten. Alle Türen und Fenster waren geschlossen und verriegelt, und die Glasabdeckung des Kamins war unversehrt.

Uns blieb wenig Zeit, darüber nachzugrübeln, wie die Vögel ins Haus gekommen waren. Kaum hatten wir die letzten Blutspuren von Boden und Teppichen entfernt, kündigte sich die nächste Krise an. Als wir eines Sonntags abends nach Hause kamen, standen die Küche, der Waschraum und die rückwärtige Veranda unter Wasser.

Die Ursache war ein Loch im Schlauch der Waschmaschine, den Ron kaum einen Monat zuvor erneuert hatte. Wenn solch ein Schlauch leckt, dann in der Regel an jener Stelle, an der der Gummischlauch in den Messingring endet. In unserem Fall befand sich die schadhafte Stelle jedoch genau in der Mitte des Schlauches, eine saubere Einkerbung, die ebensogut von einem Schnitt herrühren konnte.

»Verflucht noch mal«, schimpfte Ron, »manchmal habe ich den Eindruck, daß es irgend jemand auf uns abgesehen hat.«

Eines Nachmittags schaute Kellie bei uns vorbei, um zu sehen, wie wir vorankamen, und bei einer Tasse Kaffee vertraute ich ihr meine Sorgen an. Ron und ich waren erschöpft vom unentwegten Kampf gegen dieses Haus; überhaupt schien die Gesundheit der ganzen Familie darunter zu leiden. Ich litt unter ständigen Kopfschmerzen. Steven hatte sich durch einen Giftsumach einen gefährlichen Ausschlag am Bein zugezogen, der auf keine medikamentöse Behandlung ansprach und ihn beinahe das Bein gekostet hätte, bevor die Ärzte die Sache endlich in den Griff bekamen. Ron entwickelte Allergien, die er nie zuvor bemerkt hatte, und seine Begeisterung für das Haus ließ langsam nach.

»Ich könnte zur Abwechslung mal eine gute Nachricht gebrauchen«, sagte ich zu Kellie. »Jeden Tag tut sich ein neues Problem auf, ist etwas anderes zu reparieren, steht die nächste Katastrophe vor der Tür.«

Unsere Freunde begannen allmählich uns wegen unseres Pechs und der ständigen Pannen im Haus aufzuziehen. Kellie war jedoch recht ernst an diesem Tag. Sie hörte sich mein Gejammer an und nickte mitfühlend.

Ich stand auf und rückte ein großes Gemälde gerade, das an der gegenüberliegenden Wand im Wohnzimmer hing.

»Das Bild hängt immer wieder schief«, lachte ich. »Ich glaube fast, das Haus hat Schlagseite oder so was.«

»Um ehrlich zu sein, D. J., irgendwas an diesem Haus war mir von Anfang an unheimlich«, gestand Kellie. »Jedesmal, wenn ich an den Türen des alten Motelflügels vorbeigehe, kriege ich Gänsehaut.«

Ärger wallte in mir auf. Das Haus mochte exzentrisch sein und uns vor größere Probleme stellen, als wir erwartet hatten, aber es war mein Zuhause und bedeutete mir viel.

»Mit dem Haus ist alles in Ordnung«, protestierte ich, »wir haben einfach eine Pechsträhne.«

Im Gegensatz zu uns anderen litt Ashley nicht unter gesundheitlichen Problemen, statt dessen legte sie ein etwas merkwürdiges Verhalten an den Tag – nicht unbedingt besorgniserregend, aber eigenartig. Ron und ich waren inzwischen in unser eigenes Schlafzimmer gezogen, und sie teilte sich mit Steven weiter den mittleren Schlafraum. Nachts hörten wir sie kichern und plappern, als ob sie mit irgend jemand spielte. Hin und wieder, wenn ich hinüber ging und nach ihr sah, fand ich sie aufrecht im Bett sitzend vor, die Arme einer nicht vorhandenen Person entgegengestreckt. Ich machte mir über ihre nächtlichen Eskapaden keine weiteren Gedanken, bis sich der Zwischenfall mit dem Messer ereignete.

Ron arbeitete an jenem Abend bis in die Nacht, ich saß vor dem Fernseher und wartete auf ihn. Gegen zwei Uhr vernahm ich ein Klopfen an der Tür. Von der Straße aus wirkt das Haus immer noch wie ein Motel, und es war seit unserem Einzug mehrmals vorgekommen, daß Leute nach einem Zimmer fragten.

Ich öffnete die Tür, aber es war niemand da, also setzte ich mich wieder vor den Fernseher. Ein paar Minuten später ertönte das Klopfen erneut. Ich stand diesmal nicht sofort auf, und das Klopfen wurde lauter. Kurz darauf rappelte die Tür, als ob jemand den Türknauf drehte und versuchte, sie mit Gewalt zu öffnen. Ich blickte durch das Fenster, von dem aus man die Eingangstür von außen einsehen kann, konnte aber immer noch niemanden entdecken. Das Klopfen hatte inzwischen aufgehört, doch ich hörte Schritte auf den Blättern knirschen. Leise schlich ich zum Telefon, um die Polizei anzurufen. Die Leitung war tot. Irgend jemand versuchte, ins Haus einzudringen, und ich konnte nicht einmal telefonieren. Da sich keine Waffe im Haus befand, holte ich mir ein Metzgermesser aus der Küchenschublade und postierte mich wieder hinter dem Fenster, um den Vorgarten im Auge zu behalten.

Die Zeit kroch dahin. Irgendwann bemerkte ich eine Frau und zwei Jungen, die von der Straße aus auf unser Haus zusteuerten. Als sie näher kamen, erkannte ich Barbara Sommers mit ihren beiden Söhnen und ließ sie herein.

»Wir sind gerade auf dem Heimweg«, berichtete sie. »Als wir den Clifty Drive hinunterfuhren, ging genau vor eurem Haus der Motor aus. Jetzt tut sich gar nichts mehr, man könnte meinen, jemand hätte die Batterie geklaut.«

Ich erzählte ihr, was kurz zuvor geschehen war, und sie begleitete mich hinaus, wo wir uns gründlich umsahen. Es gab keine Anzeichen, die auf einen Einbrecher oder Herumtreiber hingedeutet hätten.

»Ich muß meinen Mann anrufen«, sagte Barbara.

»Tja, das Telefon funktioniert leider nicht«, antwortete ich, während wir wieder ins Haus gingen. Sie nahm den Hörer auf. »Ich habe ein Freizeichen, scheinbar geht's jetzt wieder.«

Als ihr Mann kurz darauf aufkreuzte, setzte er sich in ihren Wagen, drehte den Zündschlüssel, und der Motor sprang unverzüglich an.

»Was für eine verrückte Nacht«, seufzte ich.

Steven war kurz zuvor aufgewacht und hatte über Leibschmerzen geklagt. Daher beschloß ich, bei ihm und Ashley im Zimmer zu schlafen. Der Gedanke an einen möglichen Einbrecher bereitete mir immer noch Unbehagen, und ich wollte ohnehin lieber in der Nähe der Kinder sein. Ich nahm das Messer aus der Küche mit ins Schlafzimmer und steckte es unter die Matratze, wobei ich den Griff ein Stück herausragen ließ, um es notfalls schnell zur Hand zu haben.

Mein Kopf schmerzte, und meine Augenlider waren schwer wie Blei, so daß ich augenblicklich in tiefen Schlaf versank. Nur wenige Stunden später wurde ich durch einen heftigen Druck auf meinen Kiefer geweckt. Mit verschwommenem Blick erkannte ich Ashley, die – die Füße rechts und links neben meinem Hals – über mir stand. Ihre winzigen Hände hielten den Griff des Messers umschlossen und preßten die Spitze der Klinge in meinen Mund. Hätte sich die Klinge nicht in meiner Zahnspange verfangen, wäre das Messer in meine Kehle gefahren.

Ashley war erst anderthalb Jahre alt und steckte noch in den Windeln. Dennoch stand sie ohne zu wanken mit beiden Beinen fest auf der Matratze, und ihre Hände umklammerten entschlossen den Griff des Messers. Mit weit geöffneten, glasigen Augen schien sie durch mich hindurchzublicken. Als ich das Messer packte, kippte sie nach hinten und begann angstvoll zu schreien. Ich nahm sie in den Arm und wartete, bis sie sich beruhigt hatte. Anschließend legte ich sie wieder ins Bett und brachte das Messer in die Küche.

Es wurde bereits hell, und ich war zu benommen, um wieder ins Bett zu gehen. Ich kochte eine Kanne Kaffee und wartete, daß es Zeit wurde, Steven für die Schule zu wecken.

Über Ashleys Verhalten zerbrach ich mir nicht weiter

den Kopf, da ich inzwischen an ihre merkwürdigen nächtlichen Eskapaden gewöhnt war, allerdings machte ich mir Vorwürfe, daß ich das Messer in ihrer Reichweite aufbewahrt hatte. Ihre Schreie hatten auch Steven aufgeweckt, und er nannte seine Schwester noch wochenlang Killer Lizzie.

Die dürftigen Fortschritte, die wir während des Herbstes mit der Renovierung des Hauses machten, waren mit erheblichen Kosten verbunden. Nach Weihnachten waren unsere Finanzen ein einziges Chaos, und ich beschloß, wieder arbeiten zu gehen. Die meisten Arbeitsplätze in Madison boten sich in den kleinen Fabriken, und wenn man nicht wählerisch war, was die Arbeitszeiten betraf, war es recht einfach, einen Job zu finden. Ich übernahm einen Drei-Schichten-Job bei Key Manufacturing, doch die Arbeitszeiten erschienen mir auf Dauer unzumutbar. Wenn der Rest der Familie morgens aufstand, ging ich zu Bett. Nach ein paar Wochen kündigte ich und fing im Coach House Restaurant an, so daß ich wenigstens um Mitternacht daheim war.

Eines Nachts, als ich von der Arbeit heimkehrte, fand ich die Fliegengittertür weit geöffnet vor. Irgend jemand mußte sie so weit zurückgestoßen haben, daß sie sich auf dem Betonboden der Veranda verkeilt hatte. Auch die Küchentür stand sperrangelweit auf. Ron ließ die Türen niemals aufstehen, schon gar nicht an einem frostigen Winterabend, und ich betrat mit unbehaglichem Gefühl das Haus.

Im Schlafzimmer weckte ich Ron und schalt ihn wegen der offenen Türen aus.

»Ich habe mich vergewissert, daß sie verschlossen war, bevor ich ins Bett ging«, versicherte mir Ron. »Sie war zu und abgeschlossen. Ich weiß genau, daß ich alle Türen überprüft habe.«

Natürlich glaubte ich ihm, was allerdings darauf schließen ließ, daß jemand die Türen aufgeschlossen und geöffnet hatte, nachdem Ron zu Bett gegangen war. Da nichts im Haus fehlte, konnte es kein Einbrecher gewesen sein.

Bevor ich schlafen ging, bereitete ich mir noch einen Happen zu essen und setzte mich an das Fenster, von welchem man die Zufahrt einsehen kann. Ich hatte kaum ein paar Minuten dort gesessen, als ich eine Wagentür schlagen hörte. Rasch stand ich auf, schob die Vorhänge etwas beiseite und sah die Silhouette eines Mannes, der in meinem Wagen saß. Mein erster Gedanke bestand darin, Ron zu wecken, aber bevor ich mich rühren konnte, bog ein Wagen in den Clifty Drive ein, dessen Scheinwerfer das Innere des Wagens beleuchteten. Die Silhouette war verschwunden. *Du siehst Gespenster, Doretta. Zeit, daß du ins Bett kommst.*

4. Kapitel

Die zunehmende Belastung durch das Haus und die Verantwortung für Nancy hatten meine Nerven ziemlich strapaziert. Nancy war inzwischen aus dem Madison State Hospital entlassen worden und lebte wieder in Louisville, aber solange sie hier im Krankenhaus war, hatte man mich noch mehrmals aufgefordert – genötigt, wäre treffender ausgedrückt – an ihren Therapiesitzungen teilzunehmen. Es war eine sehr unerfreuliche Zeit. Um unsere Erinnerungen und Erfahrungen aufzuarbeiten, waren wir gezwungen, unsere Kindheit nochmals zu durchleben. Vieles aus dieser Zeit hatten wir verdrängt, vieles in unserer Phantasie übersteigert, doch für mich waren alle Erinnerungen gleichermaßen traumatisch.

Stets war ich bemüht gewesen, die Vergangenheit aus meinem Bewußtsein zu verbannen. Und bahnte sich doch einmal eine schmerzliche Erinnerung ihren Weg an die Oberfläche, schlug ich instinktiv innerlich die Tür davor zu. Unerträglichen Situationen entzog ich mich, indem ich mich einfach abwandte, gewissermaßen in jemand anders verwandelte, und mir vormachte, es sei nichts geschehen. Verdrängung war ein tief verwurzelter Bestandteil meiner Persönlichkeit. Mein Bemühen, Nancy im Kampf gegen die Dämonen ihrer Kindheit beizustehen, entfesselte jedoch auch einige meiner eigenen Dämonen. Kein Zweifel, unsere Mutter war eine erbärmliche Person gewesen. Sie hatte uns mit einer schweren Last auf der Seele ins Leben entlassen, und ich haßte sie dafür. Aber ich hatte beschlossen, daß all dies hinter mir lag, verscharrt in einem Grab, das ich eigens dafür geschaffen hatte.

Meine Kindheit hatte dazu geführt, daß ich stets versuchte, meinen Ängsten und Launen mit einer gewissen Distanz zu begegnen, voller Angst, daß sich andernfalls die Gewalt, mit der ich groß geworden war, einen Weg in meine Persönlichkeit bahnen würde. Die erlittenen Mißhandlungen und Zurückweisungen, so fürchtete ich, könnten winzige Risse an jener Grenze meines Bewußtseins hinterlassen haben, die einen Menschen normalerweise vor dem Wahnsinn schützt. Und wenn ich schon verrückt würde, so wollte ich es um meiner Kinder willen wenigstens voraussehen können.

Im Verlauf des Jahres 1988 war ich mehr und mehr davon überzeugt, daß es bald soweit sei. Es begann mit der Silhouette des Mannes in meinem Wagen. Dann ereignete sich der Vorfall mit der Frau in der Badewanne.

Mit ihren zwei Jahren bedurfte Ashley noch meiner vollen Aufmerksamkeit, besonders während sie badete. Sie liebte es, ihre Spiele in die Badezeremonie einzubeziehen. An jenem Tag stand sie in der Wanne und bemalte die Fliesen mit ihren Seifenstiften. Ich saß auf dem Wannenrand und sah ihrem Treiben gedankenverloren zu, als ich aus dem Augenwinkel etwas in der Wanne bemerkte. Ich blickte hinab und erstarrte. Durch das trübe Seifenwasser schimmerten Kopf und Schultern einer Frau, die mit dem Gesicht nach unten in der Wanne lag.

»O mein Gott!« Ich packte meine Tochter und rannte in den Flur.

»Was ist denn, Mami?« fragte sie mich, während sie nackt und tropfend neben mir stand.

Mein Puls raste, weniger aus Furcht vor dem, was ich in der Wanne gesehen hatte, als vielmehr davor, was in meinem Kopf geschah.

»Ich hole dir ein Handtuch, Schätzchen«, sagte ich.

Als ich ins Bad zurückkehrte, wußte ich, daß ich dort nichts vorfinden würde, nichts als Badewasser und Ashleys Seifenmalstifte, die sie fallengelassen hatte, als ich sie herauszerrte. Nicht eine Sekunde erwartete ich, den Körper in der Wanne nochmals zu sehen. Aber warum, so fragte ich mich, hatte ich diese Halluzination gehabt? Wieso ausgerechnet eine Frau mit dem Gesicht nach unten im Wasser? Sendet das Unterbewußtsein verschlüsselte Botschaften?

Es war nicht das erste Mal, daß ich mich mit solchen Fragen herumquälte, und ich beschloß, Ron nichts davon zu erzählen. was hätte ich auch sagen sollen? Daß eine tote Frau in unserer Wanne lag? Daß ich eine Wahnvorstellung gehabt hatte? Meine Bemerkungen über Geräusche auf dem Dachboden und imaginäre Einbrecher, die an der Türe rüttelten, hatten ihn ohnehin schon überzeugt, daß ich reif für den Psychiater sei. Ich wollte ihn darin nicht noch bestärken.

Ich glaube, ich war immer schon davon überzeugt, eines Tages durchzudrehen. Jetzt fragte ich mich, ob dies die ersten Anzeichen seien.

Im Alter von sechs Wochen hatte meine Mutter mich fortgegeben. Sie bekam mich in Gary, Indiana, und genau wie bei meiner älteren Schwester und meinen drei älteren Brüdern verfrachtete sie mich, kaum daß sie wieder reisefähig war, zu meinen Großeltern nach Cocoa Beach, Florida. Sie selbst ging zurück in den Norden, wo sie in Bars in der Gegend von Chicago arbeitete.

Großvater verdiente als Anstreicher nicht viel, aber er und Großmutter nahmen anstandslos den Nachwuchs meiner Mutter auf, als sei es ihre heilige Pflicht. Weshalb Großmutter meiner Mutter gegenüber so nachsichtig war, wird mir immer ein Rätsel bleiben. Großmutter war eine strenggläubige Anhängerin der Pfingstbewegung mit äußerst puritanischen Vorstellungen über Sex (tabu), Alkohol (strikt verboten) und Drogen (noch schlimmer als Sex und Alkohol). Sie muß über das Leben, das meine Mutter führte, Bescheid gewußt haben, über ihre Arbeit in Bars und die ständig wechselnden Männer in ihrem Leben. Dennoch liebte sie meine Mutter und nahm die Belastungen, die diese ihr aufbürdete, mit bewundernswerter Nachsicht in Kauf.

Damals war Mutter mit Patrick Carrow verheiratet, dem Vater ihrer ersten drei Kinder. Ich erhielt seinen Namen, doch später erzählte man mir, daß er die Vaterschaft abstritt und behauptete, ich sei das Resultat aus der Verbindung meiner Mutter mit einem Arzt aus Gary. Mir sollte es recht sein. Pat Carrow war Boxer und ebenso hinterhältig und brutal wie die anderen Typen, die meine Mutter aufgabelte. Nancy, Patrick und Larry lebten hin und wieder unter einem Dach mit Pat Carrow, während sie aufwuchsen, und Patrick berichtete mir später, daß Pat sie verprügelt und manchmal sogar gezwungen hatte, aus Hundenäpfen zu essen.

Daß sie mich Großmutter überließ, war das beste, was meine Mutter je für mich getan hat. Nach Großmutters Darstellung war mein Kopf bei meiner Ankunft in Florida mit Milchschorf übersät und meine Haut rissig und wund. Die Hälfte der Zeit war ich krank, die andere Hälfte verbrachte ich schlafend. »Du warst nicht größer als ein Biskuit«, berichtete sie mir später. Mutter erzählte ihr, daß sie zurück nach Gary ginge, um das Geld für die Scheidung von Pat Carrow zu verdienen, und ein paar Wochen später zurückkommen würde, um bei ihren Kindern zu sein.

Sie ging zurück nach Gary und ließ sich mit einem Typen namens Jimmy Mikos ein, einem professionellen Dieb und hoffnungslosen Verlierer. Als ich sie das nächste Mal sah, waren, soweit ich mich erinnere, drei Jahre vergangen. Selbst dann hätte ich sie wahrscheinlich noch nicht wieder zu Gesicht bekommen, wenn sich mein Gesundheitszustand nicht zunehmend verschlechtert hätte. Ich war ständig erkältet oder hatte Lungenentzündung. Herumzukrabbeln verursachte mir unendliche Mühe, und erst mit über anderthalb Jahren tat ich meine ersten richtigen Schritte. Tante Reda, die bei uns in der Nähe lebte und sich manchmal um mich kümmerte, äußerte den Verdacht, ich hätte eine Herzschwäche, und drängte Großmutter, mit mir einen Spezialisten aufzusuchen. Sie sollte recht behalten. Die Diagnose ergab eine angeborene Herzerkrankung – Ductus Arteriosus – und ohne Operation, so hieß es, würde ich sterben. Die Ärzte verwiesen Großmutter an ein Spezialistenteam an der Universität von Evansville in Indiana. Großmama äußerte sich nie über die genauen Details. Sie erzählte nur, daß sie und Großvater das Geld für die Operation nicht aufbringen konnten. Sie riefen meine Mutter unter der einzigen Telefonnummer an, die sie von ihr besaßen, der Nummer einer Bar in Chicago, in der sie arbeitete.

»Man sagte mir, sie könne nicht ans Telefon kommen, weil sie einen Kunden hätte«, berichtete Großmutter. »Ich erwiderte. ›Sie haben fünf Minuten, um sie an den Apparat zu holen, oder ich schicke Ihnen in zehn Minuten die Sittenpolizei auf den Hals.‹ Deine Mutter kam ans Telefon und schimpfte. ›Bist du verrückt geworden? Diese Typen sprengen ohne mit der Wimper zu zucken euer Haus mitsamt den Kindern in die Luft.‹ Deine Mutter arbeitete für einen Haufen Gangster, aber mir konnte das keine Angst machen.«

Mutter und ihr neuer Ehemann, Jimmy Mikos, mieteten ein Apartment in Evansville und kamen nach Florida, um mich abzuholen. Allem Anschein nach war ich zu schwach, um die Operation zu diesem Zeitpunkt zu überstehen. Die Ärzte in Indiana beschlossen, einige Monate abzuwarten, bis ich genügend Kraft für eine Operation gesammelt hätte. Großmama und Großpapa zogen ebenfalls nach Evansville, um in der Nähe der Familie zu sein.

Ich lebte die paar Monate bis zu dem Eingriff mit meiner Mutter und meinem Stiefvater zusammen, aber meine Erinnerungen an Jimmy Mikos waren immer recht vage. Großmutter erzählte nicht viel von ihm, außer daß er mich liebte und gut behandelte. Auf jeden Fall spielte er keine besonders lange Rolle in meinem Leben. Am Tag nach der Operation trat das FBI die Tür unseres Apartments ein und verhaftete ihn. Ich habe ihn nie wieder gesehen.

Kurz nachdem ich aus dem Krankenhaus entlassen wurde, ließ Mutter mich wieder in Großmutters Obhut und widmete sich weiter ihrer Karriere als Animierdame in den Bars um Gary und Chicago, wo sie Danny Daines, meinen nächsten Stiefvater kennenlernte. Soweit ich mich erinnere, habe ich, bis ich etwa zwanzig war, nie wieder an die Zeit im Krankenhaus gedacht. Doch dann begannen die Flashbacks, schwache, blitzartige Erinnerungen, die unvermittelt in meinen Gedanken auftauchten. Ich sah Metallstäbe, ähnlich den Eisengittern eines Gefängnisses oder den Gittern eines Kinderbettes im Krankenhaus. Manchmal war das Bild klarer ... es *war* ein Krankenhausbett. Ich sah die verschwommenen Züge eines Mannes, der sich über das Gitter beugte, und ein verzweifeltes kleines Mädchen; ob verzweifelt vor Wut oder vor Angst, ich konnte es nicht sagen.

Über einen Zeitraum mehrerer Wochen wurden die Bilder deutlicher, ergaben aber immer noch keinen Sinn. Ein kleiner Junge ... ein Teddybär ... ein Mann mit Turban ... der Geruch nach Desinfektionsmitteln. Erst allmählich fügten sich die Bilder zu einer Reihenfolge zusammen. Bei dem Mann mit Turban handelte es sich um einen Arzt, und der kleine Junge teilte das Zimmer mit mir. Seine Eltern waren ständig bei ihm, und er war von Spielsachen umringt. Ich hingegen war meist allein, da Mutter nur selten ins Krankenhaus kam und Großmutter mich nicht so oft besuchen konnte, wie sie es gern getan hätte, da sie keine Fahrgelegenheit hatte. Ich erinnerte mich, daß ich einmal weinend in meinem Bett lag und der Vater des kleinen Jungen zu mir kam und einen Teddybär neben mich legte. Dicht an das Plüschtier geschmiegt, schlief ich ein. Als ich erwachte, stand meine Mutter am Bett und griff nach dem Teddy. »Der gehört dir nicht«, sagte sie. »Du mußt ihn zurückgeben.« Ich sehe mich noch vor mir, wie ich, schreiend und rasend vor Zorn, an den Gitterstäben rüttelte und die Arme nach dem Teddy ausstreckte. Das nächste, woran ich mich erinnerte, war, daß der Teddybär auf dem Boden lag. In seinem Bauch klaffte ein Loch, und die Füllung war über den Fußboden verstreut. Der kleine Junge weinte, und seine Eltern waren außer sich. Jeder im Raum schien böse auf mich zu sein. Meine Mutter zerrte mich aus dem Bett und schüttelte mich, bis Großmutter mich aus ihrem Griff befreite und mich tröstend an sich zog. Ich habe nie erfahren, was eigentlich mit dem Teddybär geschehen war. Als jene Erinnerungen zurückkehrten, habe ich Großmama danach gefragt, aber sie hat mir niemals eine befriedigende Erklärung über die Geschehnisse gegeben.

Jahrelang grübelte ich insgeheim über den Teddybären nach und wie es dazu gekommen sein mochte, daß er aufgerissen und mit herausquellender Füllung auf dem Boden gelegen hatte. Außerdem beschäftigte mich das verschwommene Gesicht des Mannes, das in meinen Erinnerungen immer wieder aufgetaucht war. Offenbar gab es gewisse Dinge, die mein Bewußtsein sich weigerte preiszugeben.

Abgesehen von den wenigen Jahren, in denen Mutter mit Danny Daines verheiratet war, verbrachte ich nur sporadische Zeiträume mit ihr, die gewöhnlich damit endeten, daß sie mich bei irgendwelchen Verwandten ablud und in die Nacht verschwand. Die meiste Zeit lebte ich bei meinen Großeltern, aber auch sie hatten mit einer deprimierenden Vergangenheit zu kämpfen.

Um irgendeine Schuld zu begleichen, hatten die Eltern meiner Großmutter sie im Alter von dreizehn Jahren mit einem groben alten Trunkenbold verheiratet. Noch bevor sie alt genug war, zur Wahl zu gehen, hatte Großmutter bereits fünf Kinder. Sie verließ ihren Mann und beantragte

Sozialfürsorge für ihre Kinder. Das Wohlfahrtsbüro gewährte die verlangte Fürsorge, indem sie die Kinder auf Pflegefamilien verteilte. Bis sie einen Job in einer Fabrik für Kuchen und Pasteten fand, lebte Großmutter auf der Straße, wo sie in Hauseingängen und verlassenen Häusern nächtigte und sich von Almosen ernährte.

Von ihrem ersten Gehaltsscheck mietete sie ein Apartment und holte ihre Kinder zu sich. Sie lebten in Hunger und ständiger Armut, bis Großmutter jenen Mann heiratete, den ich heute Großvater nenne, obwohl er nicht der leibliche Vater meiner Mutter ist.

Für den Rest ihres Lebens trug Großmutter die Jahre der Entbehrung wie eine schwere Last mit sich herum. Zur Weihnachtszeit war es am schlimmsten. Niemand konnte sie aufheitern. Jahr für Jahr verfiel sie in eine tiefe Depression und durchlebte in ihrer Erinnerung all die vergangenen schmerzvollen Festtage noch einmal. Jene Weihnachtsmorgen, an denen ihre Kinder in einem kahlen Apartment erwachten und weinten, weil Santa Claus sie vergessen hatte. Niemals ließ Großmutter es später zu, daß ein Weihnachtsbaum aufgestellt oder Geschenke gekauft wurden. Ihre Depression dauerte bis zum Neujahrsmorgen und verschwand dann wie der Dunst im Morgengrauen.

Dennoch besaß sie ein unerschütterliches Vertrauen in Gott, das oft bizarre Formen annahm. Zum Schrecken ihrer Enkel glaubte sie an körperliche Züchtigung, was ihr einen gewalttätigen Zug verlieh. Sie versohlte uns nicht einfach den Hintern, sondern pflegte uns – ungeachtet der Schwere unseres Vergehens – bis aufs Blut mit einem Riemen zu verprügeln, wobei sie die Bestrafung gewöhnlich durch laute Gebete unterstrich.

»Segne mich, süßer Jesus«, betete sie inbrünstig und fast jubelnd, während sie energisch zum ersten Schlag mit ihrem Gürtel oder Strick ausholte. »Im … ZISCH … Namen … ZISCH … Gottes …. ZISCH …«

Ja, ich hatte immer damit gerechnet, eines Tages überzuschnappen, und je länger wir in dem Haus am Clifty

Drive lebten, desto mehr Anlaß hatte ich zu der Vermutung, daß meine psychische Stabilität zunehmend bröckelte.

Zu ihrem zweiten Geburtstag, im Mai 1988, erhielt Ashley eine stimmaktivierte, batteriebetriebene Sprechpuppe. Die Puppe reagierte auf die menschliche Stimme, indem sie »Mama, Mama« sagte. Ashley liebte Puppen und trug ständig eine mit sich herum.

Aus irgendeinem Grund regte mich diese besondere Puppe auf. Ich muß sogar zugeben, daß ich sie regelrecht verabscheute. Einige Wochen nach Ashleys Geburtstag lag ich im Bett und hörte eine leise Stimme aus ihrem Zimmer. Mein erster Gedanke war, daß sie wach sei und spielte, aber als ich aufstand und mich ihrer Tür näherte, erkannte ich die Stimme der Puppe, die ständig »Mama, Mama« wiederholte.

Ich öffnete die Tür und blickte ins Zimmer. Ashley lag in tiefem Schlaf, aber die Stimme leierte weiter. Ich sah mich suchend in dem dunklen Raum nach der Puppe um. Plötzlich fiel sie genau vor meinen Füßen zu Boden, die Kunststofflippen bewegten sich immer noch. »Mama, Mama.«

Was konnte sie aktiviert haben? Steven hatte zu jenem Zeitpunkt schon sein eigenes Zimmer bezogen, und Ashley schlief allein. Die Puppe verstummte auch nicht, als ich sie aufhob und den AUS-Schalter drückte. Ich versuchte es mehrmals ohne Erfolg, erst als ich die Batterien aus dem Rücken entfernte, erstarb die Stimme, und die Puppe starrte mich aus ihren leeren Glasaugen an.

Kurz darauf ertönte erneut die Puppenstimme aus Ashleys Schlafzimmer. Ich hatte mich bereits halb erhoben, als mir einfiel, daß ich ja die Batterien entfernt hatte. Ich sank zurück und lauschte. *Höre ich das wirklich, oder existiert diese Stimme nur in meinem Kopf?* Es wurde bald wieder still, doch am darauffolgenden Tag nahm ich das verwünschte Spielzeug heimlich aus Ashleys Zimmer und warf es fort.

Die meisten Geschehnisse, die mich veranlaßten, an meiner geistigen Gesundheit zu zweifeln, schienen auf irgendeine Weise mit meiner Tochter in Zusammenhang zu stehen. Wann immer sich etwas Unbegreifliches ereignete, hatte es auf die ein oder andere Weise mit Ashley zu tun.

Wir hatten ihr einen kleinen, antiken Schaukelstuhl gekauft, mit runden, hölzernen Verstrebungen, die etwa acht oder neun Zentimeter auseinanderstanden und genau oberhalb der Schaukelkufen verliefen. Der Stuhl stand im Wohnzimmer, und sie saß darin, wenn sie fernsah. Eines Morgens, ich stand in der Küche und spülte das Geschirr, während Ashley nebenan die Sesamstraße ansah, hörte ich sie schreien. Sie war in ihrem Schaukelstuhl gefangen, eingeklemmt zwischen den Querstäben unter der Sitzfläche stöhnte sie vor Schmerzen und bekam kaum noch Luft. Ich versuchte sie zu befreien, doch der Stuhl hielt sie unerbittlich eingekeilt. Ich rannte in die Gerätekammer, schnappte mir eine Metallsäge und befreite sie, indem ich die Holzverstrebungen zersägte. Ashleys Rücken und ihr Unterleib waren voller Blutergüsse.

Als Ron nach Hause kam, zeigte ich ihm den Stuhl und erzählte ihm, was passiert war.

»Wie kann sie bloß zwischen die Stäbe geraten sein?« fragte ich ihn. »Sie stehen kaum weit genug auseinander, daß man seine Faust dazwischenschieben kann.«

Ashley konnte uns nicht erklären, was geschehen war, aber Ron fand eine Erklärung, die wir mehr oder weniger akzeptierten; sie war zwar fadenscheinig, aber besser als gar nichts. Ashley mußte vom Sofa auf den Stuhl gesprungen sein, und durch die Wucht des Sprunges war sie zwischen die Stäbe gerutscht. Unwahrscheinlich, aber nicht unmöglich.

Wir machten uns nicht die Mühe, den Schaukelstuhl zu reparieren. Ebenso wie die Puppe verschwand er auf dem Müll.

Wenn ich bis Mitternacht arbeitete, schlief ich gewöhnlich länger als der Rest der Familie. Es war nicht ungewöhnlich, daß Ron und Steven das Haus bereits verlassen hatten, wenn Ashley und ich aufstanden. Sie schlossen stets die Tür hinter sich ab. Eines Morgens betrat ich die Küche und sah, daß die Küchentür weit offenstand und Ashley draußen auf der Veranda spielte. *Ron war wieder mal nachlässig,* war mein erster Gedanke. Dann entdeckte ich einen gelben Aufkleber an der Innenseite der Küchentür. Er stammte von einem UPS-Boten und enthielt die Mitteilung, daß er später noch einmal mit der Lieferung zurückkehren würde.

Als er kam, fragte ich ihn, wie er ins Haus gekommen sei. »Ich habe an die Tür geklopft, sie ging auf, und ein kleines Mädchen stand dort«, antwortete er. »Ich fragte sie, ob ihre Mami zu Hause sei, aber sie antwortete nicht. Ich rief ein paarmal, aber da niemand antwortete, hinterließ ich die Nachricht und ging wieder.«

Ich war verblüfft, daß Ashley allein die Tür aufgeschlossen und geöffnet haben sollte. Ich verschloß sie, drehte den Schlüssel im Schloß und forderte sie auf, die Tür zu öffnen. Sie erreichte kaum die Klinke und war erst recht nicht in der Lage, den Schlüssel umzudrehen.

5. Kapitel

Während des zweiten Jahres in unserem neuen Haus entwickelte Ashley die Gewohnheit, nachts aufzustehen, den Fernseher im Wohnzimmer anzustellen und den Eisschrank auf der Suche nach Kuchen, Snacks oder Erdnußbutter zu plündern. Wir amüsierten uns darüber. Für uns war sie ein kleines Mädchen, das keine Angst hatte, für sich allein in einem dunklen Haus zu spielen. Die Tatsache, daß sie alles doppelt hervorholte – zwei Gläser Milch, zwei Teller mit Kuchen, zwei Portionen von was auch immer – ließ allerdings darauf schließen, daß sie selbst der Meinung war, nicht allein zu sein.

Dann begann sie, das kleine Mädchen zu erwähnen.

Als es zum ersten Mal geschah, fühlte ich mich gerade ziemlich erledigt – die üblichen weiblichen Monatsbeschwerden – und so erschöpft, daß ich manchmal in einen komaähnlichen Schlaf versank, als hätte man mir Drogen verabreicht.

An einem solchen Morgen erwachte ich, weil Ashley weinend an mir herumzupfte. Sie war völlig aufgelöst, und ich bemühte mich, die bleierne Müdigkeit, die mir noch in den Gliedern steckte, abzuschütteln.

»Was ist denn, Schätzchen?« fragte ich sie.

»Mein Hals hat weh getan, und ich habe nach dir gerufen«, klagte sie. »Ich habe immer ›Mama‹ gerufen, aber das kleine Mädchen hat gesagt, du könntest mich nicht hören.«

Ich war immer noch benommen, und vor meinen Augen verschwamm alles.

»Was für ein Mädchen?« fragte ich.

»Das kleine Mädchen, das immer in mein Zimmer kommt«, antwortete sie.

Offenbar hatte sie einen bösen Traum gehabt. Ich zog sie unter die Decke und streichelte ihren Nacken.

Das kleine Mädchen wurde nicht mehr erwähnt, bis wir etwa zwei Wochen später gemeinsam beim Abendbrot saßen. Wie üblich berichtete jeder, was sich im Laufe des Tages Aufregendes ereignet hatte.

»Ich habe eine Freundin«, verkündete Ashley.

Ron und ich lächelten uns an.

»Ein kleines Mädchen«, fuhr sie fort. »Sie kommt nachts in mein Zimmer und spielt mit mir.«

Später unterhielten Ron und ich uns über Ashleys imaginäre Freundin. Kinder, die häufig allein sind, erfinden oft Spielkameraden. Wir beschlossen, daß es Zeit sei, Ashley im Kindergarten anzumelden, damit sie mit anderen Kindern ihres Alters zusammentraf. Sie ging gerne dorthin, hörte jedoch nicht auf, von ihrer imaginären Freundin zu erzählen. Ich bemerkte, daß sie zu dieser Freundschaft eine ganz bestimmte, defensive und beschützende Stellung zu beziehen schien.

Eines Tages saßen wir mit ihren Malbüchern und Buntstiften auf dem Boden, und sie sagte: »Das kleine Mädchen ist gar nicht bunt.«

»Das kleine Mädchen, das in dein Zimmer kommt?«

»Mmmh.

»Wie sieht sie denn aus?«

»Ich hab' sie nicht gesehen, Mami.«

»Wo wohnt sie denn?«

»Sie wohnt meistens auf dem Dachboden. Sie ist sehr traurig, weil sie nämlich keine Mami und kein eigenes Zuhause hat.«

»Das ist aber wirklich sehr traurig«, erwiderte ich. Ich wollte sie zwar nicht in ihren Phantasien bestärken, aber es erschien mir wichtig, mit ihr darüber zu sprechen und sie spüren zu lassen, daß die Gefühle, die sie durchlebte, in Ordnung seien. Schließlich hatte ich noch nie davon gehört, daß ein Kind ernsthaften Schaden dadurch erlitt, daß es sich Spielkameraden ausdachte.

»Ja, sie sind da oben auf dem Dachboden«, sagte sie.

Sie? Es schienen noch mehrere Personen beteiligt zu sein. Bisher hatte sie immer nur von einer Freundin gesprochen.

»Wer sind *sie*?« erkundigte ich mich.

Sie antwortete nicht, und ich wiederholte die Frage. Ihre Stimmung veränderte sich abrupt. Sie wurde zornig und kritzelte heftig mit ihrem Stift auf dem Blatt herum.

»Laß mich raten«, sagte ich, um das Gespräch ein wenig aufzulockern. »Jeden Abend, wenn ich zu Bett gegangen bin, kommen sie herab und essen Marmeladen- und Erdnußbutterbrote.«

Das schien sie noch mehr zu erzürnen, offenbar hatte sie den Eindruck, ich würde mich über sie lustig machen. Sie stand auf und starrte mich wütend an. »Wie würdest du es denn finden, auf einem fremden Dachboden wohnen zu müssen und keine Mami zu haben?« fragte sie, raffte ihre Malsachen zusammen und verschwand in ihrem Zimmer.

Wochen vergingen, und die Dinge im Haus und in meinem Kopf schienen sich zu normalisieren. Doch jedesmal, wenn ich dachte, wir hätten endlich wieder Boden unter den Füßen, kündigten sich neue Probleme an.

Mit beharrlicher Ausdauer war es uns gelungen, das Haus in einen bewohnbaren Zustand zu verwandeln – in der Tat war es sogar sehr behaglich und hübsch geworden –, aber es bedeutete einen täglichen Kampf, es in diesem Zustand zu erhalten. Elektrogeräte brannten durch, und wenn wir sie ersetzten, passierte mit den neuen Geräten das gleiche. Glühlampen flackerten und explodierten in der Fassung. Im Frühjahr 1988 waren uns zwei Wagenmotoren kaputt gegangen. Katzen, Hunde, Goldfische, ganz gleich, was für Haustiere wir für die Kinder anschafften, sie starben innerhalb weniger Monate.

Wir hatten die fünf ehemaligen Motelräume noch immer nicht renoviert und sprachen nur noch selten von unseren Plänen, sie in eine Tagesstätte zu verwandeln. Die Verdrossenheit meines Mannes wuchs, und er arbeitete immer seltener an unserem Haus.

Andere merkwürdige Dinge ereigneten sich.

Das Wort HÖLLFE wurde in die Wandvertäfelung geritzt. Ashley war zu klein, um in Frage zu kommen, und Steven bestritt, daß es sein Werk gewesen sei. »Also wirklich, Mama«, verteidigte er sich, »ich weiß doch schließlich, wie man ›HILFE‹ schreibt.«

Gebühren für Ferngespräche, die wir nie geführt hatten – darunter eins zu den Virgin Islands – erschienen auf unserer Telefonrechnung. Wir mußten sie letztendlich nicht bezahlen, weil die Telefongesellschaft uns glaubte, aber es war ein weiterer Punkt auf der wachsenden Liste der Ärgernisse. Wir konnten die Möglichkeit, daß sich in unserer Abwesenheit jemand Zugang zum Haus verschaffte, nicht ausschließen. Der Verdacht war bereits durch den defekten Waschmaschinenschlauch, der ausgesehen hatte, als habe ihn jemand durchgeschnitten, die frischen Tapeten, die auf dem Teppich gelegen hatten, und die toten Vögel entstanden. All dies ließ darauf schließen, daß sich jemand im Haus zu schaffen machte, während wir fort waren. Es gab niemals Zeichen für ein gewalttätiges Eindringen, und wir hatten keine Ahnung, weshalb uns jemand auf diese Weise schikanieren sollte, aber es gab keine andere Erklärung.

Die Cyrus-Familie, die in dem kleinen Haus hinter uns wohnte, waren unsere nächsten Nachbarn, und kurz nach unserem Einzug hatte ich einen kleinen Zusammenstoß mit ihnen. Ihre Kinder besaßen die Angewohnheit, mit ihren Rädern durch unseren Garten zu fahren und ohne anzuklopfen ins Haus zu treten. Ich war damals noch nicht so vertraut mit den örtlichen Gepflogenheiten in Madison: Die Leute dachten sich nichts dabei, einfach unangemeldet bei ihren Nachbarn aufzukreuzen. Ich wollte jedoch nicht unhöflich sein und hielt meinen Mund, bis ich eines Tages nach unserer Schubkarre suchte und sie gegen die Cyrussche Hauswand gelehnt fand. Ich ging entschlossen hinüber und bat sie, in Zukunft nichts ungefragt von unserem Grundstück zu entfernen.

Aber deshalb waren wir keineswegs Feinde, und es gab keinen Grund, sie zu verdächtigen. Doch wen dann?

Wir hatten einander seit sieben Jahren nicht gesehen, daher kam der Anruf meiner Schwester Marilee sehr überraschend für mich. Sie lebte etwa sechzig Meilen von Madison entfernt in Clarksville, Indiana, und kündigte ihren Besuch an.

Meine erste Erinnerung an Marilee geht zurück in jene Zeit, als Mutter Danny Daines heiratete und lange genug seßhaft war, ihre Brut ein paar Jahre um sich zu scharen. Marilee war zehn Jahre älter als ich, und obwohl sie mich unentwegt hänselte, waren wir gut miteinander ausgekommen. Später hatten wir nicht mehr in sonderlich engem Kontakt gestanden. So war es mit all meinen Geschwistern; wir gaben mehr oder weniger Gastrollen im Leben des jeweils anderen.

Das Haus machte inzwischen einen ganz repräsentablen Eindruck, und ich freute mich, es ihr vorzuführen. Ich zeigte ihr die Zimmer und erzählte ihr, was für ein Aufwand es gewesen war, alles so herzurichten. Ich war sehr stolz auf mein Heim und glücklich darüber, daß letztendlich doch alles so schön geworden war.

»Es liegt immer noch jede Menge Arbeit vor uns«, berichtete ich ihr. »Wir wollen ein paar Wände in dem Motelflügel herausschlagen und alles erneuern. Ron spielt mit dem Gedanken, eventuell eine Tagesstätte dort aufzumachen.«

Marilee schien nicht sehr beeindruckt von dem Haus, im Gegenteil, sie schien sich sichtlich unwohl zu fühlen.

»Gefällt es dir nicht?« fragte ich sie.

»Hm ... es gibt so viele Korridore«, antwortete sie, »irgendwie habe ich ein merkwürdiges Gefühl hier.«

Kellie hatte sich ähnlich geäußert. Erst meine beste Freundin, jetzt meine Schwester. Die Enttäuschung stand mir offensichtlich ins Gesicht geschrieben.

»Aber es ist wirklich hübsch«, versuchte sie mich zu beschwichtigen. »Ich freue mich für dich.«

Abends brühten wir uns Kräutertee auf und erzählten bis in die frühen Morgenstunden. Ich vertraute ihr einige der merkwürdigen Geschehnisse an, die sich seit unserem Einzug in das Haus ereignet hatten – die Geschichte mit der Farbe und den Tapeten, den Vögeln, den Geräuschen auf dem Dachboden, der unerklärlichen Überschwemmung, den kaputten Wagenmotoren und den Vorfall mit Ashleys Schaukelstuhl.

Ich berichtete ihr auch von meiner Vision der Frau in der Badewanne und Ashleys imaginärer Freundin, die angeblich auf dem Dachboden lebte und nur nachts herunterkam. »Das Haus hält uns ganz schön auf Trab«, schloß ich trocken, »das scheint sich schon auf unseren Verstand auszuwirken.«

»Das muß nicht unbedingt an eurem Verstand liegen«, erwiderte sie ernster, als ich erwartet hatte.

Marilee erzählte mir, daß sie mit einer Frau befreundet sei, die sie ein Jahr zuvor auf einer Art Markt für Parapsychologie kennenlernte, den sie mit einer Freundin besucht hatte. Beim Eintritt waren sie von einer Frau gefragt worden, ob sie sich mit einem Handleser, einem Wahrsager oder einem Numerologen unterhalten wollten.

»Ich antwortete ihr, daß ich gern einen Parapsychologen kennenlernen würde«, erzählte Marilee, »und zwar einen begabten, einen Scharlatan würde ich nämlich sofort erkennen. Also stellte sie mir Susie, eine Parapsychologin, vor. Wir verbrachten eine ganze Weile bei ihr, obwohl ich mir irgendwie komisch dabei vorkam. Du wirst es nicht glauben, aber sie wußte Dinge über mich, die eigentlich nur Leute wissen können, die mich gut kennen. Sie wußte über mein Verhältnis zu meinem Sohn Bescheid, sein Alter und solche Dinge. Darüber, daß ich mit meinem Vater zusammenlebe und mich bald selbständig machen würde – das war kurz bevor ich den Schönheitssalon eröffnete. Sie sprach sogar über meine derzeitige Beziehung, also wirklich, es hat mich einfach umgehauen.«

Ich neckte sie, weil sie auf solch einen Hokuspokus hereingefallen war, aber sie ließ sich nicht beirren. Sie und Susie waren gute Freundinnen geworden, und dank dieser Freundschaft war Marilee nun ebenfalls von den Kräften des Übernatürlichen fasziniert.

»Hast du jemals mit einem Buchstabenbrett gespielt?« fragte sie mich.

»Ja, irgendwann mal«, antwortete ich. »Steven bekam vor ein paar Jahren eins zu Weihnachten geschenkt. Wir haben es ein paarmal benutzt, aber es war nicht besonders aufregend.«

Auf einem Buchstabenbrett sind die Buchstaben des Alphabets sowie einige simple Wörter, wie ›ja‹ oder ›nein‹ kreisförmig entlang der äußeren Kante des Brettes angeordnet. Die Buchstabenfolgen oder Wörter, auf die sich der Zeiger bewegt, ergeben die Antwort auf eine Frage, die zuvor von einem der Spieler gestellt wird. Angeblich wird ein Buchstabenbrett bei spiritistischen Sitzungen als Medium zwischen den Lebenden und den Verstorbenen verwendet.

»Die Dinger sind ganz schön unheimlich«, sagte Marilee und erzählte von einem Abend in ihrem Schönheitssalon, an dem sie und ihre Partnerin Cindy nach Ladenschluß das Buchstabenbrett hervorholten. Sie hatten die Vorhänge zugezogen, Kerzen angezündet und versucht, mit dem Brett zu kommunizieren. Der Zeiger hatte ein paarmal wild ausgeschlagen, und die Kerzenflammen waren wie Propangasflammen in die Höhe geschossen. »Da haben wir es mit der Angst zu tun bekommen und das Brett wieder weggelegt.«

»Ach was, dabei tut sich doch gar nichts. Bei Stevens Spiel hat sich der Zeiger nicht mal bewegt«, sagte ich. »Ich glaube, es liegt immer noch in seinem Schrank herum.«

»Geh und hol es. Laß uns einen Versuch machen«, schlug sie vor.

»Marilee, du wirst dich noch in eine Hexe verwandeln«, lachte ich.

»Hör auf mich, und nimm das gefälligst ernst«, sagte sie. »Irgend etwas stimmt nicht mit diesem Haus. Vielleicht können wir herausfinden, was es ist.«

Ron und die Kinder waren lange ins Bett gegangen. Ich schlich ins Stevens Zimmer, holte das Spielbrett und legte es auf den Küchentisch. Wir löschten die Lichter, zündeten Kerzen an, und Marilee gab mir Anweisungen. Die Fingerspitzen sacht auf den Rand des Spielbrettes gelegt, saßen wir einander gegenüber. Sie begann damit, einfache Fragen zu stellen, und der Zeiger bewegte sich leicht hin und her.

Das ist ein Trick, dachte ich, Marilee nimmt mich immer noch auf den Arm, genau wie früher. Aber so sehr ich auch aufpaßte, ich konnte nicht feststellen, wie sie es anstellte.

»Ist jemand da?« fragte sie.

Ohne zu zögern, bewegte der Zeiger sich zu dem Wort JA.

»Wer bist du?«

Langsam, aber zielstrebig drehte sich der Zeiger von einem Buchstaben zum anderen und buchstabierte das Wort G E I S T. Ich behielt aufmerksam Marilees Hände im Auge, um herauszufinden, wie sie das Spielbrett manipulierte. Furcht vortäuschend, ließ ich ein geflüstertes »Huuuuu« ertönen.

Marilee fand das gar nicht lustig. »Du darfst dich über ein Buchstabenbrett nicht lustig machen«, zischte sie. »Das erzürnt die Geister.«

Mit gesenktem Kopf fuhr sie fort. »Kennst du meine Mutter?«

Der Zeiger schwang zu JA, und plötzlich, als habe jemand mit einem Hammer darauf geschlagen, sprang das hölzerne Mittelteil mit dem Zeiger aus dem Brett und landete auf dem Boden. Marilees Hände hatten sich nicht bewegt, und sie schien nicht minder erstaunt als ich. *Vielleicht nimmt sie mich ja gar nicht auf den Arm?*

Sie hob das Teil auf und setzte es wieder an seinen Platz. »Vielleicht sollten wir lieber das Thema wechseln«, murmelte sie.

»Bist du männlich oder weiblich?«

W E I B L I C H.

»Wie ist dein Name?«

C-K.

Marilee wiederholte die Frage, und die gleiche Antwort erfolgte: C-K. Keine von uns beiden konnte mit diesen Buchstaben etwas anfangen, aber mehr wollte das Brett offenbar nicht preisgeben.

»Bist du tot?«

JA.

»Wie bist du gestorben?

M O R D.

»Magst du Doretta?«

NEIN.

»Magst du Ron?«

Der Zeiger bewegte sich nicht.

»Magst du Ashley?«

Nichts.

»Magst du Steven?«

Nichts.

Marilee kehrte wieder zur ersten Frage zurück.

»Magst du Doretta?«

Für einen Sekundenbruchteil zuckte der Zeiger und schwang dann wieder zu NEIN.

Marilee blickte grimmig drein, aber ich war nach wie vor überzeugt, daß es sich um einen ihrer schlechten Scherze handelte. Als sie damals mit uns in Dannys Haus gezogen war, hatte sie mir weisgemacht, sie sei nicht meine Schwester, sondern die Bewohnerin eines anderen Planeten. Mit meinen fünf Jahren konnte man mir alles erzählen. Heute war ich eine absolut Ungläubige, was Außerirdische, Geister oder Buchstabenbretter anging, aber irgend etwas an diesem Experiment reizte mich. Um die Wahrheit zu gestehen, es machte mir sogar Spaß.

Die Finger leicht auf dem Brett, fragte ich: »Wohnt in diesem Haus ein Geist?«

»Ja.«

»Ist der Geist ein Mann oder eine Frau?«

Bevor der Zeiger sich bewegte, schrie Marilee plötzlich »Perverse!«, und erneut landete der Zeiger auf dem Boden.

»Hast du mich etwa damit gemeint?« lachte ich.

Marilees Augen funkelten immer noch zornig. »Nein«, sagte sie, überrascht, daß ich das fragte. »Ich weiß selbst nicht, wieso ich das gesagt habe. Es ist einfach aus mir hervorgebrochen.«

Der zuvor so heitere Abend wirkte auf einmal bedrückend, nahezu gespenstisch.

»Okay, das reicht jetzt«, sagte ich, »weißt du eigentlich, daß es fast fünf Uhr ist?«

Wir legten das Brett fort und gingen zu Bett.

Für den darauffolgenden Morgen hatten wir einen Einkaufsbummel geplant. Gegen neun oder zehn Uhr – wir waren gerade aufgestanden – kam Marilee aufgelöst in die Küche gerauscht. »Doretta, ob du es glaubst oder nicht, ich wollte gerade ins Bad, da ging dein Fön plötzlich los. Ich hab' ihn nicht einmal berührt. Er ging einfach los.«

Ich ließ den Fön oft eingesteckt auf dem Handtuchgestell liegen. Dort hatte er auch gelegen, als Marilee das Bad betrat.

»Ich habe nicht mal den Lichtschalter angefaßt. Er ist vollkommen von allein angegangen«, beteuerte sie nochmals. Ihr Unbehagen meinem Haus gegenüber schien mit jeder Minute zu wachsen.

»Das war bloß Casper, unser freundlicher Hausgeist«, neckte ich sie.

»Vielleicht ist er nicht so besonders freundlich«, erwiderte sie.

»Ach komm, Schwesterherz, ich habe dir doch erzählt, was für Probleme wir mit dem Haus haben. Es passieren eben verrückte Sachen«, beruhigte ich sie.

»Ich habe den Fön in die Hand genommen und ausgeknipst. Doretta, der Schalter stand auf ›an‹!«

»Das wundert mich nicht«, sagte ich.

Nachdem wir unseren Kaffee getrunken hatten, ging ich ins Bad, um mich für unseren Einkaufsbummel fertigzumachen. Ich duschte, wusch meine Haare, und bevor ich nach dem Fön griff, setzte ich mir die Kopfhörer eines kleinen Radios auf. Da mein Haar recht dick ist, dauert es ziemlich lange, bis es trocknet, und ich höre währenddessen lieber Musik als das Rauschen des Föns.

Ich beugte mich nach vorn und ließ die Haare über den Kopf fallen, als ich die statische Störung hörte. In der Annahme, der Sender sei gestört, richtete ich mich auf, um das Radio neu einzustellen. Den Fön hielt ich immer noch auf meinen Kopf gerichtet, und als ich in den Spiegel blickte, sah ich Flammen und Rauch aus dem Gerät schießen. Entsetzt ließ ich den Fön los. Er fiel neben der Wanne auf den Boden, brach entzwei, und die Flammen erloschen.

Alarmiert von dem Aufruhr kam Marilee hereingestürmt.

»O mein Gott, Doretta«, rief sie, »hab' ich's dir nicht gesagt!«

»Das war nur ein Kurzschluß«, beruhigte ich sie, »das ist nicht das erste Mal.«

»Ihr müßt hier raus«, sagte sie. »Ihr könnt zu mir ziehen.«

»Marilee, das ist ja lächerlich«, entgegnete ich. »Das war nichts weiter als ein gewöhnlicher Kurzschluß.«

Es regnete leicht, als wir das Haus verließen, Ashley an ihrem Kindergarten absetzten und Richtung Downtown fuhren. Marilee setzte mir immer noch zu, aus dem Haus auszuziehen, und nichts, was ich sagte, konnte sie davon abbringen. Der Zwischenfall, der sich bei unserer Rückkehr ereignete, trug auch nicht gerade dazu bei, sie zu beruhigen.

Wir hatten in der Küche einen Deckenventilator installiert, in dessen Mitte fünf dekorative runde Glühbirnen kreisförmig angebracht waren. Als ich den Lichtschalter betätigte, explodierten die Glühbirnen in gleichmäßigen, rhythmischen Abständen. POP, Pause, POP, Pause, POP, Pause, POP, Pause, POP.

Marilee erlitt beinahe einen Nervenzusammenbruch. Ich drängte sie aus der Küche ins Wohnzimmer und versuchte vergeblich, sie zu beruhigen.

»Ich verschwinde hier«, sagte sie. »Hier bleibe ich keine Sekunde länger.«

»Marilee, jetzt stell dich doch nicht so an«, redete ich auf sie ein. »Das ist nun mal ein altes Haus. Mach doch nicht so ein Aufsehens deswegen. Auf diese Weise mußten schon Toaster, Kaffeemaschinen, Bügeleisen und alle möglichen anderen Sachen dran glauben.«

»Bitte hör auf mich«, bettelte sie, »du mußt hier weg. Dieses Haus hat es auf dich abgesehen.«

Ich überredete sie, mit ihrer Abreise wenigstens bis

zum nächsten Morgen zu warten, und als Ron nach Hause kam, versuchte sie auch ihn davon zu überzeugen, daß ich mich in unserem Haus in Gefahr befände.

»Sieh mal«, sagte Ron, »es gibt eine ganz einleuchtende Erklärung für das, was geschehen ist.«

»Und die wäre?« fragte Marilee.

Ron wußte zwar selbst nichts Genaues, wartete jedoch mit einer Theorie auf.

»Als der Fön durchbrannte, war Dorettas Körper vermutlich elektrisch aufgeladen. Sie trug Tennisschuhe, stimmt's? Also war sie nicht geerdet. Und die Elektrizität konnte wahrscheinlich erst in dem Augenblick entweichen, als sie den Lichtschalter berührte. Deshalb sind die Glühbirnen explodiert.«

Marilee kaufte ihm seine Erklärung nicht ab, und ehrlich gesagt, hatte auch ich meine Probleme damit. Ich war viel eher der Meinung, daß der Elektriker bei der Neuverlegung der Kabel Mist gebaut hatte.

Am nächsten Morgen packte Marilee ihre Sachen. Während wir zu ihrem Wagen gingen, ließ sie mich wissen, daß sie nicht die Absicht hätte, noch einmal wiederzukommen. Es war ein kühler, sonniger Morgen, und vereinzelte kleine Wölkchen, die vom Regen des vergangenen Tages zurückgeblieben waren, hingen wie Wattebäusche am strahlend blauen Himmel. Ein solcher Tagesbeginn ließ mein Herz stets höher schlagen.

»Das Buchstabenbrett hatte recht, was das Haus betrifft, Doretta«, warnte mich Marilee. »Du wirst es bereuen, wenn du hierbleibst.«

Ich antwortete ihr mit einem scherzhaften »Huuuuhuuu«.

»Das ist gar nicht witzig.«

»Ich habe mich wirklich über deinen Besuch gefreut, Marilee. Versprich mir, daß du bald wiederkommst.«

»Pah.«

Sie startete ihren Wagen und winkte mir zum Abschied zu. Nach einem letzten Blick auf mich schüttelte sie ihren Kopf und fuhr davon. *Arme Marilee,* dachte ich. Wie alle

Kinder meiner Mutter schleppte auch sie Probleme mit sich herum. Es war nicht weiter erstaunlich, daß sie mit Buchstabenbrettern kommunizierte, mit Wahrsagern herumhing und sich über rachsüchtige Häuser mokierte.

Ein paar Tage nach ihrer Abreise rief Marilee mich an und teilte mir mit, daß ihr Vater, Pat Carrow, der Mann, den ich kaum gekannt hatte, dessen Namen ich jedoch die ersten fünfzehn Jahre meines Lebens trug, gestorben sei. Ich fuhr nach Clarksville, um ihr bei den Formalitäten zur Seite zu stehen. Mein Bruder Larry war ebenfalls dort, und zusammen kümmerten wir uns um die Bestattung. Pat Carrow hatte mir nie etwas bedeutet. Er hatte stets abgestritten, mein Vater zu sein, und mich Zeit meines Lebens wie eine Aussätzige behandelt. Während wir steif wie Zinnsoldaten auf den Beerdigungsunternehmer warteten, betrachtete ich Marilees Gesichtszüge, ihre hohen Wangenknochen, die tiefliegenden braunen Augen und ihr kastanienfarbenes, welliges Haar. Dann glitt mein Blick zu Larry, dem genauen Ebenbild Marilees. Beide waren das Spiegelbild meiner eigenen Züge. Wieso hatte Pat Carrow mich verleugnet und die beiden anerkannt?

Der Bestattungsunternehmer stellte die üblichen Fragen, und Marilee machte ihm klar, daß ihr Vater keine Versicherung hinterlassen habe und wir nur wenig Geld für die Beerdigung aufbringen konnten. Sie und Larry blickten mich ratsuchend an, und ich sagte: »Verbrennen Sie ihn einfach.« Wahrscheinlich verbarg sich dahinter der heimliche Wunsch, daß er für die miese Art, mit der er mich behandelt hatte, in der Hölle schmoren sollte.

Marilee und Larry waren einverstanden, und es gab keinen Grund, eine Messe oder sonstige Feierlichkeiten zu veranlassen. Pat Carrow war ein unangenehmer Mensch gewesen, der so gut wie keine Freunde gehabt hatte. Abgesehen von uns dreien fiel uns kein Mensch ein, der an seiner Beerdigung Interesse haben könnte.

»Was soll mit seiner Asche geschehen?« fragte der Bestattungsunternehmer.

Wir wechselten einen raschen Blick und antworteten wie aus einem Munde: »Werfen Sie sie weg!«

6. Kapitel

Funken sprühten aus meinen Fingerspitzen, und Elektrizität knisterte zwischen meiner Hand und der Tür der Mikrowelle.

Kellie sah herüber und zog die Augenbrauen in die Höhe. »Ich könnte schwören, D. J., daß du eine Hexe bist.«

Eine Hexe. Ich war an solche Bemerkungen gewöhnt. Die meisten meiner Freundinnen und meiner Kolleginnen im Coach House Restaurant waren schon einmal Zeuge geworden, daß Funken flogen, sobald ich Metall berührte, und neckten mich deswegen. Die Tatsache, daß ich meistens Schwarz trug – eine übliche Farbe für Kellnerinnen – verstärkte diesen Ruf noch. Mit meinen dunklen Haaren, dunklen Augen, schwarzer Kleidung und funkensprühenden Fingerspitzen paßte ich hervorragend in das Bild, das sich die Menschen von einer Hexe machten.

»Kann schon sein«, gab ich scherzend zurück. »Schließlich war meine Großmutter auch eine Hexe.«

Großmutter und Großpapa lebten Zeit ihres Lebens in ärmlichen Gegenden, wo die Menschen es sich in der Regel nicht leisten konnten, ihre Kinder wegen jeder Kleinigkeit zu einem Arzt zu bringen. Viele Mütter brachten ihre Kinder statt dessen zu uns. Zu bestimmten Zeiten im Jahr führte Großmutter nicht nur unseren Haushalt, sondern betrieb nebenbei eine Art Praxis für leichte Fälle von Kinderkrankheiten.

Die Mütter, die zu ihr kamen, nannten sie wegen ihrer

heilenden Fähigkeiten liebevoll ›die alte Hexe‹. Obwohl es ein Ausdruck der Bewunderung war, mochte ich diese Bezeichnung nie. Für mich waren Hexen etwas Teuflisches, doch in den Methoden, die Großmutter anwendete, lag nicht die geringste Teufelskraft. Sie glaubte felsenfest an die Wirkung alter Hausmittel und behandelte zum Beispiel Erkältungen mit einem Sud, den sie aus Brühe und Kräutern und dergleichen zusammenbraute. Außerdem kannte sie alle möglichen Umschläge, mit denen man Wunden, Schnitte, Insektenstiche, Kratzer und Prellungen kurieren konnte.

Aber sie besaß noch eine andere Gabe. Während ich unter ihrem Dach heranwuchs, hörte ich oft, wie die Leute von ihrem ›sechsten Sinn‹ sprachen. Sie wußte bestimmte Dinge intuitiv.

Einmal war meine kleine Schwester Nancy von zu Hause weggelaufen. Großmutter setzte sich mit Großvater ins Auto und wies ihm den Weg, der jedermann außer ihr selbst willkürlich und ziellos erschienen wäre. Ihre Fahrt führte sie schließlich weit von unserer Wohnung fort in eine Neubausiedlung, die meine Großeltern nie zuvor gesehen hatten. Sie stieg aus dem Wagen, ging schnurstracks auf eins der Apartments zu, klopfte an die Tür und stand den Mietern und der verdutzten Nancy gegenüber. Großmutter erzählte uns nie, wie sie es geschafft hatte, Nancy ausfindig zu machen, sofern sie überhaupt eine Erklärung dafür hatte. Ahnungen und Intuitionen standen in ihrem Haus einfach nicht zur Debatte.

Obgleich Kellies Bemerkung, daß sie mich für eine Hexe hielt, scherzhaft war, fühlte ich oft, daß sie es ein Stück weit ernst meinte. Denn sie beobachtete mich mit der gleichen Spannung, mit der ein Kind das Treiben eines Zauberers verfolgt, immer in Erwartung des Unerklärlichen.

»Hast du schon mal mit deinem Arzt über diese Dinge geredet?« fragte sie und meinte die Elektrizität, die von mir ausging.

»Nein, wieso? Soll ich ihn bitten, nach meiner Batterie zu sehen?«

Möglicherweise hatte mein Mann mit seiner Hypothese nicht ganz falsch gelegen. Als ich das Küchenlicht angeknipst hatte und die fünf Birnen explodiert waren, hatte ich vielleicht tatsächlich eine elektrische Spannung in mir getragen, aber es mußte mehr gewesen sein, als die ein oder zwei Volt, die man durch einen defekten Fön aufnehmen kann. Meiner Meinung nach war der Kurzschluß des Föns eher durch mich verursacht worden, als daß ich das Opfer dieses Vorfalls gewesen war.

Was auch immer ich in mir herumtrug, mußte stärker als eine simple elektrische Ladung sein. So etwas mochte Kleider oder Haare statisch aufladen – möglicherweise auch einen Computer zum Abstürzen bringen – aber es würde nicht ausreichen, einen Kurzschluß im Staubsauger zu verursachen oder einen Elektroherd zu überheizen.

Es kam tatsächlich nicht selten vor, daß ich etwas bei dreihundert oder vierhundert Grad zum Garen in den Ofen stellte, und es brannte innerhalb von Minuten an. Dann wieder passierte es, daß die Kochplatte durchbrannte und erneuert werden mußte. Ich hatte schon so viele Geräte zerstört, daß Ron mich verdächtigte, unser Heim zu sabotieren, was ich ihm nicht mal verübeln konnte. Wenn dergleichen Dinge geschahen, war er meist nicht zu Hause, und es fiel ihm zunehmend schwerer, meine Erklärungen zu akzeptieren.

Bis er eines Tages Zeuge eines Zwischenfalls wurde, der mir beinahe zum Verhängnis geworden wäre. Ich wollte einige Wäschestücke aus dem Trockner nehmen und als ich die Hand ausstreckte, um die Tür zu öffnen, durchfuhr mich ein elektrischer Schlag, der mich buchstäblich umwarf.

»Alles in Ordnung?« fragte Ron, der sofort herbeigesprungen war.

»Glaubst du mir jetzt endlich?« fuhr ich ihn an, wütend darüber, daß mich zuerst ein Stromschlag fast umbringen mußte, bevor er seine Skepsis aufgab.

»Ich werde den Trockner mal unter die Lupe nehmen«, sagte er. »Da muß irgendwo ein Kabel freiliegen.«

Ron arbeitet als Elektriker bei den Kentucky-Versorgungswerken, und er besitzt Meßgeräte und dergleichen, um elektrische Spannung zu messen. Obwohl er den Trockner sehr sorgfältig prüfte, konnte er keine Störung feststellen. Für alle Fälle installierte er eine Glühbirne, die aufleuchten würde, falls sich doch aus irgendeinem Grund das Metallgehäuse des Gerätes elektrisch aufladen sollte. Die Birne registrierte jedoch niemals irgendeinen Impuls. In der Tat funktionierte der Trockner einwandfrei, wenn irgend jemand anders ihn benutzte. Es war offensichtlich, daß die Elektrizität von mir ausging. Weiß der Himmel, wie und woher sie in meinen Körper gelangte.

In Rons Werk gibt es einen Bereich, den sie scherzhaft Elektrobad nennen. Wenn man hindurchgeht, entsteht das Gefühl, als hätte man in Elektrizität gebadet. Die Arbeiter, die aufgrund ihrer Tätigkeit viel Elektrizität aufnehmen, testen sich von Zeit zu Zeit selbst, indem sie das Ende eines Kabels anfassen, das an ein Meßgerät angeschlossen ist und die Spannung in ihrem Körper anzeigt.

Ron kam eines Tages nach Hause und berichtete, daß das Gerät bei ihm achtunddreißig Ampere angezeigt habe. Noch nie hatte jemand über achtzehn oder neunzehn Ampere gelegen.

»Vielleicht bringe ich die Elektrizität mit nach Hause«, sagte er. Mangels einer besseren Erklärung ließen wir es darauf beruhen. Wenn Ron allerdings eine so hohe Spannung in sich trug, wieso brannten unsere Elektrogeräte nicht durch, wenn er sie benutzte? Und wie kam die Elektrizität in mich? Es ergab keinen Sinn. Zu diesem Zeitpunkt ergaben die wenigsten Dinge einen Sinn.

Eines Tages ging Steven vom Bad in sein Zimmer, um sich für die Schule anzuziehen. Er trug kein Hemd, und sein Anblick entsetzte mich. Ich folgte ihm in sein Zimmer. »Was ist denn mit dir passiert?« fragte ich ihn. Sein

Rücken, seine Brust und die Arme waren mit Blutergüssen übersät. Er hatte in den vergangenen Tagen einen recht bedrückten Eindruck gemacht, dies war vielleicht die Erklärung dafür. »Keine Ahnung«, erwiderte er. »Mir tat der Rücken weh, als ich aufwachte, und die Striemen waren da.«

Ich inspizierte sorgfältig seine Haut. Es waren kräftige blaue Flecken, als sei er mit einem Besenstiel verprügelt worden.

»Steven, ich will sofort wissen, woher du diese Blutergüsse hast.« Mein erster Gedanke war, er sei in eine Schlägerei oder einen Autounfall verwickelt gewesen. Er war vierzehn, also in dem Alter, wo die Jungen gewöhnlich anfangen, mit älteren Freunden im Auto herumzuziehen.

»Mom, ich weiß es nicht«, beteuerte er.

»Hat dich irgend jemand geschlagen?«

»Nein«, antwortete er bestimmt, aber keineswegs defensiv.

Innerhalb von ein paar Tagen verschwanden die Blutergüsse. Dann wachte er eines Morgens auf, und sie waren wieder da.

»Ich fahre dich zum Arzt«, erklärte ich entschlossen.

Unser Hausarzt untersuchte ihn sorgfältig und stellte ihm die gleichen Fragen wie ich. Steven stritt nach wie vor ab, zu wissen, wie er sich die Blessuren zugezogen hatte.

»Ich würde gern allein mit Steven reden«, sagte Dr. Stack. In so einem Fall liegt es für den Arzt nahe, Kindesmißhandlung durch ein oder beide Elternteile in Betracht zu ziehen. Ich wußte, daß ich mein Kind nicht geschlagen hatte, und es war so gut wie unmöglich, daß Ron so etwas unbemerkt getan haben konnte.

Sie unterhielten sich etwa fünfzehn oder zwanzig Minuten. Als sie aus dem Sprechzimmer traten, ging Steven sogleich durch ins Wartezimmer, und ich blieb zurück. Der Doktor schüttelte den Kopf. »Er beharrt darauf, daß er nicht weiß, woher die Flecken kommen. Ich glaube nicht, daß er lügt … oder irgend jemand schützen will.«

»Könnten sie durch eine innere Krankheit verursacht worden sein?«

»Vielleicht. Ich werde ein paar Tests durchführen. Mal sehen, was wir finden.«

Er fand nichts. Alle Tests verliefen normal, der Doktor war am Ende seiner Weisheit.

»Behalten Sie ihn im Auge und suchen Sie mich noch einmal auf, wenn es sich wiederholt.«

Man brauchte mich nicht aufzufordern, meinen Sohn im Auge zu behalten. Wir hatten einiges zusammen durchgemacht. Als Steven noch ein kleines Kind war, hätte ich ihn zweimal beinahe verloren. Wenn überhaupt, konnte man mir höchstens vorwerfen, zu sehr auf meinen Sohn aufzupassen.

Steven war das einzig Positive, das aus meiner ersten Ehe hervorgegangen war, einer Ehe, die ich geschlossen hatte, als ich noch auf der Suche nach einer eigenen Identität war. Ich war fünfzehn Jahre alt, hatte soeben meine Mutter beerdigt, war von der Schule abgegangen, um in einem Fotogroßlabor zu arbeiten und lebte immer noch bei meinen Großeltern. Ray Holmes war sechzehn, ein Gelegenheitsarbeiter, und er trug sein Haar noch länger als ich. Er rauchte mit Begeisterung Marihuana, und sein familiärer Hintergrund war noch trostloser als meiner. Ich lernte ihn während eines High-School-Footballspiels kennen und fand ihn unausstehlich, doch er bedrängte mich solange, mit ihm auszugehen, bis ich schließlich nachgab. Ray gehörte zu den wenigen Jungen, mit denen ich ging, die ich nach Hause einladen konnte, ohne mich für die chaotischen Familienverhältnisse und die Armut, in der wir lebten, schämen zu müssen.

In den zwei Jahren bevor ich ihn kennenlernte, war ich depressiv und selbstmordgefährdet. Wegen ihrer Krankheit lebte auch Mutter inzwischen im Haus meiner Großeltern, und es gab ständig Krach. Mein Bruder Patrick lehnte sich dagegen auf, in eine Schule für blinde Kinder gehen zu müssen, und trieb es so weit, daß er schließlich von der Schule flog. Als es Mutter besser ging, wandte sie sich wieder ihrem alten Leben zu und ließ uns Kinder wie so oft zurück. Ich war ein verwirrter, dreizehnjähriger Teenager, begann zu rauchen, mit einer wilden Bande herumzuhängen, und ignorierte Großmutters Anweisungen. Ein Zwischenfall führte dazu, daß sie mich mit ihrem Gürtel verdrosch. Sie nötigte mich auf ihr Bett und bearbeitete mich mit dem Gürtel, bis ich es nicht mehr ertragen konnte. Ich zog ein Bein an, stieß es ihr in den Magen und brüllte: »Das reicht! Du hast mich das letzte Mal geschlagen!«

Zeternd und unter Tränen befahl mir Großmutter, hinauf in mein Zimmer zu gehen. »Ich werde deine Mutter anrufen und sie bitten, dich mitzunehmen!« drohte sie. »Niemand darf es ungestraft wagen, mich zu treten. Verschwinde ruhig zu deiner Mutter.«

Nichts war schlimmer für mich als die Vorstellung, mit meiner Mutter zusammenleben zu müssen. Ich warf mich über mein Bett und weinte. Am liebsten wäre ich gestorben. Wäre ich tot, hätte das Elend endlich ein Ende. Ich fürchtete mich nicht vor dem Tod, allerdings hatte ich Angst, in die Hölle zu kommen. Großmutter hatte mir erzählt, daß Selbstmörder nicht in den Himmel kämen. Es machte wenig Sinn, diese Hölle gegen eine andere einzutauschen.

Ich mußte also eines natürlichen Todes sterben. Das Fenster meines Zimmers führte aufs Dach. Als alle zu Bett gegangen waren, stieg ich aus dem Fenster und setzte mich im Nachthemd auf das schneebedeckte Dach. Erst als ich vor Kälte zitterte und es nicht mehr aushielt, kroch ich in meinem nassen Nachthemd zurück ins Bett. Am nächsten Morgen, so hoffte ich, würde ich mit Lungenentzündung erwachen und innerhalb einer Woche sterben.

Die Nacht auf dem Dach brachte mir nichts als eine schwere Erkältung ein. Fieber, Kopfschmerzen und Schüttelfrost ließen mich Abstand von meinen Todeswünschen nehmen, verringerten jedoch nicht meine emotionale Verzweiflung, die bald selbstzerstörerische Formen annahm. Ich biß mich in die Arme, wenn ich wütend war, aß so gut wie nichts, fluchte und benahm mich unmöglich. Einmal war ich sogar in einen Boxkampf mit einem Jungen verwickelt, dem ich es ganz schön zeigte.

Eines Tages kehrte ich von der Schule heim und fand Großmutter weinend vor. Mutter war wieder erkrankt und würde zurückkommen, um bei uns zu wohnen. Später wurde mir klar, daß sie heimgekommen war, um zu sterben.

Zu jenem Zeitpunkt lernte ich Ray Holmes kennen. Ich hatte die Nase voll von meiner familiären Tragödie und wollte fort. Ihm ging es genauso. Beide hatten wir den Wunsch, endlich auszubrechen. Meine Erziehung hatte von jeher in Großmutters Händen gelegen, aber nach Mutters Tod ging es auch mit ihrer Gesundheit bergab, und ich hatte das Gefühl, eine ständige Last für sie zu sein. Außerdem hatten sowohl sie als auch meine Mutter im Alter von dreizehn geheiratet. Ich war schon zwei Jahre überfällig. Also war es Zeit für mich. Was lag näher, als mich mit Ray Holmes zusammenzutun, die Vergangenheit hinter uns zu lassen und unser eigenes Leben zu beginnen.

Wir heirateten und zogen nach Gary, Indiana, wo Ray eine Zeitlang einen ganz akzeptablen Job hatte. Er verdiente vierzehn Dollar die Stunde, aber ihm fiel nichts Besseres ein, als das Geld in Marihuana umzusetzen. Auch die Geburt unseres Sohnes ein Jahr später trug nicht dazu bei, den Verantwortungssinn meines Mannes aufzurütteln.

Als Steven etwa drei Monate alt war, verlor Ray seinen Job, und wir zogen nach Salem zu seiner Schwester. Wir waren völlig pleite, lebten auf Kosten der Verwandten, und unsere Zukunft sah trübe aus. Eines Morgens blickte ich aus dem Fenster und sah meinen siebzehnjährigen Ehemann, wie er sich mit ein paar Zwölfjährigen aus der Nachbarschaft auf dem Skateboard amüsierte. *Er ist immer noch ein Kind, Mrs. Holmes. Du machst besser, daß du hier wegkommst, damit er erwachsen werden kann.*

Ein Anruf bei meinen Großeltern genügte, und sie kamen und holten mich in Salem ab. Ich fand zwei Jobs – einen in Schulers Food Market und einen im Quick Stop Food Market. Während der Arbeit konnte ich auf Steven aufpassen, der in seinem Laufstall hinter dem Tresen spielte. Ich bewohnte ein eigenes Apartment und kam gut zurecht, bis Ray Holmes in der Stadt aufkreuzte.

Er war immer noch nicht erwachsen geworden, aber ich ließ ihn seinen Sohn sehen, sooft er wollte. Immerhin war er Stevens Vater, und da wir nicht rechtmäßig geschieden waren, auch noch mein Ehemann. Das Thema Sorgerecht war noch nie angesprochen, geschweige denn entschieden worden. Eines Tages holte er Steven zu einer Spazierfahrt ab, und ich sollte meinen Sohn fast fünf Monate nicht wiedersehen.

Ohne Erfahrung damit, vermißte Personen aufzuspüren, und ohne jemanden, dem ich mich anvertrauen konnte, war ich völlig verloren. Ich rief die Polizei an, Verwandte, Freunde, jeden, der mir einfiel, doch ich erhielt keinen Hinweis auf den Verbleib meines Sohnes. Ich suchte überall, mußte mich jedoch bald damit abfinden, daß Ray Holmes die Stadt offensichtlich verlassen hatte.

Meine anfängliche Panik und Wut verwandelten sich allmählich in eine lähmende Depression, in die ich, wie in ein schwarzes Loch, immer tiefer zu versinken schien. Ich begann, mit ein paar Leuten aus meinem Apartmentblock herumzuziehen, war abends lange unterwegs und nahm gelegentlich Drogen. Zuerst rauchte ich Marihuana, später kamen Aufputschmittel dazu, ein Zeug, das die anderen ›Beans‹ nannten.

Großmutter hatte nicht viel Interesse am Verschwinden meines Sohnes gezeigt, und erst ein paar Monate später sollte ich erfahren, warum. Am Silvesterabend besuchte ich sie. Das erste, was ihr auffiel, war meine Magerkeit, das zweite waren die Einstiche auf meinem Arm.

»Mein Gott, du nimmst Drogen!« sagte sie.

Es gab keinen Grund, etwas zu verheimlichen. Ich war zu alt, als daß sie mich noch hätte verprügeln können, und ihre Moralpredigten ließen mich kalt. Ich liebte sie und wollte von ihr akzeptiert werden, aber notfalls käme ich auch ohne das zurecht. Ausnahmsweise schien sie diesmal eher besorgt als verärgert.

»Du wirst dich umbringen … mit deinem Herz …«

»Das ist mir egal. Ich habe sowieso nichts mehr, wofür es sich zu leben lohnt. Ich hoffe sogar zu sterben.«

Sie zog mich in ein anderes Zimmer, fort vom Rest der Familie. »Was wäre es dir wert, weiterzuleben … mit diesem Zeug aufzuhören?« fragte sie mich.

»Ich will Steven zurückhaben«, antwortete ich.

»Dann mußt du zuerst beweisen, daß du keine Drogen mehr nimmst.«

Da wurde mir klar, daß sie etwas über Steven wußte.

Sie wollte, daß ich an einem Entgiftungsprogramm teilnahm, aber ich lehnte ab. »Ich werde es allein schaffen«, versprach ich ihr.

Fast zwei Wochen vergingen, bevor sie sich überzeugen ließ. Ich hatte wieder etwas zugenommen und fuhr zu ihrem Haus. Sie inspizierte mich wie ein Einzelhändler eine Kiste Kürbisse. »Na gut, holen wir ihn«, sagte sie schließlich. Sie mußte die ganze Zeit über Stevens Verbleib Bescheid gewußt haben. Wieso hatte sie nicht früher etwas davon gesagt? Vielleicht dachte sie, daß ich ohne Kind besser dran sei, oder sie hatte befürchtet, daß ich früher oder später gezwungen sein würde, wieder zu ihr zu ziehen und sie auch noch ihren Urenkel am Hals hätte. Ich konnte es ihr nicht verübeln, daß sie es leid war, anderer Leute Kinder aufzuziehen.

Wir machten uns auf den Weg nach Gary. Mein Sohn lebte bei den Eltern von Rays Freundin, nur einen Block entfernt vom Haus meiner Tante Mary. Ray war auf der Arbeit.

»Ich möchte mein Baby sehen«, sagte ich, als die Tür sich öffnete.

»Den wirst du garantiert nicht zu sehen kriegen«, antwortete die Frau. Ich fuhr zum Haus meiner Tante und rief die Polizei an, die zwei Beamte zu dem Haus schickte, in dem Steven lebte. Da weder Rays Freundin noch deren Eltern eine legale Vormundschaft über meinen Sohn besaßen, konnten sie sich nicht länger weigern, mich zu ihm zu lassen. Ebensowenig konnten sie etwas dagegen unternehmen, daß ich mit ihm aus dem Haus marschierte und ihn mit nach Louisville nahm.

Ein Jahr später gelang es Ray erneut, Steven heimlich aus dem Haus meiner Großeltern zu holen, während ich arbeitete. Diesmal war es leicht, ihn ausfindig zu machen. Ich wußte, daß er ihn wieder mit nach Gary genommen hatte.

Ich kratzte etwas Geld zusammen, reservierte einen Platz im Greyhound Bus und packte ein paar Sachen für Steven ein, darunter einen dicken Mantel.

In Gary ging ich geradewegs zu Tante Marys Haus. Ray traf sich mit einer ihrer Töchter, also mußten sie wissen, wie man ihn erreichen konnte. Aus dem Verhalten meiner Tante und meiner Cousinen schloß ich jedoch, daß sie irgendwie mit meinem Ex-Ehemann unter einer Decke steckten. Ich fürchtete, daß sie versuchen würden, meine Pläne, Steven zurückzuholen, zu durchkreuzen. Diesmal, so vermutete ich, würde ich ihn nicht einfach mitnehmen können. Ich sollte recht behalten.

»Ich will die Papiere unterschreiben, damit du das Sorgerecht für Steven bekommst«, erklärte ich Ray am Telefon. »Du kannst ihn haben. Er kostet mich nur Geld, plärrt die ganze Zeit und geht mir auf die Nerven.«

In Erinnerung daran, wie ich mir Steven das Jahr zuvor geschnappt hatte, war Ray zuerst mißtrauisch.

»Ich meine es wirklich ernst«, versicherte ich. »Er gehört dir. Ich will nur kurz vorbeikommen und ihn nochmal ein paar Minuten sehen. Dann verschwinde ich.«

Zu meiner Überraschung willigte er ein. Ich mietete einen Wagen und fuhr zu dem Wohnwagen, in dem Ray lebte. Darin sah es aus wie in einem Schweinestall. Das erste, was mir auffiel, war ein Beutel Marihuana am Ende des Tisches. Ich nahm Steven auf den Arm und sprach ein paar Worte zu ihm, wobei ich versuchte, möglichst unbeteiligt zu erscheinen.

»Ach, weißt du was«, sagte ich zu Ray. »Laß mich ihn noch für eine Nacht mit rüber zu Tante Mary nehmen.«

»Keine Chance«, antwortete Ray. »Du kommst hier nicht weg mit ihm.«

»Okay, okay, du kannst ihn ja selber 'rüberbringen. Tante Mary und Onkel John sind doch da. Sie würden mich sowieso nicht mit ihm gehen lassen. Ich will ihn nur noch eine Nacht bei mir haben. Morgen früh gehen wir zum Anwalt und unterschreiben die nötigen Papiere.«

Offenbar hatte ich ihn überzeugt. Er zog Steven an, und wir fuhren zusammen zu Tante Marys Haus. Als Ray ging, nahm er Stevens Mantel mit, in der Annahme, daß ich Steven so bis zu seiner Rückkehr nicht mit aus dem Haus nehmen könnte.

Am nächsten Morgen zog ich Steven die Sachen an, die ich für ihn mitgebracht hatte, als Tante Mary ins Zimmer trat. »Was hast du vor?« fragte sie.

»Ich nehme mein Kind mit nach Hause«, erwiderte ich.

Ich hatte vor, mit dem Taxi zur Busstation zu fahren, aber als ich in meine Geldbörse sah, stellte ich fest, daß jemand mein Geld herausgenommen hatte. Zur Hölle mit ihnen. Ich würde es auch so schaffen.

Es herrschte schneidende Kälte, und die Straßen waren vereist, trotzdem schritt ich zielstrebig mit meinem zweijährigen Sohn auf dem Arm vorwärts. Drei Blocks weiter winkte ich einen Polizeiwagen heran und erzählte dem Officer meine Geschichte. Was daraufhin geschah, versetzt mich heute noch in Erstaunen. Der Beamte brachte mich zu einer Raststelle für Lastwagen und fragte bei den Fahrern herum, bis er einen fand, der in Richtung Louisville fuhr.

Der erste Fahrer nahm uns einen Teil der Strecke mit und machte über Funk einen Kollegen ausfindig, der uns das nächste Stück mitfahren ließ. Auf diese Weise wechselten wir zwei oder dreimal die Wagen, bis der letzte Fahrer uns genau vor Großmutters Haus absetzte. Nach anderthalb Jahren Dienst in einem Krankenhaus, wo ich Toiletten putzte und Bettpfannen ausleerte, hatte ich genug Geld zusammen, um die Scheidung von Ray Holmes zu finanzieren. Ich forderte ihn auf, die Papiere zu unterschreiben, in denen er auf das Sorgerecht für unseren Sohn verzichtete. »Für'n Hunderter unterschreibe ich«, antwortete er.

Es war die beste Investition, die ich jemals tätigte.

Stevens geheimnisvolle Blessuren tauchten nicht wieder auf, doch auch der Rest der Familie wurde von physischen Beschwerden heimgesucht, die nicht weniger mysteriös waren.

Als ich Ashley eines Morgens ankleidete, bemerkte ich an ihr einen ranzigen Geruch. Ich untersuchte ihre Wäsche und entdeckte einen orangefarbenen Fleck, wie ich ihn in dieser Art noch nie gesehen hatte. Sie klagte plötzlich über Schmerzen im Unterleib, und eine übelriechende Substanz rann aus ihren Eingeweiden die Beine hinab. Wieder einmal fuhren wir ins Krankenhaus. Verschiedene Ärzte wurden hinzugezogen, um die Substanz zu identifizieren und ihren Ursprung festzustellen, doch alle waren ratlos. Ihre Beschwerden verschwanden innerhalb einiger Stunden, und Ashley war erlöst.

Mein eigener Gesundheitszustand verschlechterte sich gravierend, und es gab Augenblicke, in denen ich überzeugt war, daß es mit mir zu Ende ging. Ich hatte fortwährend Erkältungen, Grippe, Fieber, Kopfschmerzen, und einmal sogar eine schwere Lungenentzündung. Über einen Zeitraum von zwei Wochen erwachte ich jede Nacht mit geschwollenen Gliedern und einem fürchterlichen Ausschlag auf dem ganzen Körper. Beim ersten Mal starrte ich entsetzt auf das aufgedunsene, schuppige Monster, das mir aus dem Spiegel entgegenblickte. Ich konnte mich nicht erinnern, jemals eine Vergiftungserscheinung oder allergische Reaktion dieser Art gesehen zu haben. Merkwürdigerweise spürte ich keine Schmerzen, und am nächsten Morgen waren der Ausschlag und die Schwellungen jedesmal verschwunden.

Nach einer Zeit verschwanden diese Symptome, dafür tauchten neue auf. Meine Augen wurden so lichtempfindlich, daß ich sogar im Haus eine Sonnenbrille tragen mußte. Der Arzt erklärte mir, daß meine Augen eine Art Eigenallergie entwickelt hätten. Nachdem ich eine Zeitlang Steroidtropfen verwendete, normalisierten sich meine Augen wieder.

Es kam mir vor, als seien wir ständig unterwegs zum Krankenhaus oder zur Arztpraxis. Ich zog mir eine schwere Bronchitis zu, und meine Hustenanfälle wurden so heftig, daß Ron mich einmal sogar zur Notaufnahme bringen mußte, wo man mich an ein Inhaliergerät anschloß. Noch zwei oder drei Wochen schlief ich auf einem Stuhl sitzend im Wohnzimmer, den Inhalationsapparat ständig in der Hand.

Allmählich drohten die Probleme, mit denen ich ständig konfrontiert wurde, mich zu erdrücken. Die Krankheiten in der Familie, die fortwährenden Probleme mit dem Haus, die stundenlange Arbeit im Coach House – ich war inzwischen zur Filialleiterin avanciert –, alles war mir zuviel. Ron und ich hatten uns irgendwie auseinandergelebt. Ich verbrachte den ganzen Tag zu Hause bei den Kindern, und wenn er heimkam, ging ich zur Arbeit. Es bot sich kaum noch Gelegenheit zu einem Gespräch, und er hatte die Arbeit an unserem Haus fast vollständig aufgegeben. Unser Traum, im Motelflügel eine Kindertagesstätte zu errichten, verblaßte immer mehr, und ich fühlte mich wie ein Holzklotz, der von einem schlammigen Fluß in die Tiefe gezogen wird.

Die Ärzte waren der Meinung, daß die meisten meiner Gesundheitsprobleme durch Erschöpfung und chronischen Schlafmangel hervorgerufen wurden. Ich stimmte ihnen zu und spielte mit dem Gedanken, meinen Job im Coach House aufzugeben, was zu ernsten Auseinandersetzungen zwischen Ron und mir führte.

Ron, der erfahren hatte, daß der Besitzer des Restaurants plante, sich zur Ruhe zu setzen und den Betrieb zu verkaufen, war besessen von dem Gedanken, den Laden zu kaufen. Es war das Letzte, wonach ich mich sehnte. Für uns als Anfänger würde der Betrieb eines Restaurants weit mehr Zeit erfordern, als ich zu investieren gewillt war. Ich würde meine Kinder kaum noch zu Gesicht bekommen. Außerdem bereitete mir der Gedanke an die Schulden, die wir auf uns nehmen müßten, Unbehagen – vorausgesetzt, wir fänden überhaupt jemand, der uns das Geld vorstrecken würde.

»Der Laden ist eine Goldgrube«, argumentierte Ron. »Wenn du es schon nicht für mich tun willst, dann wenigstens für die Kinder. Wir könnten sie ins College schicken. Unser ganzes Leben würde sich ändern.«

Es war sein Traum, ein Geschäft zu haben, nicht meiner. Geld war ihm von jeher wichtiger gewesen als mir. Zeit für meine Kinder, meinen Mann und mein Heim zu haben bedeutete mir weit mehr als finanzieller Wohlstand. Unsere Beziehung verschlechterte sich zunehmend. Ich verübelte ihm die Schuldgefühle, die er mir einreden wollte, und sein mangelndes Interesse an meiner Gesundheit. Er hingegen war erzürnt über meine Sturheit und meine Ignoranz gegenüber dieser – seiner Meinung nach großartigen Gelegenheit. Wir stritten erbittert, und die Spannung zerrte an meinen Nerven. Nachts litt ich unter grauenvollen Alpträumen, die auf verschiedenste Weise den Tod meines Sohnes zum Thema hatten.

7. Kapitel

Wahrscheinlich hat jeder dergleichen schon einmal erlebt: man ist allein, in irgendeine Beschäftigung vertieft, und plötzlich hat man das Gefühl, beobachtet zu werden. Doch wenn man aufschaut, ist niemand da.

Im Herbst 1986 hatte ich dieses Gefühl ständig.

Es begann, nachdem ich meinen Job im Coach House Restaurant gekündigt und somit der Debatte, ob wir es kaufen sollten oder nicht, ein Ende gesetzt hatte. Ich wollte von dem Restaurant nichts mehr hören und belegte einen Kursus für Buchhaltung bei Ivy Tech. Eine Zeitlang schien sich zu Hause alles zu normalisieren. Obwohl ich für den Kurs viel lernen mußte, fühlte ich mich wie von einer schweren Last befreit, nachdem das strittige Thema zwischen Ron und mir endlich aus der Welt war. Die Stimmung in unserer Ehe entspannte sich, und ich war überzeugt, die richtige Entscheidung getroffen zu haben.

In jenem September wurde die Küche zu meinem Arbeitszimmer. Ron und die Kinder gingen gewöhnlich früh zu Bett und überließen mich meinen Büchern und meinem Kräutertee. Es kam nicht selten vor, daß ich bis nach Mitternacht am Eßtisch über meinen Aufgaben saß.

Es ist schwer, genau zu sagen, wann es begann. Irgendwann an einem dieser langen, stillen Abende spürte ich das erste Mal, daß ich beobachtet wurde, und in der Annahme, daß jemand den Raum betreten habe, blickte ich von meinen Büchern auf.

Obgleich diese nächtlichen Zwischenfälle mich erheblich irritierten, hielt ich es nicht für nötig, Ron davon zu erzählen, bis zu jenem Abend, als das Gefühl geradezu übermächtig wurde. Ich spürte beinahe körperlich, daß jemand im Zimmer war, und hob gerade rechtzeitig den Blick, um eine Bewegung im Türrahmen zu erhaschen, eine Art Schatten, als sei jemand hastig aus meinem Blickfeld gehuscht.

In Erwartung, eines der Kinder zu erwischen, das sich zurück ins Bett schlich, eilte ich zur Tür. Die Diele war leer. Ich kontrollierte die Zimmer, doch alle lagen schlafend in ihren Betten.

Am nächsten Morgen berichtete ich Ron von diesem Ereignis und dem ständigen Gefühl, nachts beobachtet zu werden.

»Du bist erschöpft, Doretta«, sagte er. »Du lernst zuviel. Was du brauchst, ist mehr Schlaf.«

Während der folgenden Wochen verstärkte sich mein Gefühl, beobachtet zu werden, und obwohl sie mir gegenüber nie etwas davon verlauten ließen, hegte ich den Verdacht, daß es Ron und Steven ebenso erging. Ein paarmal ertappte ich sie, wie sie sich abrupt umdrehten, als vermuteten sie jemand hinter sich.

Oder bildete ich mir das nur ein? Ron war überzeugt, daß meine Übermüdung mir Streiche spielte. Sollte er recht haben? Was sonst konnte der Grund sein? Wenn dieses unheimliche Gefühl mich überkam – wenn ich *glaubte*, etwas zu hören oder zu sehen – war nie jemand in der Nähe, der mich darin hätte bestätigen oder mir widersprechen können. Dennoch kam es mir so vor, als würden zu viele Vorfälle leichthin auf meine Erschöpfung geschoben, wo ich doch in Wahrheit ausgeruhter war als seit Monaten.

Die Halluzination der Frau in der Badewanne hatte mich vorschnell veranlaßt, an meinem Verstand zu zweifeln. Doch diesmal handelte es sich nicht um eine Halluzination; ich *spürte* etwas, das gegenwärtig war, und offensichtlich war ich nicht die einzige.

War es meiner Schwester nicht ebenso ergangen, als wir mit dem Buchstabenbrett spielten? Wie oft hatte ich Marilee angerufen und eingeladen, uns wieder einmal zu besuchen? Jedesmal hatte sie abgelehnt und aus ihren Gründen kein Geheimnis gemacht.

Und hatte nicht auch meine beste Freundin Kellie in diesem Haus etwas empfunden, daß ihr die Haare zu Berge stehen ließ? Im Gegensatz zu Marilee hielt Kellie überhaupt nichts von Buchstabenbrettern oder dererlei übernatürlichem Hokuspokus, doch mehr und mehr schreckte auch sie davor zurück, unser Haus zu betreten, und kam inzwischen überhaupt nicht mehr.

Als Ron eines Abends bis spät in die Nacht arbeiten mußte, hatte ich sie eingeladen, mit ihren Töchtern herüberzukommen. Mit der Begründung, unser Haus nach Anbruch der Dunkelheit lieber nicht zu betreten, hatte sie abgelehnt.

»Sei mir nicht böse, D. J.«, lautete ihre Antwort, »aber irgend etwas stimmt nicht in dem Haus. Da spukt es oder sowas.«

»Jetzt mach aber mal halblang«, hatte ich lachend erwidert. »Du bist ja noch schlimmer als Marilee. Du glaubst doch wohl nicht im Ernst an Gespenster?«

»Komm du lieber 'rüber zu uns«, gab sie mit einer Spur Nervosität in der Stimme zurück. »Sicher ist sicher.«

Seit Ashleys Geburt hatten Ron und ich nur sehr wenig Zeit miteinander ohne die Kinder verbracht. Wir vereinbarten ein schönes Frühlingswochenende, an dem wir sie zu seiner Mutter nach Louisville brachten, um ein wenig Zeit für uns zu haben. Wir planten zwei ruhige Tage mit leckerem Essen und Wein und jener Intimität, die uns in letzter Zeit abhanden gekommen zu sein schien.

Samstags abends gingen wir aus, sprachen über alles mögliche und kamen uns wieder näher. Es mag sich verrückt anhören, daß wir uns nach über zehn Jahren Ehe erst wieder kennenlernen mußten, doch die vergangenen drei Jahre hatten uns schwer zugesetzt. Eine Menge Ärger, Frustration und Streitereien – oftmals über Kleinigkeiten – hatten sich wie eine Mauer zwischen uns aufgetürmt, und wir brauchten eine Atempause, um in Ruhe darüber zu reden.

An diesem Abend gingen wir gegen zehn Uhr zu Bett, und entgegen meiner Gewohnheit ließ ich die Schlafzimmertür einen Spalt offen stehen. Normalerweise schloß ich die Tür sogar ab, wenn Ron und ich uns liebten, um zu verhindern, daß eins der Kinder plötzlich hereinplatzte. Da wir in dieser Nacht jedoch allein waren, machte ich mir darüber keine Gedanken.

Ron lag auf der Seite im Bett, mit dem Rücken zur Tür, und ich saß im Schneidersitz neben ihm und sah ihn an. Obwohl mein Blick nach unten gerichtet war, nahm ich eine Bewegung in der Diele wahr. Ich hob den Kopf und erblickte ein kleines Mädchen, das mit seiner Hand die Klinke umfaßte und die Tür aufschob.

»Ashley«, rief ich überrascht aus.

Ron setzte sich auf, doch bevor er sich umdrehen konnte, war das Mädchen verschwunden. Er sah nur den leeren Türrahmen.

»Doe«, sagte er, »die Kinder sind sechzig Meilen weit weg. Kannst du sie nicht mal für ein Wochenende aus deinem Kopf verbannen?«

Mein Herz hämmerte bis zum Hals, und ich zitterte wie Espenlaub.

»Ich habe ein kleines Mädchen gesehen«, beharrte ich. »Sie sah aus wie Ashley.«

»Aber Ashley ist nicht hier«, erwiderte Ron ungeduldig.

»Ich habe ja nicht gesagt, daß es Ashley war«, antwortete ich. »Ich sagte, sie sah aus wie Ashley ... so wie sie vor ein paar Jahren aussah ... als sie noch den Pagenkopf trug. Und sie hatte eine Puppe im Arm, genau wie Ashley immer.«

Ron ließ sich zurückfallen, und ich konnte förmlich spüren, wie die romantische Stimmung des Abends sich in Luft auflöste. »Weißt du, was ich glaube?« sagte er. »Du warst nur nervös, weil du die Tür nicht verschlossen hast. Die alte Angst, Ashley könnte uns überraschen, sitzt dir so im Nacken, daß du dir eingebildet hast, sie käme wirklich herein.«

»Aber ich habe nicht Ashley gesehen«, widersprach ich. »Das war ein anderes kleines Mädchen. Ron, sie war wirklich da.«

Offensichtlich war das Thema für ihn erledigt, denn er schloß die Augen und antwortete mir nicht.

»Schau zur Tür«, bat ich ihn, »so weit habe ich sie nicht offen stehen lassen.«

Er ignorierte meine Bemerkung, und ich konnte es ihm nicht mal verübeln. Bis auf einen Lichtschein, der vom Wohnzimmer in den Flur fiel, lag das Schlafzimmer im Dunkeln. Ich saß noch lange da, starrte zur Tür und lauschte den regelmäßigen Atemzügen meines Mannes, die seinen Schlaf begleiteten. Es war das erste Mal, daß Ashley die Nacht außer Haus verbrachte; möglicherweise hatte eine unbewußte Angst tatsächlich meine Wahrnehmung getrübt. *Vielleicht dachte ich nur, sie zu sehen ... ein inneres Bild von ihr von früher ... irgend etwas in dieser Art. Aber wieso eine Vision von vor ein paar Jahren? Wenn irgend etwas mein Unterbewußtsein bewegte, weshalb in dieser verzerrten Form?* Ich legte mich hin und versuchte mich zu entspannen. Aber meine Gedanken kamen nicht zur Ruhe. Das kleine Mädchen in der Tür war so wirklich gewesen, wie ... ja, wie eigentlich? Wie die Frau in der Badewanne?

Jedesmal, wenn ich zu der Überzeugung gelangt war, daß meine Phantasie mir nur Streiche spielte, geschah etwas, daß diese rationale Erklärung wieder in Frage stellte. Ein paar Tage, nachdem wir die Kinder zurückgeholt hatten, wachte Ashley eines Nachts schreiend auf. Ich war schon halb auf dem Weg zu ihrem Schlafzimmer, als ich Geräusche auf dem Dachboden hörte. Es handelte sich nicht um das Scharren, das wir schon einmal vernommen hatten, sondern vielmehr um ein Poltern, als würden irgendwelche Gegenstände herumgeworfen. Möglicherweise Vögel, die gegen den Dachsparren flattern, überlegte ich, oder alte Balken, die unter dem Gewicht der Jahre ächzten?

»Er tut ihr weh«, rief Ashley. »Ich kann hören, wie er sie verhaut!«

»Schätzchen«, beruhigte ich sie und hob sie aus ihrem Bett, »du hattest einen bösen Traum.«

»Nein, Mami, er schlägt sie. Mach, daß er aufhört.« Sie hörte plötzlich auf, sich in meinem Arm zu winden, und ich bemerkte, daß die Geräusche auf dem Dachboden verstummt waren. Ich legte Ashley zurück ins Bett, deckte sie zu und gab ihr einen Kuß auf die Stirn. »Schlaf weiter, Kleines«, flüsterte ich.

Als ich zur Tür ging und die Hand nach dem Lichtschalter ausstreckte, hob Ashley noch einmal den Kopf. »Es war kein Traum, Mami«, sagte sie. »Ich war doch die ganze Zeit wach.«

Bisher waren die Dinge, die in diesem Haus vor sich gingen, eigenartig gewesen, doch inzwischen wurden sie geradezu unheimlich, und ich konnte sie nicht länger als bloße Hirngespinste meiner Phantasie abtun. Selbst die Tatsache, daß ich tote Frauen in der Badewanne sah, oder kleine Mädchen, die auf unserem Flur herumtappten, erklärte in keiner Weise, warum Ashley nach wie vor darauf bestand, ein kleines Mädchen lebe auf unserem Dachboden. Oder war sie es, die meine Phantasie beflügelte? Zugegeben, Suggestion kann vieles bewirken. Aber war es nicht grotesk, mir einzubilden, daß ich, nur weil meine Tochter sich Spielkameraden ausdachte, selbst anfing, Gespenster zu sehen?

Sosehr ich auch versuchte, mich dagegen zu wehren, die absurde Vorstellung, daß irgendeine Macht in diesem Haus ihr Unwesen trieb, begann sich immer mehr in mir festzusetzen. Ich dachte dabei nicht an Geister oder Dämonen, eher an eine elementare Kraft, wie sie die Gezeiten bewegt oder den Wind, der die Berggipfel umweht, eine mysteriöse Energie, die aus unerklärlichem Grund mit diesem Haus oder Grundstück verbunden war.

Abgesehen von den gesundheitlichen Problemen, unter denen wir alle zu leiden hatten, standen die meisten Absonderlichkeiten mit Ashley oder mir in Zusammenhang. Sie mochten das Ergebnis von Einbildung oder einer schöpferischen Phantasie sein, doch was eines Abends mit Steven geschah, war der Beweis dafür, daß offenbar niemand in unserer Familie von den Launen dieses Hauses verschont blieb.

Steven war in die Küche gegangen, um sich ein Glas Wasser zu holen. Auf dem Rückweg zu seinem Zimmer flog das Glas plötzlich aus seiner Hand und landete ein paar Meter weiter auf dem Boden. Ich saß auf dem Sofa und hatte ihn die ganze Zeit nicht aus den Augen gelassen. Steven hatte das Glas weder absichtlich geworfen, noch war es ihm entglitten und davongerollt. Es war ihm förmlich aus der Hand geschnellt.

»Was war das denn«, stotterte er. »Das war ja, als hätte es mir jemand aus der Hand gerissen.«

Dann begannen Gegenstände zu verschwinden. Oder andere Dinge, bei denen ich nicht einmal gemerkt hatte, daß sie abhanden gekommen waren, tauchten an den kuriosesten Stellen wieder auf. Der erste Vorfall dieser Art, an den ich mich erinnere, ereignete sich mit meinem Ehering. Ich spülte gerade das Geschirr, und Steven, der neben mir stand, erzählte mir irgend etwas Belangloses. Er machte eine Bemerkung über meinen Ehering und fragte, ob er ihn sich einmal genauer anschauen könnte. Ich streifte den Ring ab und gab ihn Steven. Er betrachtete ihn eine Weile, versuchte, ihn über seinen Finger zu ziehen, und reichte ihn mir schließlich zurück.

»Leg ihn dort auf die Ablage«, sagte ich, da meine Finger von der Spüllauge glitschig waren.

Er legte den Ring neben den Spülstein und verließ die Küche. Nachdem ich fertig mit Spülen war, trocknete ich mir die Hände ab und langte nach dem Ring. Doch er lag nicht mehr an der Stelle, an der Steven ihn zurückgelassen hatte.

»STEVEN«, rief ich. Er kam zurück in die Küche. »Wo ist mein Ring?«

»Mom, du hast doch gesehen, daß ich ihn dort hingelegt habe.«

»Nun, er ist nicht mehr da. Du mußt mir helfen, ihn zu suchen.«

Wir durchkämmten jeden Zentimeter der Küche, bis wir die Suche aufgaben. Steven verließ das Haus, um die Nacht bei einem Freund zu verbringen. Bevor ich am Abend zu Bett ging, wischte ich noch einmal über die Arbeitsfläche in der Küche und sah mich erneut nach dem Ring um. Wenn er in den Ausguß gefallen war, lag er vielleicht noch im Abflußrohr. Ich wollte Ron bitten, gleich am nächsten Morgen nachzuschauen.

Als ich morgens die Küche betrat, um Kaffee zu kochen, lag der Ring auf der Ablage neben der Spüle. Da Steven nicht daheim war, konnte er ihn nicht dort hingelegt haben, und als Ron später aufstand, bestand er darauf, daß er ja nicht einmal gewußt habe, daß der Ring überhaupt vermißt wurde.

Nun, es hatten sich schon merkwürdigere Dinge in diesem Haus ereignet. Glücklich, den Ring wiedergefunden zu haben, streifte ich ihn auf meinen Finger und verbannte den Vorfall aus meinem Gedächtnis – bis zu der Geschichte mit meiner Heiratsurkunde.

Heiratsurkunden gehören nicht zu jenen Dingen, die man gewöhnlich mit sich herumträgt. Jeder, der länger als fünf Jahre verheiratet ist, wird vermutlich Schwierigkeiten haben, überhaupt mit Bestimmtheit sagen zu können, wo er dieses Dokument aufbewahrt. Obwohl ich mir Mühe gebe, Dinge wie Rezepte, alte Fotos, Steuerbescheinigungen, ärztliche Atteste und dergleichen aufzubewahren, läßt mein Ablagesystem zu wünschen übrig. Zweifellos wäre ich in der Lage, meine Heiratsurkunde hervorzuzaubern, aber es würde eine Weile dauern. Sie lag zusammen mit anderen persönlichen Papieren irgendwo in einer Kiste, in die ich seit Jahren keinen Blick mehr geworfen hatte.

Eines Abends setzte ich mich an meinen Arbeitstisch und griff nach einem neuen Lehrbuch über Buchhaltung, das ich mir einen Tag zuvor gekauft, aber bis dahin noch nicht aufgeschlagen hatte. Ich blätterte es durch, um mir einen Eindruck über den Inhalt zu verschaffen. Etwa in der Mitte des Buches schlug ich eine Seite um, und was sah ich? Meine Heiratsurkunde.

Meine Beziehung zu Ron war in den vergangenen Monaten durch verschiedene Höhen und Tiefen gegangen, und von Zeit zu Zeit hatte ich sogar schon mit dem Gedanken an eine Scheidung gespielt. *Vielleicht hat er auch daran gedacht und die Urkunde hier hinein gelegt, als eine Art Anstoß, diesen Kontrakt noch einmal zu überdenken?*

Er bedachte mich mit jenem verzweifelten Blick, den ich inzwischen nur zu gut kannte. »Doretta«, seufzte er, als ich ihn mit der Urkunde konfrontierte, »ich glaube, ich habe diesen Wisch seit dem Tag unserer Hochzeit nicht mehr gesehen. Ich weiß nicht einmal, wo du ihn aufbewahrst.«

Ich konnte nicht länger ausschließen, daß geistige Aussetzer die Erklärung für das waren, was mir ständig zustieß. War es tatsächlich möglich, daß ich in Fällen von geistiger Umnachtung meinen Ehering oder meine Heiratsurkunde verlegte?

Offensichtlich war es so. Etwa zu diesem Zeitpunkt begann ich auch, Ebenbilder meiner selbst zu sehen. Doppelgänger, so erfuhr ich später, nannte man dieses Phänomen. (Es ist die deutsche Bezeichnung für das geisterhafte Double einer lebenden Person.) Das erste Mal, als es geschah, war ich auf dem Rückweg von einem Einkaufszentrum in der Nähe unseres Hauses. Eine Frau in einem blauen Wagen, der in entgegengesetzter Richtung fuhr, tauchte neben meinem Fahrzeug auf. Sie blickte mich direkt an und lächelte. Ich starrte entsetzt zurück. Sie sah mir nicht lediglich ähnlich, sondern war mein genaues Ebenbild. Lächelnd senkte sie den Blick und fuhr davon. Als ich in den Rückspiegel schaute, konnte ich ihren Wagen nicht mehr sehen.

Zum ersten Mal verursachten diese geistigen Verwirrungen abgrundtiefe Angst in mir. Nachdem ich mich etwas gefaßt hatte, legte ich den Gang ein und fuhr nach Hause. Im Bad stellte ich mich vor den Spiegel und studierte eingehend mein Gesicht, meine Augen, meinen Mund, auf der Suche nach äußeren Anzeichen von Schwachsinnigkeit. Schlug Wahnsinn sich in den Gesichtszügen nieder? Ich hatte keine Ahnung.

Nachdem ich noch zwei- oder dreimal meine Doppelgängerin gesehen hatte, erzählte ich meinem Mann davon – auf die Gefahr hin, die Kluft zwischen uns noch zu vergrößern.

»Das war bestimmt nur jemand, der dir ähnlich sieht«, sagte er. »Du weißt doch, daß es in der Stadt eine Frau geben soll, die dir sehr ähnelt.«

»Ich weiß, wen du meinst. Aber diese Frau habe ich nicht gesehen. Ich habe *mich* gesehen.« Ein abwesender Ausdruck glitt über sein Gesicht. »Du glaubst, du hast dich gesehen«, erwiderte er mit offensichtlicher Gleichgültigkeit.

»Wenn ich Dinge sehe, Dinge, die nicht existieren, dann muß es doch einen Grund dafür geben«, beharrte ich. »Ich begreife nicht, was hier vor sich geht. Ich verstehe überhaupt nichts mehr.«

8. Kapitel

»Es könnte sich um einen Tumor handeln, oder um ein Blutgerinnsel, das auf einen Nerv im Gehirn drückt«, sagte der Arzt, nachdem eine Reihe von Tests keine andere Erklärung für die vorübergehende Erblindung ergeben hatte. Um festzustellen, ob es sich tatsächlich um einen Tumor handelte, würde man mir einen Farbstoff ins Gehirn spritzen müssen, der auf einer Computertomographie Unregelmäßigkeiten sichtbar macht.

Wäre ich nicht durch die Ereignisse der jüngsten Vergangenheit so abgestumpft gewesen, hätte die Aussicht, möglicherweise an einem Gehirntumor zu leiden, mich vermutlich zusammenbrechen lassen. Doch ich war der unerklärlichen Dinge, die mir laufend zustießen, dermaßen überdrüssig, daß jede plausible Begründung dafür – so unangenehm sie auch sein mochte – eine Erleichterung für mich bedeutete.

Wir befanden uns in der Notaufnahme des Norton Hospitals. Ein paar Stunden zuvor war ich – nach dem Aufhängen der Wäsche – beim Betreten des Hauses von einer Art gleißendem Blitz geblendet worden. Ich war stehengeblieben und hatte erfolglos versucht, meine Augen wieder an das dämmrige Licht im Haus anzupassen. In meinem Kopf hatte es gehämmert, und ich konnte gerade noch die schattenhaften Umrisse meiner Kinder erkennen, die sich im Wohnzimmer aufhielten, bevor völlige Dunkelheit mich umschloß.

»Steven!« schrie ich. Er kam in die Küche gerannt und half mir zu einem Stuhl. »Ruf deinen Vater an.« Eingehüllt in Dunkelheit wartete ich, daß Ron nach Hause kam. Er setzte sich sofort mit Dr. Green in Verbindung, der schon die Allergie meiner Augen behandelt hatte, und erzählte ihm, was geschehen war.

»Kommen Sie nicht hierher«, riet ihm Dr. Green. »Bringen Sie sie nach Louisville. Dort gibt es bessere Geräte.«

Wir waren etwa zwanzig oder dreißig Meilen gefahren, als mein Augenlicht zurückkehrte. Der Vorhang hob sich so plötzlich wie er gefallen war. Ich konnte wieder perfekt sehen, und meine Kopfschmerzen waren wie fortgeblasen.

»Wir können wieder zurückfahren«, sagte ich zu Ron. »Es ist vorbei.«

»Nein, wir fahren auf jeden Fall ins Krankenhaus«, widersprach er. »Wir müssen herausfinden, wie so etwas passieren konnte.«

Die Vermutung des Arztes, es handele sich um einen Hirntumor, ergab durchaus Sinn. Das würde auch die Visionen – oder sollte ich besser sagen Halluzinationen? – erklären. Es wäre möglicherweise auch eine Erklärung für die vielen anderen Absonderlichkeiten, die mir im Frühjahr 1991 zustießen.

Bereits vor meiner vorübergehenden Erblindung war es vorgekommen, daß mir ganze Zeitabschnitte abhanden kamen. Die Stunden verschwanden ganz einfach.

Das erste Mal geschah es an einem sonnigen, warmen

Tag, als der Frühling gerade begann, die kalte Umarmung des Winters um Madison zu lockern. In heiterer Frühlingsstimmung hatte ich gegen elf Uhr das Haus verlassen und mich auf den Weg zu Kellies Apartment gemacht. Ich stellte das Radio an, kurbelte die Fenster herunter und genoß jenes Gefühl unbeschwerter Freiheit, wenn der Wind unter einem strahlend blauen Himmel durch die Haare streicht. Spontan entschied ich mich, diesmal eine andere Strecke zu Kellie zu fahren. Ich bog von der Hauptstraße ab und wählte eine Landstraße, die sich durch die Felder windet, deren Halme sich an diesem Tag sanft im Wind wiegten.

Das Radio hörte sich auf einmal eigenartig verzerrt an, als ob die Musik irgendwie langsamer spielte. Alles schien sich plötzlich in Zeitlupe zu bewegen – der Wagen, die hohen Gräser, ich selbst. Das nächste, woran ich mich erinnere, ist, daß ich mich immer noch auf der gleichen Stelle der Straße befand und alles wieder normal war. Irgend etwas Eigenartiges war geschehen, und ich hatte keinen Schimmer, was es gewesen sein konnte.

Als ich Kellies Haus erreichte, begrüßte sie mich mit den Worten: »Wo in aller Welt hast du gesteckt?« Ich blickte auf die Uhr an ihrer Zimmerwand. Es war vier Uhr nachmittags. Auf unerklärliche Weise hatte ich auf dieser Landstraße fünf Stunden verloren.

Die Chemie meines Körpers schien sich ebenfalls zu verändern. Ringe, Ketten und anderer Schmuck, den ich seit Jahren trug, verfärbten sich und hinterließen dunkle Spuren auf meiner Haut. Ich begann abzunehmen. Speisen, die ich immer gemocht hatte, widerten mich auf einmal an, statt dessen entwickelte ich eine Vorliebe für Lebensmittel, die ich bis dahin stets abgelehnt hatte.

Mein Haar, das seit meinem fünften Lebensjahr dunkel war, veränderte plötzlich seine Farbe. Zuerst bemerkte ich nur helle Strähnen, aber da ich mich oft im Freien aufhielt, schob ich es auf die Sonneneinstrahlung. Doch eines Tages musterte mich Kellie und sagte: »Du meine Güte, du wirst ja blond!«

Ich ging ins Bad und untersuchte mein Haar im Spiegel. Die Farbe veränderte sich nicht an den Spitzen, wie es bei sonnengebleichtem Haar üblich ist, sondern am Haaransatz. Die neue Farbe besaß die gleiche flachsfarbene Schattierung, die ich als Kind gehabt hatte.

Einige Wochen später ging ich zum Fiesta Haar Salon. Patty, die Geschäftsführerin, konnte sich den plötzlichen Farbwechsel nicht erklären. »Also dieses Phänomen haben wir auf der Kosmetikschule nicht behandelt«, lachte sie. »Ich weiß bloß, wie man Haare chemisch färbt.«

Sie verwendete eine dunkle Intensivtönung. Doch als ich meine Haar am nächsten Tag wusch, floß die neue Farbe in den Ausguß, und der Ansatz war blond wie zuvor.

»Das ist doch nicht möglich«, sagte Patty, als ich in den Salon zurückkehrte. »Vielleicht sind die Flaschen vertauscht worden, und ich habe das falsche Mittel verwendet.« Sie überprüfte ihre Utensilien zweimal, bevor sie mir erneut das Haar färbte. Doch wie beim ersten Mal wusch sich die Farbe wieder heraus. Ich gab den Versuch, meine Haare dauerhaft umzufärben, auf, und beschränkte mich auf gelegentliche Spülungen, um es halbwegs dunkel zu halten. Letztendlich begannen sie von allein wieder nachzudunkeln.

Konnte ein Tumor die Ursache dafür sein, daß sich meine Haarfarbe veränderte? Ich hatte noch nie etwas Derartiges gehört. Konnte er außerdem der Grund für die Veränderung meines Geschmacksempfindens sein, für den Gewichtsverlust und die immer wiederkehrenden Anfälle von Depression und Lethargie? Auf jeden Fall wäre ein Tumor eine Begründung für die zeitlichen Aussetzer, die Doppelgänger und anderen schauerlichen Einbildungen. Es wäre nahezu eine Erleichterung, eine körperliche Ursache dafür zu finden. Zumindest müßte ich mir dann keine

Gedanken mehr über eine mögliche Geisteskrankheit machen.

»Wir können nichts finden«, verkündete der Arzt, nachdem die Untersuchungen meines Gehirns abgeschlossen waren. »Nichts, was auf ein Blutgerinnsel, einen Tumor oder dergleichen hinweist. Vielleicht handelte es sich um einen schweren Anfall von Migräne.«

Obwohl wir Unmengen Zeit und Geld in das Haus investiert hatten, schien es nach wie vor gegen uns zu rebellieren, und mit Beginn des Sommers wurde diese Rebellion immer heftiger.

Gerüche, deren Ursprung wir nicht ausfindig machen konnten, tauchten an den verschiedensten Stellen des Hauses auf. Es roch nach Abwässern und oft sogar nach Verwesung. Weniger häufig zog das Aroma eines süßlichen Parfüms durch bestimmte Stellen des Hauses.

Einmal, als der Gestank besonders penetrant war, öffnete Ron die Falltür, die zu den unter dem Haus liegenden Leitungsrohren führt, um zu prüfen, ob eines der Rohre defekt sei. Tausende bizarr aussehender Insekten schwärmten daraufhin ins Haus. Sie sahen aus wie eine Kreuzung zwischen Mücken und Riesenschnaken – noch nie hatte einer von uns ein derartiges Insekt zu Gesicht bekommen. Falls es sich um Moskitos handelte, gehörten sie Gott sei Dank nicht zu einer bissigen Sorte.

Kurz darauf begannen Wespen unser Haus zu belagern. Sie drangen durch die Abzugslöcher ins Innere des Hauses, immer mehr als ein halbes Dutzend gleichzeitig, und bald klagte jedes Familienmitglied über Wespenstiche im Gesicht, auf Hals und Armen. Sobald wir ein paar der Eindringlinge erledigt hatten, strömte eine neue Schar herein. Es schien wie eine organisierte Aggression, die darauf ausgerichtet war, uns aus dem Haus zu vertreiben.

Kaum hatten wir die Wespeninvasion überstanden, wurden wir von Ameisen heimgesucht. Rote und schwarze Biester, die immun gegen jede Art von Insektenspray zu sein schienen. Sie überfielen Haus und Garten und machten sich einmal besonders unangenehm bemerkbar, als sie über Ashley herfielen, die draußen auf ihrem Fahrrad herumradelte. Sie stürzte mit dem Rad und lag schreiend auf dem Rasen, als ich zu ihr eilte. Ihr Körper war übersät von Ameisenbissen, und immer mehr der Biester krochen aus den hohlen Griffen der Lenkstange.

Die ganze Familie war übermüdet und gereizt, da uns der Kampf gegen die Insekten um den Schlaf brachte. Jeder von uns litt unter extremen Stimmungsschwankungen und Persönlichkeitsveränderungen, was zu Auseinandersetzungen und Gefühlsausbrüchen führte, die uns normalerweise völlig fremd waren.

Ron war in den letzten Jahren oft mürrisch und verschlossen gewesen, aber die Kälte, die in letzter Zeit von ihm ausging, machte mir regelrecht angst.

Unsere Streitereien wurden heftiger als je zuvor, und eines Tages teilte ich ihm mit, daß ich die Scheidung wollte.

»Wenn du dich scheiden läßt, nehme ich dir die Kinder weg«, drohte er während eines Streits. An einem anderen Abend, wir lagen bereits im Bett, verkündete er, er würde mich töten, wenn er mich je mit einem anderen Mann erwischte. »Ich habe kein Gewissen. Jemanden zu töten würde mir nicht das Geringste ausmachen«, sagte er.

Das war nicht mehr der Mann, den ich geheiratet hatte. Ron war nie gewalttätig oder aggressiv gewesen. Jetzt verursachte die kalte Bösartigkeit in seiner Stimme mir Gänsehaut. Zum ersten Mal fürchtete ich mich vor ihm. Sollte das ein Spiel sein, das er spielte? Wohl kaum. Es waren noch andere Veränderungen mit ihm vorgegangen. Sein Gesundheitszustand hatte sich verschlechtert, und er litt ständig unter irgendwelchen Schmerzen.

Er begann abends länger zu arbeiten, riß sich um Überstunden und sprang für Kollegen ein, die sich frei nahmen. Ich hatte den Eindruck, als stelle sein Arbeitsplatz für ihn eine Zuflucht vor diesem Haus dar. Oder vor mir?

Nicht zum ersten Mal kam mir der Gedanke, daß er sich mit einer anderen Frau traf.

Ich nahm den Telefonhörer auf, und eine unverbindliche Frauenstimme fragte: »Doretta?« Ich erkannte meine Cousine, die in Rineyville, in Kentucky, lebt.

»Hi, Jenny«, antwortete ich.

»Wo bist du gewesen?«

»Ich war den ganzen Tag zu Hause.«

»Ich versuche seit drei Wochen dich anzurufen«, erwiderte sie. »Warst du weg?«

»Keine drei Wochen«, antwortete ich. »Und niemand ist ans Telefon gegangen?«

»Äh ... schon.« Sie wurde unsicher.

»Mit wem hast du gesprochen?«

»Mit Ashley.«

»Warum hast du sie nicht gebeten, Ron oder mich an den Apparat zu holen?«

»Immer wenn ich anrief, sagte sie, ihr wäret nicht da.«

»Aber Jenny, du weißt doch, daß ich das Kind nicht allein hier im Haus lasse.«

»Ich fand es ja auch etwas merkwürdig. Aber immer wenn ich anrief, ging ein kleines Mädchen dran. Ich fragte ›Ashley?‹ und sie antwortete ›ja‹. ›Ist deine Mutter zu Hause?‹ fragte ich sie. ›Nein.‹ ›Ist dein Daddy da?‹ ›Nein, ich bin ganz allein.‹ Dann legte sie jedesmal auf. Ich hatte schon fast die Hoffnung aufgegeben, dich jemals zu erreichen.«

Hätte sie meine Nummer gewählt, hätte ich doch das Telefon hören müssen? Außerdem ging Ashley nicht gern ans Telefon. Sie ließ es in der Regel läuten, bis einer von uns an den Apparat ging. Hatte Jenny eine falsche Nummer gewählt? Vielleicht. Aber drei Wochen lang? Und war es nicht recht unwahrscheinlich, daß sie ausgerechnet einen Haushalt erwischt haben sollte, in dem es ebenfalls ein kleines Mädchen namens Ashley gab?

Nachdem ich eingehängt hatte, drehte ich mich zu meiner Tochter um. »Warum hast du mir nicht gesagt, daß Tante Jenny angerufen hat?«

»Ich habe doch gar nicht mit Tante Jenny gesprochen.«

»Bist du ganz sicher, daß du nicht ans Telefon gegangen bist und nur vergessen hast, es zu erzählen?«

»Ich bin ganz sicher.«

Ashley sprach nach wie vor von dem kleinen Mädchen, das sie in ihrem Zimmer besuchte. Wie lange ging das schon so? Zwei Jahre, oder länger? Eine ziemlich lange Zeit jedenfalls für eine imaginäre Freundschaft, aber Ashley sprach ebenso beiläufig von ihr wie von ihren anderen Freundinnen.

Einmal trat ich in ihr Zimmer, während sie spielte, und fragte sie: »Ist deine Freundin da?«

Sie warf mir einen ungeduldigen Blick zu, als hätte ich selbst keine Augen im Kopf. »Nein Mami, sie ist nicht hier.«

Ob es wohl gut ist, fragte ich mich oft, *wenn solch eine Phantasiebeziehung derart lange dauert?* Ich nahm mir vor, mit Ashleys Lehrerin oder einem Berater darüber zu sprechen, aber wenn ich sie von der Schule abholte, gingen mir jedesmal andere Dinge im Kopf herum.

Nicht nur, daß unsere heimischen Katastrophen sich häuften, der Sommer brachte noch eine zusätzliche Belastung für unsere Familie mit sich.

Ich fand heraus, daß Nancy, die inzwischen zwei Kinder hatte, in einem Obdachlosenheim in Louisville lebte. Obwohl Ron nicht begeistert von der Idee war, holte ich sie mit ihren Kindern zu uns.

Seit Nancy vier Jahre zuvor aus dem Madison State Hospital entlassen worden war, hatte ich in keinem besonders engen Kontakt zu ihr gestanden. Die Therapiesitzungen mit ihr waren schmerzhaft gewesen und hatten viele unangenehme Erinnerungen wachgerüttelt, die ich lieber vergessen wollte. Der Zeitpunkt war nicht der günstigste, um wieder mit ihr zusammenzutreffen, aber immerhin war sie meine Schwester, und ich fand es schrecklich, sie und ihre Kinder heimatlos zu wissen.

Wie sich später herausstellte, wären sie in ihrer vorherigen Unterkunft vermutlich besser dran gewesen. Nur kurze Zeit nach ihrer Ankunft begannen Nancys Kinder nachts von Alpträumen geplagt weinend zu erwachen. Eines Nachts stand Jessica heulend vor meinem Bett. »Tante Doretta«, schluchzte sie, »da war eine alte Frau in Ashleys Zimmer. Sie sah ganz schrecklich aus und stand am Fußende von unserem Bett.« Ich überzeugte sie, daß sie nur einen schlechten Traum gehabt hatte, doch von da an weigerte sie sich, ohne ihre Mutter in Ashleys Zimmer zu übernachten.

In diesem Sommer kehrten auch die Insekten zurück. Nancy und ich hielten uns im Garten hinter dem Haus auf, als wir das laute Summen vernahmen, das aus einem Baum in der Nähe des Hauses ertönte. Ich trat näher, um den Baum genauer in Augenschein zu nehmen und sah mich plötzlich von großen, grün schillernden Fliegen umzingelt. Im Baum wimmelte es von den Viechern. Rons Versuche, ihnen mit Insektenspray zu Leibe zu rücken, schlugen fehl. Jedesmal wenn er sich dem Baum näherte, schwärmten die Fliegen laut summend um ihn herum und umhüllten ihn wie eine dichte, dunkle Wolke.

Ich hatte Nancy kaum etwas über die Vorfälle im Haus erzählt, aber wie Kellie und Marilee wurde auch sie bald nervös und ließ beiläufige Bemerkungen über unheimliche Gefühle fallen, die das Haus in ihr auslöste.

Ich teilte dieses Empfinden von Tag zu Tag mehr. Spürbare Aggressivität schwebte in jenen Monaten wie eine warme, klebrige Substanz unter unserem Dach. Ständig schienen wir uns gegenseitig an die Kehle zu gehen. Die Gründe dafür waren so nichtig, daß wir uns hinterher in der Regel selbst nicht erinnern konnten, was eigentlich in uns gefahren war.

Zum ersten Mal, seit ich mit Ron verheiratet war, kam es zu Handgreiflichkeiten zwischen ihm und Steven, wobei Steven den schlechteren Part erwischte. Der Zwischenfall ereignete sich völlig unerwartet.

In der Wand zum Badezimmer befindet sich eine kleine Klappe, durch welche die Rohre im Badezimmer zugänglich sind. Wir arbeiteten zu diesem Zeitpunkt noch an der Installation, und wenn jemand duschen wollte, mußte man ein Ventil hinter der Klappe aufdrehen. Ron, der mitbekam, wie Steven die Klappe öffnete und sich vorlehnte, um das Ventil aufzudrehen, rief ihm zu, er würde die Klappe abbrechen. Völlig überraschend schlug er mit der Faust auf Steven ein, und Steven, der inzwischen fünfzehn war, schlug zurück. Ich rannte in den Flur, um die beiden zu trennen, doch Ron drängte mich zurück ins Wohnzimmer. Als sie endlich aufhörten, war Steven mit blauen Flecken übersät. Nancy nahm ihn daraufhin mit nach Louisville, wo sie ein paar Tage mit meinem Großvater verbrachten.

Ich war fassungslos und wütend. Noch nie hatte es Gewalt in unserer Familie gegeben, und ich hatte mir geschworen, so etwas niemals zu dulden. Ron schien den Vorfall sofort wieder vergessen zu haben, was typisch für sein Verhalten während dieser Zeit war – die Geschehnisse ließen ihn völlig kalt. Ich machte ihm lauthals Vorwürfe wegen seines Verhaltens, doch meine Worte prallten von ihm ab.

Als ich Steven einige Tage später bei Großvater abholte, war ich immer noch aufgebracht. Auch Großvater tobte, wie ich es noch nie bei ihm erlebt hatte. »Wenn ich meinen Enkel jemals wieder in diesem Zustand zu Gesicht bekomme, dann sorge ich dafür, daß man ihn euch fortnimmt«, drohte er.

Steven machte sich immer mehr Rons Verhalten zu eigen. Die meiste Zeit war er gereizt und nicht ansprechbar. Bis dahin hatte er mir gegenüber stets ein liebevolles und beschützendes Verhalten an den Tag gelegt. Wenn er auch, wie die meisten Teenager, hin und wieder über häusliche Pflichten murrte, so hatte er doch niemals das Wort gegen mich erhoben.

Eines Tages kam er nach Hause und fragte mich wegen irgendeiner Angelegenheit um Erlaubnis, und ich sagte nein. Er stampfte wütend in sein Zimmer, und ich folgte ihm ein paar Minuten später, um ihm meine Gründe darzulegen. Normalerweise schmollte er ein wenig, doch nie wäre es ihm in den Sinn gekommen, meine Autorität anzuzweifeln.

An diesem Tag war es anders. Er stritt mit mir, beschuldigte mich, ihn wie ein Baby zu behandeln und ihm nie etwas zu erlauben. Als er immer lauter wurde, drehte ich mich um und verließ sein Zimmer. Ich wollte gerade die Tür hinter mir schließen, als sie mir mit Wucht aus der Hand gerissen wurde. Steven umfaßte mich und schleuderte mich gegen die Wand. Erschrocken schrie ich auf, und Ashley kam aus dem Wohnzimmer herbeigerannt. Steven packte mich erneut und schleuderte mich durch die Tür ins Wohnzimmer, wo ich mit dem Rücken gegen die Couch prallte. Im ersten Moment war ich überzeugt, mein Rückgrat sei gebrochen. Er stürzte sich auf mich und hockte sich auf meinen Oberkörper. Völlig benommen und nach Luft ringend, versuchte ich, mich seinem Griff zu entwinden, und bettelte ihn an, von mir abzulassen.

Sein Gesichtsausdruck flößte mir blankes Entsetzen ein. Aus seinen wie erstarrt wirkenden Zügen funkelte er mich haßerfüllt an, und Schaum trat aus seinem verzerrten Mund. Ich nahm kaum wahr, wie Ashley ihren Bruder anflehte, mich loszulassen.

»Steven!« schrie ich. Speichel tropfte aus seinem Mund auf mein Gesicht. Er reagierte nicht auf meine Schreie, meine Stimme schien überhaupt nicht zu ihm durchzudringen. »Ich liebe dich! Steven, ich liebe dich!« wiederholte ich würgend und nach Luft ringend. Plötzlich erschlaffte er. Seine Augen schlossen sich, und er rollte seitwärts auf den Boden. Ich sprang auf und lief in die Küche, um Ron zu benachrichtigen. Ich war der Meinung, Steven habe eine Art Anfall erlitten. Ron riet mir, ihn in Ruhe zu lassen, bis er sich beruhigt habe. Ich hängte ein und ging ins Bad, um mich zu säubern. Als ich an Stevens Zimmer vorbeiging, schien er tief und fest zu schlafen.

Am nächsten Tag bemerkte er die Druckstellen auf meinem Arm und fragte mich, was passiert sei.

»Die sind von unserem Ringkampf gestern«, antwortete ich.

»Wovon redest du?«

Verblüfft hörte er mir zu, als ich ihm von der Auseinandersetzung berichtete.

»Mom, ich würde dir nie weh tun. Wenn ich das wirklich gewesen bin, dann stimmt irgendwas nicht. Dann solltest du mich schleunigst irgendwo einweisen lassen.«

»Erinnerst du dich an überhaupt nichts?« fragte ich ihn.

»Das einzige, was ich noch weiß, ist, daß du in mein Zimmer gekommen bist und wir uns gestritten haben. Und dann bin ich plötzlich auf dem Boden erwacht.«

Judy Nestus, Stevens Schulpsychologin, war eine gute Freundin von mir, also suchte ich sie in ihrem Büro auf.

»Das hört sich wahrhaftig nicht nach Steven an«, wunderte sie sich, nachdem ich ihr die Geschichte erzählt hatte.

»Das war auch nicht mein Steven, der mir das angetan hat«, sagte ich. »Das waren nicht seine Augen und nicht das Gesicht, das ich kenne. Er schwört, daß er sich an nichts erinnert, Judy. Ich bin völlig ratlos. Was kann denn in ihn gefahren sein, so etwas zu tun und sich hinterher an nichts mehr zu erinnern?«

Sie wußte ebenfalls keine Erklärung, versprach aber, mit Steven zu sprechen. Allerdings war das Schuljahr bald zu Ende, und vor den Sommerferien würde sie vermutlich zu keinem Ergebnis mehr kommen.

9. Kapitel

Es fällt mir nicht leicht, mich an die Ereignisse des Sommers 1991 zu erinnern, an jene Wochen, die mir wie ein Tümpel fauligen Brackwassers im Gedächtnis geblieben sind. Eine Atmosphäre der Verbitterung und Bösartigkeit, der ich wehrlos gegenüberstand, schloß sich immer enger um mich.

Mit jedem Tag, den Nancy unter unserem Dach verbrachte, wuchsen die Spannungen zwischen ihr und mir. Ich hatte einige Bedingungen an ihren Aufenthalt bei uns geknüpft, die nicht besonders streng waren, doch eine gewisse Einschränkung gegenüber ihrem gewohnten Lebensstil bedeuteten. Anfangs akzeptierte sie diese Regeln, bald fand sie jedoch einen Freund in Madison und begann, abends immer länger auszubleiben, in Bars herumzuhängen und mehr und mehr dem Lebenswandel nachzugehen, der mich nur zu sehr an den meiner Mutter erinnerte. Wenn meine Kritik ihr zu sehr auf die Nerven ging, übernachtete sie oft bei Kellie, die als ebenfalls alleinerziehende Mutter Nancys Eskapaden gegenüber toleranter war.

Nach einer aufreibenden Woche schlief ich eines Abends auf dem Sofa ein und träumte von Nancys Tochter Jessica. Im Traum sah ich Jessica als das kleine Mädchen, das ich selbst einst gewesen war, gestraft mit einer alkoholsüchtigen Mutter, die ständig fragwürdige Typen mit nach Hause schleppte.

Gegen drei Uhr morgens erwachte ich verwirrt. Ich war mir nicht sicher, ob ich von Jessica oder von mir selbst geträumt hatte. Erinnerungen an früher vermischten sich mit meinem Traum.

Wir fahren im Auto mit Mutter und ihrem Freund Joe Milovitch. Beide trinken. Nancy sitzt vorne zwischen Mom und Joe, ich sitze hinten. Nancy beginnt zu weinen. Joe befiehlt Mom brüllend, sie zur Ruhe zu bringen. Mutter schlägt Nancy, und sie weint noch lauter. Mom schleudert sie über die Rücklehne nach hinten auf meinen Schoß. Blut tropft von Nancys Lippen auf meine Bluse.

Gerade Nancy sollte sich im klaren darüber sein, was sie ihrer Tochter mit ihrem Verhalten antat. Ich dachte an die Behauptungen, die sie gegenüber dem Psychotherapeuten während der Therapie im Madison State Hospital aufgestellt hatte, und daran, daß ich alles abgestritten hatte, als man mich damit konfrontierte. Nancy hatte zumindest teilweise die Wahrheit gesagt. Es hatte tatsächlich Männer in dem Bett gegeben, das wir mit Mutter in dem kleinen Apartment in Gary teilen mußten. Aber war da noch mehr gewesen?

Ich bin nicht sicher, was mich geweckt hat; die Bewegungen, die Geräusche, die Gerüche? Ich drehe den Kopf zur Seite. Joe liegt auf meiner Mutter; beide sind nackt. Nein, es ist nicht Joe, es ist ein Mann, den ich noch nie zuvor gesehen habe. Dann ist es wieder Joe. Mom stöhnt. Tut er ihr weh? Ich habe Angst, daß sie merken, daß ich wach bin. Ich schließe die Augen und rutsche näher zu Nancy, damit ihre beiden Körper mich nicht berühren. Meine Augen sind fest geschlossen, und ich gebe vor, nicht da zu sein.

In meinem Kopf schrillte eine Alarmglocke, und die Erinnerung verschwand.

Es muß etwa halb vier gewesen sein, als ich Kellie mit Tritten gegen ihre Hintertür weckte. Sie hatte schlafend auf dem Sofa gelegen und starrte mich entgeistert an, als sie mich mit wutentbranntem Blick vor der Fliegengittertür gestikulieren sah.

»Ich muß sofort mit Nancy sprechen», verlangte ich und stürmte unaufgefordert ins Haus.

»Sie ist oben«, sagte Kellie, »ihr Freund ist bei ihr.« Ich ging zum Fuß der Treppe und rief nach Nancy. Kellie versuchte mich zu beruhigen, aber ich hämmerte gegen die Wand und gab keine Ruhe, bis meine Schwester auf dem oberen Treppenabsatz erschien. Ich befahl ihr herunterzukommen. Kellie, die mich noch nie so aufgebracht erlebt hatte, versuchte ängstlich, sich zwischen uns zu stellen.

»Ich bin fertig mit dir«, schrie ich Nancy an. »Ich habe mein Möglichstes getan. Aber jetzt werde ich alles daran setzen, damit Timmy das Sorgerecht für Jessica bekommt. Ich lasse nicht zu, daß du ihr das Gleiche antust, was man uns angetan hat.«

Bestürzt über meinen Ausbruch, schaute sie mich wortlos an, doch als ich weiterzeterte, ging sie zum Angriff über.

»Du bist verrückt, Doretta«, schleuderte sie mir entgegen, »regelrecht besessen. Von dir hat ein Dämon Besitz ergriffen.«

Das brachte das Faß zum Überlaufen. Ich stürzte mich auf sie, schloß meine Hände um ihren Hals und würgte sie. Im gleichen Augenblick glaubte ich in die entsetzten Augen des zerbrechlichen kleinen Mädchens von damals zu sehen, das sich in einer Ecke zusammengekauert hatte, weil seine Mutter, die sich mit Wodka vollaufen ließ, fluchend mit Geschirr um sich warf und drohte, sie umzubringen. Mein Herz schien zu zerspringen, und mein Griff lockerte sich.

»O Gott«, stöhnte ich. Nancy rieb sich den Hals und starrte mich an. Ich machte kehrt und rannte aus dem Haus. Scham, Schuldgefühle und Verzweiflung hielten mich die ganze Nacht wach. Wie ein Zombie starrte ich vor mich hin und wartete, daß es hell würde, während ich über der Erkenntnis brütete, daß einiges vom Wesen meiner Mutter auch in mir steckte.

Mutter hat einen Wutanfall, weil Großvater und Großmutter ausgezogen sind, damit sie sich selbst um ihre Kinder kümmert. Mutter verflucht die Großeltern und uns Kinder. Ich krieche unter den Eßtisch, um mich vor ihr in Sicherheit zu bringen. »Schaff deinen erbärmlichen Arsch da hervor«, kreischt sie. Ich kauere mich noch mehr zusammen. Sie langt unter den Tisch, packt mich an den Haaren und zerrt mich aus meinem Versteck. Ich rieche den Alkoholdunst in ihrem Atem, während sie mich an den Haaren auf die Füße zerrt und mir mit der Hand auf den Mund schlägt. Meine Nase und die Augen brennen, und ich schmecke Blut auf meinen Lippen.

Schon wieder Erbsensuppe. Dreimal in der Woche gibt es Erbsensuppe auf Reis. »Ich mag keine Erbsensuppe mehr«, sage ich. Patrick und Nancy schauen mich ungläubig an. Mutter flippt aus. Sie wirft ihren Teller an die Wand, schiebt das Essen auf meinem Teller mit der Hand zusammen und schmiert es mir ins Gesicht. Sie holt aus, und ich ducke mich. Sie holt wieder aus, und ich springe auf. Sie jagt mich durchs Zimmer. Patrick versucht sie abzulenken, indem er Geschirr aus dem Spülstein nimmt und auf den Boden wirft. Es funktioniert. Sie vergißt mich und beginnt auf ihn einzuschlagen. Patrick ist praktisch blind und trägt Brillengläser, so dick wie der Boden einer Colaflasche, doch er ist stark und tapfer wie ein Soldat. Dem Himmel sei Dank für Patrick.

»Mach die Flasche für deine Schwester fertig«, sagt Mutter. Nancy ist vier Jahre alt. »Sie ist zu alt, um noch aus der Flasche zu trinken«, antworte ich. Mit beiden Händen greift sie in mein Haar und knallt mich mit dem Kopf gegen die Wand. Patrick will dazwischen gehen, doch sie schiebt mich in die Toilette, schlägt die Tür zu und verriegelt sie. Mit dröhnendem Kopf hocke ich zusammengekauert auf dem Boden. Ich höre ihre Verwünschungen. »Ich bring' euch um, elende Brut!« Stunden vergehen. Im Suff schläft sie endlich ein. Patrick sitzt vor der Tür und redet von draußen auf mich ein. »Wir könnten zusammen von hier weglaufen«, sagt er, doch wir wissen beide, daß wir das nicht können.

Zur Abwechslung ist Mutter einmal nicht betrunken. Fröhlich lächelnd erzählt sie mir, was für herrliche Zeiten vor uns liegen. Sie kämmt und frisiert mich, zieht mir mein bestes Kleid an und nimmt mich mit in ein vornehmes Restaurant. Ich darf essen, was ich will. Sie bestellt den Hummer, den sie in Zitro-

nensoße tunkt und mit mir teilt. Ich fühle mich wie eine Prinzessin. Mami liebt mich. Später an diesem Abend ist sie betrunken und verprügelt mich. So weh sie mir auch tut, ich weine nicht. Ich weiß, sie würde aufhören mich zu schlagen, wenn ich anfange zu weinen, aber ich will sie auf die einzige Art verletzen, die mir zur Verfügung steht … indem ich ihr beweise, daß ich ebenso gefühllos bin wie sie. Ich gewinne. Ich weine nicht. Ich blicke sie stumm an und verschließe den Schmerz in meinem Inneren. »Starr mich gefälligst nicht so an«, schreit sie. Abscheu erfüllt ihre Stimme und eine Spur von Angst. Begehe nie wieder den Fehler, zu glauben, daß deine Mutter dich liebt, *sage ich zu mir selbst.*

Als Ron um halb sechs aufstand, hockte ich noch immer auf dem Sofa.

»Was machst du denn schon hier?» fragte er.

»Ich warte darauf, daß die Polizei kommt und mich holt«, antwortete ich.

Nancy hatte nicht die Polizei gerufen. Kurze Zeit nach unserer Auseinandersetzung zog sie wieder nach Louisville, fand einen neuen Freund und überließ Jessica ihrem Ex-Ehemann Timmy.

Meine Beziehung zur katholischen Kirche war eher dürftig, doch in jenem Sommer fühlte ich mich – vermutlich aufgrund der aufwühlenden Ereignisse in meinem Leben – auf unbestimmte Weise wieder zu jener Kirche hingezogen, der ich mich seit langer Zeit entfremdet hatte. Meine Einstellung zur Religion ist nicht eindeutig. Ich glaube an Gott, habe jedoch eine Menge Vorbehalte, was die Rituale, Insignien und Gebote der meisten Kirchen angeht. Außerdem haben meine Jahre auf der Gemeindeschule unter den gestrengen Augen und eisernen Geboten der Nonnen einen bitteren Nachgeschmack in mir hinterlassen. Dennoch erschien mir der plötzliche Wunsch nach geistigem Beistand nur natürlich. Wenn die Kirche verzweifelten

Seelen keine Hoffnung zu schenken vermochte, wozu sollte sie dann überhaupt gut sein?

Obwohl ich nie die Messe besuchte und keinen Kontakt zur örtlichen Gemeindepfarrei unterhielt, fand ich mich Ende August, einige Wochen vor Schulbeginn, im Büro von Judy Gavin, der Rektorin der katholischen Papst-Johannes-Schule, wieder und sprach mit ihr über Ashleys Einschulung zum Herbstbeginn.

»Ich bin eigentlich nicht der Meinung, daß ich selbst damals in der Gemeindeschule viel gelernt habe, außer vielleicht ein paar Gebeten und meinen Mund zu halten«, sagte ich zu ihr. »Die Nonnen waren ziemlich streng.«

Sie nickte verständnisvoll.

»Würde Ashley hier auch von Nonnen unterrichtet werden?« fragte ich.

»Nein, wir haben weltliche Lehrer«, antwortete sie. »Wir lehren keinen Katholizismus. Es gibt Gebetszeiten, aber während des übrigen Tages ist ganz normaler Unterricht.«

Meine Tochter in die Gemeindeschule zu schicken wäre ein unauffälliger und verhaltener erster Schritt zurück in den Schoß der Kirche, doch irgend etwas hielt mich davon ab. Aus meiner Kindheit war mir die Kirche als autokratische und richtende Institution in Erinnerung, und in jenem Sommer gab es schon genügend Zwiespältigkeiten in meinem Leben.

Abgesehen von den Konflikten mit meiner jüngeren Schwester, hätte auch die Beziehung zwischen Ron und mir kaum schlechter sein können. Ich fühlte mich von ihm verraten und im Stich gelassen. Offenbar schien ihm das Desaster, in dem wir lebten, überhaupt nicht aufzufallen. Er weigerte sich einfach, unsere Situation zur Kenntnis zu nehmen, oder mir bei meinem Bemühen, damit fertig zu werden, zur Seite zu stehen. Ron lebte in seiner eigenen Welt, die sich außerhalb unseres Hauses und dem sich darin abspielenden Elend befand. Für ihn gab es eine Zuflucht aus dieser Hölle, der ich nicht entrinnen konnte.

Die Tatsache, daß er mehr und mehr Zeit außer Haus

verbrachte, verstärkte meinen Verdacht, daß Ron eine Affäre habe, und schließlich gab ich meiner Vermutung offen Ausdruck. Sein Leugnen klang in meinen Ohren hohl und wenig überzeugend. *Ron ist nicht ehrlich,* sagte ich mir, *er empfindet kein Mitgefühl für mich, wahrscheinlich hat er mir gegenüber nicht mal ein Gewissen. Selbst wenn er nicht mit einer anderen Frau schläft, betrügt er mich auf seine Weise – indem er seine Versprechen bricht, andere Dinge ihm wichtiger sind und er mich links liegen läßt, wenn ich seine Aufmerksamkeit und Unterstützung am meisten brauche.*

Mit dem Fortschreiten des Sommers schien mir eine Scheidung, trotz seiner Drohungen, immer unumgänglicher. Keiner von uns beiden wollte die Scheidung wirklich, aber jeder von uns hatte unterschiedliche Gründe dafür. Er wollte mich lediglich besitzen, auf eine Art, wie ein Mann ein besonderes Werkzeug oder ein Boot besitzen will, das man nach Lust und Laune hervorholt, wenn einem der Sinn danach steht.

Ich dagegen liebte ihn noch immer, wenn ich mir auch nicht sicher war, wie stark diese Liebe noch war. Ich liebte meine Kinder und das Gefühl, ein Heim und eine Familie zu haben, jenes normale Leben, das ich als Kind nie gekannt hatte. Als ich aufwuchs, hatte ich die Kinder mit richtigen Familien – in denen Mutter, Vater und Geschwister in einem eigenen Haus zusammen lebten – stets beneidet und gedacht, wie glücklich sie doch sein müßten.

Ron bot mir und meinen Kindern solch ein Leben, und das wollte ich ihnen nicht nehmen. Doch ich wünschte mir einen Ehemann, der mich liebte, mich offen und mit Achtung behandelte, und der die Courage und Stärke besaß, mir in jeder Situation zur Seite zu stehen.

Was uns zusammenhielt, so vermutete ich, war Hoffnung. Die Hoffnung, daß wir eines Tages in der Lage sein würden, den Widrigkeiten, die dieses Haus mit sich brachte, die Stirn zu bieten und den gegenseitigen Groll zu überwinden. Ich weigerte mich zu glauben, daß unsere Ehe nicht mehr zu retten sei. Unsere Streitereien waren niemals in körperliche Gewalt ausgeartet, und vor den

Kindern gaben wir uns nach wie vor den Anschein einer intakten Partnerschaft. Vielleicht hatten wir den Punkt, an dem eine Rückkehr nicht mehr möglich war, noch nicht überschritten.

Am Samstag nahmen wir im Rahmen eines Picknicks, das von Rons Arbeitgeber, den Kentucky-Versorgungswerken, organisiert wurde, an einer kurzen Rundfahrt durch das Betriebsgelände teil. Es handelte sich um einen harmlosen Ausflug, und das letzte, womit ich gerechnet hätte, war, daß dadurch der schlimmste Krach heraufbeschworen würde, den Ron und ich jemals hatten. Nach jenem Vorfall fragte ich mich, ob Nancy nicht vielleicht recht gehabt hatte mit ihrer Behauptung, ich sei von einem Dämon besessen.

Es ging wirklich nicht um die Playboy-Magazine, Ron hatte früher schon Pin-Up-Zeitschriften mit nach Hause gebracht, ohne daß ich etwas dagegen gesagt hätte. Mir lag nur daran, daß Steven und Ashley sie nicht in die Finger bekamen. Nein, es war der Betrug. Er hatte oft über seine Kollegen im Werk hergezogen, die Playboy-Magazine in ihren Spinden aufbewahrten.

»Na, und du tust das nicht?« hatte ich ihn gefragt.

»Natürlich nicht«, lautete seine Antwort.

Als ich an jenem Samstag die Magazine in seinem Spind sah, durchfuhr mich ein Gefühl unbändiger Wut. Warum log er mich wegen einer so idiotischen Sache an? Wieso log er, wenn die Wahrheit mich nicht im geringsten verletzt hätte? Es war wirklich ein nichtiger Anlaß, aber er genügte, um wieder einmal das Gefühl von Verrat in mir hochkommen zu lassen. Wie konnte ich ihm in wichtigen Dingen trauen, wenn er mich wegen solcher Lappalien anlog?

Ich behielt meinen Ärger den ganzen Tag über für mich, in der Hoffnung, er würde vorübergehen. Statt dessen nagte er an mir und setzte sich wie ein Knoten in mir fest, bis ich mich nicht mehr beherrschen konnte.

»Warum hast du mich wegen der Playboy-Magazine angelogen?« stellte ich ihn zur Rede, als wir wieder zu Hause waren.

»Ach komm, Doe, mach keinen Aufstand wegen der Magazine.«

»Es geht nicht um die Magazine, sondern darum, daß du gelogen hast. Du lügst soviel, daß du die Wahrheit wahrscheinlich selbst nicht mehr erkennst.«

Unsere Stimmen wurden immer lauter, und ich war mir bewußt, daß Ashley uns beobachtete. Ich haßte es, mich vor den Kindern zu streiten, aber nun hatte ich einmal angefangen und meine Wut sprudelte nur so aus mir hervor.

»Mir reicht's!« schrie ich. »Ich habe die Nase voll von deinen Lügen!«

Ron kam auf mich zu und beugte sich über mich. Sein Gesicht war rot vor Zorn, und er funkelte mich wütend an. In der nächsten Sekunde spürte ich, wie meine Backenzähne sich in die Innenseite meiner Wange bohrten; ich schmeckte Blut, daß von meinen Lippen tropfte, und mein Kopf wurde mit solcher Wucht gegen die Wand geschlagen, daß meine Knie unter mir nachzugeben drohten.

Taumelnd und benommen nahm ich wahr, wie Ron sich umdrehte und aus dem Zimmer stürmte. Ich ging ins Bad, um mir das Gesicht zu waschen. Meine Lippe war aufgeplatzt, und das Blut tropfte auf meine Bluse. Ashley beobachtete mich stumm und mit großen Augen.

Was in Gottes Namen passiert hier? Mein Sohn wirft mich zu Boden und versucht mich zu erwürgen, und mein Mann verprügelt mich für eine Sache, die nicht mal ein lautes Wort rechtfertigen würde. Niemals hätte ich ihn für fähig gehalten, die Hand gegen mich zu erheben.

An jenem Abend wechselten wir kein Wort mehr miteinander, und Ron ging früh zu Bett. Kurz nach neun setzte ich mich mit einem Notizbuch an den Küchentisch. Ich hatte mir vorgenommen, Tagebuch zu führen. Zu viele unfaßliche Dinge stießen mir und meiner Familie zu.

Wenn ich meine Gedanken und Gefühle aufschrieb, würde ich vielleicht irgendeinen Sinn darin erkennen.

Ich war körperlich und seelisch erschöpft und fühlte mich wie ein eingesperrtes Tier, dazu verdammt, immer wieder gegen die Wände meines Käfigs zu laufen. Manche Tage begann ich voller Zuversicht, aber sie endeten unweigerlich mit dem Gefühl, doch nur wieder in einer Sackgasse gelandet zu sein.

Auch Ron, so schrieb ich an jenem Abend, *gehört zu den Problemen, die ich aus meinem Leben verbannen muß.*

»Guten Morgen, Schatz.«

Ich starrte wortlos in meinen Kaffee. Sein beiläufiges Verhalten machte mich rasend. *Guten Morgen, Schatz.* Kein Funken von Reue, keine Entschuldigung, nichts. Daß meine Lippe noch immer geschwollen war, schien ihm nicht aufzufallen.

»Was ist los mit dir?« fragte er und setzte sich zu mir an den Tisch, nachdem er sich eine Tasse Kaffee eingeschenkt hatte.

»Was mit mir los ist?« Ich versuchte ruhig zu bleiben, aber es war sinnlos. »Du verpaßt mir eine aufs Maul und fragst dann noch, was los ist?«

»Wovon redest du? Ich habe dich nicht mal angefaßt.«

»Und was zur Hölle ist das?« fragte ich und deutete auf meine Lippe. »Willst du auch noch die blutbefleckte Bluse sehen, die ich gestern abend anhatte?«

»Ich würde dich niemals schlagen, Doe«, sagte Ron. Er versuchte mir einzureden, ich bildete mir alles nur ein oder hätte schlecht geträumt. Genauso hatte er versucht mir weiszumachen, daß ich mir die Erscheinungen und Geräusche im Haus nur eingebildet hätte. Manchmal wußte ich selbst nicht mehr, wo die Grenze zwischen Realität und Phantasie zu suchen war. Zu viele Dinge, die in diesem Haus geschahen, ergaben keinen Sinn, und nicht zum ersten Mal war ich überzeugt, jeden Moment den Verstand zu verlieren.

Angesichts meines Gemütszustandes hätte er es vielleicht geschafft, mir weiszumachen, daß am Abend zuvor nichts geschehen sei, doch drei Dinge sprachen dagegen: meine blutige Bluse, meine geschwollene Lippe und ein Zeuge – unsere fünfjährige Tochter Ashley, die während unseres Wortgefechts die Küche betreten hatte.

»Daddy, ich hab' gesehen, wie du Mami geschlagen hast«, sagte sie, wohl in der Hoffnung, daß das Thema damit erledigt sei und wieder Frieden zwischen ihren Eltern einkehre.

Doch Rons beharrliches Leugnen brachte mich nur noch mehr in Rage. Ich stand auf und ging zur Anrichte. »Gib es doch endlich zu, verdammt noch mal!« brüllte ich ihn an.

»Ich habe dich nicht angerührt«, wiederholte er.

Ich griff nach dem erstbesten Gegenstand auf der Anrichte und warf ihn nach Ron. Es war eine antike Keksdose aus Porzellan, an der ich sehr hing. Sie segelte durch die Küche, streifte ihn und zersprang auf dem Boden in tausend Stücke.

Benommen saß Ron einen Augenblick reglos da. Das Gefäß hatte einen dünnen Kratzer an seinem Kopf hinterlassen. Ich verlor vollkommen die Beherrschung. Bevor er sich rühren konnte, warf ich Tassen, Aschenbecher und alles, was ich in die Finger bekam, nach ihm.

Ron stand auf und kam auf mich zu. Er ist ein Meter neunzig groß und wiegt fast einhundertzwanzig Kilo. Bis auf den vorherigen Abend hatte er mich noch nie geschlagen, aber jetzt hatte ich Angst vor ihm. Eine innere Stimme flüsterte mir zu, *er wird dir weh tun. Schütze dich. TÖTE ihn.*

Ich schnellte herum und zog ein Fleischmesser aus dem hölzernen Halter neben dem Herd. Doch so schnell wie ich es ergriffen hatte, ließ ich es wieder fallen. Von einer Sekunde zur anderen verrauchte meine Wut, und ich schien regelrecht zu erschlaffen. Ich hörte meine eigene Stimme, die murmelte: »Wo in Gottes Namen soll das hinführen?«

Auch Ron setzte sich wieder, als sei nichts geschehen.

Ist es möglich, daß er sich wirklich nicht erinnert, mich geschlagen zu haben, genau wie Steven sich an nichts erinnern konnte?

Doch wie dem auch sei, ich wollte Ron aus dem Haus haben, weniger aus Furcht vor ihm als vielmehr aus Angst vor mir selbst.

»Ist dir klar, daß ich gerade daran dachte, dich umzubringen?« fragte ich ihn. Er starrte mich an. »Ich kann so nicht mehr weitermachen. Die Kinder können so nicht mehr leben. Ich möchte, daß du gehst. Heute noch.«

Er wollte protestieren, aber mein Entschluß stand fest.

»Ich ertrage keine Gewalt«, sagte ich. »Aber genau das ist es, was sich in diesem Haus breit macht. Wenn eine Trennung die einzige Möglichkeit ist, dem ein Ende zu setzen, dann muß es eben sein.«

Er packte ein paar Sachen zusammen und fuhr noch am gleichen Nachmittag zu seiner Mutter nach Louisville. Die Kinder weinten, als er abfuhr, beruhigten sich jedoch, als ich ihnen versicherte, daß ihr Vater bald zurückkommen würde. Ich selbst war mir leider nicht so sicher.

Als Ashley und Steven an diesem Abend in ihren Betten lagen, setzte ich die Eintragungen in mein Tagebuch fort, in der Hoffnung, mir auf diese Weise über meine Gefühl für Ron Klarheit zu verschaffen.

Dunkelheit umschloß das Haus, und ich fühlte mich einsam und verlassen, während ich an meinem Küchentisch saß. Vielleicht war es niemandem möglich, mich zu lieben; nicht meinem Mann, nicht meinen Kindern, nicht einmal Gott selbst. Meine Mutter hatte mich gelehrt, wie sinnlos es ist, nach Liebe zu verlangen. »Güte ist etwas für die Schwachen, und Träume sind für Narren«, hatte sie mir einmal gesagt, »und zu hoffen, daß jemand dich liebt, macht dich zum größten Narren überhaupt.«

Während ich schrieb, zog ein strenger Geruch in meine Nase. Der Geruch nach Verwesung, den wir den ganzen Sommer über immer wieder bemerkt hatten. Ich blickte hinüber ins Wohnzimmer und sah einen Schatten, der sich auf die Tür zu bewegte. Es sah aus wie der verschwommene Umriß eines Kopfes und Rumpfes, der sich etwa einen halben Meter über dem Boden schwebend fortbewegte. Obwohl die Konturen unscharf waren und keinen Hinweis auf die Art der Bekleidung gaben, handelte es sich offensichtlich um einen männlichen Torso. Im Türrahmen hielt der Schatten inne und verharrte dort, als würde er mich ebenfalls beobachten. Ich schloß die Augen, und als ich sie wieder öffnete, war der Schatten verschwunden.

Etwa eine Stunde später schlug ich mein Tagebuch zu und ging ins Bad, um mich abzuschminken und auszuziehen. Ich hörte, wie sich jemand in Stevens Bad zu schaffen machte, das direkt neben meinem Badezimmer liegt.

»Steve, bist du das?«

Keine Antwort. *Vielleicht Mäuse. Nein, das war zu laut für eine Maus.*

Ich ging zu seinem Schlafzimmer und öffnete leise die Tür. Steven lag in tiefem Schlaf. Ich schlich zu seinem Bad und blickte hinein. Der Raum war dunkel und leer. Aber ich hatte klar und deutlich Geräusche von dort vernommen.

Ich kehrte zurück in mein Bad und putze mir die Zähne, als ich die Schritte im Flur vernahm – laute, schwere Schritte, die sich von Stevens Zimmer den Korridor hinunter auf das Schlafzimmer zubewegten, das ich mit Ron teilte. Obwohl der Flur mit Teppichboden ausgelegt war, war das Geräusch von Schuhsohlen auf dem Boden unverkennbar. Ich kannte den Schritt meines Sohnes. Dies waren nicht seine Schritte.

Die Zahnbürste noch immer in der Hand, drehte ich den Kopf zu der halbgeöffneten Badezimmertür, während die Schritte näher kamen. Es war niemand zu sehen. Vor Angst war ich wie erstarrt. Als ich es endlich fertigbrachte, mich zu rühren und in den Flur zu blicken, war er leer. Ich überprüfte jedes Zimmer im Haus. Alle waren leer.

Unsicher, ob ich lachen oder weinen sollte, sank ich aufs Sofa und fuhr mir mit der Hand durchs Gesicht. *Du wirst verrückt, Doretta Johnson, jetzt wirst du ohne jeden Zweifel völlig verrückt.*

10. Kapitel

Rons Abwesenheit war deutlich zu spüren. Lange war die Stimmung im Haus nicht mehr so friedlich gewesen. Die unerklärlichen Gerüche waren verschwunden. Es gab keine Insektenangriffe, keine Kurzschlüsse mehr. *Vielleicht ist es vorbei. Vielleicht hat der schreckliche Zwischenfall mit Ron wie ein klärendes Gewitter gewirkt, das die Feindseligkeit, die über diesem Hause brütete, fortgespült hat.* Den Kindern fehlte ihr Vater, und noch bevor eine Woche vorüber war, begann auch ich ihn zu vermissen.

Ron und ich telefonierten jeden Tag miteinander. Wir liebten uns und wollten beide keine endgültige Trennung. In den vergangenen Jahren hatten wir eine Menge Energie in unsere Arbeit, die Erziehung der Kinder und das Haus gesteckt. Nur unsere Ehe war dabei zu kurz gekommen. Wir beschlossen, einen Eheberater aufzusuchen, und Ron stimmte mit mir darin überein, daß wir versuchen sollten, in unserer Ehe wieder jene Romantik aufleben zu lassen, die in der letzten Zeit verloren gegangen war. Einen Tag darauf kam er wieder nach Hause.

Es ging keine unmittelbare Veränderung im Haus vor. Bevor Ron das Haus verlassen hatte, schien die Atmosphäre aufgeladen durch den dumpfen Groll zwischen Ron und mir. Jetzt sah es so aus, als würde der Versuch, unsere Ehe zu retten, gleichzeitig auch jene Mächte besänftigen, die das Haus in Atem gehalten hatten.

Doch eines Tages geschah etwas Merkwürdiges. Der Vorfall war so bizarr, daß Ron und ich vor Verwunderung nicht einmal, wie bisher, den Versuch unternahmen, eine logische Erklärung dafür zu finden. Wir saßen eines Abends in der Küche. Ich schrieb in mein Tagebuch, und Ron blätterte in einer Zeitschrift. Plötzlich schauten wir gleichzeitig auf und erblickten ein Objekt, das langsam von der Decke segelte und vor uns auf dem Tisch landete. Es entpuppte sich als ein Rosenblütenblatt, dessen Ränder angesengt waren. Wir starrten darauf, sahen uns verständnislos an und blickten zur Decke. Konnte es vorher irgendwie ins Haus geweht und an der Decke hängen geblieben sein? Wir hatten nicht den geringsten Schimmer und ersparten uns die Mühe, nach einer Erklärung zu suchen.

Ron nahm das angesengte Rosenblatt, warf es in den Mülleimer und wandte sich wieder seiner Zeitschrift zu.

Ron gab sich größte Mühe, sein Versprechen, unsere Ehe wieder romantischer zu gestalten, einzuhalten. Eines Tages besorgte er nach der Arbeit Blumen und Wein. Ich besuchte an jenem Abend meinen Buchhaltungskurs und wurde erst kurz nach neun zu Hause erwartet.

»Ich möchte, daß ihr im Bett liegt, bevor Mom nach Hause kommt, damit wir mal einen Abend für uns haben«, sagte er zu den Kindern. Sie waren vollkommen einverstanden. Nichts wünschten sich Ashley und Steven sehnlicher, als daß ihre Eltern glücklich miteinander wären.

Als ich nach Hause kam, waren die Kinder bereit fürs Bett. Sie gaben mir einen Gute-Nacht-Kuß und trollten sich, als Ron zwei Gläser Wein einschenkte. Um mich später zu überraschen, hatte er frische Blumen ins Schlafzimmer gestellt und zwei Kerzen angezündet, die rechts und links auf der Frisierkommode standen.

Wir saßen in der Küche, nippten an unserem Wein und amüsierten uns über eine Geschichte, die sich an diesem Abend während des Kurses ereignet hatte. Alles schien perfekt.

Plötzlich wurden wir durch das Schrillen des Rauchmelders unterbrochen, der sich im Flur vor unserem Schlafzimmer befindet. Wenn die Batterie des Gerätes schwächer wird, ertönt ein Warnton, der darauf aufmerksam machen soll, daß die Batterien erneuert werden müssen. Das war auch mein erster Gedanke. Ich wußte zu diesem Zeitpunkt nichts von den brennenden Kerzen in unserem Schlafzimmer.

Nach ein paar Sekunden dämmerte es uns, daß es sich nicht um den Batteriewarnton handeln konnte.

»Es hört nicht auf«, sagte Ron. Mit einem Satz verließ er das Wohnzimmer, und ich folgte ihm. Schwarze Rauchwolken, die aus unserem Schlafzimmer quollen, kamen uns im Flur entgegen. Links von mir befand sich Stevens Schlafzimmer, auf der rechten Seite Ashleys.

»Aufstehen! Steht sofort auf!« rief ich den Kindern zu.

Ron, der versuchte, zum Herd des Feuers durchzudringen, war von den Rauchwolken verschluckt worden. »Bring schnell Wasser!« hörte ich ihn rufen.

Zuerst wollte ich sichergehen, daß die Kinder das Haus verließen. Sie waren höchstens zehn Minuten im Bett gewesen und konnten demnach noch nicht fest geschlafen haben. Ashleys Zimmer lag am nächsten zu dem Feuer, und ich mußte mir den Weg buchstäblich ertasten. »Ashley! Steh auf! Steh auf, Schatz!« Ihr Zimmer war bereits voller Qualm, so daß ich nichts erkennen konnte. Ich hörte sie jedoch husten und nach mir rufen und folgte dem Klang ihrer Stimme. Erleichtert nahm ich sie auf den Arm und stolperte zurück in den Flur, wo Steven soeben aus seinem Zimmer kam. Sofort war er umhüllt von Rauchschwaden, die an ihm vorbei in sein Zimmer drangen. Steven ließ sich fallen und kroch auf allen vieren hinter Ashley und mir in Richtung Wohnzimmer zur anderen Seite des Hauses. Ich setzte Ashley im Wintergarten ab und stieß die Vordertür auf. Steven kam mit einer Decke heraus, wickelte seine Schwester darin ein und legte sie in einen Liegestuhl, der im Garten vor dem Haus stand.

Ron befand sich noch immer im Haus und versuchte, die Flammen mit Laken zu ersticken. Ich alarmierte die

Feuerwehr, und anschließend rasten Steven und ich mit Wassereimern zwischen Küche und Schlafzimmer hin und her. Bis zum Eintreffen der Feuerwehr war es uns gelungen, die Flammen zu löschen.

Nachdem sie die schwelenden Matratzen mit Wasser überschüttet und einige Gegenstände in den Garten geschafft hatten, kam einer der Feuerwehrmänner auf uns zu.

»Die Flammen haben ganz schön gewütet«, sagte er. »Wie ist es passiert?«

»Ich hatte ein paar Kerzen angezündet«, erwiderte Ron und nahm einen schwarz verrußten Messingkerzenständer von der Kommode. Der andere Kerzenständer war noch makellos und nicht die Spur verfärbt.

Der Feuerwehrmann inspizierte den geschwärzten Metallständer. Auf der Halterung befand sich eine feuerfeste, lilienförmige Glasumhüllung, die ein paar Zentimeter über den Kerzendocht hinausragte. Wir benutzten diese Kerzenständer schon seit Jahren, und da sie für recht kleine Kerzen konzipiert waren, wurde die Glasumhüllung gewöhnlich nicht einmal heiß.

»Die einzige Möglichkeit, wie dadurch ein Feuer entfacht werden konnte, ist, daß der Ständer von der Kommode gefallen ist und etwas entzündet hat«, sagte der Feuerwehrmann. Doch der Kerzenhalter war nicht heruntergefallen.

Der Mann wunderte sich, wie das Feuer – was immer es verursacht haben mochte – eine solche Intensität erreichen konnte, bevor der wenige Meter entfernte Rauchmelder Alarm gab. Hätten Ashley und Steven, die erst kurz vor dem Alarm in ihre Zimmer gegangen waren, die Flammen nicht sehen oder zumindest den Rauch riechen müssen?

Wir hatten keine Antworten auf seine Fragen. Die Flammen mußten sich innerhalb von Sekunden im Raum ausgebreitet haben, gerade so, als hätte man Benzin oder einen Brandbeschleuniger benutzt. Selbst wenn der Brand durch Elektrizität verursacht worden wäre, hätte sich die

Hitze normalerweise nicht derart schnell ausbreiten dürfen.

»Dieser Brand läßt eine Menge Fragen offen«, sagte der Feuerwehrmann.

Mit einer Art überdimensionalem Fön trieben die Feuerwehrleute den Rauch aus dem Haus, ehe sie uns in unserem Chaos zurückließen.

Eine Nachbarin bot sich an, Ashley für die Nacht bei sich aufzunehmen. Nachdem ich sie dort abgeliefert hatte, brachte ich Steven zur Notaufnahme ins Krankenhaus. Er war bei unserem Bemühen, das Feuer zu löschen, in eine Glasscherbe getreten. Eine gute Nachricht gab es immerhin in dieser Nacht: Die Wunde an Stevens Fuß war nicht tief.

Es war sehr spät, als wir uns endlich schlafen legten, und wir verbrachten keine besonders vergnügliche Nacht. Das Haus stank wie ein feuchter Kamin nach versengtem Holz und kalter Asche. Seit dem Tag unseres Einzugs in dieses Haus jagte eine Katastrophe die nächste. Das Haus herzurichten und instandzuhalten hatte sowohl unsere finanziellen Rücklagen als auch unsere Geduld und Laune aufs äußerste belastet.

»Schlimmer kann es nicht mehr kommen«, seufzte ich, bevor wir einschliefen.

»Wer weiß«, murmelte Ron.

Und wie es das konnte.

Am nächsten Morgen begutachteten wir den Schaden bei Tageslicht. Der Teppichboden im ganzen Haus war ruiniert, entweder durch Flammen, Rauch oder Wasser. Das Schlafzimmer würden wir komplett renovieren müssen, und eine Wand, die die Feuerwehrmänner beschädigt hatten, mußte repariert werden. Außerdem würden wir das Innere des Hauses vollständig neu streichen sowie Vorhänge und Möbel reinigen oder erneuern müssen. Der Brandgeruch würde noch ewig im Haus schweben.

Wir setzten uns mit unserer Versicherung und mit einer

Renovierungsfirma in Verbindung. Der Auftragnehmer versprach mit der Arbeit zu beginnen, sobald wir Vorhänge und Bilder abgehängt hätten. Nachdem Ashley in ihren Schulbus gestiegen war, machte ich mit Ron die Runde durchs Haus, um alles für die Handwerker vorzubereiten.

Wir verließen das Haus gegen halb zehn und blieben den ganzen Tag fort. Um halb eins ließ Ron mich in einem Malergeschäft zurück und machte sich auf den Weg, Ashley von der Schule abzuholen. Als er mit ihr zurückkehrte, gingen wir zusammen zu Burger King und setzten anschließend unsere Einkäufe fort. Gegen Viertel vor fünf waren wir wieder zu Hause. Steven war etwa fünfzehn Minuten vor uns eingetroffen.

»Mom«, rief er, als wir das Haus betraten. »Mit dir habe ich ein Hühnchen zu rupfen!«

»Was ist denn los?«

Mit vorwurfsvoller Miene erschien er in der Küche. »Ich bin vor einer Viertelstunde nach Hause gekommen ... und was sehe ich, als ich das Bad betrete? Die Badematte steht in Flammen!«

»Wir waren den ganzen Tag nicht hier«, erwiderte ich verwirrt.

»Neben der Matte lag eine brennende Zigarette«, sagte Steven.

Es war völlig absurd. Wäre mir am Morgen eine Zigarette heruntergefallen, so hätte sie unmöglich noch brennen können, als Steven um halb fünf nach Hause kam. Und wenn die Badematte morgens durch eine Zigarette Feuer gefangen hätte, wäre das Haus während unserer Abwesenheit mit Sicherheit bis auf die Grundmauern niedergebrannt.

Ron und ich zogen die Möglichkeit in Betracht, daß jemand ins Haus eingebrochen war, doch wir fanden nirgends Spuren eines gewaltsamen Eindringens. Besaß irgend jemand Schlüssel zu unserem Haus? Das war recht unwahrscheinlich. Hatten wir Feinde, die es darauf abgesehen hatten, unser Haus niederzubrennen? Das war noch unwahrscheinlicher. Abgesehen von den Meinungsverschiedenheiten mit unseren Nachbarn, den Cyrus', hatte ich niemals mit jemand Streit gehabt. Doch das lag über drei Jahre zurück, und wir waren alles andere als Feinde.

Wir setzten uns mit den Kindern zusammen und schärften ihnen ein, die Türen stets verschlossen zu halten und uns sofort Bescheid zu sagen, wenn Fremde vor dem Haus parkten oder jemand, den sie nicht kannten, an die Türe kam.

»Habt ihr in letzter Zeit Fremde in der Nähe des Hauses bemerkt?« fragten wir sie. Beide schüttelten den Kopf.

Ashley machte einen bekümmerten Eindruck, wie häufig in letzter Zeit.

»Mami, ich muß mal«, sagte sie und streckte ihre Hand aus, damit ich sie begleitete. Als wir im Bad die Tür hinter uns geschlossen hatten, blickte sie mit traurigen, runden Augen zu mir auf.

»Mami, Daddy hat das Feuer nicht gemacht«, sagte sie.

Es war offensichtlich, was ihr auf der Seele lag. Ron hatte sich Vorwürfe gemacht, da er sich wegen der Kerzen für das Feuer im Schlafzimmer verantwortlich fühlte. Ashley fürchtete nun, daß ich ihm das zweite Feuer ebenfalls zur Last legen und ihn wieder aus dem Haus schicken würde. Ich schloß sie in den Arm und versicherte ihr, daß alles in Ordnung sei.

»Natürlich trägt er keine Schuld an dem Feuer, Liebling. Es war ein Unfall. Das ist alles. Ich bin nicht böse auf Daddy und werde ihn auch nicht mehr fortschicken.«

»Nein, Mami, die Leute vom Dachboden haben das Feuer gelegt«, erklärte sie derart ernst und überzeugt, daß mir ein Schauer über den Rücken lief. »Sie sind zornig, und sie wollen das Haus abbrennen.«

»Ashley«, sagte ich, »da ist niemand auf dem Dachboden.«

»Doch, da wohnen Geister«, antwortete sie den Tränen nahe.

»Es gibt keine Geister oder Gespenster«, widersprach ich.

Sie begann zu weinen. »Doch. Sie wohnen auf unserem Dachboden. Das kleine Mädchen, das keine Mami und kein Zuhause hat, und ein gemeiner alter Mann. Er hat das Feuer gelegt. Er ist böse auf uns. Er hat auch das Schlafzimmer angezündet.«

»Hör auf mit dem Unsinn, Ashley«, schimpfte ich. »Niemand ist auf dem Dachboden.«

»Wann glaubst du mir denn endlich?« beharrte sie.

Ich brachte sie in ihr Zimmer und herrschte sie an, daß ich nichts mehr von diesem Unfug hören wolle. Als ich ins Wohnzimmer ging, weinte sie immer noch. *Das Kind hat eine blühende Phantasie,* dachte ich. Aber irgend etwas in ihren Augen hatte mir gezeigt, daß sie nicht nur versuchte, ihren Vater zu schützen, sie war überzeugt von dem, was sie sagte.

Ich berichtete Ron, was sie erzählt hatte, und er lachte.

»Nun ja, sie war schon immer ein einfallsreiches Kind«, sagte er.

Keiner von uns beiden wollte den Gedanken an Geister gelten lassen. Geister, darunter stellte man sich die Seelen der Verstorbenen vor, die die Welt der Lebenden nicht verlassen wollten. Hatte nicht Großmutter mir schon, als ich noch ein Kind war, erklärt, daß Menschen, die zur Hölle fahren, niemals wiederkehren können, und jene, die in den Himmel kommen, gar nicht zurück wollen?

»Sie ist noch durcheinander wegen des Feuers«, sagte Ron. »Die letzten Wochen waren nicht leicht für sie.«

Meine Gedanken wanderten zurück zu den Ereignissen der vergangenen vier Jahre, jenen merkwürdigen Dingen, für die wir – meistens ohne Erfolg – logische Erklärungen zu finden versucht hatten. War ich insgeheim inzwischen nicht auch bereit, an eine übernatürliche Ursache zu glauben?

»Und wenn sie recht hat?« fragte ich meinen Mann.

»Ach komm, Doe«, sagte er wegwerfend. »Doch keine Gespenster?«

»Ich finde es ja auch absurd. Aber nur mal angenommen?«

»Jetzt mach aber mal halblang.«

»Überleg doch mal, was alles passiert ist und was wir als Zufall abgetan haben. In diesem Haus ist alles schiefgelaufen, was nur schief gehen konnte. Glaubst du, daß wirklich alles nur Zufall war?«

Sein Gesichtsausdruck sprach Bände. Er kaufte mir meine Theorie nicht ab. Auch ich konnte mir nicht ernsthaft vorstellen, daß es Gespenster in diesem Haus gab, aber ich begann zu glauben, daß das Haus von irgendeiner Kraft, einer Art Energie getrieben wurde, die darauf ausgerichtet war, uns Schaden zuzufügen. Möglicherweise machte der Druck, der in den vergangenen vier Jahren auf mir lastete, gekrönt durch die gewalttätigen Angriffe meines Sohnes und meines Mannes sowie die beiden Feuer innerhalb von zwei Tagen, mich anfällig für derartige Mutmaßungen. Hätte Ashley behauptet, Smokey der Bär spaziere bei uns herum, hätte ich womöglich nach Fußstapfen Ausschau gehalten.

Wir sprachen bis spät in die Nacht über die merkwürdigen Stromstöße, die unerklärlichen Kurzschlüsse, defekten Automotoren und die scharrenden Geräusche auf dem Dachboden, Ashleys imaginäre Freundin, die schattenhaften Umrisse, die ich gesehen hatte, die Schritte im Flur, meine Vision des kleinen Mädchens in der Schlafzimmertür und unsere ständigen Gesundheitsprobleme. Nicht zu vergessen die Farbe und die Tapeten, die sich geweigert hatten, an der Wand zu bleiben, die toten Vögel und die blauen Flecken auf Stevens Körper; die tote Frau, die ich in der Badewanne gesehen hatte und das Wort HÖLLFE, das in die Wandvertäfelung geritzt worden war.

Ron wies die Vorstellung, es könne sich um übernatürliche Kräfte handeln, weiterhin weit von sich. Ich konnte es ihm nicht verübeln. Im Grunde wußten wir beide nicht, was wir eigentlich glauben sollten, und zum Schluß kam ich mir ein wenig albern vor, meine Theorie überhaupt ausgesprochen zu haben.

An diesem Abend war es ungewöhnlich stickig im

Haus, und wir stellten fest, daß der fast neue Kompressor an der Klimaanlage kaputt gegangen war.

»Gremlins?« fragte ich scherzend.

»Ich glaube einfach, daß wir die längste Pechsträhne der Welt haben«, sagte Ron. »Das ist alles.«

Tja, das ist alles. Da unser Schlafzimmer noch immer unbewohnbar war, trugen wir eine Matratze ins Wohnzimmer und schlugen dort unser Nachtlager auf. Der Geruch nach Rauch hüllte uns ein, und im Haus herrschte undurchdringliche Dunkelheit.

»Fällt dir nichts auf?« fragte Ron am nächsten Morgen. Ich hatte schlecht geschlafen, fühlte mich wie gerädert und sehnte mich nach meiner morgendlichen Tasse Kaffee. Forschend blickte ich mich um, konnte jedoch nichts Außergewöhnliches feststellen.

»Nein, was denn?« antwortete ich.

»Der Geruch«, erwiderte Ron. »Man kann den Brandgeruch kaum noch riechen.«

Das Schlafzimmer sah noch immer aus wie eine Ruine, die beschädigten Teppiche und Möbel waren noch nicht entfernt worden, und es war nach wie vor stickig im Haus, doch der Geruch nach Feuer und Rauch war tatsächlich kaum noch wahrnehmbar. Ron verschwand im rückwärtigen Teil des Hauses. Ein paar Minuten später hörte ich ihn aus Ashleys Zimmer nach mir rufen. In Erwartung eines neuen Desasters näherte ich mich widerstrebend der Tür.

Ich hatte Ashleys Zimmer noch nicht ganz betreten, als mir klar wurde, weshalb er mich gerufen hatte. Der Raum war kühl, viel kühler als der Rest des Hauses. Und anstelle des Rauchgeruchs schwebte ein intensiver, süßer Rosenduft in diesem Zimmer.

11. Kapitel

Da unsere Versicherung zugesagt hatte, in vollem Umfang für den Brandschaden aufzukommen, überließen wir die Renovierung diesmal Fachleuten, anstatt den Kampf gegen die Wände selbst wieder aufzunehmen. Die Anstreicher stießen auf den gleichen Widerstand, mit dem auch wir, bei jedem Versuch, etwas am Haus zu verändern, zu kämpfen hatten.

»Etwas derart Verkorkstes hab' ich noch nie erlebt«, fluchte einer der Maler gleich am ersten Tag. »Die Farbe schlägt dauernd Blasen und läuft die Wand 'runter. Sogar auf der frischen Grundierung.«

»Mir brauchen Sie nichts zu erzählen«, lachte ich. »Das Haus mag nicht, daß man es anstreicht, fast wie ein Kind, das sich weigert, sich die Ohren waschen zu lassen.«

Ron und ich überließen die Anstreicher ihrem Schicksal und fuhren in die Stadt, um einen neuen Teppichboden auszusuchen. Bei unserer Rückkehr sagte einer der Arbeiter zu Ron: »Eine Mrs. Crowley hat aus dem Betrieb für Sie angerufen. Sie möchten sie zurückrufen.«

Ron warf mir einen raschen Seitenblick zu. Als ich den Verdacht hegte, daß er mich betrog, war es auch um diese Kollegin namens Crowley gegangen. Er hatte bestritten, irgend etwas mit ihr zu haben, und sogar behauptet, er arbeite gar nicht mehr mit ihr zusammen.

Wieder eine deiner Lügen? Er mußte meine Gedanken erraten haben.

»Ich schwöre es dir«, sagte er, »ich arbeite wirklich nicht mehr mit ihr zusammen.«

Er nahm den Hörer auf, wählte die Nummer seines Betriebs und zog mich zu sich heran. »Ich möchte, daß du mithörst«, sagte er.

Ein Kollege namens Barry meldete sich.

»Hat jemand bei mir zu Hause angerufen?« fragte Ron ihn und hielt den Hörer so, daß ich verstehen konnte, was am anderen Ende der Leitung gesprochen wurde.

»Ja, Moment mal«,

Bill Crowley kam an den Apparat. Er hat eine verhältnismäßig tiefe Stimme.

»Hast du bei mir angerufen?« fragte Ron.

»Ja, ich habe mit einem Anstreicher gesprochen.«

»Hast du deine Stimme verstellt, oder so was?«

»Nein, wieso? Wovon redest du?«

»Schon gut. Was war denn los?«

Sie sprachen ein paar Minuten über dienstliche Angelegenheiten, dann suchte Ron den Anstreicher, der ihm die Nachricht übermittelt hatte.

»Ich habe gerade mit meinem Kollegen Bill Crowley telefoniert«, sagte Ron. »Ja«, erwiderte der Arbeiter, »so lautete der Name … Crowley.«

»Er hat eine ziemlich dunkle Stimme, wie konnten Sie ihn mit einer Frau verwechseln?«

»Mann, das war keine Verwechslung. Hier hat wirklich eine Frau angerufen.«

Die Probleme mit dem Telefon waren nichts Neues und machten uns schier verrückt. Freunde beschwerten sich oft, sie hätten angerufen und völlig Fremde am Apparat gehabt.

Häufig klingelte das Telefon, und wenn wir den Hörer abnahmen, war die Leitung tot. Spielte uns jemand Streiche? War die Leitung defekt? Wir hatten nicht die Muße, uns den Kopf darüber zu zerbrechen. Die Dinge gerieten zunehmend außer Kontrolle, und jeder Tag konfrontierte uns mit einem neuen Mysterium.

Eines sonnigen, warmen Tages nahm ich Ashley mit zum Einkaufen. Nur vereinzelte kleine Wölkchen waren am Himmel zu sehen. Ich fuhr höchstens dreißig Meilen pro Stunde, als unser Wagen auf dem Heimweg plötzlich wie aus dem Nichts von einer gewaltigen Wasserkaskade getroffen wurde, die uns beinahe von der Straße schleuderte. Ich trat voll in die Bremsen und umklammerte das Lenkrad, um nicht die Gewalt über den Wagen zu verlieren.

»Mami, was ist das?« schrie Ashley.

Ich fürchtete, die Wucht der Wassermassen würde die Windschutzscheibe eindrücken. Plötzlich hörte es auf. Ich sah nach links aus dem Fenster und bemerkte zwei Männer, die in einem braunen Pick Up saßen, und dem Ausdruck in ihren Gesichtern nach zu urteilen, waren sie nicht minder entsetzt über den Vorfall als Ashley und ich.

Sämtliche Autos um uns herum waren trocken. Vielleicht hatte eins der harmlos wirkenden Wölkchen über uns genau in diesem Moment beschlossen, seine Feuchtigkeit auf uns zu ergießen? Ein anderer Ursprung für solche Wassermassen fiel mir beim besten Willen nicht ein. Ein weiterer Zufall?

Unsere Ankunft zu Hause trug auch nicht dazu bei, meine Paranoia zu zerstreuen. Ashley marschierte sofort ins Wohnzimmer und schaltete den Fernseher ein.

»Mami, er funktioniert nicht«, sagte sie.

Ich drückte ein paarmal vergeblich auf den EIN-Schalter. Ich ging in die Küche und drehte das Radio an. Es gab ebenfalls keinen Ton von sich. Keines der Elektrogeräte, die ich ausprobierte, gab einen Mucks von sich. In der Wäschekammer befanden sich dunkle Schmauchspuren zwischen Waschmaschine und Trockner. Jedes Gerät im Haus, das an eine Steckdose angeschlossen gewesen war, war defekt. Unsere Versicherung schickte einen Sachverständigen.

»Das sieht nach einer elektrischen Überspannung aus«, sagte er, »die sich von einem Raum auf den anderen übertragen und im Waschraum entladen hat.«

»Wie kann denn so etwas passieren?« fragte ich ihn. »Wahrscheinlich durch eine seltene Art von Blitzeinschlag«, antwortete er auf der Suche nach einer halbwegs plausiblen Begründung.

Ein seltener Blitzschlag und ein außergewöhnlicher Wolkenbruch, dachte ich. *Wie hoch sind die Chancen für eine einzelne Person, an einem niederschlags- und gewitterfreien Tag gleich zwei derartig außergewöhnliche Naturereignisse – noch dazu beinahe gleichzeitig – geboten zu bekommen?*

»Es hat heute in der Gegend überhaupt kein Gewitter gegeben«, bemerkte ich.

»Nun, offensichtlich doch.«

Der Vorfall, der sich Freitagabend, den dreizehnten September, ereignete, sollte einen Wendepunkt im Umgang mit unseren Problemen markieren. Ganz richtig, es geschah tatsächlich an einem Freitag, dem Dreizehnten.

Ron arbeitete an diesem Abend lange, und Ashley verbrachte die Nacht mit Kellies Töchtern Kendra und Erika in deren Haus. Steven und ich waren allein. Das Haus hatte sich seit ein oder zwei Tagen recht unauffällig verhalten, und unsere Stimmung war entsprechend gelöst. Ich setzte Ashley bei Kellie ab und fuhr bei einem Videoverleih vorbei, wo ich uns *Postcards from the Edge* auslieh. Wir ließen uns eine Pizza kommen, und ich schob die Kassette in den Videorecorder.

Steven fing bald an, sich zu langweilen. »Ich geh' mich mal rasieren«, sagte er und verließ das Wohnzimmer, wobei er die Tür einen Spalt offen stehen ließ. Ich machte es mir auf dem Boden zwischen diversen Kissen gemütlich und fühlte mich zum ersten Mal seit Wochen wieder ruhig und gelassen.

Ein dunkles Grummeln ertönte plötzlich im Raum, ähnlich dem Knurren oder tiefen Schnurren eines großen Tieres. Das Geräusch war nur schwach und schien aus keiner bestimmten Richtung zu kommen. Ich wollte aufstehen. *Komm schon, Doretta, reiß dich zusammen. Da war doch gar nichts.* Ich entspannte mich wieder. Nebenan hörte ich Wasser rauschen und Steven im Bad herumhantieren.

Ungefähr zehn Minuten später vernahm ich das Grollen wieder, diesmal deutlicher. *Wahrscheinlich hat Steven sich geräuspert. Oder es ist ein Defekt auf der Videokassette.* Dieses Grollen glich in keiner Weise den sonderbaren Geräuschen, mit denen das Haus uns bereits in der Vergangenheit genarrt hatte. Ich spulte den Film zurück bis zu der Stelle, an der ich das Knurren das erste Mal zu hören glaubte. Die Kassette war in Ordnung.

Steven kam zurück ins Wohnzimmer.

»Hast du dich gerade geräuspert?«

»Nein, wieso?«

»Hast du gehustet?«

»Nein, wieso fragst du?«

»Nur so. Ich dachte, ich hörte dich husten oder so.«

Ich kletterte auf das Sofa, und Steven ließ sich vor mir auf dem Boden nieder. Ich fuhr ihm mit der Hand durchs Haar und neckte ihn wegen der Länge. »Du könntest mal wieder einen Friseur gebrauchen«, sagte ich.

Er öffnete den Mund, um zu antworten, als ein röhrendes Brüllen unter dem Fußboden erklang, das das ganze Haus vibrieren ließ. Der Wohnzimmertisch bebte so heftig, daß die beiden kleinen Vasen, die darauf standen, jeden Moment umzufallen drohten, und wir spürten, wie der Boden unter unseren Füßen zitterte, als wir aufsprangen.

Wir waren wie erstarrt. Ich wollte nach draußen laufen, aber meine Beine gehorchten mir nicht. Steven war ebenfalls unfähig, sich zu rühren. Sprachlos vor Entsetzen starrten wir uns an. Eine Ewigkeit schien zu vergehen, bis unsere Erstarrung sich löste und wir in der Lage waren, zum Wagen zu rennen. Meine Hände zitterten unkontrolliert, während ich den Zündschlüssel einsteckte, den Rückwärtsgang einlegte und mit knirschenden Reifen aus der Einfahrt preschte. Wir überquerten den Clifty Drive und hielten auf dem verlassenen Parkplatz des Stop-N-Eat Drive-In-Restaurants. *Das ist nicht weit genug,* dachte ich und trat erneut aufs Gaspedal.

Wir schlotterten beide und weinten vor Angst. Der Schock hatte uns bis ins Mark getroffen. Eine halbe Meile von unserem Haus entfernt hielt ich am Straßenrand, wo wir ausstiegen und uns übergaben.

»Was glaubst du, was das war?« fragte ich Steven. Er zitterte immer noch. »Mom, sowas hab' ich noch nie gehört.«

»Woher kam es?« Ich wollte unbedingt wissen, ob wir wirklich beide das Gleiche gehört hatten.

»Aus dem Boden vor dem Fernseher«, antwortete er, und ich stimmte mit ihm überein. Wir hielten an einem Einkaufszentrum und versuchten, Ron im Betrieb anzurufen. Er war bereits auf dem Heimweg. Um zu verhindern, daß er allein das Haus betrat, paßten wir ihn vor einem Waschsalon ab. Nur wenige Minuten vergingen, bis sein Wagen auftauchte. Ich scherte hinter ihm ein und hupte und blinkte solange, bis er anhielt.

Wir erzählten ihm, was passiert war. »Ich gehe auf keinen Fall zurück«, schloß ich. »Dieses Haus betrete ich nie wieder.«

Wäre ich allein gewesen, hätte Ron den Vorfall wahrscheinlich wieder als eine meiner Phantasien abgetan, doch Steven war ebenso aufgebracht wie ich. »Okay, wir können die Nacht bei meiner Mutter verbringen«, räumte Ron ein, »aber wir müssen erst nach Hause und ein paar Sachen holen.«

Ich mußte meinen ganzen Mut zusammennehmen, das Haus noch einmal zu betreten. So schnell ich konnte, raffte ich ein Bündel Kleider und einen Kulturbeutel zusammen, dann machten wir uns auf den Weg nach Louisville.

Gegen halb zwei nachts erreichten wir Marges Haus.

»Was in aller Welt treibt euch um diese Zeit her?« fragte sie. Wir hatten unsere Probleme mit dem Haus ihr gegenüber nie erwähnt. Mit Ausnahme meiner beiden Schwestern und meiner Freundin Kellie hatten wir mit niemandem darüber gesprochen. Wie sollten wir anderen etwas beibringen, für das wir selbst keine Erklärung hatten? Und Marge Johnson gehörte nicht gerade zu dem Menschenschlag, dem man mit Geistergeschichten kommen konnte.

Doch nun blieb uns nichts anderes übrig. Geduldig lauschte sie, während wir ihr alles so weit wie möglich schilderten. Wenn überhaupt, kaufte sie uns nur ein Bruchteil unserer Geschichte ab, aber zumindest wurde sie aufmerksam, als wir ihr das Feuer und die unerklärlichen Gerüche und Geräusche beschrieben. Auf jeden Fall schien sie etwas überrumpelt von unserer sonderbaren Schilderung. »Nun, es ist spät«, lautete ihr Kommentar, nachdem wir noch lange zusammen gesessen hatten. »Reden wir morgen weiter.«

Ich erwachte am Morgen mit entsetzlichen Bildern in meinem Kopf. »Ich hatte den seltsamsten Traum meines Lebens«, sagte ich zu Ron.

»Wieso?«

»Ich habe geträumt, ich wäre heute nacht im Nachthemd von hier zu unserem Haus gegangen ... oder besser gesagt, irgendwie geschwebt. Ich ging durch das Haus. Alles war dunkel. Als ich die Wäschekammer betrat, prangten die Buchstaben C K an der Wand. Ich verließ das Haus durch die Hintertür und ging in den Garten. Dort stand ein Zelt, mit lauter Lichtern drum herum, wie auf einem Jahrmarkt. Daneben stand ein Mann, der mehrere Schlangen in der Hand hielt. *Ich muß ihm helfen,* dachte ich, aber er streckte die Arme aus, und die Schlangen wanden sich darum. Es handelte sich um einen Schlangenbeschwörer. Er besaß Macht über diese Tiere.«

»Ja, wirklich seltsam«, bestätigte Ron.

Wir gingen in die Küche, um zu frühstücken, aber ich hatte keinen Appetit. Der Traum ging mir noch immer im Kopf herum und verursachte ein komisches Gefühl in meinem Magen.

Marge saß mit einem Stapel Telefonbücher am Küchentisch.

»Irgendein Tier hat sich in euren Keller verirrt«, behauptete sie. »Das ist vermutlich die ganze Erklärung.«

»Das muß aber ein verdammt großes Tier sein, das solche Geräusche von sich gibt«, erwiderte ich. »Wie sollte so ein großes Tier in unseren Keller geraten sein?«

»Ach, ich glaube, du hast bloß ein bißchen überreagiert«, sagte sie. Ich konnte es ihr nicht verübeln. Hätten ich und Steven dieses Geräusch nicht selbst gehört, würde ich auch nicht daran glauben. »Paßt auf, wir schicken einen Kammerjäger zu eurem Haus ... er wird alles ausräuchern, und die Sache ist vergessen. Ich bezahle euch das.«

Was wir gehört hatten, war kein Tier gewesen. Aber es war sinnlos, weiter darüber zu diskutieren. Wir würden wieder nach Hause fahren und versuchen, dem Vorfall auf den Grund zu gehen.

Bevor wir die Stadt verließen, rief ich Nancy an. Trotz unseres Streites in Kellies Haus hatten wir immer noch ein relativ gutes Verhältnis zueinander, und ich verspürte das Bedürfnis, mich jemandem anzuvertrauen, der mir glauben würde und mir mehr Sympathie entgegenbrachte als meine Schwiegermutter. Mein Haus hatte bei Nancy, genau wie bei Marilee und Kellie, Unbehagen ausgelöst, daher war es recht unwahrscheinlich, daß auch sie mich für übergeschnappt halten würde.

Ich erzählte ihr von dem Feuer und dem Omen in Gestalt des angesengten Rosenblattes, von Ashleys Behauptung, das Feuer sei von einem bösen alten Mann gelegt worden, der auf dem Dachboden lebte – und von dem furchteinflößenden Grollen, das Steven und mich aus dem Haus getrieben hatte.

»Du mußt etwas unternehmen«, sagte sie.

»Was schlägst du vor? Die Ghost Busters um Hilfe bitten?« scherzte ich. Ich hatte wirklich keine Ahnung, was ich tun oder wen ich um Hilfe bitten könnte. Ich mochte gelegentlich an meinem Verstand zweifeln, war aber nicht besonders erpicht darauf, daß andere diese Zweifel teilten. Außerdem würde Ron entschieden dagegen sein, Fremde ins Vertrauen zu ziehen. Selbst wenn die Ereignisse unser Bewußtsein getrübt hatten, waren sie noch lange nicht rational zu erklären. Es hätte uns gerade noch gefehlt, als *die verrückte Johnson-Familie vom Clifty Drive* in aller Munde zu sein.

»Es muß doch irgend jemand geben, der sich mit solchen Dingen befaßt«, sagte Nancy.

»Ich weiß nicht ...«

»Willst du so lange warten, bis etwas wirklich Schreckliches passiert?«

»Glaub mir, ich hab' wirklich keine Ahnung, was ich machen soll«, erwiderte ich. »Aber lange halte ich das nicht mehr aus.«

»Mal sehen, ob ich nicht irgendwas finde«, sagte Nancy. »Ich sehe mal die Telefonbücher durch, höre mich ein bißchen um und rufe dich später an.«

Nach Hause zurückzukehren war wirklich das letzte, wonach mir der Sinn stand. Der Gedanke löste nicht nur Unbehagen in mir aus, sondern flößte mir körperliche Angst ein. Ich war durchaus gewillt, gewisse Vorfälle auf schlechte Träume oder meine ausschweifende Phantasie zu schieben, aber das Feuer, die Gewalttätigkeiten in meiner Familie und das unheimliche Grollen waren Wirklichkeit gewesen. Vielleicht waren alle anderen Vorfälle ebenso Wirklichkeit und standen auf obskure Weise in einem Zusammenhang? Ich mußte wieder an meinen Traum denken. Das Gesicht des Schlangenbeschwörers stand mir noch deutlich vor Augen. Selbst heute würde ich dieses Gesicht in einer Menge sofort erkennen. Und was hatte es mit den Initialen an der Wand der Wäschekammer auf sich: C K? Ich zermarterte mir vergeblich das Gehirn nach einer Erinnerung, einem Zusammenhang mit irgend etwas.

Während der Fahrt zurück nach Madison krampfte sich mein Magen vor Angst zusammen, und es wurde noch schlimmer, als wir in die Auffahrt zum Haus einbogen. In der Haustür zögerte ich einen Moment, während Steven und Ron unsere Taschen in die Schlafzimmer brachten. Schließlich stieß ich die Tür zur Wäschekammer auf, knipste das Licht an und spürte förmlich, wie mir das Blut aus dem Gesicht wich.

»Ron!« schrie ich.

Er stürmte herbei und starrte auf die weißen Buchstaben an der Wand: C K.

»Verdammt!« stieß er hervor.

»Genau wie in meinem Traum«, sagte ich.

Wir durchsuchten jeden Winkel des Hauses. Alle Türen und Fenster waren verschlossen. Nichts wies darauf hin, daß jemand gewaltsam eingedrungen oder überhaupt jemand im Haus gewesen war.

Ron versuchte, die Buchstaben von der Wand zu kratzen, und überpinselte schließlich, was noch zu sehen war. Ich saß allein im Wintergarten und blickte in den Garten hinaus, zu jener Stelle, an der ich in meinem Traum das Zelt und den Schlangenbeschwörer gesehen hatte. *Habe ich Marges Haus vergangene Nacht verlassen? Bin ich selbst hier gewesen und habe die Buchstaben auf die Wand gemalt? Das kann doch nicht sein? Oder doch?*

Am nächsten Tag meldete sich Nancy.

»Ich habe jemanden für dich«, verkündete sie.

»Wen?«

»Sein Name ist Jordan Pitkoff, er ist ein Parapsychologe.«

Ich stöhnte bei dieser Vorstellung. *Ein Wahrsager,* schoß es mir sofort durch den Kopf. Solche Leute standen mit einem Turban auf dem Kopf auf Dorfjahrmärkten vor ihrem Zelt und behaupteten, für zwei Dollar das Schicksal aus der Hand lesen zu können. Betrüger, die einem weismachten, daß Kristallkugeln und Teeblätter die Zukunft in sich bargen.

»Ein Parapsychologe«, seufzte ich. Marilee wäre begeistert.

Nancy hatte ihn im Telefonbuch unter ›Parapsychologen und Medien‹ ausfindig gemacht. Er warb mit spiritistischen Sitzungen, holistischen Heilmethoden sowie der Untersuchung übernatürlicher Einflüsse.

»Ich habe ihn angerufen und ihm gesagt, daß eigenartige Dinge bei euch vorgehen, und er hat seine Hilfe angeboten«, berichtete sie. »Du, er wußte sofort Bescheid. Er sagte: ›Ich weiß, Ihre Schwester ist verheiratet und hat zwei Kinder. Sie hat Probleme mit der Elektrizität, und es gab ein Feuer. Im Haus gibt es immer wieder merkwürdige Gerüche und unerklärliche kalte Stellen.‹ Er wußte über Dinge Bescheid, die sich wirklich ereignet haben. Schwesterherz, der ist wirklich echt. Wie hätte er sonst von all dem wissen können? Ich habe ihm gesagt, daß du ihn anrufen wirst.«

»Ich werde drüber nachdenken«, sagte ich.

»Tu das.«

Was mich anging, so konnte mir diese Angelegenheit gestohlen bleiben. Was sollte ich mit spiritistischen Sitzungen anfangen? Was für Einflüsse waren gemeint? Wofür sollte das gut sein?

Bevor ich derartige Schritte unternahm, wollte ich geistlichen Rat einholen.

12. Kapitel

Der erste, der mir einfiel, war Pater Jeff, einer der örtlichen Gemeindepriester. Ich hatte ihn bisher zwar nicht persönlich kennengelernt, aber viel Gutes über ihn gehört. Judy Gavin, die Rektorin der katholischen Papst-Johannes-Schule, hatte in den höchsten Tönen von ihm geschwärmt, als ich einige Zeit zuvor mit ihr über Ashleys Einschulung gesprochen hatte.

»Besuchen Sie die Gottesdienste?« hatte Judy gefragt.

»Nein, aber ich habe davon gehört, daß Sie hier einen ganz reizenden jungen Geistlichen haben ... Pater Jeff«, erwiderte ich. »Er soll sehr offen und fortschrittlich sein ... ganz anders als die meisten Kirchenmänner.«

Sie erzählte mir von ihm und Pater John, dem anderen jungen Geistlichen der Gemeinde. Ihrer Beschreibung nach zu urteilen, waren beide intelligent und verständnisvoll.

»Wissen Sie, die Kirche ist längst nicht mehr so engstirnig wie früher«, sagte sie. »Viele junge Menschen wenden sich inzwischen wieder der Kirche zu. Und Pater Jeff und Pater John sind bei den jungen Leuten hier sehr beliebt.«

Ich glaubte, aus ihren Worten eine unaufdringliche Aufforderung an mich herauszuhören, ebenfalls wieder in den Schoß der Kirche zurückzukehren, auf die ich zu diesem Zeitpunkt aber nicht eingegangen war. Inzwischen übte die Kirche wieder größere Anziehungskraft auf mich aus.

Ich fuhr zum Gemeindehaus. Eine kleine, ältere Dame führte mich mit freundlichem Lächeln in einen großen, reich verzierten Raum, der mit prunkvollen Möbeln ausgestattet war. Während ich die beeindruckenden Ornamente an den Wänden bewunderte, tauchte eine Gestalt im Türrahmen auf.

»Guten Tag, ich bin Pater Jeff.«

Seine jugendliche Erscheinung überraschte mich. Ich hatte zwar gehört, daß er noch jung sei, war jedoch davon ausgegangen, dies bedeute lediglich, daß er nicht uralt sei. Sein mittelbraunes Haar wies nur unmerkliche Spuren von Grau auf, und er besaß ein sehr ansprechendes, jungenhaftes Gesicht, das Freundlichkeit ausstrahlte. Nachdem wir uns kurz vorgestellt hatten, führte er mich in sein Büro, wo ich mich in einem der bequem gepolsterten Sessel niederließ.

»Pater, ich bin seit Jahren nicht mehr in der Messe gewesen«, gestand ich. »Ich bin schon vor langer Zeit aus der Kirche ausgetreten ... im Grunde habe ich gar kein Recht ...«

»Doretta«, unterbrach er mich sanft, »was zählt, ist, daß Sie jetzt hier sind. Erzählen Sie mir, was Sie auf dem Herzen haben.«

»Ich weiß gar nicht, wo ich anfangen soll«, begann ich. »So viele Dinge in meinem Leben sind schiefgelaufen. Vieles, an das ich glaubte, stelle ich heute in Frage.«

»Wie steht es mit Gott? Stellen Sie ihn auch in Frage?«

»Nein«, antwortete ich. »Ich war immer der Meinung, daß Gott uns bedingungslos liebt, aber in letzter Zeit ... ich weiß nicht ... ich habe das Gefühl, daß irgend jemand versucht, mir etwas mitzuteilen. Ich brauche einfach geistlichen Rat.«

Er war genauso, wie Judy ihn beschrieben hatte. Mit stoischer Ruhe hörte er mir zu, als ich ihm die Ereignisse, so gut ich sie wiederzugeben vermochte, schilderte. Ich vertraute ihm auch an, wie erschöpft ich war und daß ich das Gefühl hatte, kurz vor einem Nervenzusammenbruch zu stehen. Dann stellte er mir unerwartete Fragen über das Haus und erkundigte sich eingehend nach den Problemen mit der Elektrizität, den Gerüchen und Geräuschen.

»Hat es Temperaturschwankungen im Haus gegeben?« fragte er.

»Meistens in Ashleys Schlafzimmer. In letzter Zeit ist es dort viel kühler als im übrigen Teil des Hauses.«

»Ist das Haus jemals gesegnet worden?«

»Keine Ahnung ... zumindest nicht, seit wir dort wohnen«, antwortete ich.

»Wären Sie bereit, mir zu gestatten, das Haus zu segnen?«

Ich hatte erwartet, daß er mich trösten und beruhigen, möglicherweise auch vorschlagen würde, mit mir zu beten oder dergleichen. Statt dessen war er offensichtlich der Meinung, daß nicht ich, sondern das Haus geistlichen Beistand brauche. Der Gedanke beunruhigte mich. *Ist er etwa der Meinung, daß unser Haus von Geistern heimgesucht wird?*

»Meinetwegen, ich bin mit allem einverstanden, das von Nutzen sein kann.«

»Können wir gleich gehen?« In seinem Ton lag eine gewisse Dringlichkeit.

»Okay.«

»Ich möchte noch einen anderen Priester hinzuziehen.«

»Ist mir recht.«

Ich wollte ihn noch fragen, was er glaubte, was in unserem Hause vorging, doch bevor ich den Mund aufmachen konnte, eilte er in die Kirche und packte die Utensilien zusammen, die für eine Segnung notwendig waren: ein Kruzifix, Bibeln, Weihwasser und ein oder zwei Meßgewänder. Dann rief er Pater John herbei und bat ihn, uns zu begleiten.

Auf der Heimfahrt kurbelte ich das Fenster hinunter und genoß die frische Luft des späten Vormittags, die mein Gesicht angenehm kühlte. Nicht mehr lange, und die Hügel würden ihr braunes Herbstkleid tragen – Erntezeit, Zeit der Hoffnungen und Träume –, und die Stadt würde für die vielen aufeinanderfolgenden Festlichkeiten geschmückt werden. Das Footballspiel am Freitag abend, Halloween, Thanksgiving, Weihnachten. *Meine* einzige Hoffnung bestand zu diesem Zeitpunkt darin, daß die beiden Priester, die meinem Wagen folgten, in der Lage sein würden, die düstere Wolke, die über meinem Heim schwebte, zu vertreiben.

Während ich in die Auffahrt zu unserem Haus einbog, warf ich einen Blick auf meine Armbanduhr. Ashleys Schulbus würde erst in etwa einer Stunde ankommen. Bis dahin, so hoffte ich, würde das Ritual beendet sein. An einer Segnung ist an sich nichts Beängstigendes, doch es würde ihre kleine Seele vielleicht noch zusätzlich verwirren.

Die beiden Priester warteten schweigend, während ich die Tür aufschloß und sie einließ. Öffnet man die Haustür, gelangt man zuerst in den Korridor, der an der Küchentür und der gegenüberliegenden Tür zur Wäschekammer vorbeiführt, und weiter ins Wohnzimmer mit dem angrenzenden Wintergarten. Dahinter setzt der Flur sich fort; links führt eine Tür zum Bad und in Stevens Zimmer, rechts liegen Ashleys Zimmer und unser Schlafzimmer.

Unmittelbar nachdem sie das Haus betreten hatten, bildeten sich Schweißperlen auf den Gesichtern der Priester. »Dürfen wir eine Runde durch das Haus machen?« fragte Pater Jeff.

»Natürlich, bitte sehr«, erwiderte ich.

Während sie sich dem Wohnzimmer näherten, wurde es zunehmend schwüler im Haus, und als sie den rückwärtigen Korridor erreicht hatten, rann ihnen bereits der Schweiß den Nacken hinab.

Pater Jeff drehte sich langsam zu mir um.

»Mein Gott«, sagte er, »wer ist hier gestorben?«

Mein Hals war plötzlich wie zugeschnürt. »Niemand ... niemand von dem ich wüßte ... «, antwortete ich. Sein Blick glitt durch das Wohnzimmer, wanderte weiter in den Wintergarten und blieb an einer Baumreihe im rückwärtigen Garten haften. Dann ging er mit Pater John weiter auf das Schlafzimmer zu, das durch das Feuer zerstört worden war. Da sie nicht um meine Begleitung gebeten hatten, wußte ich nicht recht, was ich tun sollte. Schließlich hatte ich keine Ahnung, wie man sich bei der Segnung eines Hauses verhält. Vielleicht brauchten die Priester dazu eine gewisse Privatsphäre? Ich beschloß, in der Küche zu warten. Leise betend und mit kurzen, raschen Bewegungen Weihwasser versprühend, kehrten sie durch das Wohnzimmer zurück. Ich stand auf und ging ihnen entgegen.

»Wissen Sie etwas über die Geschichte des Hauses?« fragte Pater Jeff.

»Nein«, erwiderte ich. »Ich habe den früheren Verwalter kennengelernt, aber darüber haben wir nie gesprochen. Warum?«

»Es herrscht eine außergewöhnlich bedrückende Atmosphäre in diesem Haus«, bemerkte er.

Beide Männer schienen eine bestimmte Befürchtung zu hegen, und aus ihren Mienen schloß ich, daß sie in unserem Haus etwas wahrgenommen hatten, über das sie nicht mit mir sprechen wollten. Während wir durch die Küche auf die Hintertür zugingen, legte ich mir in Gedanken die Fragen zurecht, die mir am Herzen lagen.

In der Küche murmelten die beiden Priester einen letzten Segensspruch. Während sie sprachen, begann eine Kerze, die neben dem Fenster in einem schmiedeeisernen Wandleuchter stand, zu schmelzen. Die Kerze brannte nicht einmal. Die Priester starrten darauf, ohne ihr Ritual zu unterbrechen. Was auch immer diese Kerze zum Schmelzen gebracht hatte, die Kerze, die in einem zweiten Wandleuchter daneben hing, schien dem Phänomen gegenüber unempfindlich.

Hinter mir begann die rückwärtige Haustür zu rappeln, als ob jemand versuchte, sie gewaltsam zu öffnen. Plötzlich sprang sie auf und schlug mehrmals auf und zu.

Die Priester schlossen ihre Bibeln und sahen mich an. »Ist das der Wind?« fragte einer der beiden beinahe flüsternd, obwohl wir alle wußten, daß es nicht der Wind sein konnte. Bäume und Sträucher im Garten waren so bewegungslos wie auf einem Foto.

Wir betraten die Veranda. »Pater Jeff, was zum Teufel ist hier los?« fragte ich. »Ich begreife nicht, was hier vor sich geht.«

»Es ist nichts, worüber Sie sich Sorgen machen müssen. Es wird alles in Ordnung kommen.«

»Ist meine Familie hier sicher? Wird meinen Kindern auch nichts zustoßen?«

»Ihren Kindern wird nichts geschehen«, versicherte er mir. »Aber ich möchte Sie bitten, etwas über die Geschichte des Hauses in Erfahrung zu bringen. Gehen Sie zum Rathaus und sehen Sie nach, wer die früheren Besitzer waren.«

Ich wurde von Minute zu Minute nervöser. Was glaubte er, was hier geschehen war? Dachte er, der Teufel hätte sich hier eingenistet? Oder Gespenster? Dämonen? Ich wollte nicht wie ein Narr dastehen und verkniff mir meine Fragen. Vielleicht ging es ja um etwas völlig anderes.

Er umarmte mich. »Wir bleiben in Verbindung«, versprach er.

Vielleicht konnten Benny und Dianne Cyrus mir weiterhelfen. Ich wußte, daß ihre Tochter Angela während der Zeit, in der sie das Haus bewohnten, bei einer Tante in Clarksville gelebt hatte. Ich erinnerte mich, wie Benny die

Bemerkung fallenließ, sie seien aus dem Haus ausgezogen, weil sie *hier nicht mehr zurecht gekommen waren,* und daß ich angenommen hatte, er spreche von der finanziellen Belastung. Inzwischen war ich überzeugt, daß Geld nicht der Grund gewesen sein konnte. Immerhin mußten sie damals keine Miete zahlen, und Jerry Freeman, der Besitzer, war für Reparaturen und Instandhaltung aufgekommen.

Benny war nicht daheim, aber Diannes Mutter war gerade bei ihnen zu Besuch, als ich eintraf.

»Wir haben ziemliche Problem mit dem Haus«, begann ich, um das Thema, das mir auf dem Herzen lag, unverbindlich anzuschneiden. Auf keinen Fall wollte ich gleich mit der Tür ins Haus fallen und Gruselgeschichten zum besten geben.

»Ich habe gehört, ihr habt eine Menge Arbeit und Geld in das Haus investiert«, sagte Dianne.

»Habt ihr eigentlich, während ihr dort wohntet, irgend etwas Ungewöhnliches bemerkt ... etwas, das euch sonderbar vorkam?« fragte ich vorsichtig.

Sie schüttelte den Kopf. »Nein ... nicht daß ich wüßte.«

»Ihr habt Angela eine Weile von zu Hause weggeschickt«, sagte ich. »Warum eigentlich?« Sie und ihr Mann waren beide vernarrt in Kinder, und es mußte schon einen triftigen Grund gegeben haben, daß sie sich von ihrer eigenen Tochter getrennt hatten.

»Ach, sie hatte damals ein paar Probleme«, sagte Dianne.

»So, was denn?«

»Alpträume«, antwortete Dianne. »Sie träumte ständig, daß Flugzeuge auf ihr Schlafzimmer stürzen würden, und rannte jedesmal mitten in der Nacht schreiend durch den Flur.«

»In welchem Schlafzimmer hat sie geschlafen?«

»Im mittleren, neben dem Bad.«

Das war der Raum, den Ashley bewohnte.

»Hatte sie immer die gleichen Alpträume?«

»Ja, wir dachten, ein Tapetenwechsel würde vielleicht

helfen … eine andere Umgebung. Und so war es auch. In Clarksville hat sie diese Alpträume nie mehr gehabt.«

»Aber sonst ist nichts Ungewöhnliches geschehen, während ihr drüben wohntet?«

»Nein«, antwortete sie, ohne sich zu wundern, warum ich solche Fragen stellte.

Dianne ging in die Küche, und ich stand auf, um zu gehen. Ihre Mutter lehnte sich zu mir herüber und sagte so leise, daß Dianne sie nicht hören konnte. »Meine Liebe, Sie wären überrascht, wenn Sie wüßten, was da drüben wirklich alles geschehen ist.«

Ich ließ die Angelegenheit fürs erste auf sich beruhen. Wenn Benny oder Dianne Cyrus mir irgend etwas zu sagen hätten, würden sie es zu gegebener Zeit tun.

Ashley mußte jeden Moment von der Schule nach Hause zurückkehren, und ich wollte sie mit zum Rathaus nehmen. Ich hatte vor, sie an der Bushaltestelle abzupassen und verließ den Garten, um meine Geldbörse aus dem Haus zu holen und alles abzuschließen.

Sobald ich den Flur betrat, stutzte ich. »Verdammt noch mal!« brach es aus mir hervor. Der Flur war eiskalt und derart elektrostatisch aufgeladen, daß mir die Haare vom Kopf abstanden und meine Haut zu kribbeln begann. Vor kurzem war den beiden Priestern hier noch der Schweiß ausgebrochen, und jetzt war jeder Raum wie ein begehbarer Kühlschrank. Da die Klimaanlage immer noch kaputt war, konnte sie nicht der Grund für den plötzlichen Temperaturabfall sein.

Hat es Temperaturschwankungen gegeben? war die letzte Frage von Pater Jeff gewesen, bevor er den Vorschlag gemacht hatte, das Haus zu segnen. Ich schnappte mir meine Geldbörse und die Wagenschlüssel und eilte hinaus, um Ashleys Bus zu erwischen. Das unheimliche Gefühl saß mir noch immer im Nacken, aber ich bemühte mich, mir nichts anmerken zu lassen, als meine Tochter auf den Wagen zugerannt kam. Ich öffnete ihr die Tür, lehnte mich hinüber, um ihren Anschnallgurt zu befestigen und langte über die Schulter nach meinem eigenen Gurt.

Vergeblich zog ich daran, er gab nicht nach. Ich zog erneut. Nichts. In der Annahme, er habe sich in der Tür verklemmt, öffnete ich kurz die Wagentür und griff erneut nach dem Gurt. Doch bevor ich ihn zu fassen bekam, machte der Gurt eine kurze, peitschende Bewegung, und die Schnalle streifte so heftig mein Gesicht, daß es mir Tränen in die Augen trieb und auf meiner schwellenden Wange ein rosafarbener Streifen zurückblieb.

Ich hatte das unheimliche Gefühl, als hätte jemand hinter mir gestanden, jemand der ärgerlich genug auf mich war, mich zu schlagen.

»Mami, was ist passiert?« fragte Ashley.

»Nichts, Schätzchen, ist schon gut.«

Nichts war gut. Die Gewalttätigkeiten in meiner Familie waren eine Sache. Dies hier war etwas ganz anderes. Leblose Gegenstände neigen gewöhnlich nicht dazu, sich von allein zu bewegen. Sekundenlang starrte ich auf das Haus. Ich war überzeugt, daß die beiden Priester etwas darin provoziert hatten. Ich würde herausfinden, was es war und warum die Gegenwart von Gottesmännern es derart zu erzürnen schien.

»Ich möchte etwas über den historischen Hintergrund meines Hauses herausfinden«, sagte ich zu der jungen Frau im Büro des Bezirksvorstehers. »Zum Beispiel wüßte ich gern mehr über die früheren Besitzer und solche Dinge. Wie gehe ich am besten vor?«

»Als erstes brauchen Sie die Grundstücksregistriernummer«, antwortete sie.

Ich händigte ihr die Grundbuchbescheinigung aus, die zu der Eigentümerurkunde des Hauses gehörte. *Southeast Quartier of Section 19, Township 4 North, Range 10 East, Madison Township, Jefferson County, Indiana.*

»Nun kommt es darauf an, wie weit zurück Sie gehen

möchten«, sagte sie und führte mich zu einem Lesegerät und einem Stapel Microfiches. »Fangen Sie hiermit an, und arbeiten Sie sich dann rückwärts vor. Die älteren Verzeichnisse befinden sich in den Ordnern dort drüben.«

Ron und Doretta Johnson standen ganz oben auf der Liste der Besitzer. In den Eintragungen war korrekt vermerkt, daß wir das Haus 1987 von Jerry Freeman erworben hatten und dieser es 1985 einem G. Leininger abgekauft hatte. Von da an führten die Namen zurück in die Vergangenheit des Hauses. Im Laufe der drei darauffolgenden Tage arbeitete ich mich durch die Microfiches und weiter zu den alten Eigentümerverzeichnissen in den Ordnern, durch Schichten von Jahren und Besitzern, deren Namen für mich keine Bedeutung besaßen. Noble Maddox, George Hand, Merle und Mary Nay, Rufus und Alice Janes, Charles und Caroline Kersey, George und Sara Lee, Haney Trigg, Alexander Smirtha, Annie Simmons, Josephine und zu guter Letzt die Erben von Josiah Higbee, der die Originalurkunde vor dem amerikanischen Bürgerkrieg beantragt hatte.

Nichts in diesen Unterlagen ließ auf irgend etwas Ungewöhnliches schließen. Alles, was ich herausfand, war, daß das Grundstück, bis Noble Maddox es 1943 erwarb und das Haus darauf errichtete, unbebaut gewesen war. Auch daß Jerry Freeman das Grundstück 1985 offensichtlich als Investitionsobjekt erwarb und zwei Jahre später unverrichteter Dinge wieder verkaufte, brachte mich nicht weiter. Die Tatsache, daß Madison nach der Schließung des Marble Hill Atomkraftwerks eine Wirtschaftsflaute durchmachte, erklärte seine Motive hinreichend.

Ich befand mich in einer Sackgasse. Wir lebten auf einem ganz gewöhnlichen Stück Land mit einer ganz gewöhnlichen Geschichte. Was hatte ich erwartet, zwischen den vergilbten Seiten und den Microfiches zu finden? Einen Baron Frankenstein?

»Ich bin alle Namen durchgegangen«, teilte ich der

Angestellten mit. »Zumindest weiß ich jetzt, daß mein Haus jede Menge Vorbesitzer hatte. Vielen Dank nochmal für Ihre Hilfe.«

»Nun, wenn Sie noch weiter interessiert sind, könnten Sie eventuell noch mehr herausfinden«, sagte sie.

»Wie meinen Sie das?«

»Wenn der erste Besitzer das Grundstück unter seinen Erben aufgeteilt hat, könnten Sie eine Kopie des Testaments einsehen.«

Warum nicht. Irgendwo mußte es doch einen Hinweis auf das Geheimnis dieses Grundstücks geben, wenn schon nicht in den alten Urkunden, dann vielleicht in einem Vermächtnis. Je mehr ich herausfand, je mehr Namen ich zusammentrug, desto besser standen meine Chancen, auf den gesuchten Hinweis zu stoßen. Sie führte mich zu einem anderem Regal, vollgepackt mit Verzeichnissen alter Testamente. Ich fand die gesuchte Seitenzahl hinter Josiah Higbees Namen im Index.

Obgleich das Dokument im Laufe der Jahre völlig verblaßt war und die schnörkelreiche Handschrift das Entziffern erschwerte, war das Higbeesche Testament, datiert auf den vierten November 1862, noch in recht gutem Zustand. Ich machte mir eine Fotokopie und nahm sie mit nach Hause.

Ich überflog die juristische Einleitung und wandte mich der Seite mit der Überschrift ›Die Erben des Josiah Higbee‹ zu.

Nach ein paar Zeilen machte mein Herz einen Satz.

Ich, Josiah Higbee, Bewohner der Gemeinde Madison im Bezirk Jefferson ... vermache meinem Sohn Japhet L. Higbee das gesamte Grundstück, welches ich zu diesem Zeitpunkt bewohne – befindlich in vorgenannter Gemeinde – ausgenommen von diesem Vermächtnis sind achtzig Acker Land im südöstlichen Viertel der Sektion neunzehn (19) Gemeindeteil vier (4) Nord des Bereiches zehn (10) Ost. Hiermit verfüge ich, daß die besagten achtzig Acker an den Friedhof, auf dem bereits ein Teil meiner Familie zur letzten Ruhe gebettet wurde, als letzte Ruhe-

stätte für mich, meine Kinder und deren Erben anzuschließen sind.

Wenn ich das Dokument richtig verstanden hatte, gehörten die knapp achttausend Quadratmeter Land, auf denen wir lebten, zu jenem Teil des Grundstücks, das Josiah Higbee in seinem Testament als Friedhof für seine Familie auserkoren hatte.

»Sieh dir das mal an«, sagte ich zu meinem Mann, als er von der Arbeit nach Hause kam.

Er las das Testament und die Notizen, die ich mir zu der Eigentümerfolge des Hauses gemacht hatte.

»Das hier ist ein Friedhof?« fragte er. »Bist du sicher, daß du die richtige Registriernummer angegeben hast?«

»Ja, sie steht ja hier auf der Grundstücksurkunde.«

»Da muß es sich um ein Mißverständnis handeln«, sagte er. »Ich fahre morgen zum Rathaus und überprüfe das noch mal.«

Als ich am nächsten Morgen die Küche betrat, hörte ich meinen Mann mit dem Geschirr hantieren. Er stand vor der Arbeitsplatte, auf der beinahe sämtliche Kaffeetassen, die wir besaßen, aufgestapelt waren.

»Hast du heute nacht mit dem Geschirr gespielt?« fragte er halb im Scherz.

»Klar«, murmelte ich. »Ich amüsiere mich so gut ich kann.«

»Ich meine es ernst«, erwiderte er. »Als ich vor drei Minuten in die Küche kam, standen die Tassen fast einen halben Meter hoch hier aufgestapelt.«

»Das ist nicht dein Ernst.«

»Und ob das mein Ernst ist. Sie standen so hoch«, sagte er und hielt die Hand in Brusthöhe über die Arbeitsfläche. »Ich frage mich, wieso sie nicht runtergefallen sind.«

Während er sich auf den Weg ins Rathaus machte, stattete ich der öffentlichen Bibliothek in Madison einen Besuch ab. Die Notizen, mit denen Ron später zurückkehrte, stimmten mit meinen überein. Ich hatte ein Buch aus der Bibliothek mitgebracht. *Ghost Hunter* von Ed und Lorraine Warren.

Ich war überrascht, wie viele Bücher es zu dem Thema Parapsychologie gab. In den Titeln ging es um Poltergeister, übersinnliche Wahrnehmung, Wiedergeburt und Obsessionen. Dinge, von denen ich bis auf das Wenige, das ich aus Filmen und Fernsehsendungen kannte, nur wenig Ahnung hatte, und von denen ich angenommen hatte, sie spielten sich bloß in Romanen oder Märchen ab. Es war verblüffend, was für ein umfangreiches Sortiment an Literatur darüber existierte und daß Absolventen renommierter Universitäten sich tatsächlich mit diesem Thema befaßten.

Obendrein schien das Thema Parapsychologie äußerst facettenreich zu sein und kam mir verwirrender vor als eine Schalttafel mit unzähligen Knöpfen und Hebeln. Das Buch der Warrens hatte ich ausgewählt, weil es mir am übersichtlichsten erschien. Ich glaubte nach wie vor nicht an Geister, und wenn das Buch mir vermutlich auch nicht aus meiner Verwirrung heraushelfen würde, so erhoffte ich doch so etwas wie einen Anhaltspunkt.

Vielleicht waren Geister ja tatsächlich fähig, unser Telefon zu beantworten, Wände zu manipulieren, Kaffeetassen zu stapeln, Feuer zu legen, Räume heiß und kalt werden zu lassen, Insekten anzulocken, Stromkreise zu unterbrechen …

Vielleicht hatten Geister seit dem Tag unseres Einzugs versucht, ihr Territorium zu verteidigen, und der Besuch der beiden Priester hatte sie veranlaßt, den Kampf gegen uns noch zu verschärfen.

Geister wären eine einfache Antwort. Gerne würde ich mich damit zufrieden geben.

13. Kapitel

An dem Sonntag, der auf den Besuch der beiden Priester folgte, machte ich mich daran, Ashleys Zimmer aufzuräumen. Ich hängte herumliegende Kleidungsstücke auf und setzte die Puppen ordentlich auf ihre Plätze. Ron kam herein und half mir, ihr Bett zu machen. Eine halbe Stunde später trafen wir uns in der Küche.

»Wo steckt Ashley?« fragte er sichtlich verärgert.

»Sie muß hier irgendwo sein, vielleicht draußen im Garten«, antwortete ich. »Was ist denn los?«

»Komm, sieh es dir selbst an.«

Ich folgte ihm in Ashleys Schlafzimmer. Im Raum herrschte heilloses Durcheinander. Spielzeug lag überall auf dem Boden verstreut herum, und Kissen, Decken und Bettuch waren von ihrem Bett heruntergerissen worden. Ron marschierte nach draußen, um seine Tochter zu suchen und kehrte ein paar Minuten später mit ihr zurück.

»Schau dir diese Unordnung an«, sagte er mit unheilvoller Stimme.

Sie blickte sich unschuldig im Zimmer um.

»Ist das dein Werk?« fragte Ron sie.

»Nein«, antwortete sie leise.

»Ashley, sag mir die Wahrheit. Niemand sonst ist in deinem Zimmer gewesen.«

»Ich war's nicht, Daddy. Ich bin auch nicht hier drin gewesen.«

Ron und ich sahen uns an. Wir glaubten unserer Tochter. Also schickten wir sie wieder hinaus zum Spielen und machten uns erneut daran, das Zimmer aufzuräumen.

Da unser Schlafzimmer nach dem Brand noch immer nicht fertig renoviert war, übernachteten Ron und ich nach wie vor auf einer Matratze im Wohnzimmer. Nächtliche Geräusche, die sich anhörten, als rumore nebenan jemand in der Küche, ließen uns aus dem Schlaf hochschrecken.

Natürlich war die Küche stets leer, wenn wir nachschauten. Einmal hörten wir ein Knallen, das aus der Mikrowelle zu kommen schien. Als wir die Küche betraten, war alles friedlich, und die Mikrowelle gab keinen Mucks von sich.

Seit dem Tag, an dem Ron sämtliche Kaffeetassen aufgestapelt auf der Anrichte vorgefunden hatte, kam es ständig vor, daß irgendwelche Dinge nicht mehr an ihrem dafür vorgesehenen Platz standen, wenn wir morgens die Küche betraten. Zum Beispiel stand die Kaffeekanne genau auf der gegenüberliegenden Seite der Anrichte, an der ich sie gewöhnlich aufbewahrte.

»Am besten machen wir uns Notizen, wo alles ist, bevor wir ins Bett gehen«, schlug Ron vor, als wir eines Abends bei einer Tasse Kaffee zusammen am Küchentisch saßen und uns unterhielten. Wir schlossen nicht aus, daß die verlegten Gegenstände das Ergebnis unserer eigenen Geistesabwesenheit sein könnten. Und angesichts unserer Verfassung war es nicht verwunderlich, wenn wir derartige Zwischenfälle und Ungereimtheiten mißinterpretierten und überbewerteten.

Wir hatten gerade mit unseren Notizen begonnen, als wir ein leises Kratzen unter dem Küchenboden vernahmen, das zuerst kaum hörbar war und dann so laut wurde, als würde jeden Augenblick etwas aus dem Boden hervorbrechen. Konnte es sich um ein Tier handeln? In der Hoffnung, es zu verscheuchen, klopften wir auf den Boden, doch das Scharren ging weiter. Sollte es tatsächlich ein Tier sein, ließ es sich nicht im geringsten durch uns irritieren.

Etwa eine halbe Stunde später verebbte das Geräusch. Nachdem wir uns die Position verschiedener Küchenutensilien und des Geschirrs notiert hatten, gingen wir zu Bett. Am nächsten Morgen hatte eine Mehldose ihren Standort gewechselt, und die Mikrowelle stand verkehrt herum.

Bald darauf begannen Gegenstände im ganzen Haus sich ohne äußere Einwirkung zu bewegen – sogar während unserer Anwesenheit. Bilder und Dekorationen, die an der Wand hingen, krachten ohne ersichtlichen Grund auf den Boden. Eine kleine Schiefertafel, die wir für Notizen über dem Telefon angebracht hatten, traf mich, als sie buchstäblich von der Wand segelte. Nippes flog auf unerklärliche Weise aus den Regalen. Türen schlugen, und das Licht ging ständig an und aus.

Zwei Räume im Haus waren besonders betroffen, Ashleys Zimmer und die Wäschekammer, die wir auch als Abstellkammer benutzten. Es kam nicht selten vor, daß Farbbüchsen, Waschmittel, Seife und anderer Kram auf dem Boden verstreut herumlagen, wenn wir abends nach Hause kamen.

In Ashleys Raum herrschte oft Unordnung, oder alles stand oder lag an einer anderen Stelle als dort, wo wir es morgens zurückgelassen hatten. So waren ihre Haarschleifen zum Beispiel manchmal ans Bett oder an Lampen und Spielzeug festgebunden. Wir waren sicher, daß niemand ins Haus einbrach. Türen und Fenster waren stets verschlossen, niemals fehlte etwas, und nur diese beiden Räume waren betroffen.

Meine Visionen begannen wieder. Gewöhnlich geschah es während der Nacht, oder wenn ich morgens nach unruhigem Schlaf erwachte, ich müde oder erschöpft und mir meiner geistigen Klarheit ohnehin nicht ganz sicher war.

Eines Morgens öffnete ich die Augen und sah einen Mann in der Tür zum Wohnzimmer stehen. Er trug eine Fliege und einen Mantel und wirkte wie eine Figur aus einem alten Film, ein Relikt aus einer vergangenen Zeit. Ein amüsiertes Lächeln lag auf seinem komischen, runden Gesicht, das mich an die Figur des Alfred E. Newman aus dem *Mad*-Magazin erinnerte.

»Ron, da ist jemand in der Tür«, sagte ich und schüttelte meinen Mann wach. Er richtete sich auf und blickte in die Richtung, in die ich zeigte.

»Ich sehe nichts«, sagte er.

»Das kann doch nicht sein«, sagte ich. Ron hatte die

Erscheinungen, die ich ihm beschrieb, bisher nie mit eigenen Augen gesehen, und aus irgendeinem Grund verärgerte mich das. »Du mußt ihn doch sehen. Er steht genau vor deiner Nase. Das ist kein Schatten, sondern eine richtige, farbige Gestalt.«

Der Mann grinste, während Ron mit leerem Blick in seine Richtung starrte. Dann war er auf einmal verschwunden.

Auch der schattenhafte Oberkörper, den ich einige Zeit zuvor gesehen hatte, erschien jetzt häufiger. Durchquerte ich einen Raum, bemerkte ich oft, wie er sich in eine Ecke verzog. Wenn ich vor dem Fernseher saß, konnte ich aus den Augenwinkeln erkennen, wie er sich in der Tür herumdrückte. Das Gefühl, beobachtet zu werden, wurde von Tag zu Tag intensiver. Ich hatte diese Schattengestalt den anderen gegenüber bis dahin nicht erwähnt, da Ron und die Kinder sie offensichtlich nicht wahrnahmen. Warum sollte ich sie mit meinem Privatgespenst belasten? Es sollte allerdings nicht mehr lange mein Exklusivgespenst bleiben.

Eines Abends drehte Steven sich auf dem Weg in sein Zimmer abrupt herum und kehrte weiß wie eine Wand zurück ins Wohnzimmer.

»Da war etwas im Flur«, sagte er.

»Wovon redest du?« fragte ich Ron.

»Ich weiß auch nicht. Ich sah es im Korridor vor Ashleys Zimmer. Es sah aus wie ein großer, dunkler Tropfen mit Kopf und Armen.«

»Das ist der alte Mann«, klärte Ashley ihn auf. »Er geht oft durchs Haus. Er mag uns nicht.«

»Ashley …«, stöhnte Ron.

»Die gleiche Gestalt habe ich auch schon gesehen«, sagte ich zu Ron. »Glaubst du immer noch, wir leiden alle unter Hirngespinsten?«

Ich gewann den Eindruck, daß wir es mit zwei unterschiedlichen Arten von Erscheinungen zu tun hatten. Manche, wie die Frau in der Badewanne, das kleine Mädchen in unserer Schlafzimmertür und der grinsende

Mann, den ich ein paar Tage zuvor gesehen hatte, bedienten sich der Form menschlicher Gestalt, ähnlich wie Hologramme, die sich unabhängig von unserem Lebensraum in ihrer eigenen Welt zu bewegen schienen. Offenbar suchten sie keinen Kontakt zu mir und lebten in einer eigenen Sphäre aus Zeit und Raum, ohne eine Bedrohung für uns, die wir im Hier und Jetzt lebten, darzustellen.

Es war die andere, unheimliche Schattengestalt, die sowohl in Form eines menschlichen Körpers als auch als unförmiger Rumpf in Erscheinung trat, die mir Angst einflößte.

Je mehr die bedrohlichen Vorfälle im Haus sich häuften, desto mehr war ich davon überzeugt, daß *er* – diese Schattengestalt oder Energie – dafür verantwortlich war. Aber warum unterschied er sich von den anderen Erscheinungen (wie Ashley sah ich in ihm ein männliches Etwas), und weshalb waren seine Umrisse stets so verschwommen?

Ich holte mein Exemplar der *Ghost Hunters* hervor, schlug die Copyright-Seite auf und notierte mir die Adresse des Verlages. Anschließend schrieb ich einen Brief an Ed und Lorraine Warren, adressiert an den Verlag, und steckte ihn am nächsten Morgen in den Briefkasten.

Ende September verstärkten sich die bizarren Zwischenfälle. Körperliche Angriffe gegen sämtliche Familienmitglieder waren keine Seltenheit mehr. Ashley zerrte an ihren Kleidern und jammerte, daß irgend etwas sie zwicke. Ron wachte eines Nachts von Schmerzen gepeinigt auf und warf sich auf der Matratze hin und her. Seine Haut, so klagte er, fühlte sich an, als würde er von tausend Nadeln gestochen. Ein oder zwei Nächte darauf, wir waren gerade zu Bett gegangen, fühlte ich einen schweren Druck auf meinen Waden, als kniete jemand auf meinen Schienbeinen und versuchte, mich mit Gewalt auf die Matratze zu pressen.

Ich schrie laut auf. Ron stützte sich auf den Ellenbogen und sah mich überrascht an.

»Ich kann meine Beine nicht bewegen«, sagte ich. Er schlug die Decke zurück. Auf meinen Beinen war nichts. Nichts, was er sehen konnte. »Ein Gewicht liegt auf meinen Beinen. Ich kann mich nicht rühren.«

Mein Nachthemd hob sich wie von unsichtbaren Fäden gezogen. Langsam schob sich der Saum über meine Knie und meine Hüften hinauf. Der Stoff bewegte sich ein paar Millimeter über meiner Haut, und ich spürte Hände, die mich berührten, eisige Finger, die meine Oberschenkel hinaufglitten. Angst und das unerklärliche Gewicht auf meinen Beinen machten jede Bewegung unmöglich. Dumpfe, düstere Grabesstimmung senkte sich über den Raum, und es roch nach altem, vermodertem Fleisch. Falls Ron irgend etwas zu mir sagte, so war ich unfähig, es zu hören. *Ist das ein Alptraum? Träume ich wirklich, oder bin ich wach?*

Eine Minute mochte vergangen sein, möglicherweise auch zehn. Erst als ich meine eigenen, heftigen Atemstöße hörte, wurde mir bewußt, daß ich vor Angst die Luft angehalten hatte. Mein Nachthemd lag zerknüllt über meinen Hüften, und der Druck auf meinen Beinen war verschwunden.

»Was in aller Welt war das?« fragte Ron. Er hatte alles beobachtet und war fassungslos.

»Irgend etwas in diesem Haus will uns von hier vertreiben«, murmelte ich und schlang zitternd die Arme um meine Knie.

Rons Blick sprach Bände. Er wollte immer noch nichts von übernatürlichen Kräften hören.

»Du hast es doch gesehen«, sagte ich. »Glaubst du, ich hätte das selbst aufgeführt?«

Ich lag noch lange wach und lauschte in die Nacht hinein. Ein leichter Wind strich durch die Sträucher vor dem Fenster. Von Zeit zu Zeit hörte ich Autos, die in die Biegung des Clifty Drive einbogen. Ihre Scheinwerfer fielen durchs Fenster und glitten über die Decke die Wände hinab. Ich horchte auf Schritte oder ein Klopfen an der Tür. Nichts geschah. Schließlich schlief ich ein.

Die Lippen des Alten verzerren sich zu einem Grinsen, und sein Atem stinkt nach Whiskey. Sein Blick ist leer, wie ein verlassenes Schaufenster, und seine Stimme hohl, wie das Echo in einer tiefen, unterirdischen Höhle oder einer düsteren Kohlengrube. »Ich werde dir nicht weh tun.« Er grinst mich an. »Ich werde dir nicht weh tun.« Er zerrt an meinen Kleidern. Ich versuche, seine Hände fortzuschieben, doch meine Arme sind schwer wie Blei. Er greift nach meinen Brüsten und meinen Beinen, und sein eiserner Griff hält mich fest. Seine hageren Finger hinterlassen Spuren auf meiner nackten Haut. Ich will schreien, doch kein Ton kommt über meine Lippen. Mit seinem Gewicht preßt er mich auf das Bett. Würde ich schreien, würde mich ohnehin niemand hören. »Ich werde dir nicht weh tun.« Sein Körper auf meinem wird schwerer. Seine Bewegungen werden heftiger, hungriger … ein Raubtier, das sich über seine sterbende Beute hermacht …

Die Bilder des Traumes standen mir noch lebhaft vor Augen, als ich längst mit hämmerndem Herzen im Bett hochgefahren war. Mein Atem ging stoßweise, und das Nachthemd klebte auf meiner feuchten Haut. Ron lag friedlich schlafend neben mir. Im Haus herrschte absolute Stille, doch ich starrte angestrengt horchend in die Dunkelheit und fragte mich, ob das Ungeheuer, dem ich soeben im Traum begegnet war, sich nicht gerade durch ein Fenster davonmachte. *Es war ein Traum, Doretta.* Für mich war dieser Traum so real gewesen wie Tag und Nacht, ich spürte noch den Schmerz in meinen Gelenken und den fauligen Geruch auf meiner Haut.

Vorsichtig, um meinen Mann nicht zu wecken, glitt ich aus dem Bett und schlüpfte ins Bad. Ich zog das feuchte Nachthemd aus, stellte mich unter die Dusche und ließ das Wasser brühendheiß auf meine Haut niederprasseln. Ich wollte den Schmutz dieses Alptraums von meiner Haut, aus meinen Gedanken, in den Abfluß spülen.

Schluchzend stand ich unter dem dampfenden Strahl und ließ das Wasser minutenlang über mein Haar und mein Gesicht rinnen. Obgleich ich inzwischen hellwach und meine Panik verraucht war, ließen mir die Intensität des Traumes und die Klarheit der Bilder, die viel zu langsam aus meinem Bewußtsein verschwanden, keine Ruhe. Traumbilder verblassen gewöhnlich, sobald man erwacht. manche kehren bruchstückhaft und zusammenhanglos monate- oder jahrelang wieder oder hinterlassen ein unbestimmtes Empfinden, an das man sich von Zeit zu Zeit erinnert, wenn der Traum selbst längst vergessen ist. Dieser Traum hingegen, dessen war ich mir sicher, würde mich noch lange bis ins kleinste Detail begleiten.

Ich stieg aus der Dusche und begann mich abzutrocknen. Die Hitze des Wassers schwebte wie feuchter Nebel im Raum und hatte Spiegel und Fenster beschlagen.

»Warum geschieht dies alles mit mir?« seufzte ich.

Die Antwort erschien vor mir auf dem Spiegel. Langsam wurde ein Buchstabe nach dem anderen von unsichtbarer Hand auf das beschlagene Glas gemalt. Ich preßte das zusammengeknüllte Handtuch vor meiner Brust zusammen, während ich die Nachricht las.

Weil du schlecht bist, stand dort geschrieben.

Nancy rief mehrfach an und erkundigte sich, ob ich mich mit dem Parapsychologen, den sie für mich ausfindig gemacht hatte, in Verbindung gesetzt hätte. Sie bestand darauf, daß ich ihn endlich anrufen solle, und ihr Drängen wurde mit jedem Tag nachdrücklicher. Der Besuch der beiden Priester hatte keine Besserung gebracht; wenn überhaupt, so hatte er höchstens bewirkt, daß der Zorn jener Mächte, die zwischen den Mauern dieses Hauses ihr Unwesen trieben, noch mehr provoziert worden war.

Doch bevor ich Jordan Pitkoff konsultierte, wollte ich zuerst wissen, ob das, was bei uns geschah, tatsächlich im Bereich des Möglichen lag, und was ein Parapsychologe, als angeblicher Vermittler zwischen der Wirklichkeit und dem Übernatürlichen, dagegen auszurichten vermochte. Die Passagen in *Ghost Hunters*, die ich bisher gelesen hatte, gaben mir mindestens ebenso viele Fragen auf wie sie beantwortet hatten. Im Grunde genommen hatte ich nur unbefriedigende Antworten darin gefunden. Möglicherweise lag es daran, daß ich mich noch immer nicht mit der Theorie anfreunden konnte, daß die Seelen der Verstorbenen und andere Wesen, wie Dämonen und Engel, unter uns Lebenden wandeln, sowohl um uns zu beschützen, als auch, um uns zu quälen. Und selbst wenn es so war, warum belästigten sie gerade mich, und warum dieses Haus?

»Auf diesem Gebiet habe ich keine Erfahrung, aber ich kenne ein paar Leute aus der Abteilung, die an so etwas glauben«, sagte der Mann am anderen Ende der Leitung mit einer gewissen Belustigung in der Stimme. Ich hatte etwas Ähnliches erwartet. Zumindest hatte ich die Psychologische Fakultät der Universität Louisville nicht in dem Glauben angerufen, auf ein Nest *Ghost Busters* zu stoßen. Vielmehr wollte ich wissen, ob es irgendeine wissenschaftliche Grundlage für die Dinge gab, die mir und meiner Familie zustießen. Konnten sie Wirklichkeit sein? Oder waren wir vielleicht alle verrückt? Litten wir unter einer Art Gruppenhysterie, indem wir alle unter den gleichen Wahnvorstellungen litten? »Ich verbinde Sie mit einem meiner Kollegen«, sagte die Stimme.

Ein anderer Mann kam an den Apparat. Ich stellte mich vor und beschrieb unsere Situation so kurz wie möglich. »Ich weiß nichts über derartige Dinge, aber ich habe gelesen, daß es so etwas wie Poltergeister wirklich geben soll«, erklärte ich. »Kann das wirklich sein? Stimmt das?«

»O ja«, erwiderte er. »So etwas kommt vor.«

Er stellte mir verschiedene Fragen, bis ich ihn unterbrach. »Gibt es irgend jemand bei Ihnen, der sich mit diesen Dingen beschäftigt? Ein Team oder dergleichen, das solche Vorkommnisse untersucht?« Unser Haus wäre das ideale Forschungsgebiet für jeden, der sich ernsthaft mit solchen Dingen befaßt, dachte ich.

»Es gibt ein paar Leute bei uns, die auf diesem Gebiet forschen«, erwiderte er. »Aber … na ja … unsere finanziellen Mittel sind nicht besonders üppig. Ich höre mich mal um und rufe Sie zurück.« Mir war klar, daß ich wieder einmal in einer Sackgasse gelandet war.

»Sagt Ihnen der Name Jordan Pitkoff etwas?« fragte ich.

»Ja, der ist mir ein Begriff«, antwortete er. »Er hat eine Praxis in Louisville und beschäftigt sich mit solchen Phänomenen, wie Sie sie beschrieben haben.«

Ron folgte mir ins Bad und setzte sich pflichtbewußt auf den Wannenrand, während ich in die Wanne stieg, den Vorhang zuzog und den Wasserhahn andrehte.

Ich wagte inzwischen kaum noch das Badezimmer zu betreten. Es war, als schwebe ein Fluch in diesem Raum und in Ashleys Zimmer, das direkt daneben lag. In diesem Bad hatte der Fön in meiner Hand Feuer gefangen, und Steven hatte die brennende Zigarette auf dem Boden gefunden. Hier hatte ich zum ersten Mal die Schritte an der Tür vorübergehen hören und die tote Frau in der Badewanne gesehen. Und hier war es gewesen, wo die mysteriöse Botschaft vor meinen Augen auf dem Spiegel erschienen war. Mehr als in allen anderen Zimmern des Hauses fühlte ich mich hier einer düsteren, unwirklichen Atmosphäre ausgesetzt und sah Dinge, die man gewöhnlich allenfalls im Traum sieht.

Ashley weigerte sich schon lange, das Bad allein zu betreten, und ich verstand ihre Furcht nur zu gut. Seit Ende September bestand ich selbst darauf, daß mein Mann dabei war, wenn ich badete. Er fügte sich meinem Wunsch, doch ich glaube, er war immer noch der Meinung, daß die meisten Dinge, die ich ihm beschrieben hatte, nur in meiner Phantasie existierten. Er hatte den schattenhaften Umriß immer noch nicht gesehen und war auch nicht dabei gewesen, als das donnernde Grollen Steven und mich aus dem Haus verjagt hatte. Zwar hatte er die Geräusche auf dem Dachboden und unter dem Wohnzimmerboden gehört, die Buchstaben an der Wand der Wäschekammer gesehen und die aufgestapelten Kaffeetassen in der Küche entdeckt; er war Zeuge, daß Gegenstände in der Küche auf unerklärliche Weise ihren Standort wechselten, doch er klammerte sich nach wie vor – mehr noch als ich – an die Überzeugung, daß es für diese Vorfälle eine rationale Erklärung geben müsse. Ich glaube, er entzog sich den Ereignissen, indem er sich einfach weigerte, das Unerklärliche zu akzeptieren.

Immerhin kam er meinen Wünschen nach, und sei es nur, um einer Diskussion über das, was er für absurd hielt, aus dem Weg zu gehen.

Ich legte den Kopf nach hinten, um das Wasser über Gesicht und Hals laufen zu lassen, als der Geruch nach Verwesung in meine Nase strömte.

Ich öffnete die Augen und sah zur Decke. Sie war verschwunden. Statt dessen blickte ich in ein klares Licht, das bis in die Unendlichkeit zu reichen schien. Beim Versuch, an der Wand Halt zu finden, versanken meine Hände in feuchter Erde, die mit Wurzeln, so fein wie Engelshaar, durchzogen war. Mir war, als blicke ich aus der Tiefe eines Grabes in ein Licht, das mich von oben zu erdrücken drohte, während sich unter mir eine gähnende Leere auftat. Ich stemmte die Füße gegen die Seiten der Badewanne, um zu verhindern, in dieser Tiefe zu versinken, und spürte, wie etwas an mir zerrte, Klauenhände, die versuchten, mich an den Füßen in den Abgrund zu ziehen.

Ich muß aufgeschrien haben, denn Ron schob den Vorhang beiseite und zog mich aus der Wanne.

»Was zur Hölle …«, begann er, als sein Blick auf meine Füße fiel. Blut tropfte aus tiefen Kratzwunden von dort herab. In ein Handtuch gewickelt, lehnte ich mich gegen die Wand, während Ron die Wanne nach einer Ursache für die Verletzung an meinen Füßen absuchte. Er fand nichts außer einem Stück Seife und einem Waschlappen.

Ich wusch mir das Blut von den Füßen und erzählte ihm von meiner *Vision*. Ich nehme jedenfalls an, es war eine Vision, aber was immer es gewesen sein mag, ich ließ mich auf keine Diskussionen darüber ein. Zum ersten Mal schien auch die Skepsis meines Mannes einen hauchdünnen Riß zu erleiden. Sollte ich mir, in einem Anfall von Halluzination, selbst die Füße zerkratzt haben? Möglich wäre es, aber recht unwahrscheinlich. Meine Fingernägel waren dafür nicht geeignet. Die Wunden waren dünn und sehr tief, und ich hatte absolut keinen Schmerz verspürt. Außerdem hatte mein Mann direkt daneben gesessen. Ein selbstzerstörerischer Anfall auf der anderen Seite des Vorhanges hätte ihm auffallen müssen. Doch selbst wenn er insgeheim diese Vermutung hegte, gab es etwas anderes, das ihn stutzig machen mußte. Als ich am nächsten Morgen erwachte, war keine Spur mehr von den Kratzern zu sehen.

Rons Reaktion war genau, wie ich vermutet hatte. »Du hast *was* getan?« fragte er.

»Ich habe einen Termin mit einem Parapsychologen in Louisville vereinbart. Für morgen«, erwiderte ich. »Nancy hat ihm von uns erzählt. Ron, er wußte Dinge über uns, die er nicht wissen konnte … wenn er nicht wirklich ein Parapsychologe ist.

Das Ersthonorar beträgt übrigens einhundertfünfzig Dollar«, informierte ich ihn.

»Ich glaube es einfach nicht.«

»Überleg doch mal, wir wissen beide, daß sich hier unerklärliche Dinge abspielen«, versuchte ich ihn zu überzeugen. »Ich finde, es ist an der Zeit, daß wir versuchen, der Sache auf den Grund zu gehen. Wir können doch nicht die einzigen Menschen sein, denen so etwas passiert.« Ich weigerte mich einfach zu glauben, daß dieser Alptraum möglicherweise eine Exklusiverfahrung der Familie Johnson in Madison, Indiana, sei.

»Ach komm schon, Doe. Wozu soll das gut sein?«

Er war gleichermaßen erregt über das Geld, das diese Angelegenheit uns kosten würde, wie über die Tatsache, sechzig Meilen nach Louisville zurückzulegen, um mit jemandem zu reden, dessen Gewerbe jeglicher medizinischen oder wissenschaftlichen Grundlage entbehrte. Ron war schon Psychologen gegenüber mißtrauisch, und Parapsychologen existierten auf seiner Toleranzskala nicht einmal. Ich teilte seine Bedenken in gewisser Weise. Insgeheim war auch ich der Meinung, daß Parapsychologen, wenn schon nicht unheimlich, so doch bestenfalls äußerst fragwürdig sein mußten. *Es ist wirklich lächerlich,* hatte ich zu mir selbst gesagt, bevor ich Pitkoff anrief. *Aber wenn er uns nun doch helfen kann?*

»Wir müssen etwas unternehmen«, sagte ich zu Ron. »Ich mache mir Sorgen um die Kinder. Angenommen, wir tun nichts und eins von ihnen erleidet ernsthaft Schaden?«

»Ein Parapsychologe?« wiederholte er zweifelnd.

»Ich finde ja selbst, daß es haarsträubend klingt«, gab ich zu.

14. Kapitel

Von außen gab das Haus des Parapsychologen keinerlei Hinweis auf das geheimnisvolle Betätigungsfeld seines Bewohners. Es stand in einer soliden, mittelständischen Wohngegend, deren Häuser zwar nicht mehr ganz neu, doch gut gepflegt und mit adretten Vorgärten geschmückt waren. Kurz, Pitkoff lebte in einer jener typisch amerikanischen Vorstädte, wo man in jeder Einfahrt ein amerikanisches Fahrzeugfabrikat, in jeder Garage einen Rasenmäher sowie den unvermeidlichen Grill auf der rückwärtigen Veranda vorfindet.

Der Mann, der uns die Tür öffnete, entsprach in keiner Weise dem Bild, das ich mir von einem Parapsychologen gemacht hatte: kein stechender Blick, keine exotische Aufmachung, keine manierierten Gesten. Jordan Pitkoff war korpulent, besaß widerspenstiges, schwarzes Haar, buschige Augenbrauen, und seine Haut hatte die fahle

Blässe eines Menschen, der wenig Zeit im Freien verbringt. Er wirkte eher wie ein Goldschmied als jemand, der sich mit übernatürlichen Phänomenen beschäftigte. Nachdem er sich vorgestellt hatte, bat er uns hinein und führte uns durch ein Foyer, in dem ein unbesetztes Empfangspult stand, und das Wohnzimmer, wo uns ein großer, schwarzer Labrador, der dort angeleint lag, knurrend begrüßte.

Ein schwerer, beißender Geruch nach Weihrauch oder irgendeiner Chemikalie, der sich durch das Haus zog, reizte meine Nasenschleimhäute. Wir folgten Pitkoff durch einen Korridor, vorbei an einem rundum mit Vorhängen verdunkelten Raum. Ich hätte beinahe aufgelacht, denn genau so etwas hatte ich im Haus eines Parapsychologen oder Wahrsagers, oder wie immer sich solche Leute nannten, vermutet.

Später erfuhr ich, daß in diesem Raum Séancen abgehalten wurden. Da ich kein Verlangen verspürte, mit Dahingeschiedenen zu kommunizieren, gab es für mich nie eine Veranlassung, diesen Raum zu betreten.

Schließlich wandten wir uns nach rechts, wo er uns ein paar Stufen zu seinem schmucklosen Büro hinabführte. Der Raum war mit einem ausladenden Schreibtisch, einer Couch und ein paar Tischen ausgestattet, außerdem gab es Regale, die mit Büchern, Tonbändern und Akten vollgestopft waren. Jordan nahm hinter seinem Schreibtisch Platz. Ron und ich setzten uns auf die Couch. Ich ließ den Parapsychologen nicht aus den Augen, studierte seine Gesichtszüge und verfolgte aufmerksam jede seiner Bewegungen. Sollte er irgendwelche Taschenspielertricks planen, würde er mich gewiß nicht hinters Licht führen.

Die ersten Minuten vergingen mit belanglosem Geplauder, wobei Jordan seinen Blick unablässig auf mich richtete, so daß ich bald unbehaglich auf meinem Platz hin und her zu rutschen begann.

»Etwas ist mit Ihnen hereingekommen«, sagte er zu mir.

»Etwas?« fragte ich und drehte mich um – wonach, war mir nicht ganz klar.

»Da ist ein Einfluß, eine bösartige Energie, die Sie umgibt«, sagte er, und es war offensichtlich, daß er mich damit meinte, und nicht etwa meinen Mann. »Sie hatten Probleme mit der Elektrizität in Ihrem Haus ... Geräte, die Kurzschlüsse verursachten oder durchbrannten.«

Wir nickten.

»Merkwürdige Gerüche ... kalte Stellen. Sie hören Stimmen oder Schritte, wenn niemand in der Nähe ist.«

Wieder nickten wir.

»Ich weiß nicht genau, was ich spüre ... was ich aufnehme«, sagte er. »Aber wenn ich Ihr Haus betrete, werden wir innerhalb von fünf Minuten wissen, womit wir es zu tun haben, denn diese Kräfte mögen mich nicht, und ich mag sie nicht. Sie werden spüren, daß ich gekommen bin, sie zu verjagen, und möglicherweise werden sie sich zur Wehr setzen.«

›Sie?‹ Womit wir wieder bei den Ghost Busters wären, dachte ich. *Der Typ hat anscheinend vor, wie ein Preisboxer auf sie loszugehen, sie in die Enge zu treiben und k.o. zu schlagen. Aber wen oder was eigentlich?*

»Das ist eine ernste Angelegenheit«, fuhr Jordan fort. »Aber wir werden Genaueres wissen, wenn die Untersuchungen abgeschlossen sind. Wenn die Lage zu extrem ist, werde ich Ihnen unter Umständen nicht helfen können. Dann werde ich aus der Sache aussteigen und Ihnen jemand vermitteln, der besser dafür geeignet ist.«

»Sie sprechen die ganze Zeit von *ihnen*. Was ist denn eigentlich in unserem Haus?« erkundigte ich mich.

»Das werden wir bald wissen.«

»Sind wir sicher dort? Wird unseren Kindern nichts zustoßen?«

»Keine Sorge«, antwortete er. »Bei dieser Angelegenheit sind noch nie Menschen umgekommen. Ich weiß, daß es sehr beängstigend für Sie sein muß, aber Ihr Leben ist nicht in Gefahr. Wirklich, machen Sie sich keine Sorgen.«

»Ich mache mir aber Sorgen um meine Kinder«, insistierte ich. »Sollte ich sie nicht besser woanders unterbringen?«

»Nein, nein, auf keinen Fall«, erwiderte er. »Sie müssen als Familie zusammenhalten. Es ist wichtig, daß Sie gemeinsam gegen dieses Etwas kämpfen. Aber in einer Hinsicht muß ich Sie warnen. Wenn Sie irgendwelche Geheimnisse voreinander haben, sollten Sie besser reinen Tisch machen. Dieses Etwas weiß alles über Sie. Es nährt sich von Ihrem Zorn, Ihren Ängsten, jeder Art von negativen Emotionen. Wenn Sie etwas zu verbergen suchen, haben sie keine Chance. Dieses Etwas lebt von der negativen Energie, die Sie bei jeder Art von Zorn oder Streit entwickeln. Daraus zieht es seine Kraft und wächst, bis es Sie zu verschlingen droht.«

Da hatten wir es wieder. Dieses *Etwas*. Wenn es ein Etwas in meinem Haus gab, wie konnte er so sicher sein, daß es niemandem von uns etwas antun würde? Bevor ich nachhaken konnte, begann er Fragen über meinen familiären Hintergrund, meine Kindheit und meine Schulzeit zu stellen. Offensichtlich war er weit mehr an mir als an unserem Haus interessiert. Wenn ich mit meinen Antworten zögerte, dann nur, weil mir nicht klar war, worauf er eigentlich hinaus wollte. Als er endlich auf den Punkt kam, wurde er mir nicht gerade sympathischer.

»Sie sind diejenige mit den übersinnlichen Kräften«, sagte er, wobei er sich über seinen Schreibtisch lehnte und mit dem Finger auf mich zeigte, eine Geste, die ich stets als Provokation empfunden habe.

»Wie bitte?«

»Bei Ihnen ist die Ursache zu suchen! Bei Ihnen allein! Nicht wahr?«

Genausogut hätte er zu mir sagen können: ›Sie sind schuld an allem!‹

»Ich habe die Dinge, die geschehen sind, nicht inszeniert«, verteidigte ich mich gereizt.

»Natürlich nicht«, sagte er. »Aber in solchen Situationen stellt sich fast immer heraus, daß jemand mit übersinnlichen Fähigkeiten involviert ist, Fähigkeiten, die diesem Etwas den Zugang ermöglichen. Wir werden näher darauf eingehen, sobald ich mir Ihr Haus angesehen habe.«

Wir hatten etwa eine halbe Stunde miteinander gesprochen, als eine Frau sich zu uns gesellte. Jordan stellte sie uns als seine Assistentin Teri vor. »Sie hat Verbindung zur anderen Seite«, erklärte er uns und fügte hinzu, daß sie ihn bei der Erforschung von Heimsuchungen und Geistererscheinungen unterstütze. Er schlug vor, daß ich mich einmal unter vier Augen mit Teri unterhalten solle, da sie ähnliche Erfahrungen gemacht habe wie ich. Damit verstärkte er meine Schuldgefühle noch. Irgendwie hatte ich den Eindruck, daß er mich mit jedem Wort und jeder Geste für das Martyrium meiner Familie persönlich verantwortlich machte.

Teri – ihren Familiennamen sollten wir nie erfahren – erklärte, daß sie früher in West Virginia gelebt und gleichfalls unter Poltergeistattacken und übernatürlichen Vorfällen zu leiden gehabt hatte. Ihr Ehemann hatte sich geweigert, Außenstehende hinzuzuziehen. Sie hatte schließlich Jordan Pitkoff ausfindig gemacht, der sofort erkannte, daß sie latente übernatürliche und hellseherische Kräfte besaß und sich als Medium eignete. Daraufhin verließ sie ihren Ehemann, diesen Ungläubigen, und schloß sich Pitkoff in Louisville an.

»Wenn Sie zurückblicken, wird Ihnen vielleicht klar, daß Sie schon früher übernatürliche Erfahrungen gemacht haben. Vielleicht sind Ihnen als kleines Kind Dinge widerfahren, die Sie nicht begreifen konnten und über die Sie zum damaligen Zeitpunkt nicht weiter nachgedacht haben«, sagte sie.

»Was für Dinge?«

»Nun, zum Beispiel Träume, die mit späteren Ereignissen übereinstimmten«, erwiderte sie. »Vorahnungen oder das Gefühl, die Gedanken einer anderen Person lesen zu können.«

»Ich glaube nicht«, antwortete ich zweifelnd.

»Machen Sie sich keine Sorgen«, versuchte sie mich

zu trösten. »Ich bin sicher, daß wir Ihnen helfen können.«

Das erste Gespräch dauerte eine Stunde. Ron und ich wußten nicht recht, was wir von Pitkoff und seinen Äußerungen halten sollten. Aber aus irgendeinem Grund – vielleicht durch das Zusammentreffen mit Teri, die mir das Bewußtsein vermittelte, nicht die einzige zu sein, die derart verwirrende Erfahrungen machte – flößte mir der Gedanke an den Parapsychologen und seine Assistentin kein Unbehagen mehr ein; im Gegenteil, ich hätte die beiden geradezu umarmen können.

Wenn ich auch nicht alles verstanden hatte, was gesagt worden war, verstand ich doch soviel: ich war durchaus nicht im Begriff, den Verstand zu verlieren, wie ich befürchtet hatte. Außerdem hatten wir nichts zu verlieren als einen weiteren Batzen Geld, also waren wir bereit, einen Versuch zu wagen. In fünf Tagen würde Jordan unserem Haus einen Besuch abstatten.

Übersinnliche Kräfte. Ich? Wie kam er bloß auf diese Idee? Der Gedanke gefiel mir keineswegs, aber es war allemal besser, als weiterhin glauben zu müssen, ich sei geistesgestört. Auf der Fahrt zurück nach Madison kramte ich in meinen Erinnerungen, aber was dabei herauskam, waren verworrene, bruchstückhafte Bilder, wie Graffiti aus einem vorbeizischenden Zug gesehen.

Großmutter kam mir in den Sinn ... Großmutter, die Kräuterhexe, die auf wundersame Weise die Kinder der Nachbarschaft geheilt hatte ... Großmutter, die in der Lage gewesen war, ein ausgebüchstes Enkelkind am anderen Ende der Stadt aufzuspüren ... Großmutter, der das Wort ›übersinnlich‹ vermutlich nie in ihrem Leben zu Ohren gekommen war, und selbst wenn, hätte sie es mit Sicherheit als Teufelei abgetan ... Großmutter, die mir stets aufmerksam zugehört hatte, wenn ich ihr meine nächtlichen Träume schilderte, als ob ...

Während die hügeligen Felder Indianas an unserem Wagenfenster vorüberzogen, erinnerte ich mich an den Traum, der nach dem Tod meiner Mutter eine Zeitlang immer wiedergekehrt war. Darin war mir Mutter erschienen und hatte mich angefleht: Sag, daß ich nicht tot bin. Warum spricht niemand mit mir? Weshalb hört mich niemand? Jedesmal, wenn ich ihr von diesem Traum erzählte, hatte Großmutter angefangen zu weinen.

Eines Nachts ging der Traum noch weiter. Mutter stand am Fußende meines Bettes und protestierte gegen ihren Tod. Als sie sich abwandte, um davonzugehen, folgte ich ihr durch einen langen Flur, der an Krankenzimmern vorbeiführte, in die man durch Fenster hineinblicken konnte. Kurz bevor wir die Türen am Ende des Korridors erreichten, fiel mein Blick auf einen Mann, der in einem der Betten lag. Obgleich ich ihn nicht kannte, wußte ich, daß er mit mir verwandt war. Es war ein Cousin aus dem Gaddisschen Zweig der Familie. Mit grotesk aufgedunsenem Bauch lag er inmitten anderer sterbender Männer.

Mutter schritt durch die Türen am Ende des Korridors. Als ich versuchte, ihr zu folgen, drängte sie mich mit den Worten: »Du darfst nicht weiter gehen« zurück.

Ich erwachte weinend und erzählte Großmutter am nächsten Morgen von dem Traum.

»Wie hat der Mann ausgesehen?« fragte sie.

»Wie ein Gaddis«, antwortete ich. Die Sprößlinge der Gaddis, die alle außergewöhnlich gut aussahen, ähnelten sich mehr oder weniger.

Sie holte ein Fotoalbum hervor, blätterte die Seiten durch und hielt bei einem Bild inne, das einen der Söhne ihrer Schwester zeigte.

»Das ist er. Er wird sterben«, sagte ich. Mit dreizehn war ich noch naiv genug, an Alpträume zu glauben.

Einige Tage darauf rief Großmutter ihre Schwester Vera an. Ihrem Sohn ginge es gut, sagte sie. Er erfreue sich bester Gesundheit. Ein Jahr später war ich Gast auf seiner Beerdigung. Er hatte tagelang mit aufgeblähtem Unterleib im Krankenhaus gelegen, bevor er an Dickdarmkrebs gestorben war.

Großmutter und ich haben den Traum über meinen Cousin nie wieder erwähnt. Wir sprachen auch niemals über so etwas wie Vorahnungen. Was hatte es zu bedeuten gehabt, daß sie den Traum ernst genug nahm, sich kurz darauf nach ihrem Neffen zu erkundigen? Hatte Großmutter etwas über mich gewußt, das nicht einmal ich selbst wußte?

Jordan gab uns eine Reihe Anweisungen mit, wie wir uns auf seinen Besuch vorzubereiten hätten. Jeden Abend sollte die Familie sich im Kreis versammeln, an den Händen fassen und ein Gebet sprechen. Währenddessen sollten wir alles andere aus unseren Gedanken verbannen und unsere Vorstellung auf ein blaues Licht konzentrieren, das unser Haus umschloß. Das Licht symbolisierte eine schützende Macht, eine Art spirituelle Schranke, die die Kräfte des Bösen daran hindern sollte, ins Haus einzudringen.

Doch offenbar besaß unser Licht nicht die gewünschte Wirkung. Während wir beteten und die schützende Macht heraufbeschworen, schlugen Türen im rückwärtigen Teil des Hauses, kalte Brisen wehten durch die Zimmer, und ein Gestank, von dem uns übel wurde, kroch aus den Ritzen des Hauses empor. Jordan hatte uns versichert, daß die Aktivitäten von Poltergeistern nur langsam voranschreiten, unsere hingegen schienen mit der Geschwindigkeit eines Rennschlittens vorzugehen.

Wir wurden von Hundegebell vor der Hintertür und Katzengeschrei unter den Fenstern in Atem gehalten. Wenn wir nachschauten, war niemals ein Tier auch nur in der Nähe des Hauses zu sehen. Wir hörten Schluchzer, Stöhnen, Gesang und schweres Atmen, das aus den Zimmern des Hauses zu kommen schien. Manchmal sah ich in der Nacht in Ashleys Zimmer nach dem Rechten. In ihrem Schlafzimmer war es mindestens acht Grad kühler als in den übrigen Räumen, und trotzdem schlief sie aufgedeckt, ohne sich jemals über die Kälte zu beklagen.

Wir alle spürten die elektrische Spannung, die in der Luft lag und häufig mit Erscheinungen, umherfliegenden

Gegenständen oder mysteriösen Stimmen einherging. Eines Tages war die Elektrizität besonders stark und schien vom Badezimmer auszugehen. Ich stieß die Tür auf, und da war er, der Mann, den ich in meinem Traum als Schlangenbeschwörer gesehen hatte. Er saß auf dem Rand der Badewanne und sprach mit einer Frau, die in der Wanne lag. Sie wirkten nicht wie Geister, sondern wie durchscheinende, holographische Figuren in Menschengestalt, doch keineswegs greifbar. Der Mann schien offenbar mit der Frau zu streiten, doch ich konnte seine Stimme nicht hören. Das Gesicht der Frau war nur im Profil sichtbar, ebenso wie ihr Oberkörper. Sie hatte blondes Haar, milchig weiße Haut und lange, schlanke Hände mit elegant gefeilten Nägeln.

Der Mann mußte etwa um die Dreißig sein und war für die heutige Zeit äußerst untypisch gekleidet. Auch die lange, ovale Badewanne, die auf Klauenfüßen stand, schien einer vergangenen Ära entliehen. Es war, als sei ich in eine andere Zeit versetzt worden. Selbst das Waschbecken hatte eine altmodische Form, und es gab eine Tür zum angrenzenden Badezimmer, eine Tür, die wir längst zugemauert hatten.

Aus irgendeinem Grund fürchtete ich mich nicht. Die Figuren agierten wie Schauspieler auf einer Bühne, ohne sich meiner Anwesenheit bewußt zu sein, und verschwanden nach ein paar Sekunden.

Ein oder zwei Tage später tauchten die Erscheinungen in der gleichen Stellung von neuem auf. Diesmal schien der Streit heftiger zu sein, denn die Züge des Mannes waren wutverzerrt. Ich stand in der Tür und beobachtete, wie er aufstand, sich über die Frau in der Wanne beugte und begann, auf sie einzuschlagen. Aus dem angrenzenden Bad ertönte die weinende Stimme eines kleinen Mädchens. »Mami! Mami!«

Der Mann ignorierte das Kind. Er packte die Frau und drückte sie unter Wasser, bis sie zu atmen aufhörte. Ich war wie hypnotisiert. Dies hatte nichts mit mir zu tun. Es war wie ein Film, der in meine Zeit projiziert wurde, ich war nichts als eine unbeteiligte Zuschauerin.

Der Mann hob die Frau aus der Wanne. Erst jetzt sah ich die Öffnung im Badezimmerboden. Er schleifte sie zu dem Loch und machte Anstalten, ihren schlaffen Körper hineinzustoßen, als das kleine Mädchen aus dem angrenzenden Bad, das längst nicht mehr existierte, herbeigerannt kam. Sie weinte nach ihrer Mutter, doch bevor sie sie erreichte, griff der Mann nach einer Schaufel und schwang sie wie einen Baseballschläger ins Gesicht des kleinen Mädchens. Der Aufprall schleuderte sie zurück an die Wand. Blut spritzte auf. Mühsam verstaute der Mann zuerst den Körper der Frau in dem Loch und anschließend den des kleinen Mädchens.

Nachdem die beiden Körper in dem Loch verschwunden waren, verwandelte der Raum sich wieder in unser gewohntes Bad, und die knisternde Elektrizität war verschwunden.

Für den Rest des Tages verfolgte mich das Gefühl, durch ein Schlüsselloch einen Blick in eine tragische Vergangenheit erhascht zu haben.

Hin und wieder hatte ich einen Versuch unternommen, mich mit früheren Besitzern des Hauses oder deren Erben in Verbindung zu setzen, wobei ich jedoch auf wenig Interessantes gestoßen war. Die Handvoll Leute, die ich ausfindig gemacht hatte, konnten sich an nichts Ungewöhnliches erinnern, das sich hier ereignet haben könnte.

Später hatte ich mich mit der Higbee-Familie beschäftigt und festgestellt, daß es eine Reihe bemerkenswerter Todesfälle unter den Nachkommen des Josiah Higbee gegeben hatte. Einer seiner Enkel hatte fünf Kinder im Alter von weniger als acht Jahren verloren. Alle waren auf dem Higbeeschen Friedhof beerdigt worden.

Ich verbrachte einen Großteil meiner Zeit mit dem Versuch, unergründlichen Dingen einen Sinn zu geben. Es mußte doch ein Zusammenhang existieren zwischen diesen scheinbar zufälligen, unverbundenen Ereignissen, ob sie nun wirklich oder nur Vorstellungen waren.

Konnte das kleine Mädchen, das auf unserem Flur herumschlich und mit Ashley spielte, etwas mit der Higbee-Familie zu tun haben? War sie das kleine Mädchen, das in unserem Bad mit einer Schaufel erschlagen wurde? Aber was war mit dem Rest, den übrigen bizarren Absurditäten, mit denen wir uns seit fünf Jahren herumschlugen? Waren sie das Werk verstorbener Higbees, die versuchten, uns von ihrer letzten Ruhestätte zu vertreiben? Ich war bereit, alles zu glauben, aber diese Theorie hatte einen Haken. Die Urenkel des alten Higbee waren vermutlich im vergangenen Jahrhundert gestorben. Das kleine Mädchen, das ich in unserer Schlafzimmertür gesehen hatte, schien nicht in diese Epoche zu gehören, ebensowenig der Mann, die Frau und das Kind, die ich im Badezimmer gesehen hatte.

Außerdem war es nicht bewiesen, daß auf unserem Grundstück überhaupt jemand begraben war. Es schien recht unwahrscheinlich, daß die Nachkommen des Josiah Higbee tatsächlich den Familienfriedhof verkauft haben sollten. Unser Grundstück umfaßte lediglich zwei Acker jener achtzig Acker Land, die Higbee als letzte Ruhestätte für seine Familie bestimmt hatte.

Ron und ich beschlossen, die übrigen achtundsiebzig Acker zu erforschen. Wir fuhren die Straßen ab, die Zugang zu diesem Bereich hatten, und die Gebiete, die für Autos unzugänglich waren, erkundeten wir zu Fuß. Nördlich unseres Hauses, auf der anderen Seite des Clifty Drive, stießen wir hinter einer Reihe von Bäumen auf ein eingezäuntes Stück Land mit kleinen Markierungen und Grabsteinen. Auf beinahe allen war der Name Higbee zu lesen.

»Nun, ich schätze, sie können wir nicht verantwortlich machen«, sagte ich.

15. Kapitel

Vor Jordans und Teris Besuch nahmen Ron und ich uns fest vor, aufmerksam auf mögliche Tricks der beiden zu achten. Wir würden sie keine Sekunde aus den Augen lassen. Mochten sie sich zwanglos überall im Haus und auf dem Grundstück umsehen, doch wir würden ihnen nicht von der Seite weichen. Schließlich beabsichtigten wir nicht, unser Geld für eine Magiershow aus dem Fenster zu werfen.

Pünktlich am frühen Abend trafen die beiden ein. Jordan hatte einen kleinen Aktenkoffer dabei, den er im Wohnzimmer absetzte. Wie die beiden Priester unternahmen auch Jordan und Teri als erstes einen Rundgang durchs Haus. Ron, der im Flur Posten bezogen hatte, folgte jedem ihrer Schritte mit seinem Blick. Ich brachte inzwischen Ashley ins Wohnzimmer, wo Steven vor dem Fernseher saß.

Jordan und Teri nahmen sich Zeit. In aller Ruhe wanderten sie von Zimmer zu Zimmer und verweilten in den einzelnen Räumen, wie potentielle Käufer, die nach versteckten Mängeln Ausschau halten. Später begriff ich, daß es sich um eine übersinnliche Wahrnehmung handelte, eine Begehung, während der sie übernatürliche Energien in unserem Haus aufzuspüren versuchten.

Ins Wohnzimmer zurückgekehrt, bat Jordan uns, den Fernseher abzustellen, und öffnete schweigend seinen Aktenkoffer. Er brachte ein eigenartiges Utensil daraus zum Vorschein, ein schachtelähnliches Gebilde, an dessen Seite sich offenbar Parameter befanden. Es sah aus wie ein Elektromeßgerät, in dessen Zentrum sich eine Kugel oder eine Art Schwungrad befand, das er durch Reibung zum Rotieren brachte, wodurch elektromagnetische Spannung erzeugt wurde.

Obgleich er Parapsychologe war, erklärte Jordan, verfüge er nicht über jenes besondere Strahlungs- und Energiefeld, das Menschen mit übersinnlicher Wahrnehmungsfähigkeit eigen ist und das ihren Spürsinn für jede Art übernatürlicher Kräfte schärft. Das Gerät aus seinem Koffer besaß die Aufgabe, dieses Defizit auszugleichen.

»Dieses Haus wird von verschiedenen Energien beherrscht«, murmelte er mit monotoner Stimme, nachdem er sein Schwungrad ein paar Minuten lang bearbeitet hatte. »Da ist ein kleines Mädchen, drei oder vier Frauen, ein Mann … und noch jemand, jemand, über den Sie nichts erfahren wollen. Als wir hereinkamen, stand ein alter Mann in der Tür, aber er verschwand, sobald wir eintraten. Und wir sahen einen jüngeren Mann auf dem Flur. Er trug einen schmalen Schnurrbart … ähnlich wie Hitler.«

Bei der Erwähnung des alten Mannes durchfuhr es mich wie ein Blitz. Die Tatsache, daß er die gleiche Erscheinung gesehen hatte wie wir alle – ausgenommen Ron –, verlieh ihm enorme Glaubwürdigkeit. Außerdem hatte er noch eine uns vertraute Feststellung gemacht, etwas, das Ron und mir seit dem Brand aufgefallen war. Mit Ashleys Zimmer hatte es irgend etwas Besonderes auf sich: der Duft nach Rosen, die Unordnung, die verknoteten Schleifen, die kühle Temperatur.

»Ashleys Zimmer unterliegt einem äußerst starken Einfluß«, bemerkte Jordan, und die Maschine vibrierte bei seinen Worten. »Der Raum wird besonders stark von den Energien beherrscht. Ich halte es für das Beste, wenn Sie ihn verschließen und vorerst nicht mehr benutzen.«

Nachdem er uns seine Schlüsse aus der Begehung des Hauses mitgeteilt hatte, fixierte er jeden von uns eindringlich.

»Ich möchte ein paar Polaroidaufnahmen von Ihnen machen«, sagte er.

Er fotografierte zuerst Ron, dann Steven. Auf den Bildern war nichts Ungewöhnliches zu sehen. Dann machte er nacheinander Aufnahmen von Ashley und mir auf der Couch, in der gleichen Position wie vorher Ron und Steven. Die Belichtung war identisch, es war der gleiche Film, die gleiche Kamera. Doch die Bilder waren anders.

Ashleys und mein Gesicht waren leer – blasse, konturenlose Flecken auf dem entwickelten Foto.

»Bei Ashley und Ihnen ist die Kraft des Lichtes vollkommen entwichen«, sagte der Parapsychologe. »Da liegt eine gehörige Aufgabe vor uns.«

Er schlug vor, eine Heilung an jedem Familienmitglied durchzuführen, und erklärte uns, daß jeder Mensch von Natur aus eine Aura besäße, ein schützendes Energiefeld, das ihn wie eine unsichtbare Hülle umgibt. »Erhält diese Aura einen Riß, können *sie* eindringen und von uns Besitz ergreifen.«

Auf einmal fühlte ich mich müde und niedergeschlagen. Jordan hatte das Wort *Dämon* nicht benutzt, aber ich nahm an, daß er darauf hinaus wollte. Was sonst könnte unsere Aura durchdringen und von uns Besitz ergreifen? *Wohin soll das führen, und wo wird es enden?* Ich wollte protestieren, aber was mir an innerer Auflehnung gegen diese Vorstellung geblieben war, wurde durch meine Verwirrung und meine Neugier zum Schweigen gebracht. Schon die Priester hatten die Gegenwart des Bösen bei ihrem Gang durch das Haus gespürt. Der schattenhafte Umriß war also die Personifizierung einer niederträchtigen Energie. *Wenn dieses Stück Land kein Friedhof ist, dann vielleicht etwas noch Schlimmeres – das Tor zur Hölle.*

In Erinnerung an die Religion meiner Großmutter stellte ich mir unter einer Heilung im parapsychologischen Sinne eine Art Wiedererweckung vor, etwas, das mit Gebeten und Handauflegen einherging. Doch ich irrte mich. Es handelte sich nicht um eine Heilung der Seele oder des Körpers, sondern vielmehr um eine Heilung der Aura.

»Ich werde mit Ron beginnen«, sagte Jordan und wurde zunehmend lebhafter. »Nein, Steven, komm du zuerst.« Unentschlossen wieselte er von einem zum anderen, wie von widersprüchlichen Anweisungen getrieben, die nur er allein hören konnte.

Endlich traf er eine Entscheidung und forderte Steven auf, sich auf einen Stuhl zu setzen. Jordan und Teri hielten ihre Handflächen etwa zehn Zentimeter über Stevens

Kopf und bewegten sie langsam in gleichmäßigem Abstand und ohne ihn zu berühren seinen Kopf und die Schultern entlang, über Rücken, Arme und Brustkorb. Auf diese Weise, so erklärten sie uns, besänftigten und heilten sie seine Aura und schlossen eventuelle Risse, durch die böse Geister eindringen konnten.

Sie gingen still und konzentriert vor. Teris Kopf war leicht geneigt, wie im Gebet. Jordan ließ seinen Blick gelegentlich durchs Zimmer schweifen, ohne ein Wort zu sagen. Ich beobachtete Ashleys Reaktion. Sie war ein stilles, schüchternes Kind, und es war mir nicht ganz geheuer, sie an diesem Experiment teilhaben zu lassen. Doch nichts von dem, was die beiden Parapsychologen taten, wirkte beängstigend, und sie verfolgte deren Tun mit kindlicher Gleichgültigkeit.

Nach Steven nahm Ron auf dem Stuhl Platz, dann war ich an der Reihe. Abgesehen von einer gewissen Befangenheit, während die beiden ihre Heilung an mir vollzogen, konnte ich keine besondere Empfindung an mir feststellen, doch ihre Diagnose überraschte mich durchaus nicht.

»Ihre Aura ist ernsthaft geschädigt«, verkündete Jordan. »Das stellt uns vor ein Problem.«

Klar. Ich wußte ohnehin schon, daß ich in Jordans Augen der Katalysator jener Kräfte war, die dieses Haus unter Beschuß nahmen.

Er wandte sich Ashley zu. Ohne viel Aufhebens kletterte sie auf den Stuhl. Jordan und Teri hoben ihre Hände und ließen sie um Ashleys Aura gleiten. Augenblicklich veränderte sich die Stimmung im Raum. Wie schon so oft, wurde die Atmosphäre schwer und drückend und schien vor Elektrizität zu vibrieren. *Irgend etwas will nicht, daß sie Ashley berühren,* schoß es mir durch den Kopf.

Jordan und Teri ignorierten die Veränderung, die im Zimmer vorgegangen war. »Sehr schön«, sagte Jordan, nachdem sie fertig waren. Mit keiner Silbe erwähnte er etwas von einer geschädigten Aura. Ashley glitt vom Stuhl und setzte sich neben mich auf das S-förmige Sofa. Teri nahm neben Steven auf der Couch Platz.

»Darf ich Ihr Bad benutzen?« fragte Jordan.

»Selbstverständlich«, antwortete Ron. »Es ist dort drüben, über den Flur.«

Teri saß zu mir gewandt und stellte mir Fragen über das Haus und die Vorfälle, die sich ereignet hatten, als Ron plötzlich aufsprang und in Richtung Korridor hastete. Ich war der Meinung, er wolle nach Jordan sehen. Er starrte auf die Badezimmertür und den Flur entlang. »Verdammt!« hörte ich ihn rufen.

Bevor ich aufstehen konnte, kam Jordan aus dem Bad und trat gleichzeitig mit Ron wieder ins Wohnzimmer. Ron war kreidebleich.

»O mein Gott«, stöhnte er. »Ich habe es gesehen.«

»Was gesehen?« fragte Jordan.

»Ich ... ich weiß nicht«, stammelte Ron. »Es war ein Schatten, ein Torso, mit Kopf und Armen. Es war genau da drüben ... im Flur. Als ich es ansah, bewegte es sich ... und verschwand in der Wand.«

Ich begann unkontrolliert zu lachen und auf meinem Platz auf und ab zu hüpfen wie ein ausgelassener Cheerleader, dessen Team soeben einen Sieg davongetragen hatte. Unsere Besucher mußten über mein Benehmen ebenso überrascht sein wie über Rons Vision.

»Er hat es gesehen! Er hat es gesehen!« brüllte ich. Ich klärte Jordan und Teri auf, daß diese Erscheinung ein ständiger Streitpunkt zwischen uns gewesen war, da er dieses Etwas für eine Ausgeburt meiner Phantasie hielt. »Wenn ich es sehe, dann glaube ich es auch«, hatte er mehr als einmal gesagt.

Nun, jetzt hatte er es gesehen, und ich war überglücklich.

»Das war der ›Alte‹«, unterbrach Jordan meinen Freudentaumel. »Er ist bösartig. Das alles gefällt ihm überhaupt nicht. Er ist derjenige, der uns Ärger machen wird.«

Im sachlichen Tonfall eines Arztes, der Aspirin und Bettruhe aufgrund einer Erkältung verordnet, zählte er uns auf, was wir zu tun und zu lassen hätten, während er eine Strategie erarbeiten würde, *sie* zu bekämpfen. Wir sollten im Haus und während des Autofahrens Kirchenmusik spielen, vorzugsweise die Gregorianischen Chöre. Außerdem sollten wir darauf achten, unsere Gefühle im Zaum zu halten – die Wesen nährten sich von Zorn. Kontakt zur Kirche halten, beten, Weihwasser in den Zimmern versprühen ... Das seien die ersten Stufen zur Reinigung, erklärte er uns, sie würden den Feind für den Gnadenstoß mürbe machen.

»*Es* wird versuchen, Sie zu provozieren«, sagte Jordan. »Das müssen Sie ignorieren. Bemühen Sie sich, ruhig zu bleiben, und versuchen Sie unter gar keinen Umständen, mit einem von *ihnen* zu kommunizieren.«

Trotz unserer Bemühungen, den Anweisungen des Parapsychologen zu folgen, wurden wir von den Ereignissen derart überrollt, daß wir kaum noch wußten, wo uns der Kopf stand. Vollkommen davon in Anspruch genommen, uns zu verteidigen, blieb uns kaum Gelegenheit zum Angriff. Im Küchenfenster zersprang eine Glasscheibe ohne ersichtlichen Grund. Elektrogeräte fielen nach wie vor aus. Wasserleitungen leckten, Abflußrohre gingen entzwei; ständig mußte etwas repariert werden.

Selbst unsere Fahrzeuge legten ein unberechenbares Verhalten an den Tag. Die Autoradios stellten sich von allein an und aus. Sämtliche Armaturenanzeiger spielten verrückt. Gemäß Jordans Weisungen kaufte ich Kassetten mit Gregorianischen Chören und Gospel-Songs von Amy Grant, deren Musik ich schon immer gern hörte. Als ich das erste Mal versuchte, sie im Auto abzuspielen, spuckte der Rekorder die Kassette ständig wieder aus.

Einmal beugte ich mich über einen Korb in der Wäschekammer, um einige Stücke herauszunehmen und in die Waschmaschine zu stecken. Ein paar feuchte Levis hingen neben mir auf der Leine. Als ich mich bückte, hörte ich ein schnappendes Geräusch, und die Jeans landeten auf dem Boden.

Ohne darüber nachzudenken, sprang ich mit den Worten »sei nicht so albern« zur Seite. *Was treibst du, Doretta? Unterhältst du dich jetzt schon mit deinen Geistern, indem du sie wie kleine Kinder tadelst?* Ein Teil von mir oblag der Überzeugung, daß dieses Etwas mich auf die Probe stellen wollte, indem es mir Angst einzujagen versuchte. Schnoddrigkeit war meine Art, mich dagegen zur Wehr zu setzen.

Doch in Wahrheit verließ die Furcht mich keine Sekunde.

Ashleys Zimmer hatten wir inzwischen geräumt; sie schlief zusammen mit Ron und mir im Wohnzimmer. Als die Störungen zunahmen, schlug auch Steven sein Nachtlager im Wohnzimmer auf.

Jede Nacht lagen wir, wie Flüchtlinge aneinandergeschmiegt, auf dem Wohnzimmerfußboden, wo wir von schlagenden Türen, Schritten, Weinen und klopfenden Geräuschen regelmäßig um den Schlaf gebracht wurden. Wir wurden zunehmend gereizter, besonders Ron hatte damit zu kämpfen. Unseren Versöhnungsversuch hatten wir völlig aus den Augen verloren, mein Mann war wieder distanziert und brütete ständig vor sich hin. Unsere Kommunikation beschränkte sich in der Regel auf bissige Bemerkungen.

Nach einem Streit wurde ich eines Nachts gegen vier Uhr morgens durch ein Pochen geweckt. Als ich mich aufsetzte, verstummte das Geräusch. Ron stützte sich auf den Ellenbogen. »Stimmt irgendwas nicht?«

»Nein, nichts«, antwortete ich. »Schlaf weiter.«

Gegen sechs wurde ich durch das gleiche Geräusch abermals geweckt. Ron saß bereits in der Küche und aß Cornflakes. Ich gesellte mich zu ihm an den Tisch, ohne die Geräusche der vergangenen Nacht zu erwähnen. Ron war schlecht gelaunt und schien erpicht darauf, den Streit vom vorhergehenden Abend wieder aufzunehmen. Ich dagegen war entschlossen, die Sache auf sich beruhen zu lassen. *Es nährt sich von eurem Zorn,* hatte Jordan gewarnt.

Nach langem Schweigen erhob sich Ron und sagte: »Ich werde zu spät zur Arbeit kommen.« Er blickte sich suchend um. »Wo zum Teufel ist meine Lunchbox. Was zur Hölle haben diese Hurensöhne damit angestellt?«

Es war das erste Mal, daß er *sie* auf diese direkte Art erwähnte, und ich fragte mich, ob sie sich seiner inzwischen auf die gleiche Weise bemächtigt hatten, wie sie es mit mir getan hatten.

Als er seine Lunchbox schließlich fand, feuerte er ein paar Sandwiches hinein und stapfte aus der Tür. Ich blieb am Tisch sitzen, trank Kaffee und rauchte eine Zigarette nach der anderen. Ein Gedanke nahm in meinem Kopf immer mehr Gestalt an: *Gib auf. Sieh zu, daß ihr alle aus dem Haus verschwindet.* Seit ich den Buchhaltungskurs besuchte, mußten wir mit Rons Gehalt auskommen, das von dem Haus fast vollkommen aufgezehrt wurde; unsere Versicherung kam nur für einen Bruchteil der Verluste auf, die uns das Haus tagtäglich bescherte.

Ich schlug mein Tagebuch auf und begann zu schreiben. Was einst als therapeutische Maßnahme begonnen hatte, diente inzwischen einem ganz anderen Zweck – der schriftlichen Fixierung jener abnormalen Vorfälle, die mit solcher Geschwindigkeit über uns hereinbrachen, daß ich fürchtete, mich an die Details bald mehr nicht erinnern zu können, wenn ich mir keine Notizen machte. Nach ein paar Minuten ließ ich das Tagebuch aufgeschlagen liegen und ging ins Bad. Als ich zurückkehrte, war die zuvor noch leere Seite beschrieben. Vier ungelenke, langgezogene Buchstaben, die aussahen wie die Schrift eines legasthenischen Kindes: ein Buchstabe sah aus wie ein ›H‹, dessen Querstrich zu weit nach oben gerutscht war, möglicherweise sollte es auch ein ›A‹ darstellen, ein abgebrochenes ›S‹ und eine halbe acht, oder ein spiegelverkehrtes ›S‹ und ein ›H‹, dessen Querstrich etwas zu lang geraten war. ›ASSH.‹ Mit zitternden Händen griff ich nach dem Tagebuch und starrte auf die Buchstaben. ›HASS‹. Falsch buchstabiert und krakelig, doch eindeutig das einzige Wort, das aus diesen Buchstaben einen Sinn ergab. Eine andere Interpretation fiel mir nicht ein.

Konnte ich das in einem Zustand der Trance selbst

geschrieben haben? Träume und Realität hatten sich längst zu einem unentwirrbaren Knäuel in meinem Bewußtsein vermischt. Diese Krakelei war weder meine Handschrift noch die eines anderen Familienmitgliedes. Außerdem schliefen die Kinder noch. Keiner von beiden hätte unbemerkt aufstehen und sich in die Küche schleichen können. Wenn ich es also nicht getan hatte, wer dann?

Wieder einmal überkam mich das vertraute Gefühl, beobachtet zu werden. Beinahe glaubte ich, jene mir schon bekannte, unheimliche Gegenwart greifen zu können. Ich begann zu beten und Weihwasser zu versprühen und wandte mich wieder meinem Tagebuch zu. *Ich werde stark bleiben,* schrieb ich, *weil mein Gott und Schöpfer über mich wacht.* Durch das Fenster zu meiner Linken fielen die ersten Sonnenstrahlen herein, die sich einen Weg zwischen den Baumwipfeln hindurchbahnten, und tauchten die Küche in sanftgoldenes Licht. Die Welt um mich erwachte, die Kinder regten sich, und die ersten Autos rollten den Clifty Drive entlang.

Ein Anschein von Normalität kehrte ins Haus zurück, und meine innere Spannung ließ ein wenig nach. Ich bereitete das Frühstück vor und machte Ashley für die Schule fertig. Nachdem sie mit Steven das Haus verlassen hatte, nahm ich mein Tagebuch wieder hervor. Vielleicht hatte ich mir die gespenstischen Buchstaben nur eingebildet? Vielleicht hatte es sich um eine Halluzination, hervorgerufen durch Erschöpfung und die Spannungen des vergangenen Abends, gehandelt? Ich öffnete das Buch, und die Buchstaben sprangen mir ins Auge: ›ASSH‹.

Mit einem Knall schlug ich das Tagebuch zu, eilte zum Telefon und rief Jordan Pitkoff an. Ich berichtete ihm von dem Streit, den ich und Ron am Abend zuvor gehabt hatten und den hingekritzelten Buchstaben in meinem Tagebuch. Allein seine Stimme zu hören war tröstlich, und seine Worte beruhigten mich. Ich solle mit den abendlichen Gebetsrunden fortfahren und dafür sorgen, daß alle Familienmitglieder daran teilnahmen. Außerdem solle ich weiter großzügig Weihwasser versprühen. »Wenn Ron sich noch einmal von den negativen Einflüssen hinreißen läßt, rufen Sie mich an. Ich werde mit ihm reden«, sagte er.

Ich fühlte mich schon besser. Trotz meiner vielen Vorbehalte gegen Parapsychologen und Übersinnliches wuchs mein Vertrauen in Jordan. Er hatte vorhergesagt, daß es zu ›Zwischenfällen‹ kommen würde, wenn er unser Haus aufsuchte, und er hatte recht behalten. Seine Gegenwart und die Heilung, die damit einherging, waren es gewesen, die den *Alten* veranlaßt hatten, sich Ron zum ersten Mal zu zeigen. Wir hatten in Jordans Verhalten weder Tricks noch Schwindel erkennen können, und das meiste, was er sagte, stimmte mit unseren Erfahrungen überein. Ich konnte mir gut vorstellen, daß er derjenige war, der uns aus diesem Dilemma befreien konnte.

»Ich fände es gut, wenn Sie mich in meinem Büro aufsuchen und Fotos Ihrer männlichen Verwandten mitbringen. Bringen Sie so viele, wie Sie auftreiben können«, sagte Jordan. »Wir sollten versuchen, die Geister zu enttarnen.«

Obwohl er es nicht direkt ausgesprochen hatte, glaubte Jordan offenbar nach wie vor, daß wer – oder was – unser Haus heimsuchte, durch mich angezogen wurde, besonders der *Alte*. Bisher hatte er davon gesprochen, daß es sich um sieben Wesen handelte – Männer, Frauen und Kinder. Wer waren die anderen? Was taten sie hier? Wieso hatten sie sich uns nicht alle gezeigt? Fragen über Fragen. Und jedesmal, wenn ich mich ernsthaft mit der Theorie beschäftigte, daß es sich um Geister oder umherirrende Seelen handeln könnte, kam ich mir idiotisch vor. Dabei war der Gedanke gar nicht so abwegig: eine Seele, gefangen zwischen dieser und der nächsten Welt. Aber warum ausgerechnet hier? Wieso in meinem Haus? Selbst wenn wir auf einem längst vergessenen Friedhof wohnen sollten, von meinen Verwandten war ganz bestimmt niemand hier begraben. Und wieso war Ashley, im Alter von zwei oder drei Jahren, die erste von uns gewesen, der das kleine Mädchen sich gezeigt hatte? Ein Kette überaus verworrener, in mysteriösem Zusammenhang stehender Rätsel, deren Lösung – da sie offensichtlich mein Begriffsvermögen überstieg – unerreichbar schien.

»Ich werde eine Weile brauchen, die Bilder zusammenzusuchen«, erwiderte ich.

»Es besteht keine Eile«, sagte er. »Wir haben jede Menge Zeit.«

Nachdem wir aufgelegt hatten, grübelte ich vor mich hin und fragte mich wieder einmal, wohin das alles führen würde. *Okay, angenommen mein Haus wird tatsächlich von Geistern heimgesucht, weil dieses Stück Land aus irgendeinem Grund eine Art Zwischenlager für verirrte Seelen ist. Was können wir dagegen unternehmen? Wie befördern wir sie an ihren endgültigen Bestimmungsort im Jenseits?*

Ich verbrachte nahezu den ganzen Tag damit, in Fotoalben und Kartons herumzustöbern, die sich im Laufe von Jahren angesammelt hatten. Einige davon stammten noch aus Großmutters Besitz. Es gab Fotos von ein oder zweien meiner Stiefväter, einigen Onkeln, Cousins und meinen drei Brüdern. Ich stieß auf eine alte Aufnahme von mir als Baby, die mich mit Jimmy Mikos zeigte. Ich mußte etwa zweieinhalb Jahre alt gewesen sein und stand in Höschen und einem winzigen BH auf einem Tisch. Jimmy Mikos hatte den Arm um mich gelegt, und auf seinem Gesicht lag ein breites Lächeln. Außer der Fotografie und dem was Großmutter mir über ihn erzählt hatte, gab es keine besonderen Erinnerungen an ihn. Ich hatte nur eine kurze Zeitspanne vor meiner Herzoperation mit ihm und Mutter zusammengelebt. Am Tag nach der Operation war er vom FBI abgeholt worden. Ich legte die Fotos, die ich zu Jordan mitnehmen wollte, beiseite. Das Foto von Jimmy Mikos und mir fügte ich nicht hinzu. Mir kam eine Idee: dies war eine Gelegenheit, Jordan noch einmal auf die Probe zu stellen, bevor ich mich gänzlich auf seine Vorgehensweise einließ. Unter die etwa fünfzehn Aufnahmen meiner männlichen Verwandten mischte ich ein paar Fotos von Männern, die nicht mit mir verwandt waren – Freunde, Verwandte von Ron und dergleichen. Ich wollte ganz sichergehen, daß mein Parapsychologe wirklich etwas taugte.

16. Kapitel

Nach seinem Besuch in unserem Haus war Jordan zuversichtlich, daß er die Dinge unter Kontrolle bekommen würde. Als ich ihn mit den Fotos in seinem Büro aufsuchte, verbrachte er die meiste Zeit damit, mir von seinen anderen Fällen zu erzählen und wie er in unserem vorzugehen gedachte. Die einzige Hilfe von außen, die er gelten ließ, war die der katholischen Kirche. Ich hatte die Priester seit der Segnung unseres Hauses nicht mehr gesehen, und Jordan drängte mich, wieder Kontakt mit ihnen aufzunehmen.

»Ich möchte die Kirche in dieser Situation an unserer Seite wissen«, sagte er.

Ich berichtete ihm, wie aggressiv das Haus nach dem Besuch der Kirchenmänner reagiert hatte.

»Damit können wir leben«, versicherte er. »Wir werden sie in jedem Fall brauchen.«

Dann erzählte ich ihm, daß das Haus seit seinem Besuch noch mehr in Aufruhr sei. »Wir können nicht einmal mehr schlafen«, beklagte ich mich. »Die ganze Nacht schlagen Türen. Es stinkt wie in einem Abwasserkanal, und dauernd sehen wir Schatten und hören Tiergeheul. Es ist das reinste Irrenhaus.«

»Sie haben Ihre Gefühle nicht unter Kontrolle«, sagte er.

»Aber ich gebe mir alle Mühe.«

Er erhob sich von seinem Stuhl und lehnte sich über den Schreibtisch. »Sie hatten Streit mit Ihrem Mann. Was stellen Sie sich eigentlich vor? Sie müssen sich diesen Gefühlsausbrüchen unbedingt widersetzen und ruhig bleiben. Sie können dem Einhalt gebieten, indem Sie ›nein‹ dazu sagen.« Was das anging, liefen die Gespräche mit Jordan stets auf das Gleiche hinaus: Ich war die Schuldige; ich war verantwortlich für die Geister, die meine Familie terrorisierten. Dennoch wurde ich immer abhängiger von Jordan. Er war meine einzige Hoffnung.

»Hier sind die Fotos, die Sie sehen wollten«, sagte ich und händigte ihm den Umschlag aus.

Bevor er ihn öffnete, fixierte er mich auf eine Weise, als wolle er mich mit seinem Blick durchbohren. »Es gab einen männlichen Verwandten, der Ihnen im Alter von elf oder zwölf weh getan hat. Er ist derjenige in Ihrem Haus.«

Er nahm die Fotos heraus und sah sie rasch nacheinander durch. Bei einem Bild hielt er ohne zu zögern inne. »Das ist er«, sagte er.

Jordans Treffsicherheit jagte mir einen Schauer über den Rücken. Hätte ich gestanden, wäre ich womöglich zusammengebrochen. So sank ich nur auf dem Sofa zurück und starrte auf das Foto, während die Erinnerung aus den Tiefen meines Bewußtseins hervorsprudelte …

Onkel Ross war mit der Schwester meiner Großmutter verheiratet, die durch einen schweren Schlaganfall zur Invalidin geworden war. Sie hatten mehrere Kinder, und Onkel Ross, der als Installateur arbeitete, war viel beruflich unterwegs. In meinen Augen – ich war zehn Jahre alt – war er ausgesprochen unattraktiv, ein alter, glatzköpfiger Typ mit Knollennase. Aber er war ganz nett. Er fuhr stets große Wagen und warf mächtig mit Geld um sich. Meine Geschwister und ich freuten uns immer, wenn er bei Großmutters Haus vorbeischaute. Er herzte und küßte uns und steckte jedem von uns ein oder zwei Dollar zu.

Bei einem seiner Besuche waren er, Großmutter und ich allein im Haus. Großmutter ging in die Küche, und Onkel Ross bat mich, ihm noch eine Tasse Kaffee einzuschenken. Als ich hinüberging, um seine Tasse zu holen, zog er mich an sich und sagte mir, was für ein hübsches kleines Ding ich sei. Von seinen Komplimenten geschmeichelt, ließ ich ihn gewähren, bis er begann, mit seinen Händen über meinen Körper zu fahren. Ich versuchte, mich ihm zu entziehen, doch er hielt einen Arm um meine Taille geschlungen und preßte mich fest an sich. Ich war verwirrt und verlegen und unfähig, mich aus seiner Umklammerung zu befreien.

»Was ist denn?« fragte er. »Gefällt dir das nicht? Ich möchte doch nur, daß du dich gut fühlst.«

Endlich gelang es mir, mich zu befreien, und ich rannte aus dem Zimmer. Ich versteckte mich, bis er das Haus verlassen hatte. Aus irgendeinem Grund fühlte ich mich verantwortlich für das, was geschehen war, und erwähnte Großmama gegenüber nichts davon.

Ein paar Monate hörten wir nichts von ihm, und als er wieder auftauchte, benahm er sich, als sei nichts geschehen. Aber ich war auf der Hut und achtete darauf, nie mit ihm allein zu sein.

Entsetzen packte mich, als Großmutter uns eines Tages mitteilte, daß Onkel Ross bei uns einziehen würde.

»Das will ich nicht«, sagte ich zu ihr.

»Aber warum denn nicht, Schätzchen?«

»Unser Haus ist gar nicht groß genug.« Ich konnte ihr unmöglich meine wahren Gründe mitteilen.

»Nun, er wird für Unterkunft und Verpflegung zahlen, und wir können das Geld gebrauchen«, sagte sie.

»Nein«, widersprach ich.

»Das ist nicht dein Haus, junge Dame, und du entscheidest nicht, wer hier wohnt«, beendete sie die Diskussion. »Onkel Ross ist ein Mitglied der Familie, und du wirst dich ihm gegenüber höflich verhalten.«

Er zog ein, und ein paar Wochen lang verlief alles normal. Er gab Großmutter oft Geld außer der Reihe und kaufte sogar neue Schuhe für uns Kinder. Ich versuchte nach wie vor, ihm aus dem Weg zu gehen, was auf Dauer unmöglich war.

Als ich eines Abends über meinen Hausaufgaben am Küchentisch saß, tauchte er hinter mir auf, legte seine Hand auf meine Schulter und fragte mich, was ich treibe. Noch bevor ich den Mund auftun konnte, wanderte seine Hand weiter zu meiner Brust. Ich versuchte vergeblich, sie wegzuschieben, während er mir seinen schweren Atem in den Nacken blies.

»Ich will dir nicht weh tun«, flüsterte er. »Es wird dir gefallen.«

Ich hörte nicht auf, mich zu wehren, bis er schließlich von mir abließ. Vermutlich, weil er fürchtete, daß Großmutter in der Küche auftauchen würde.

Ein paar Wochen ließ er mich in Ruhe. Dann erwachte ich eines Nachts, weil jemand neben meinem Bett kniete und langsam mein Nachthemd hochschob. Es war stockdunkel im Haus, und ich war mir bewußt, daß meine kleine Schwester, die das Bett mit mir teilte, neben mir in tiefem Schlummer lag.

»Nein«, sagte ich und stieß seine Hand fort.

»Pssst«, flüsterte er. Onkel Ross packte meine Arme und hielt sie mit einer Hand fest, während er mit der anderen über jeden Teil meines Körpers strich. »Ist das gut?« flüsterte er. »Gefällt dir das nicht?«

Ich wand mich unter seinem Griff.

»Sei still, oder deine Großmutter wird aufmerksam.«

Als Nancy sich regte, stand er auf und verließ das Zimmer. Tagelang versuchte ich völlig verwirrt, mir darüber klar zu werden, was eigentlich geschehen war. *Warum tut er so etwas? Onkel Ross sagt doch immer, daß er mich lieb hat. Er tut mir nicht weh, nicht auf die Art, wie die Schläge meiner Mutter und meiner Stiefväter mir weh getan haben. Aber was er mit mir tut, ist nicht richtig. Warum? Was habe ich getan, daß er so etwas mit mir macht?*

In den darauffolgenden Monaten kam er regelmäßig nachts in mein Zimmer. Jedesmal wagte er sich ein Stück weiter vor. Erst berührte er mich über meinem Nachthemd, dann darunter, doch nie wagte er es, den Geschlechtsverkehr zu vollziehen. Mit zusammengepreßten Augen flüchtete ich mich an einen Ort meiner Phantasie, bis er von mir abließ. Eines Nachts glitt er mit der Hand unter meinen Slip und zwang seinen Finger in mich. Als ich zu weinen begann, hörte er auf.

Unzählige Male suchte ich nach einer Möglichkeit, Großmutter davon zu erzählen, doch sie hätte mir niemals geglaubt. In Gesellschaft anderer behandelte ich ihn unhöflich und schob ihn fort, wenn er versuchte, mich oder meine kleine Schwester zu liebkosen, was mir jedesmal einen Tadel von Großmutter einbrachte. »Ich dulde nicht, daß du ihn so behandelst«, schimpfte sie. »Er ist so gut zu uns.«

Das letzte Mal, als er in mein Zimmer kam, war ich allein. Nancy schlief bei Großmutter. Als ich erwachte, hockte er bereits an meiner Seite auf dem Bett. Er verhielt sich gröber als gewöhnlich, zerrte meinen Slip bis auf die Knöchel herunter und als ich ihn anbettelte, aufzuhören, herrschte er mich an, den Mund zu halten.

Er keuchte wie ein Tier, und ich wußte, daß er mir weh tun würde. Er kniete sich auf meine Beine und hielt meine Arme mit einer Hand fest, während er mir das Nachthemd über den Kopf streifte und auf den Boden schleuderte. Ich war nackt und fühlte mich zutiefst gedemütigt. Sein Mund und seine Hände schienen mich überall gleichzeitig zu berühren. Unfähig, mich zur Wehr zu setzen, wimmerte ich leise vor mich hin. Ich fühlte seine Zunge und sein unrasiertes Gesicht. Als ich hörte, wie er seinen Gürtel löste, rollte ich mich zur Seite und trat mit aller Kraft nach ihm.

Ich umfaßte mit beiden Händen das Kopfteil des Bettes, zog die Knie an und schrie: »Verschwinde! Verschwinde!«

Am nächsten Morgen huschte ich in aller Herrgottsfrühe unter die Dusche und schrubbte meinen Körper von oben bis unten ab.

Jordan hielt immer noch die Fotografie hoch und wartete auf meine Bestätigung. Ich nickte.

»Okay, das ist schon besser«, sagte er. »Wenn wir diese Wesen identifizieren, wissen wir auch, wie wir mit ihnen umgehen müssen. Der hier ist der Böse. Ihn werden wir uns als erstes vornehmen.«

Er begleitete mich zur Tür und ermahnte mich nochmals, ihn sofort anzurufen, wenn wieder etwas vorfallen sollte.

Onkel Ross gehörte zu jenen schmerzlichen Kindheitserinnerungen, die ich in den Tiefen meines Unterbewußtseins vergraben hatte. Nun, da er sozusagen wieder auferstanden war, fragte ich mich, welches weitere Chaos diese Erinnerungen in meinem Haus hervorrufen würden.

»Honey, solche Dinge sind äußerst gefährlich«, sagte Lorraine Warren am anderen Ende der Leitung.

»Welche Dinge?«

»Ihr Haus ist von Dämonen bewohnt. Sie müssen sehr vorsichtig sein.«

Die Autorin von *Ghost Hunters* hatte den Brief, den ich ihr über den Verlag geschickt hatte, erhalten, und rief mich zurück, um mehr zu erfahren. Fast wünschte ich, sie hätte es nicht getan. Aus ihren Büchern wußte ich, daß die Warrens Dämonologen waren, daher war es nicht weiter verwunderlich, daß sie die übernatürlichen Vorfälle in unserem Haus auf satanische Machenschaften zurückführten.

Das fügte unserem Dilemma eine neue Dimension hinzu. Mir fiel auf, daß Jordan das Wort Dämon nie erwähnt hatte. Seiner Meinung nach wurden wir von Geistern oder Energien heimgesucht, Überbleibseln einstiger Lebewesen, Fragmenten verirrter Seelen, Intelligenzen oder Charaktere.

Lorraines Theorie war weit beängstigender, und ihre Ratschläge, damit fertigzuwerden, widersprachen den Anweisungen, die ich von Jordan erhalten hatte.

»Haben Sie schon irgend etwas dagegen unternommen?« fragte sie mich.

»Zwei Priester waren hier und haben das Haus gesegnet«, antwortete ich, »und ich habe mich mit einem Parapsychologen aus Louisville in Verbindung gesetzt.«

»Wieviel berechnet er Ihnen dafür?«

»Die Besuche kosten achtzig Dollar pro Stunde.« Das schien sie zu erzürnen. »Wollen Sie damit sagen, daß Ihre Familie all dies durchmachen muß und dieser Gauner Sie auch noch dafür abzockt?«

Obgleich mich ihr Wissen beeindruckte und ich dankbar für ihre Ratschläge war, hatte ich das Gefühl, Jordan in Schutz nehmen zu müssen. Bisher hatte er in allem richtig gelegen, und zumindest war er jederzeit verfügbar, wenn auch zugegebenermaßen zu einem gesalzenen Preis.

»Wozu hat er Ihnen geraten?«

Ich zählte die Liste seiner Vorschriften (Weihwasser, gemeinsame Gebete der Familie, religiöse Musik) und Verbote (kein Streit, keine Kommunikation mit den Wesen, keine Furcht zeigen) auf.

»Hören Sie mit der religiösen Musik auf«, riet sie mir. »Das ist das Schlimmste, was Sie tun können. Es provoziert sie nur.«

»Sollte ich meine Kinder nicht lieber woanders unterbringen?«

»Ich glaube, im Augenblick besteht dafür keine Veranlassung. Ich würde gern einmal selbst bei Ihnen vorbeischauen, sobald ich es einrichten kann.«

»Das wäre großartig«, erwiderte ich.

»In der Zwischenzeit brauche ich möglichst viele Informationen. Sprechen Sie alles, woran Sie sich erinnern können, auf Kassette, und schicken Sie sie mir.«

Nachdem ich aufgelegt hatte, fragte ich mich, ob ich einen Schritt nach vorn oder zurück getan hatte. *Als erstes bildest du dir ein, den Verstand zu verlieren, eine verdammt unangenehme Vorstellung. Dann überzeugt Jordan Pitkoff dich, daß bei dir keine Schraube locker, sondern dein Haus von Geistern bewohnt ist, womit du noch schwerer klarkommst. Und jetzt macht Lorraine Warren dir weis, daß du nicht etwa Geister, sondern Dämonen im Haus hast. Ich glaube, das überfordert dich nun endgültig.*

Vor Jahren hatte man uns erzählt, daß an der Stelle des Clifty Drive, wo unser Haus steht, bevor sie erschlossen und aufgeschüttet wurde, um das tiefer gelegene Land einzuebnen, ein Sumpfgebiet lag, eine Art natürlicher

Schwamm, der das Wasser nach Regenfällen tagelang speicherte. Auf gewisse Weise ist das immer noch der Fall. Selbst wenn im Umkreis alles trocken ist, kommt es vor, daß wir mit feuchten Schuhen aus dem Garten zurückkehren und daß die Luft derart elektrisch aufgeladen ist, daß uns die Haare vom Kopf abstehen und die Haut sich anfühlt, als streiche jemand mit einem feinen Seidentuch darüber.

Einen Tag nach meinem Gespräch mit Lorraine hatte der Boden wieder jene feuchte Konsistenz, und irgend etwas zog mich in den rückwärtigen Garten. Ich schlenderte zu der Stelle, an der ich in meinem Traum das Zirkuszelt und den Schlangenbeschwörer gesehen hatte. Die Atmosphäre schien wie elektrisch aufgeladen, und ein muffiger Geruch nach frisch aufgeschütteter Erde, ähnlich dem Grabgeruch, der mir in der Badewanne in die Nase gestiegen war, lag in der Luft. Die Elektrizität verfolgte mich bis ins Haus und war so intensiv, daß ich eine erneute Stromüberlastung der Verkabelung und womöglich ein weiteres Feuer fürchtete.

Ich ging durchs Haus und zog sämtliche Stecker heraus: Fernseher, Lampen, Computer, Küchengeräte, den Radio-Kassettenrekorder, in den ich meine Notizen für Lorraine diktierte.

Während meines Rundgangs durchs Haus hörte ich ein statisches Surren, das aus der Küche kam. Ich trat horchend in die Küche und stellte fest, daß es aus dem Kassettenrekorder kam. Der Strom war abgestellt, das Kabel baumelte ein ganzes Stück von der Steckdose entfernt vom Küchentisch herab. *Du hörst wieder einmal Dinge, Doretta.*

Ich starrte immer noch auf das Gerät, als ich die Frauenstimme vernahm. »Können Sie mich hören?« Die Stimme kam aus dem Radio und hörte sich an wie eine Funkübertragung. »Können Sie mich hören? Helfen Sie mir! Ich stecke hier fest. Ich brauche Ihre Hilfe.«

Das muß ein CB-Funksignal sein, aber wie kann es aus einem Radio kommen, das überhaupt nicht eingesteckt ist?

»Helfen Sie mir«, sagte die Stimme wieder. »Ich bin im Stop-N-Eat-Restaurant.«

Das war die Erklärung. Jemand hat eine Autopanne beim Stop-N-Eat, und sie senden einen Notruf über das Radio.

Ich blickte aus dem Fenster hinüber zu dem alten Stop-N-Eat, das seit mindestens zehn Jahren geschlossen war. Auf dem Parkplatz war kein Fahrzeug zu sehen.

»Ron!« schrie ich. Er eilte aus dem hinteren Teil des Hauses herbei. »Ich glaube, da drüben steckt jemand in der Klemme.«

Kaum waren wir von der Einfahrt auf die Straße gebogen, spürte ich wieder die prickelnde Elektrizität auf meinem Gesicht. Mein Körper versteifte sich, und die Haare auf meinen Armen standen zu Berge. Wir drehten eine Runde um das verlassene Drive-In, ohne ein gestrandetes Fahrzeug zu finden. Ich stieg aus und blickte durch die Scheiben. Noch immer lag starke Elektrizität in der Luft, und Ron rief mir zu, wieder in den Wagen zu steigen. Durch die staubigen Glasscheiben hatte ich nichts erkennen können, außer, daß da drinnen alles zerbrochen und zerrissen auf dem Boden verstreut lag. Es erinnerte mich an den Anblick, den unsere Wäschekammer gelegentlich bot, wenn wir nach Hause zurückkehrten.

»Komm wieder ins Auto«, drängte Ron. Auch er spürte die Elektrizität.

Wir kehrten nach Hause zurück, setzten uns in die Küche und suchten nach einer Erklärung. Wie war es möglich, daß wir diesen Radio- oder CB-Funkruf empfangen konnten, falls es überhaupt einer gewesen war? Die elektrische Spannung hielt nach wie vor an, und wir fühlten uns beide mehr als unbehaglich. Mitten in unseren Überlegungen blieb uns buchstäblich der Mund offen stehen. Eine Lichtkugel von der Größe eines Basketballs erschien im Flur nahe der Tür zur Wäschekammer. Sie schwebte in die Küche und driftete ziellos im Raum umher. Kleinere Lichtbälle lösten sich daraus und folgten der großen Kugel. Eine dieser Kugeln verformte sich und nahm den Umriß einer Holly-Hobbie-Puppe an, der

Nachbildung eines kleinen Mädchens aus früherer Zeit. Sie stand seitwärts zu uns, und ich konnte ihre gewellte Frisur erkennen und die Schürze, die sie über ihrem langen Kleid trug. Ein weiterer Lichtkreis verwandelte sich in den Umriß eines Mannes, der in der Küche herumwirbelte, bis er sich scheinbar an einem Weidenkorb, der an der Wand hing, festklammerte. Nach ein oder zwei Minuten bewegte sich der große Lichtkreis, gefolgt von den beiden kleineren, wieder zurück Richtung Wäschekammer, wo sie verblaßten und schließlich ganz verschwanden.

Von meinem Platz aus konnte ich etwas erkennen, das wie Kratzer auf dem Weidenkorb aussah. Ich stand auf und sah es mir aus der Nähe an.

»Sieh dir das an«, sagte ich zu meinem Mann.

»Sieht aus wie Buchstaben«, bemerkte er.

Das Gekritzel war krumm und unleserlich. Der erste Buchstabe sah aus wie ein ›L‹, die anderen waren schwerer zu entziffern.

»Es sieht aus wie *Lucy*«, sagte ich.

»*Lucy* oder *Lacy* oder *Luce*«, überlegte Ron. »Zur Hölle, was weiß ich.«

»Kennen wir irgend jemand mit einem ähnlich klingenden Namen?«

»Ich nicht.«

»Ich auch nicht ... ich glaube zumindest nicht.«

Diese Lichtbälle waren ein neues Phänomen. Genau wie die Geräusche, Erscheinungen und Gerüche, schienen sie von einer Intelligenz gesteuert zu sein und irgendeinen Zweck zu verfolgen – sei es, mit uns zu kommunizieren oder uns bis ins Mark zu erschrecken. Letzteres gelang ihnen zweifellos.

»Ich denke ernsthaft darüber nach, hier zu verschwinden«, sagte ich, »zu verschwinden und nicht mehr wiederzukommen.«

»Und wo sollen wir wohnen?« erwiderte Ron. »Ich glaube kaum, daß wir das Haus verkaufen können. Wovon sollen wir dann ein anderes Haus kaufen?«

»Ich weiß nur, daß ich mir Sorgen um die Kinder

mache«, sagte ich. »Wir haben keine Ahnung, womit wir es eigentlich zu tun haben ... Geister ... Dämonen. Woher sollen wir wissen, wozu sie noch fähig sind? Wie können wir sicher sein, daß den Kindern hier nichts zustößt?«

»Sowohl Jordan als auch Lorraine haben behauptet, daß keine Gefahr besteht.«

»Okay, aber Jordan und Lorraine stimmen nicht einmal darin überein, was hier im Haus eigentlich vor sich geht. Einer von beiden irrt sich. Vielleicht irren sie sich beide.«

Abends rief Jordan an und erkundigte sich nach dem Stand der Dinge.

»Es war ein seltsamer Tag«, sagte ich.

»Wieso?« fragte er.

»Nun, es fing damit an, daß mein Radio etwas auffing, das sich wie eine CB-Funkmeldung anhörte.«

Er kicherte. »Lassen Sie mich raten: Das Radio war ausgestellt.«

»Natürlich. Der Stecker steckte nicht einmal in der Steckdose.«

»So etwas kommt vor. Möglicherweise werden Sie es wieder hören.«

»Was meinen Sie damit?«

»Sie erhalten Nachrichten von der anderen Seite. Unter Umständen werden Sie regelmäßig solche Nachrichten über Ihr Radio *und* Ihren Fernseher empfangen.«

Ich berichtete ihm von den Lichtkugeln und daß so etwas wie ein Name in den Weidenkorb geritzt worden war. »Kam das auch von der anderen Seite?« fragte ich ihn, ohne mir den Sarkasmus in der Stimme verkneifen zu können.

Er antwortete nicht sofort, und ich hörte das Schwungrad im Hintergrund surren, das er in Gang setzte, um seine übernatürlichen Wahrnehmungskräfte zu erhöhen.

»Wir werden später näher darauf eingehen«, sagte er. »Haben Sie sich noch einmal mit den Priestern in Verbindung gesetzt?«

»Nein?«

»Weshalb nicht? Es ist sehr wichtig.«

»Die werden mich für verrückt erklären«, erwiderte ich.

»Keineswegs«, sagte er. »Wir brauchen sie. Sie sind Katholikin, und Sie brauchen die Unterstützung Ihrer Kirche. Haben Sie schon einmal von Exorzismen gehört?«

Ich mußte lachen. »Klar doch. Ich habe den Film gesehen.«

17. Kapitel

Meine Sorge um die Kinder wuchs von Tag zu Tag. Nach wie vor schliefen wir alle gemeinsam auf dem Fußboden im Wohnzimmer. Ashley hatten wir eingeschärft, nicht allein das Bad zu betreten. Hielt eines der Kinder sich nicht im gleichen Raum mit mir auf, horchte ich argwöhnisch auf jedes Geräusch. In diesen beiden ersten Oktoberwochen hatte ich in unserem Haus ständig das Gefühl, in einem winzigen Boot gegen Sturm und Wellen zu kämpfen.

Einmal flog die kleine Notiztafel von der Wand und streifte mich am Kopf, als ich ans Telefon ging. Auf dem Flur hörten wir schweres Keuchen, ähnlich dem Röcheln eines Menschen, der an einen Beatmungsapparat angeschlossen ist. Als ich dem Geräusch einmal auf den Grund gehen wollte, erblickte ich wieder eine dieser hologrammähnlichen Erscheinungen. Diesmal handelte es sich um einen alten Mann mit langem Haar und weißem Bart, der nach Atem ringend in einem Sessel ruhte, und im Flur schwebte jener süßlich-muffige Geruch, der alten Menschen oft anhaftet.

Eines Morgens verließ Ron sehr früh das Haus. Steven machte sich für die Schule fertig, und ich saß auf dem Wohnzimmersofa und las, während Ashley noch schlief.

Nach einer unruhigen Nacht, die uns mit Poltern, Klopfen und entferntem Lachen in Atem gehalten hatte, war es nun still im Haus. Steven verabschiedete sich von mir, und ich hörte, wie die Hintertür hinter ihm zuschlug.

Selten war es derart ruhig im Haus. Auf einmal hörte ich Fußgetrappel im Flur: die Schritte eines laufenden Kindes. Ich stand auf, um nachzusehen. Die Schritte kamen immer näher, genau auf mich zu, und schienen schließlich wie kalter Nebelhauch durch mich hindurchzugehen. Das kleine Mädchen und ich starrten uns an, offenbar war sie ebenso überrascht von dieser Begegnung wie ich.

In der Vergangenheit war ich zu dem Schluß gekommen, daß die Erscheinungen meist in der Nacht oder in der Dämmerung auftraten. Vielleicht war es aber lediglich so, daß ich sie bei Tageslicht nicht wahrnehmen konnte. Ich ging zum Fenster und zog die Vorhänge zurück, um die Morgensonne ins Zimmer zu lassen. Steven stand noch am Straßenrand und wartete auf den Schulbus. Im gleichen Augenblick, als ich die Vorhänge zurückzog, wandte er sich um und kam zurück zum Haus, als habe jemand ihn herbeigerufen.

»Warte«, sagte ich zu ihm. »Ich bringe dich mit dem Wagen zur Schule. Bleib hier bei Ashley, während ich mich anziehe. Ich will nicht, daß sie allein bleibt.«

Als ich zurückkehrte, ging Steven ins Bad.

»Laß die Tür offen«, bat ich ihn.

Ein oder zwei Minuten später rief er nach mir. »Mom, komm mal her!«

Ich ging ins Badezimmer.

»Hör mal«, sagte er.

Poch, poch. Das Klopfen schien aus der Wand zu kommen.

»Klopf mal zurück«, sagte Steven.

»Nein! Jordan hat uns davor gewarnt, mit *ihnen* zu kommunizieren.«

Steven war so fasziniert, daß er meine Worte ignorierte. Er klopfte dreimal an die Wand und erhielt ein dreimaliges Klopfen als Antwort. Er klopfte zweimal, und es klopfte zweimal zurück.

»Schluß jetzt«, sagte ich. »Sehen wir lieber, daß wir hier rauskommen.«

Der Besuch Pater Johns kam völlig unerwartet. Ich hatte seit Wochen nichts mehr von ihm gehört und angenommen, er habe uns und unser Problem längst vergessen. An diesem Tag erschien er mit einer wichtigen Nachricht.

»Ich habe einen Anruf des Erzbischofs von Lafayette erhalten«, sagte er. »Offenbar hat sich eine gewisse Lorraine Warren mit ihm in Verbindung gesetzt. Sie berichtete ihm von Ihrem Fall, und es wurde eine Entscheidung getroffen.«

»Eine Entscheidung?«

»Der Erzbischof hat die Sache dem Kardinal vorgetragen, und die Kirche hat einen Exorzismus empfohlen.«

Das war sowohl eine gute als auch eine schlechte Nachricht. Die Kirche war also bereit, uns zu helfen, daß sie jedoch einen Exorzismus vorschlug, konnte nur bedeuten, daß die Kirche mit Lorraine Warren darin übereinstimmte, daß mein Haus von Dämonen bewohnt wurde. Ich hatte den Film ›Der Exorzist‹ gesehen und wußte, daß er nach einem Buch entstanden war, das auf einem authentischen Fall von Besessenheit beruhte. Glaubte die Kirche etwa, ich sei besessen? Oder Ashley? Oder das Haus?

Offenbar war Pater John nicht gekommen, die endlose Reihe von Fragen zu beantworten, die mir durch den Kopf schoß. Er tätschelte meine Hand und sagte: »Ich erwarte einen weiteren Anruf. Man wird einen Priester schicken, der sich in diesen Ritualen auskennt. Mehr kann ich im Augenblick nicht sagen.«

»Worin besteht denn solch ein Ritual?«

»Das besprechen Sie am besten mit dem betreffenden Priester«, erwiderte er. »Die Kirche verlangt absolute Diskretion in dieser Angelegenheit. Reden Sie mit niemandem darüber. Ich bekomme selbst nur die allernötigsten Informationen.«

Die nächsten Tage waren die reine Hölle. Jede Nacht erwachte Ashley schreiend und klagte, daß sie von etwas gebissen werde. Unsere Geister oder Dämonen polterten Nacht für Nacht mit solcher Vehemenz durchs Haus, daß an Schlaf nicht einmal zu denken war. Meine Kinder hatten kaum noch Appetit und verbrachten die Tage mehr oder weniger apathisch.

»Wir müssen die Kinder hier fortschaffen«, drängte ich Ron. »Fragen wir deine Mutter, ob sie Ashley eine Weile bei sich aufnimmt. Steven kann vielleicht bei Marilee bleiben.«

»Und was ist mit der Schule?«

»Seine Sicherheit macht mir im Augenblick mehr Sorgen.«

Marge erklärte sich bereit, Ashley so lange aufzunehmen, wie wir es für nötig hielten. Ich brachte sie nach Louisville und unterzeichnete ein paar Dokumente, die Marges Entscheidungsbefugnis im Falle eventueller ärztlicher Betreuung oder anderer Belange Ashleys Gesundheit betreffend bestätigten.

Steven mußte vorerst noch bei uns bleiben, da Marilee eigene Probleme hatte und ihn nicht sofort aufnehmen konnte. Nach einem weiteren Vorfall fürchtete ich ernstlich, Steven würde die Flucht ergreifen.

Ein lautes, krachendes Geräusch, das sich anhörte, als habe jemand einen Hammer in die Wand geschlagen, erscholl aus der Toilette auf dem Flur. Ron riß die Tür auf, und wir sahen das Loch, beinahe so groß wie eine Faust, das in der Wand klaffte. Der Ausbuchtung nach zu urteilen, mußte der Schlag von der anderen Seite erfolgt sein. Bei näherer Betrachtung stellten wir jedoch fest, daß die Rückseite der Wand unbeschädigt war. Der Schlag war also aus dem *Inneren* der Wand gekommen.

Niedergeschlagen und mit rotgeränderten Augen sagte

Steven am nächsten Morgen zu mir: »Mom, ich hab' dich wirklich lieb, aber ich glaube, ich halte es hier nicht mehr aus.«

Verzweifelt rief ich meine Cousine Jenny in Rineyville an und beschrieb ihr die Situation. Ohne zu zögern, erklärte sie sich bereit, Steven aufzunehmen. Wir brachten Steven zu ihr und unterzeichneten die gleichen Papiere, die ich für Ashley unterschrieben hatte.

»Ich komme mir vor, als hätte ich meine Kinder verstoßen«, seufzte ich, während ich mit Ron zurück nach Hause fuhr.

Auf dem Anrufbeantworter erwartete uns eine Nachricht von Lorraine Warren. Sie teilte uns einen Termin mit, an dem sie in Madison eintreffen würde, um unsere Dämonen zu vertreiben. Ich rief zurück, und wir besprachen alles. Hinterher war mir nicht klar, ob ich erleichtert sein oder mich lieber in ein Mauseloch verkriechen sollte. *Nun hast du einen Parapsychologen, eine Dämonologin und die ganze katholische Kirche in deiner Mannschaft, Doretta. Entweder gewinnst du diese Schlacht, oder sie eskaliert zu einem Armageddon.*

Am Tag darauf meldete sich Pater John. »Sie werden Anrufe von einem gewissen Pater A erhalten«, verkündete er.

»Wer ist das?«

»Es ist nur sein Deckname«, erwiderte er. »Mehr wird man Ihnen nicht sagen. Seien Sie heute abend um neun Uhr zu Hause. Um diese Zeit wird er sich mit Ihnen in Verbindung setzen.«

Irgend etwas an der Stimme irritierte mich. Sie war hochmütig, verächtlich und äußerst autoritär; wie die eines Richters, der es gewohnt war, gnadenlose Strafen zu verhängen.

»Ich bin Pater A«, sagte er.

»Ich bin froh, daß Sie anrufen«, antwortete ich.

»Nun, so wie ich das sehe, stecken Sie in Schwierigkeiten«, sagte er. »Wie lange gehören Sie schon nicht mehr der Kirche an?«

»Ziemlich lange. Seit ungefähr fünfundzwanzig Jahren«, erwiderte ich.

»Und nun, wo Sie ein Problem haben, kommen Sie zurückgerannt in den Schoß der Kirche«, höhnte er. »Ihre Familie wird für Ihre Sünden büßen müssen.«

»Meine Sünden?«

»Dieses Etwas wäre nicht da, wenn Sie es nicht ermuntert hätten.«

»Also ich weiß nicht ... «, stieß ich hervor. Ich war zu eingeschüchtert, seine Unverschämtheit zu erwidern, obwohl ich nichts lieber getan hätte. Aber meinen Kindern zuliebe war ich bereit, alles hinzunehmen, selbst seine herablassende Art. Und nach allem, was wir durchgemacht hatten, konnte er mir ohnehin nicht mehr viel anhaben.

»Ist Ihr Ehemann Katholik?«

»Nein, Baptist.«

»Wurde die Hochzeit in der Kirche geschlossen?«

»Nein, wir haben vor dem Friedensrichter geheiratet.«

»Damit sind Sie in den Augen der Kirche nicht rechtmäßig verheiratet. Sie lassen also zu, daß Ihre Kinder unehelich heranwachsen!«

»Meine Kinder sind durchaus nicht unehelich. Sie haben einen Vater, mit dem ich rechtmäßig verheiratet bin.«

»Nicht in den Augen der Kirche«, widersprach er, und die Autorität in seinem Tonfall verschärfte sich. »Was ist mit Ihren Kindern? Besuchen sie regelmäßig die Kirche?«

»Das haben sie getan. Mein Sohn hat sich mit verschiedenen Zweigen der Kirche vertraut gemacht, und ich habe ihn dazu ermuntert, damit er selbst entscheiden kann, welche Religion ihm zusagt. Meine Tochter besucht die Sonntagsschule und hat mit ihrer Großmutter an den Kindermessen teilgenommen. Ich habe ...«

»Haben Sie ihre Kinder regelmäßig zur Kirche begleitet?«

»Nein, ... ich ...«

»Nein, was?« unterbrach er mich. »Sie sind nicht der Meinung, daß ihre Kinder eine religiöse Basis brauchen, stimmt's?«

Laß nicht zu, daß er dich auf diese Weise provoziert, Doretta.

»Pater, ich habe meinen Kindern von Gott erzählt ... von Gut und Böse, und ich habe ihnen beigebracht, was richtig und was falsch ist ...«

»Wieso waren Sie nie mit ihnen in der Kirche? Es ist Ihre Pflicht als Mutter, Ihre Kinder im Namen der Kirche zu erziehen.«

Für einen Augenblick fühlte ich mich in meine Kindheit zurückversetzt. Ich war wieder acht Jahre alt und wurde vom vorstehenden Priester unserer Schule zurechtgewiesen, weil ich den vorschriftsmäßigen Spitzenschal vergessen hatte, mit dem wir während der Morgenandacht unseren Kopf zu bedecken hatten.

Glaubst du, du kannst Gottes Vorschriften so einfach mißachten? hatte der Priester mich damals getadelt.

»Ich hatte das Gefühl, für mich gäbe es keinen Weg zurück zur Kirche. Ich war geschieden ...«

»Wagen Sie nicht, das als Entschuldigung hervorzubringen. Sie haben kein Recht, so etwas zu behaupten. Sie hätten in den Schoß der Kirche zurückkehren und ihre Sünden bereuen können. Haben Sie jemals an so etwas wie einer Satansverehrung teilgenommen?«

»Nein, selbstverständlich nicht.«

»Irgendwelche okkulten Praktiken, die Sie ausgeübt haben?«

»Nein.«

»Wenn ich richtig informiert bin, haben Sie einen Parapsychologen konsultiert.«

»Das stimmt.«

»Versprechen Sie sich tatsächlich Hilfe von einem Scharlatan?«

»Pater, ich wußte nicht, an wen ich mich sonst wenden sollte.«

»Der zieht Ihnen doch nur das Geld aus der Tasche«, höhnte er.

»Aber er scheint zu wissen, was hier vor sich geht. Er hat Erfahrung mit solchen Dingen«, erwiderte ich.

»Nun, Sie benötigen ihn nicht, und ich wünsche, daß er sich aus dieser Angelegenheit heraushält«, sagte Pater A. »Die Kirche ist die einzige Instanz, die Ihnen in dieser Sache helfen kann. Merken Sie sich das. Ich wünsche weder von seiner noch von einer anderen Seite eine Einmischung. Es wird Zeit, daß Sie lernen, der Kirche und ihren Vorschriften zu gehorchen.«

»Hören Sie, ich habe mich nicht an die Kirche gewandt, damit sie mir bei diesem Problem hilft, sondern ich habe lediglich um seelischen Beistand gebeten ...«

»Nun, es gibt einhundertsiebenundfünfzig ähnliche Fälle wie Ihren, die darauf warten, daß die Kirche ihnen zur Hilfe eilt. *Sie* hat man ganz oben auf diese Liste gesetzt«, unterbrach er mich. »Irgend jemand ist offenbar der Meinung, daß Sie mehr als seelischen Beistand benötigen. Sie ahnen ja nicht, womit Sie es zu tun haben. Ich habe die vergangenen acht Jahre meines Lebens damit verbracht, Familien wie die Ihre zu erlösen. Die wenigsten Priester besitzen diese Macht. Ich habe viele Haushalte und Familien gesehen, die zerstört wurden. Ein Exorzismus ist die einzige Möglichkeit, Ihrer Familie zu helfen. Also geben Sie sich nicht einmal eine Sekunde lang der Illusion hin, daß Sie auf die Kirche verzichten können. Jetzt möchte ich mit Ihrem Mann sprechen.«

Ich zitterte am ganzen Leib, und Tränen liefen mir übers Gesicht, so daß ich froh war, vom Telefon fortzukommen. Ich kam mir vor, als habe ich mich soeben vom Beichtstuhl erhoben, wo Gott höchstpersönlich mich des Ungehorsams bezichtigt hatte. Seine verbalen Hiebe hatten mir das Gefühl völliger Hilflosigkeit vermittelt.

Nachdem er Ron einige Fragen über seinen familiären Hintergrund gestellt hatte, war das Gespräch beendet.

»Wir sollen jeden Abend um neun hier sein, für den Fall, daß er anruft«, sagte Ron.

Es gab zwei Gründe für die Fahrt nach Louisville. Erstens wollten wir unsere Tochter sehen, zweitens wollte ich Jordan Pitkoff aufsuchen, um noch eine Heilung meiner Aura durchführen zu lassen. Jordan hatte mich davor gewarnt, auch nur eine Verabredung zu versäumen, für den Fall, daß die Aura schwächer würde und die Wesen eindringen und von mir Besitz ergreifen würden. Ron mied den Parapsychologen so weit wie möglich, ebenso wie er sich, wann immer er konnte, von mir und unseren Problemen mit dem Haus zurückzog. Also ging ich allein zu Jordan.

»Ich habe mit einem Priester aus New York gesprochen«, teilte ich ihm mit.

»Das ist großartig. Genau das, was wir brauchen. Was sind seine Pläne?«

»Ein Exorzismus, vermute ich. Er hat nicht viel Zeit darauf verschwendet, uns Details mitzuteilen. Er war zu sehr davon in Anspruch genommen, mich als schlechte Katholikin zu beschimpfen.«

Jordan lachte. »Ja ja, diese katholischen Priester. So sind sie nun mal«, sagte er. »Ich glaube, sie sind auf alle Frauen und alle nicht praktizierenden Katholiken zornig.«

»Nun, ich weiß nicht, wie Sie dazu stehen, aber er ist nicht besonders scharf auf Ihre Einmischung«, sagte ich. »Er nannte Sie einen Scharlatan.«

Das fegte er nicht so leicht beiseite. Sein Gesicht rötete sich, und er beugte sich so heftig vor, daß sein Ledersessel fast kippte. »Wofür hält er sich? Er hat kein Recht, sich ein derartiges Urteil über mich zu erlauben!«

»Ich habe versucht, ihm zu erklären, wie sehr Sie uns bereits geholfen haben, aber er will Sie auf keinen Fall dabei haben.«

»Gut, soll er allein damit fertig werden.«

Ich wollte es mir mit Jordan nicht verscherzen, sah jedoch wachsende Schwierigkeiten auf mich zukommen, je mehr ich meine Armee erweiterte. Die Teufels- und die Geisterdivision begannen sich bereits gegenseitig zu bekämpfen. Die Warrens, Jordan Pitkoff, Pater A – schon feuerten sie die ersten Salven aufeinander ab, und ich stand genau zwischen den Fronten. Da ich es mir nicht leisten konnte, auch nur einen meiner Verbündeten zu verlieren, mußte ich neutral bleiben. Schließlich hatte ich keine Ahnung, wer von ihnen uns letztendlich retten würde.

»Wie geht's Ron?« fragte Jordan.

»Er legt ein geradezu mechanisches Verhalten an den Tag. Je mehr passiert, desto mehr distanziert er sich von allem, tut so, als sei alles in bester Ordnung. Er will sich nicht damit auseinandersetzen. Wahrscheinlich, weil er nicht weiß, wie er es anfangen soll.«

»Sie müssen alles allein durchstehen«, sagte er. »Sind Sie es nicht leid, alle Kämpfe allein auszutragen?«

»Schon, aber so ist Ron nun mal. Er war noch nie ein Kämpfer«, antwortete ich. Zum Teil konnte ich diesen Charakterzug Rons verstehen. Als Kind hatte ich mich Unglück und Schmerz gegenüber ebenso verhalten; ich hatte die Augen davor verschlossen und mir vorgemacht, woanders zu sein, jemand anders zu sein. Ron verhielt sich ebenso. Wenn ein Sturm durch unser Leben tobte, zog er sich in einen inneren Winkel zurück.

»Warum bleiben Sie bei ihm?« fragte Jordan.

Die Frage irritierte mich. »Er ist mein Mann, und ich liebe ihn.«

Jordan, dem die Auflehnung in meiner Stimme nicht entgangen war, wechselte das Thema.

»Ich spiele mit dem Gedanken, einen parapsychologischen Zirkel aufzubauen«, sagte er. »Teri, ich selbst und ein paar andere übersinnlich begabte Personen. Ich hätte Sie auch gern dabei.«

Der Vorschlag verwirrte mich. Meiner Meinung nach fixierte Jordan sich viel zu stark auf mich, statt auf mein Haus. Er war viel zu sehr von meinen angeblichen übersinnlichen Kräften, meinen Fähigkeiten, wie er es nannte, fasziniert. Ich hatte keine Ahnung, ob ich über solche Fähigkeiten verfügte oder nicht, konnte mir aber beim besten Willen nicht vorstellen, mit einem Haufen abgehobener Typen zusammenzusitzen und zu versuchen, die Gedanken der anderen zu lesen oder dergleichen.

»Im Augenblick habe ich mehr als genug zu tun«, antwortete ich. Es war Zeit zu gehen.

Schweigend fuhren wir zurück nach Madison. Jordan hatte recht. Ich focht tatsächlich einen ziemlich einsamen Kampf aus und hatte allmählich genug davon. Nie stellte Ron sich mit mir gemeinsam dem Sturm entgegen. Vielleicht, weil er nicht die gleichen Erfahrungen gemacht hatte wie ich. Diese Dämonen setzten ihm nicht auf die gleiche Weise zu wie mir. Er war nur der skeptische Beobachter meiner Visionen von Schlangenbeschwörern, Doppelgängern, Frauen und Kindern, die in unserem Bad ermordet wurden. Zwar hatte er die Erscheinung auf dem Flur gesehen, das Kratzen auf dem Dachboden und unter dem Fußboden gehört, aber ich hatte den Verdacht, daß er es immer noch als eine vorübergehende geistige Verwirrung betrachtete.

Seit wir seiner Familie von unseren Heimsuchungen erzählt hatten, mieden sie uns – oder besser gesagt, mich. Insgeheim war Ron vielleicht sogar auf ihrer Seite. Er war keine Kämpfernatur, weil er niemals zu kämpfen gezwungen war. Ron war in der Geborgenheit eines sicheren, behaglichen Elternhauses aufgewachsen. Sein Vater liebte ihn und brachte sowohl Zeit und Verständnis als auch materielle Dinge für ihn auf, und seine Mutter vergötterte ihn geradezu und hatte ihn vermutlich eine Spur zu sehr behütet. Nie war Ron auf sich selbst gestellt gewesen. Er war erst aus seinem Elternhaus ausgezogen, als er seine erste Frau heiratete. Nachdem die Ehe in die Brüche ging, zog er wieder zu seinen Eltern und wohnte dort, bis er kurz vor unserer Hochzeit mit mir zusammenzog. Niemals hatte er um sein Überleben kämpfen müssen, und darum verachtete und beneidete ich ihn gleichermaßen.

Meine Gedanken wurden durch das vertraute Gefühl, beobachtet zu werden, unterbrochen. Ich wandte meinen

Kopf nach links. Rons Blick ruhte auf mir. »Ich liebe dich«, sagte er. Ich lächelte und blickte ein wenig schuldbewußt wieder nach vorn auf die Straße.

Ein paar Minuten später glaubte ich erneut seinen Blick zu spüren und sah ihn an. Ron blickte geradeaus, aber eine massive, finstere Erscheinung, eine männliche Gestalt, hockte auf seinem Schoß. Den Kopf schräg zu Seite gelegt, schien dieses Etwas mich heimtückisch anzugrinsen, bevor es mit Rons Körper verschmolz und verschwand.

»Ron, einer von ihnen ist im Wagen ...

Seine Züge verhärteten sich. Er antwortete nicht.

»Es hat mich angestarrt ... und dann ... ist es in dir verschwunden.«

Bis auf einen winzigen, zuckenden Muskel in seiner Wange zeigte er keine Reaktion – bis wir nach Hause kamen.

Fluchend lief er mir von Zimmer zu Zimmer hinterher. »Ich bin es so verdammt leid. Es ist deine Schuld, daß ich nie zur Ruhe komme. Deinetwegen finde ich keine Minute Schlaf mehr.«

Wieder einmal war es soweit, daß ich mich vor ihm fürchtete, aber diesmal würde ich nicht zum Messer greifen. Seine Stimmung im Wagen war genau in jenem Moment umgeschlagen, als die Erscheinung in ihm verschwunden und von ihm Besitz ergriffen hatte. Daß er mich im vergangenen Sommer geschlagen hatte, war eine Reaktion gewesen, die seiner Persönlichkeit vollkommen fremd war, ebenso wie der Aufstand, den er jetzt inszenierte. Jedem Fluch, den er mir entgegenschleuderte, setzte ich ein »ich liebe dich, Ron» entgegen. Ich wiederholte es mindestens ein dutzendmal, bis er sich beruhigte. Als sei nichts geschehen, ging er schließlich zu Bett.

Pater A rief nahezu jeden Abend an, und unsere Gespräche dauerten zwischen fünfzehn Minuten und einer Stunde, wobei wir wieder und wieder die Ereignisse der vergangenen fünf Jahre durchkauten, meinen familiären

Hintergrund, meine Aktivitäten, die Kinder. Auch Jordan Pitkoff war ein ständiges Thema. Pater A's Verhalten mir gegenüber war seit dem ersten Gespräch ein wenig gemäßigter geworden – er war zwar nach wie vor hochmütig und autoritär, doch weniger bösartig. Seine Einstellung zu Jordan hatte sich nicht geändert. Er wollte, daß ich die Verbindung zu meinem Parapsychologen aufgab und dessen Anweisungen außer acht ließ.

Er verwandte auch viel Zeit darauf, von sich selbst und seinen Heldentaten als Exorzist zu berichten. Schenkte man seinen Worten Glauben, war Pater A ein Mann, der den Teufel schon häufig beim Schwanz gepackt und über den Styx* geschleudert hatte. Dennoch, solange ich nicht überzeugt davon war, daß die Kirche in meinem Fall etwas ausrichten konnte, würde er mich nicht dazu überreden können, Jordan Pitkoffs Anweisungen zu mißachten.

»Ich werde Sie aufsuchen«, verkündete Pater A eines Abends. »Die Einzelheiten erfahren Sie von den örtlichen Priestern.«

Ein Stein fiel mir vom Herzen. *Endlich, es geschieht etwas.*

»Da wären noch einige Dinge, die Sie regeln müssen, bevor ich komme. Ihre Kinder müssen getauft werden. Das kann Pater Jeff übernehmen. Sie müssen sich kirchlich trauen lassen, andernfalls wird die Kirche Ihre Ehe nicht anerkennen, womit Ihre Kinder illegitim wären.«

Ich biß mir auf die Lippen. *Er behauptet schon wieder, meine Kinder seine Bastarde.* »Außerdem benötigen wir eine psychologische Beurteilung der ganzen Familie. Die Kirche besteht darauf, und diese Beurteilung muß durch einen Psychologen der Kirche erfolgen. Die Priester vor Ort werden diese Angelegenheit mit Ihnen besprechen.«

Ron war nicht eben begeistert von den Auflagen Pater A's, aber er widersetzte sich auch nicht. Er ertrug es mit der gleichen stoischen Gelassenheit, mit der er alles über

* Fluß der Unterwelt (Anmerkung des Übersetzers)

sich ergehen ließ. Ich war weniger gelassen. Nicht, daß ich etwas gegen das psychologische Gutachten einzuwenden gehabt hätte – vorausgesetzt wir fänden einen qualifizierten katholischen Psychologen im Umkreis von Madison, der diese Angelegenheit auf angemessene, zügige Art durchführen würde, was ich bezweifelte. Es waren die anderen Anforderungen, die mich verärgerten. Besaß die Kirche das Recht, uns zu befehlen, unsere Kinder taufen zu lassen? Oder ein rechtmäßig verheiratetes Ehepaar dazu zu zwingen, sich kirchlich trauen zu lassen? Wie auch immer, wenn wir uns weigerten, würde Pater A nicht kommen. Und er war meine größte Hoffnung.

Nach ein paar Tagen stellte ich fest, wie klug es gewesen war, alle Optionen offen zu lassen.

Lorraine Warren rief an und teilte mir mit, daß sie ihre Reise nach Madison leider absagen müsse. Ihre Mutter sei einen Tag zuvor gestorben, und sie würde in den nächsten Wochen unmöglich von zu Hause fortkönnen.

18. Kapitel

Ashley war seit wenig mehr als einer Woche fort von daheim, und eine geradezu unheimliche Stille herrschte seitdem im Haus. Jordan hatte gesagt, daß die Poltergeister von einem Tag auf den anderen verschwinden könnten, und wir beteten, daß dies der Fall sei.

Bis zu Marges Anruf blieb es weitgehend ruhig. »Ashley weint unentwegt«, sagte sie. »Sie verlangt nach ihrer Mutter, Doe. Ich weiß einfach nicht, wie ich sie beruhigen soll.«

»Laß mich mit ihr sprechen«, erwiderte ich.

Eine verzweifelte Ashley kam, den Tränen nahe, an den Apparat. »Mami, bitte komm mich holen. Ich will zu meiner Mami«, flehte sie.

Marge übernahm wieder den Hörer. »Ich weiß wirklich

nicht mehr, was ich tun soll. Wir müssen etwas unternehmen.«

»Ich fahre sofort los«, sagte ich.

Da es bereits spät war und Ron am nächsten Morgen früh raus mußte, machte ich mich allein auf den Weg nach Louisville. Als ich in die Anfahrt zu Marges Haus einbog, sah ich Ashley schon wartend im Türrahmen stehen. Sie rannte auf mich zu, klammerte sich an mich, kaum daß ich aus dem Wagen gestiegen war, und ließ nicht mehr von mir ab, bis wir wieder auf der Heimfahrt waren. Ich hatte sie ebenfalls schrecklich vermißt und schwor mir auf dem Weg nach Hause, daß ich, selbst wenn die Geister zurückkehren sollten, um nichts in der Welt meine Kinder wieder fortschicken würde, eher würde ich mit der ganzen Familie aus dem Haus fliehen.

In der ersten Nacht nach Ashleys Rückkehr war es ruhig, und alles schien in bester Ordnung. Die Nacht darauf begann es von neuem.

Ashley hatte gebadet und machte sich fertig zum Schlafengehen. Sie folgte mir in die Wäschekammer, wo ich ihr ein frisches Nachthemd holen wollte. Auf dem Weg durchs Wohnzimmer sagte sie zu mir: »Mami, ich höre eine Schlange zischen.«

Ich blieb stehen und horchte, hörte jedoch nichts. »Das waren wahrscheinlich deine Hausschuhe, die über den Teppichboden schleifen«, sagte ich.

Gegen zwei Uhr morgens erwachte ich, weil Ashley hustend und keuchend nach Luft schnappte. Ich eilte in ihr Zimmer, wo sie sich auf ihrem Bett herumwälzte und an etwas zerrte, das sich um ihren Hals wand, etwas, daß ich nicht sehen, aber sehr wohl hören konnte: das Zischen einer Schlange. Ashleys Gesicht war rot angelaufen, und sie bekam kaum Luft. Ich zerrte sie aus dem Bett und trug sie in die Küche, wo sie sich würgend in einen Eimer übergab, während ich sie hielt.

»Eine Schlange war um meinen Hals, Mami«, sagte sie, nachdem sie fertig war, »ich habe keine Luft mehr gekriegt.«

Den Rest der Nacht verbrachte ich wach, Ashley, die auf meinem Schoß eingeschlafen war, fest an mich gedrückt. So fand Ron uns am nächsten Morgen.

»Ich verlasse dieses Haus«, verkündete ich. »Ich habe genug.«

»Doe, ich kann nicht einfach vom Betrieb fortbleiben.«

»Ich fahre mit Ashley nach Louisville und bleibe erst einmal ein paar Tage bei Großvater. Wir können später entscheiden, was wir tun werden. Aber ich bleibe keine Nacht mehr in diesem Haus.«

Ron machte sich auf den Weg zur Arbeit, und ich packte ein paar Sachen für Ashley und mich zusammen. Nachdem ich den Wagen beladen hatte und abfahrbereit war, hielt ich einen Augenblick inne und sah mich noch einmal um. Eine ungewöhnliche Atmosphäre herrschte im Haus. Nicht jene elektrische Spannung, die ich bereits kannte, sondern etwas anderes, das ich schwer beschreiben konnte.

Einem Impuls folgend, holte ich meine Polaroidkamera hervor und schoß mehrere Fotos im Haus, die meisten davon in Ashleys Zimmer. Ich hatte keine Ahnung, was mich dazu trieb, doch ich machte ein Foto nach dem anderen und legte sie zum Entwickeln beiseite. Ich knipste Wände, Möbel, Fenster, alles mögliche. Während einer Aufnahme lief mir Ashley vor die Kamera. Als die Kassette leer war, ging ich zurück, um die Bilder in Augenschein zu nehmen. Ich war entsetzt. Auf der Fotografie mit Ashley waren merkwürdige, geisterhafte Gestalten um sie herum zu sehen. Wäre nicht die Schlange gewesen, hätte ich vielleicht einen Defekt auf dem Film vermutet. Aber auf einer Aufnahme, die ich in ihrem Zimmer gemacht hatte, war deutlich die Form einer Schlange zu erkennen, die sich auf der Frisierkommode zusammengerollt hatte. Anders als der Rest des Bildes, schien sie grau und durchscheinend, beinahe wie ein Negativ. Ich steckte Fotos und Kamera in eine Papiertüte, schnappte meine Tochter und verließ das Haus.

Während der darauffolgenden Woche lebten Ashley und ich wie Flüchtlinge. Ein paar Nächte verbrachten wir bei Großvater, eine Nacht in Marges Haus und eine Nacht in einem schäbigen Hotel. Ich stand telefonisch in Verbindung mit Ron und lehnte es zu dessen Enttäuschung kategorisch ab, nach Hause zurückzukehren. Schließlich kam er nach Louisville, wo wir weitere Pläne schmiedeten. Wir wollten unsere Familie wieder vereinen und das Haus am Clifty Drive verlassen – zumindest so lange, bis Pater A seinen Exorzismus durchgeführt hatte. Sollte dies die Dämonen verjagen, würden wir zurückkehren. Wenn nicht, nun ...

Wir fuhren nach Rineyville und holten Steven ab. Jenny, die ihn sehr liebenswürdig aufgenommen hatte, machte sich Sorgen um uns, weil wir wie Nomaden von einem Camp zum anderen zogen.

»In der Stadt lebt ein Paar, das ich euch gerne vorstellen würde«, sagte sie. »Sie sind sehr religiös, und die Leute hier sind überzeugt, daß sie über besondere Kräfte verfügen ... ihr wißt schon ... sie können Orte von bösen Geistern befreien und dergleichen.«

Warum nicht? Meine Armee konnte jeden Rekruten gebrauchen.

Jenny lud das Ehepaar für den Abend in ihr Haus ein. Es waren angenehme, durchschnittliche Leute, die sich mit Häusern, die von Poltergeistern heimgesucht wurden, auszukennen schienen.

Sie hielten eine Gebetszeremonie ab und segneten jedes Familienmitglied.

»Sie sollten wieder in ihr Haus einziehen und es mit Gottes Hilfe zurückfordern«, sagte der Mann.

Nichts wünschten wir uns mehr. Steven vermißte seine Schulkameraden und wollte nach Hause. Ashley war es leid, von Großeltern zu Urgroßeltern zu ziehen, und Ron und ich hatten ebenfalls die Nase voll.

»Wie sieht's aus«, fragten wir die Kinder. »Sollen wir zurückkehren und versuchen, unser Haus wieder in Besitz zu nehmen?«

»Genau! Geh'n wir zurück und schmeißen sie raus!« stimmte Steven zu.

»Jagen wir sie aus der Stadt!« bekräftigte Ashley.

»Also abgemacht«, sagte Ron. »Auf nach Hause.«

Unsere hochfliegenden Pläne erhielten bald einen Dämpfer. Schon kurz nach unserer Ankunft begann das Haus, uns wieder zuzusetzen. Es begann mit den Geräuschen, den Gerüchen und den kalten Stellen. Wir gingen von Zimmer zu Zimmer, sagten Gebete auf und befahlen den Geistern, das Haus zu verlassen.

Der Gestank wurde immer fauliger, und es wurde zunehmend kälter. Eine Glasvase rutschte über die Stereoanlage und zersplitterte auf dem Boden. Eine Schlafzimmertür schlug zu, und wir hörten Gegenstände gegen die verschlossene Tür krachen. Die Geister hatten während unserer Abwesenheit offenbar neue Kräfte gesammelt und gingen voller Tatkraft wieder ans Werk.

»Kevin«, fragte ich am Telefon, »können wir deinen Pickup ausborgen?«

»Natürlich«, antwortete er.

»Wir ziehen aus dem Haus aus … in eine Wohnung in Kent«, erklärte ich.

Kevin Bradley war nicht überrascht. Ich hatte mich bei Ivy Tech mit ihm angefreundet. Er gehörte zum Lehrkörper und hatte einen Magister in Psychologie. Während des vergangenen Jahres, insbesondere zu Zeiten, in denen ich fürchtete, den Verstand zu verlieren, hatte ich ihn gelegentlich bezüglich der Ereignisse in unserem Haus und der emotionalen Belastung meiner Familie ins Vertrauen gezogen.

Auch Kevin hatte mir persönliche Probleme anvertraut. Seine Ehe ging zu jener Zeit in die Brüche, und als es schließlich zur Scheidung kam, hatte seine Frau den größten Teil der gemeinsamen Besitztümer zugesprochen bekommen. Ron und ich sowie einige andere Freunde hatten ihm mit verschiedenen Haushaltsgegenständen ausgeholfen. Kurz zuvor hatten wir uns eine neue Waschmaschine und einen neuen Trockner zugelegt und Kevin die alten Geräte überlassen.

»Wann brauchst du ihn?« fragte Kevin.

»Morgen.«

»Du kannst ihn morgen früh bei mir zu Hause abholen«, erwiderte er.

Kent ist eine kleine Farmerstadt sieben Meilen westlich von Madison. Wir hatten ein Quartier in einem alten Gebäude gemietet, das eigentlich längst abbruchreif war. Die zweistöckige Wohnung war groß, kalt und leer, und wir gaben uns wenig Mühe, sie wohnlich zu gestalten. Einen Raum richteten wir für die Kinder her, damit sie eine halbwegs vertraute Umgebung vorfanden, aber da wir nur bis nach der Durchführung des Exorzismus zu bleiben beabsichtigten, nahmen wir nur wenige Möbel mit und sparten es uns, ein Telefon installieren zu lassen. Die Neun-Uhr-Anrufe von Pater A wollten wir abends in unserem Haus in Madison entgegennehmen.

Unsere Berater – Jordan Pitkoff, die Warrens, Pater A – hatten widersprüchliche Äußerungen darüber verlauten lassen, ob unsere Dämonen uns folgen würden oder nicht. Jordan war überzeugt, daß dies nicht der Fall sei, da sie in irgendeiner Form an das Haus gebunden schienen. Pater A vertrat die Theorie, daß die Dämonen an mich gefesselt seien. Lorraine Warrens Äußerungen interpretierte ich dahingehend, daß sie Jordans Meinung teilte. Meine eigene Meinung war, daß es überall sicherer sei als in unserem Haus in Madison.

Unsere neue Umgebung war düster und kahl, aber zumindest fühlten wir uns sicher. Endlich konnten wir entspannen und in Ruhe darauf warten, das Pater A das Haus am Clifty Drive von allem Bösen säuberte.

Kevin war nicht daheim, als wir den Truck zurückbrachten, daher parkte ich ihn in seiner Einfahrt und ließ die Schlüssel stecken. In Orten wie Madison konnte man so etwas noch ohne Bedenken riskieren.

Einige Tage später – wir warteten in unserem Haus auf

Pater A's Anruf – ging das Telefon, und Kevin war am Apparat.

»Habt ihr irgendwelche Probleme mit dem Pickup gehabt, als ihr damit gefahren seid?« fragte er.

»Nein, nichts. Vielen Dank nochmals, daß wir ihn benutzen durften.«

»Die Bremsen waren in Ordnung?«

»Klar. Wieso?«

»Nun ja, ich fuhr rückwärts aus der Auffahrt heraus und landete in einem Garten auf der gegenüberliegenden Straßenseite. Von Bremsen war nicht die Spur zu bemerken.«

Ich war verblüfft. »Kevin, als ich ihn vor deinem Haus parkte, war alles in Ordnung. Aber wieso hast du mir nicht eher davon erzählt. Selbstverständlich werde ich für die Bremsen bezahlen.«

»Nein«, antwortete er. »Deshalb habe ich vorher nichts davon gesagt. Ich wollte nicht, daß du dich dafür verantwortlich fühlst.«

»Du bist doch nicht verletzt, oder?«

»Nein. Aber es war wirklich eigenartig. Ich habe den Wagen zur Werkstatt schleppen lassen, und der Mechaniker sagte, das sei der merkwürdigste Fall, der ihm je untergekommen sei. Er behauptete, es hätte ausgesehen, als hätte ein Tier die Bremsen angenagt oder in Stücke gerissen. Es konnte jedenfalls auf keinen Fall deine Schuld sein.«

Wenn ich mich nicht irre, muß es einen Grund geben, daß er es mir jetzt doch erzählt, dachte ich. Und so war es auch.

»Ist bei dir alles in Ordnung?« fragte er.

»Ja, seit wir nach Kent gezogen sind, ist es recht ruhig geworden«, antwortete ich.

»Ich war ein wenig besorgt«, sagte er, »nicht nur wegen der Sache mit dem Pickup, aber da war noch etwas anderes, was ich dir nicht erzählt habe.«

Wappne dich, was jetzt kommt, wird dir nicht gefallen, flüsterte mir eine Stimme ins Ohr.

»Du erinnerst dich noch an die Waschmaschine und den Trockner, die ihr mir gegeben habt?«

»Hm.«

»Na ja, also kurz nachdem ich sie bekam, wusch ich ein paar Hemden. Sie kamen in einwandfreiem Zustand aus der Maschine. Ich knüpfte jedes am Kragen zu, steckte sie in Plastikhüllen und brachte sie zum Bügeln zu meiner Mutter. Kurz darauf rief ich bei ihr an und erkundigte mich, ob die Hemden fertig seien. Sie fragte: ›Was in aller Welt hast du mit diesen Hemden angestellt?‹ Als ich wissen wollte, was damit nicht stimmt, erwiderte sie, sie sähen aus, als sei jemand mit einer Rasierklinge darüber hergefallen. Auf einem befanden sich rote Flecken auf der Vorderseite, die wie Blutspritzer aussahen.

Danach fing der Trockner, jedesmal wenn ich ihn benutzte, wie ein verwundetes Tier zu heulen an. Ich habe ihn Stück für Stück auseinandergenommen, aber keinen Grund für das Geräusch gefunden.«

»Wo ist der Trockner jetzt?«

»Auf einer Mülldeponie, vermute ich«, antwortete er. »Ich habe ihn nicht wieder zusammengesetzt. Ich dachte mir nur, du solltest es vielleicht wissen.«

»Danke.«

»Paß auf dich auf.«

An einem Sonntag Anfang November fuhr ich mit Ron und den Kindern zum Haus, um einige Kleidungsstücke zu waschen, ein paar persönliche Gegenstände zu holen und verschiedene Telefonate zu erledigen.

Etwa gegen sieben sah ich Benny Cyrus auf die Tür zukommen. Er hatte unser Haus bislang nur selten betreten, und ich ahnte gleich, daß es sich um mehr als nur einen beiläufigen, nachbarschaftlichen Besuch handelte.

Ron bat ihn herein, und nachdem wir ein paar Höflichkeitsfloskeln ausgetauscht hatten, druckste Benny unruhig herum. Es war offensichtlich, daß er etwas auf dem Herzen hatte. Jegliche Diskretion und Diplomatie außer acht lassend, fragte ich ihn geradeheraus. »Benny, gab es irgendwelche merkwürdigen Vorfälle, während ihr hier gewohnt habt?«

Ron warf mir einen warnenden Blick zu. Wir hatten nur wenigen Außenstehenden von unseren Problemen erzählt und hielten uns immer noch – Ron mehr als ich – damit zurück. Benny sah zögernd zu Boden.

»Wir müssen es wissen, Benny. Wir sind hier durch die Hölle gegangen«, drängte ich ihn.

»Ich will ehrlich sein«, erwiderte er. »Ich weiß, daß ihr mit Dianne gesprochen habt, und ich weiß, daß eine Menge Dinge hier geschehen sind. Darum bin ich rübergekommen. Ich wollte erzählen, was los war, während wir hier wohnten.«

Ich schenkte Kaffee ein, und wir setzten uns an den Küchentisch. Zunächst wählte Benny seine Worte sehr sorgfältig. Genau wie wir war auch er darauf bedacht, nicht für übergeschnappt gehalten zu werden.

»Ich hab' mich nie besonders wohl hier gefühlt«, sagte er. »Ständig hatte ich das Gefühl, daß jemand mir nachschlich ... ihr wißt, was ich meine ... als ob mir jemand über die Schulter blickte. Manchmal habe ich sogar gespürt, daß jemand mir auf die Schulter klopfte, aber wenn ich mich umsah, war nie jemand da.«

»Uns ist es genauso ergangen«, sagte ich.

»Und die Lampen haben mich schier verrückt gemacht. Kaum hatte man das Licht angeknipst, ging es ein paar Sekunden später wieder aus. Ich meine, der Schalter stellte sich wieder auf AUS, obwohl niemand ihn berührt hatte. Wir nahmen an, daß mit den Lichtschaltern etwas nicht stimmte, besonders mit dem im Bad. Wir löschten das Licht und gingen zu Bett, und es ging von selbst wieder an. Ich mußte jedesmal wieder aufstehen und es ausmachen. Ich habe sogar den Schalter ausgewechselt. Es ging trotzdem weiter. Und die Birnen, die im ganzen Haus explodierten! Wir fanden keine Erklärung dafür. Wir hatten damals einen Hund, der in leeren Zimmern heulte und kläffte, als ob er etwas sähe, das wir nicht sehen konnten.

Eines Tages fanden wir den Hund tot in der Auffahrt. Drei Hunde haben wir verloren, während wir in diesem Haus wohnten. Sie waren einfach plötzlich tot. Selbst wenn man mir das Haus schenkte, ich würde nicht mehr hier einziehen.

Wissen Sie, ich würde diese Dinge niemals in Gegenwart von Dianne zugeben. Ich bin überzeugt, daß dieses Haus verhext ist, aber sie glaubt ja nicht an Geister. Es ging so weit, daß ich mich fürchtete, nachts allein hier zu bleiben. Dianne hat mich deswegen immer aufgezogen, sie sagte, das sei ihre tote Großmutter, die zurückgekommen sei, um mich zu verfolgen, weil ich sie rücksichtslos behandelt hätte.

Aber es sind noch andere bizarre Dinge geschehen. Eines Abends hat ein Typ eines der Zimmer drüben bezogen. Er war sehr höflich und gut gekleidet und schien absolut nüchtern. Er kam hier rein und fragte nach einem Big Red. Ich hatte keins, also verkaufte ich ihm 'ne Cola. Eine Weile verschwand er in seinem Zimmer, bis ein Riesengezeter und Geheul von dort ertönte. Es war so furchteinflößend, daß die Kinder sich vor Angst unter ihrem Bett verkrochen.

Der Mann kam kreischend und brabbelnd in seiner Unterwäsche aus dem Zimmer gerannt. Ich ging raus und versuchte herauszufinden, was los war. Er behauptete steif und fest, er hätte irgendwas gesehen und ließ sich durch nichts beruhigen. Ich kehrte ins Haus zurück und rief die Polizei an, während dieser Typ in Unterwäsche den Clifty Drive entlang rannte und mit den Fäusten auf die Windschutzscheiben vorbeifahrender und parkender Autos hämmerte. Die Polizei hat ihn dann mitgenommen. Später erfuhr ich, daß sie ihn in eine Psychiatrische Klinik eingewiesen haben.«

Ron und ich versuchten, das Gespräch in Gang zu halten. Benny machte den Eindruck, als habe er nichts mehr zu sagen, aber auf einmal schien er sich unbehaglich zu fühlen.

»Es gab noch jemanden, der sich um das Haus kümmerte, die Frau, die vor uns hier wohnte«, sagte er. »Bei ihr gab es ein unerklärliches Feuer oben auf dem Dachboden.« Er zeigte hinauf zur Küchendecke. »Die Feuerwehrleute konnten keine Ursache für den Brand finden. Es gab weder Kabel noch sonst irgend etwas da oben.«

»Wie war ihr Name?« fragte ich.

»Georgia Jeffries«, antwortete er. »Sie lebt immer noch hier in der Stadt. Nun, es ist Zeit für mich.«

Ich begleitete ihn mit Ron zur Tür. Wir dankten ihm für die Informationen und blickten ihm nach, bis er aus unserem Blickfeld verschwunden war. Anschließend packten wir unsere Wäsche ein, setzten die Kinder ins Auto und machten uns auf den Rückweg nach Kent.

Dienstags morgens, Ashley schlief noch und Steven machte sich für die Schule fertig, trug ich Bennys Schilderungen sorgfältig in mein Tagebuch ein. Je mehr Informationen ich sammelte, desto verwirrter wurde ich. Priester, Parapsychologe und Dämonologin hatten mich überzeugt, daß die Geister sich entweder durch eine Art Einladung meinerseits oder als Vergeltung für meine Sünden in unserem Haus aufhielten. Wenn das stimmte, wieso hatten frühere Bewohner dann ähnliche Erfahrungen gemacht? Vielleicht hatte es gar nichts mit mir persönlich zu tun? Vielleicht lebten seit Beginn der Schöpfung auf diesem Land Dämonen, oder es waren verdammte Seelen hierher verbannt worden, um ihre Verlegung in die Hölle abzuwarten. Irgendwie erleichterte mich diese Vorstellung, wenn sie mich auch nicht gerade tröstete. Wenigstens hätte das ganze Dilemma in diesem Fall nicht durch meine Familie angefangen.

Durchs Fenster sah ich den Schulbus anhalten. Ein Junge stieg ein, und der Bus fuhr weiter, während mein Sohn immer noch unter der Dusche stand. Ich zog mich an, packte Ashley in eine Decke und bat Steven, den Wagen warmlaufen zu lassen, damit ich ihn zur Schule fahren konnte.

»Mom«, sagte er, als ich mit Ashley ins Auto stieg. »Ich hab, das Radio laufen lassen, und plötzlich hat es sich von selbst auf volle Lautstärke gestellt.« Auf seinem Gesicht lag der vertraute Ausdruck von Verwirrung und Angst.

»Wahrscheinlich bist du aus Versehen an den Knopf gekommen«, versuchte ich ihn zu beruhigen.

»Ich war nicht mal in der Nähe des Knopfes«, widersprach er.

Nachdem ich mit Ashley in unsere Wohnung zurückgekehrt war, half ich ihr, Mantel und Stiefel auszuziehen. Sie begann zu weinen und an ihren Kleidern zu zerren. Plötzlich ließ sie sich fallen, warf sich auf dem Fußboden hin und her und klagte über Schmerzen. Als ich sie endlich beruhigt hatte, ging ich in die Küche, um das Frühstück vorzubereiten. Plötzlich hörte ich sie erneut aufschreien und eilte zurück ins Wohnzimmer. Sie lag jammernd auf der Matratze, dem einzigen Einrichtungsgegenstand in diesem Zimmer, und zerrte an ihrem Slip. »Sie kneifen mich.«

Erst nachdem ich sie auszog und in ein Laken wickelte, beruhigte sie sich wieder. Ich stellte den Fernseher an und brachte ihr Frühstück ins Wohnzimmer. Lächelnd verzehrte sie ihre Mahlzeit. Bitte, lieber Gott, betete ich stumm, was immer mein Baby gequält hat, laß es aufhören.

Später an diesem Vormittag trocknete ich ihr nach dem Baden die Haare, als sie erneut unruhig wurde. Um sie abzulenken, begann ich ein Wortspiel mit ihr, das sie liebte. Ich mußte einen Buchstaben nennen, und sie nannte mir ein Wort, das mit diesem Buchstaben begann.

»Okay, Schüler«, begann ich, indem ich vorgab, eine Lehrerin in der Schule zu sein. »Wer kann mir ein Wort nennen, das mit A beginnt?«

Ashley sah mich strahlend an. »Apfel.«

»Wie sieht es mit B aus?«

»Ball.

»K?«

»Katze.«

»H?«

»Hund.«

»O?«

»Ohr.«

»F?«

Sie zögerte einen Augenblick und sagte: »Ich kenne kein Wort mit F.«

»Was ist mit Feuer?«

Ich hatte das Wort noch nicht ganz ausgesprochen, da sprühten bereits Funken aus dem kleinen Elektroheizgerät im Bad, und eine dunkle Rauchwolke stieg daraus hervor. Ich griff nach dem Wandstecker, um ihn herauszuziehen, während Ashley in die Küche floh. Als ich zu ihr kam, klammerte sie sich an die Türklinke und zog daran, um hinauszugelangen.

»Mach, daß es aufhört, Mami«, schluchzte sie. »Hier passiert es auch. Hier auch.«

»Ist ja gut, Schätzchen.« Ich nahm sie auf den Arm. »Es ist vorbei. Alles in Ordnung.«

Sie entspannte sich, und ich half ihr, die Schuluniform anzuziehen. Doch im Auto begann sie aufs neue schreiend um sich zu schlagen und zu jammern, daß etwas ihr weh tut. Sie tobte derart auf dem Vordersitz herum, daß ich beinahe die Kontrolle über den Wagen verlor.

Völlig abrupt beruhigte sie sich wieder, dafür begann das Autoradio, selbständig von Sender zu Sender zu wechseln. Ich griff nach einer Kassette und steckte sie in den Rekorder, doch das Gerät spuckte sie immer wieder aus, wie ein bockiges Kind einen Löffel Spinat. Schließlich gab ich meine Versuche auf, und wir setzten unseren Weg nach Madison fort.

Kaum hatten wir die Biegung in der Nähe unseres Hauses passiert, erstarb der Motor, und der Wagen rollte aus. Mein wiederholtes Drehen des Zündschlüssels brachte mir lediglich eine leere Batterie ein. Auf einmal wurde ich mir der Kälte bewußt. Die an die Batterie gekoppelten Fenster- und Türverriegelungen machten uns zu Gefangenen in einem Käfig, der von Minute zu Minute kälter wurde. Während ich mich nach etwas umsah, womit ich das Fenster einschlagen konnte, begann ich ein Gebet zu sprechen und unternahm zwischendurch weitere Versuche, den Wagen zu starten. Ich betete weiter, während Ashley mit den Tränen kämpfte. Wieder drehte ich den Anlasser, und schnurrend wie eine Katze sprang der Motor auf einmal an.

Auf dem Weg zu Ashleys Schule dachte ich darüber nach, was Jordan gesagt hatte. *Sie können Ihnen folgen.* Oder auch nicht. Vielleicht waren die Zwischenfälle mit dem Autoradio, der Batterie, dem Elektroheizgerät und Ashleys Anfälle nur Zufall. Oder auch nicht. Ich beschloß, Pater John zu informieren und zu fragen, ob man den Exorzismus nicht etwas beschleunigen konnte. Wir telefonierten inzwischen seit einem Monat mit Pater A. Es war Zeit, mit dem Reden aufzuhören und Taten folgen zu lassen. Ron und ich hatten noch immer nicht kirchlich geheiratet, die Kinder waren nicht getauft, und das psychologische Gutachten war ebenfalls noch nicht erstellt, doch das scherte mich nicht. Wenn die Kirche nicht gewillt war, mir zu helfen, würde ich einen anderen Weg finden. Und wenn ich so lange auf der Flucht bleiben müßte, bis Satan persönlich mich nicht mehr aufspüren konnte.

Jordan Pitkoff war aufrichtig besorgt über die Vorfälle in Kent. Er war der Meinung, daß ihn die ganze Familie zu einer erneuten Auraheilung aufsuchen solle. Punkt neunzehn Uhr dreißig erschienen wir bei ihm.

»Steven hat einen Mann mit hereingebracht«, sagte Jordan, kaum daß wir sein Büro betreten hatten. Er forderte uns auf, uns an den Händen zu fassen und das Vaterunser aufzusagen, während er daran arbeitete, die männliche Erscheinung zu vertreiben. Ich kann nicht genau sagen, ob Stevens Züge vor Zorn oder vor Schmerz verzogen waren, als das stundenlange Ritual begann. Jordan saß sehr dicht bei ihm, und, als wolle er unsichtbaren Ton modulieren, bewegte er seine Hände mit kaum sichtbarem Abstand an Stevens Kopf und Körper entlang. Nach einer Weile entspannte Steven sich und schien wieder völlig mit sich im Einklang.

Als nächstes wandte Jordan sich Ashley zu. »Eine sehr abstoßende Erscheinung versucht von ihr Besitz zu ergreifen«, bemerkte er, »aber es gelingt nicht ... Jedenfalls nicht im Augenblick.« Nachdem er sein Heilungsritual auch an ihr vollzogen hatte, brachen wir auf.

Als wir auf den Interstate Highway einbogen, blickte ich zu meinem Mann hinüber und sah etwas, das ich während unseres gesamten Martyriums noch nicht bei ihm erlebt hatte.

In seinen Augen standen Tränen.

19. Kapitel

»Jetzt sind wir nach Kent gezogen, und nun geht es hier ebenfalls los«, sagte ich. »Gibt es keine Möglichkeit, den Plan zu beschleunigen?«

Pater John hatte keinen Einfluß auf den Exorzisten oder die Vorgehensweise der katholischen Kirche, doch er versprach, sich zu erkundigen.

»Ich habe Angst, Pater«, gestand ich. »Werden Sie für meine Familie beten?«

»Ich schließe Ihre Familie seit dem Tag, an dem ich Ihr Haus segnete, in meine Gebete ein«, erwiderte er.

Ein paar Tage lang hörten wir nichts von Pater A. Schließlich meldete sich Pater John wieder bei uns. »Pater A wird am einundzwanzigsten November eintreffen. Die Einzelheiten erfahren Sie später«, sagte er.

Noch drei Wochen, dann ist dieser Alptraum vorbei, dachte ich.

Der Exorzist rief jetzt wieder regelmäßiger an und betonte bei jeder Gelegenheit, wie unabdinglich es sei, über seinen Besuch Stillschweigen zu bewahren. Bei Einmischung der Medien oder irgendeiner Form öffentlicher Bekanntmachung würde das Ritual unverzüglich abgeblasen werden.

»Ich habe von Ihrem Anwesen geträumt«, berichtete er und beschrieb mein Haus und die Umgebung bis ins Detail. »Das ist nicht weiter ungewöhnlich«, erklärte er. »Im Traum habe ich häufig Visionen, die mir dabei helfen, die Ursache des Bösen zu erkennen. In diesem Traum sah ich Wälder, eine Schlangenhaut, und ein indianischer Begriff kam darin vor, das Wort *Choctaw*. Ich nehme an, daß es einen Zusammenhang mit den Indianern gibt, die Ihr Land vor über zweihundert Jahren bewohnten.«

»Jordan Pitkoff hat etwas Ähnliches verlauten lassen«, antwortete ich. »Er sagte, daß die Ursache der Vorfälle dreihundert Jahre zurückliegt und daß die Auswirkungen sich seit dreihundert Jahren auf das Haus und die Umgebung ...«

»Ich dachte, Sie hätten diesen Parapsychologen endlich abgeschrieben.«

»Es gibt wirklich nichts an Jordan auszusetzen«, erwiderte ich. »Er ist kein Betrüger. Er hat uns schon oft geholfen, ohne etwas dafür zu verlangen. Er hat uns sogar angeboten, in seinem Haus zu wohnen. Jordan ist uns wirklich ein Freund geworden, und Steven hält große Stücke auf ihn. Ich würde es begrüßen, wenn er während des Exorzismus anwesend sein könnte.«

»Nun, das wird nicht der Fall sein. Und falls doch, wird es keinen Exorzismus geben.«

Zwei Wochen vor dem angekündigten Besuch von Pater A hörte das Rumoren unserer Poltergeister plötzlich auf. Es gab keine Gerüche mehr, keine schlagenden Türen, keine kalten Stellen. Nach wie vor fuhren wir täglich zum Haus, um Pater A's Anrufe entgegenzunehmen. Ich ertappte mich bei dem Gedanken, daß dieses ›Etwas‹, das uns von hier vertrieben hatte, sich nun selbst davongemacht hatte. *Vielleicht weiß es, daß Pater A kommt, und ist vor Angst geflohen.* Es ergab zwar keinen Sinn, aber mir sollte es recht sein.

Zumindest wagte ich wieder zu hoffen, und in derart hoffnungsvoller Stimmung machte ich mich einen Tag vor der Ankunft Pater A's mit Steven und Ashley auf den Weg zum Haus, um ein paar Dinge und Stevens Wagen zu holen.

Auf mein Drängen hin hatte er seinen Wagen seit seiner Rückkehr aus Rineyville nicht mehr angerührt. Der rote Plymouth Fury, Baujahr 1975, flößte mir seit Wochen Unbehagen ein, ohne daß ein konkreter Anlaß dafür vorlag, im Gegenteil, der Wagen fuhr so einwandfrei, wie man es von einem sechzehn Jahre alten Fahrzeug verlangen konnte. Es war nur ein unbestimmtes Gefühl, doch selbst in dieser kurzen Zeit relativer Ruhe war ich wachsam, was solche Anflüge von Intuition anging, besonders, wenn es die Kinder betraf.

Ron hatte den Wagen gründlich unter die Lupe genommen und nichts Auffälliges entdeckt. Weder er noch Steven konnten begreifen, weshalb ich so hartnäckig auf einer technischen Prüfung bestand. Nur wegen der unergründlichen Vorfälle mit unseren anderen Fahrzeugen hatten sie sich meinem Willen gebeugt und den Wagen zu *Madison Automotive* gebracht, wo er einer Inspektion durch einen Fachmann unterzogen wurde.

Zunächst fuhren wir an jenem Dienstag bei Kellie vorbei, um Erika und Kendra abzuholen. Ashley sah ihre Freundinnen nach unserem Umzug nur noch selten und vermißte sie sehr. Daher wollten wir die beiden zur Werkstatt und dem kurzen Aufenthalt in unserem Haus mitnehmen.

Kellies Mutter Janet war ebenfalls da. Sie und Kellie gehörten zu den wenigen Leuten, die von unseren Problemen wußten.

»Wie steht's mit dem Haus?« fragte Janet.

»Ganz gut«, antwortete ich lächelnd.

»Lädst du uns mal ein?«

»Keine Chance. Im Augenblick jedenfalls nicht«, erwiderte ich, wenig erpicht darauf, über das Haus zu reden. Ich war guter Laune und verspürte keine Lust, mich über Geister und Dämonen auszulassen. Sollte der Exorzist sich damit herumschlagen.

Ashley, wieder mit ihren Freundinnen vereint, war ausgelassen wie schon lange nicht mehr, und Steven strahlte über das ganze Gesicht, als wir vor der Werkstatt hielten, die nicht weit von unserem Haus am Füße eines Hügels liegt, dort, wo der Clifty Drive sich auf vier Spuren erweitert.

»Ich habe nichts finden können«, sagte der Mechaniker. »Die Batterie ist ein bißchen klein für den Motor, aber ansonsten ist er in einwandfreiem Zustand.« Ich fuhr den Clifty Drive zurück und sah, wie Steven hinter mir aus der Parklücke zurücksetzte. Bei unserem Haus angekommen, war nichts mehr von ihm zu sehen. Ich wartete, aber keine Spur von Steven. Ich neckte ihn häufig wegen seines langsamen Fahrstils, doch nun begann ich mir allmählich Sorgen zu machen. Hatte der Mechaniker womöglich etwas übersehen?

Endlich rollte sein Wagen über den Hügel und bog in unsere Auffahrt ein.

»Wo hast du denn gesteckt?« fragte ich ihn.

»Mensch Mom, was hast du's denn so eilig?« lachte er.

»Du solltest wenigstens die Mindestgeschwindigkeit einhalten«, zog ich ihn auf. »Wie ist der Wagen?«

»Läuft prima.«

Wir hatten zwar nicht vorgehabt, länger zu bleiben, aber da Ron ohnehin lange arbeiten mußte, beschloß ich, ein paar Teile in die Waschmaschine zu stecken und in der Zwischenzeit das Haus ein wenig aufzuräumen. Es tat gut, wieder zu Hause zu sein. Wir alle waren die triste und spartanische Wohnung, in der wir hausten, leid und sehnten uns nach unserem Heim zurück. Vielleicht war es ja bald soweit. Wir hofften, nach Hause zurückkehren zu können, sobald Pater A das Böse vertrieben hatte. Wir verstanden das alles zwar nicht, doch wir hatten Hoffnung.

»Wie wär's, wenn ich uns heute abend hier das Abendessen zubereite?« fragte ich meinen Sohn.

»Hört sich gut an«, antwortete er.

»Fahr schnell rüber in die Wohnung und hol eine Tüte Kartoffeln. Ich backe sie im Ofen, während ich die Wäsche fertig mache.«

»Okay.«

Ich drückte ihm die Wohnungsschlüssel und ein paar Dollar in die Hand, damit er tanken konnte. »Ich bringe inzwischen Kendra und Erika nach Hause«, sagte ich zu ihm.

Bei unserem Auszug hatten wir beschlossen, niemanden mehr, insbesondere nicht die Kinder anderer Leute, ins Haus zu lassen, bis unser Problem gelöst wäre, sei es durch Exorzismus oder sonstwie. Ich hatte nicht vor, diesen Vorsatz zu brechen.

Ich rief die Mädchen, verfrachtete sie ins Auto und fuhr die zwei Blocks zu Kellie. Janet war immer noch da, und Eugen Shelton, ihr Onkel, ein Polizist aus Madison, hatte sich zu ihnen gesellt.

»Ihr wart länger fort, als ich dachte«, sagte Janet.

»Das liegt an Steven«, antwortete ich. »Er hat zehn Minuten gebraucht, über den Hügel zu kommen. Ich wünschte, der Bursche würde sich endlich angewöhnen, etwas schneller zu fahren.«

Bis Eugene gegangen war, wurde das Haus nicht erwähnt. Doch dann konnte Janet ihre Neugier nicht mehr bezähmen.

»Können wir nicht eine einzige Nacht dort verbringen«, bettelte sie. »Wir würden diese Poltergeister zu gern mal erleben, bevor der Exorzist dem Spuk ein Ende setzt.«

»Ich weiß nicht«, sagte ich unschlüssig. Vielleicht war ja tatsächlich nichts dabei. Jordan Pitkoff hatte mir versichert, daß Poltergeister nicht lebensbedrohlich seien. Janet war Feuer und Flamme, und sie spürte, daß mein Widerstand dahinschmolz.

»Du könntest bei uns bleiben. Und wenn die Situation eskaliert, gehen wir sofort hierher zurück«, drängte sie.

»Aber auf keinen Fall die Kinder«, sagte ich. »Ich würde nicht einmal mehr meine eigenen Kinder dort übernachten lassen.«

»Das regeln wir schon,» erwiderte sie, »vielleicht kann Ron bei ihnen bleiben.«

Okay, dachte ich bei mir, *wenn mein Mann sich um die Kinder kümmert, dann lasse ich meine beste Freundin eine Nacht in unserem Spukschloß verbringen.* Ich rief ihn im Betrieb an.

Mit den Worten, »ich habe keine Ahnung, um welche Zeit ich heute hier rauskomme«, setzte er der Diskussion ein Ende.

»Ach, du hättest wahrscheinlich sowieso nichts mitbekommen«, tröstete ich Janet. »Es ist jetzt vollkommen ruhig drüben. *Sie* sind möglicherweise längst auf und davon. Ich gehe jetzt besser. Steven wartet bestimmt schon.« Janet begleitete Ashley und mich zum Wagen und versuchte bis zur letzten Minute, mich umzustimmen.

Während ich an der Hintertür nach den Schlüsseln kramte, hörte ich das Telefon klingeln. In dem Moment, als ich die Tür öffnete, sprang der Anrufbeantworter an, und der Anrufer legte auf. Mein erster Gedanke galt Steven. Er sollte längst zurück sein.

Mit Ashley auf dem Arm lief ich unruhig hin und her. Erneut klingelte das Telefon. Es war Ron.

»Ich habe gerade einen Anruf aus dem King's Daughter's Hospital erhalten. Steven hatte einen Autounfall.«

Mein Herzschlag setzte für Sekunden aus. »O mein Gott«, flüsterte ich.

»Nein, nein, reg dich nicht auf«, sagte Ron. »Er ist in Ordnung. Welchen Wagen hat er gefahren?«

Ron wußte nicht, daß wir Stevens Wagen bei der Werkstatt abgeholt hatten.

»Was?« erwiderte ich verwirrt.

»War er mit meinem Wagen unterwegs?«

Seine Frage hing möglicherweise mit meinen Bedenken bezüglich des Plymouth zusammen. Vielleicht glaubte er, daß meine Ängstlichkeit eine Vorahnung gewesen war, doch ich dachte im ersten Augenblick, er mache sich nur Sorgen wegen seines Wagens.

»Nein, er saß in seinem eigenen Wagen«, giftete ich ihn an.

»Sie haben gesagt, es war ein schwerer Unfall, aber Steven ist unverletzt. Am besten, du fährst gleich zum Krankenhaus.«

Ich setzte Ashley eilig bei Kellie ab und machte mich auf den Weg zum Krankenhaus. Aus den zahlreichen Krankenwagen und dem Menschenauflauf vor dem Gebäude schloß ich, daß es sich tatsächlich um einen schwerwiegenden Unfall handeln mußte.

Überall standen Menschen herum. Das erste, was zu mir durchdrang, als ich die überfüllte Notaufnahme betrat, war das entsetzliche Schreien einer Frau: »Mein Junge. Mein Sohn. Mein Junge ist tot.«

Ich hielt eine vorbeigehende Krankenschwester am Ärmel fest. »Ich suche Steven Johnson. Ich bin seine Mutter«, sagte ich zu ihr. Ohne zu zögern, nahm sie meinen Arm und führte mich durch die Tür, einen Gang entlang bis zu einem Raum, der mit Röntgengeräten ausgestattet war. Mein Sohn lag auf einer Liege und trug eine Halsstütze. Stumm blickte er mich an, während der Röntgenassistent das Gerät in Position brachte. Seine Kleider waren voller Blut, und Tränen liefen ihm über die Wangen. Er wirkte entsetzlich jung und hilflos. Ich wischte ihm die Tränen fort, küßte ihn und bemühte mich, ihn zu trösten.

Eine Schwester schob mich auf den Gang und bat mich zu warten, bis der Arzt Zeit für mich habe. Niemand gab mir irgendwelche Informationen, aber die Szene im Warteraum hatte mir genug gesagt. Jemand war ums Leben gekommen, und mein Sohn war darin verwickelt.

Endlos krochen die Minuten dahin. Die Leute um mich herum weinten und sprachen sich gegenseitig ihr Beileid aus. Irgend jemand telefonierte mit Angehörigen. Eine Familie hatte einen schrecklichen Verlust zu beklagen, und ich fühlte mich wie ein Eindringling, der ihre Trauer störte. Obwohl ich aus tiefster Seele mit ihnen fühlte, blieb mir nichts weiter übrig, als dazusitzen, vor mich hin zu starren und zu warten. Ich rief Ron an und teilte ihm mit, daß jemand bei dem Unfall getötet worden war und bat ihn, ins Krankenhaus zu kommen.

»Ich muß bis spät in die Nacht arbeiten«, antwortete er. »Ich kann jetzt nicht fort.«

Die Zeit verstrich. Mir kam es vor wie Stunden. Ich fühlte mich verlassen und wie erstickt durch die verzweifelte Trauer, die in diesem Raum lastete. Wieder rief ich meinen Mann an.

»Begreif doch«, sagte ich zu ihm. »Jemand ist ums Leben gekommen, und es muß irgendwie mit Stevens Unfall zusammenhängen. Ich stehe das allein nicht durch. Ich brauche dich.«

Er versprach mir, sich sofort auf den Weg zu machen, und ich setzte mich wieder ins Wartezimmer. Noch immer hatte keiner der Ärzte mit mir gesprochen, und die Schwestern ließen mich nicht wieder zu Steven hinein. Doch als Ron endlich eintraf, bahnte er sich einen Weg durch die Schwestern und kehrte innerhalb von dreißig Minuten mit Steven zurück. »Steig ins Auto«, sagte Ron.

Steven versuchte uns zu erklären, was vorgefallen war, doch er war so verwirrt, daß wir aus seinem Gestammel kaum schlau wurden.

»Mom, ich konnte nichts dagegen tun«, sagte er immer wieder. »Ich brachte den Wagen einfach nicht zum Stehen. Das Gaspedal war nach unten gedrückt, und ich bekam es nicht wieder hoch. Mom, ich habe einen Mann umgebracht. Er ist tot.«

»Du hast niemanden umgebracht«, erwiderte ich. »Was immer es ist, das hinter unserer Familie her ist … dieses Etwas hat ihn getötet.«

»*Es* versuchte mich zu töten«, bestätigte Steven nickend. »*Es* wollte mich töten, aber statt dessen mußte dieser Mann sterben.«

Ron stieg in seinen Wagen, um Ashley abzuholen und zu unserem Apartment zu bringen. Steven fuhr in meinem Wagen mit. Ich hatte Mühe, ihn zu beruhigen. Er weinte und sprach unentwegt von dem Mann, der unter dem Pickup gelegen hatte.

»Ich will mit Jordan Pitkoff sprechen«, sagte er mehrmals. »Mom, etwas war mit mir im Wagen. Ich versuchte es aufzuhalten, aber es trat einfach das Gaspedal durch, und ich war unfähig, etwas dagegen zu unternehmen. Ich sollte sterben, nicht dieser andere Mann. Wieso mußte dieser Mann sterben? Wieso kann niemand dieses Etwas aufhalten? Bitte Mom, ich muß mit Jordan sprechen.«

Wir waren nur wenige Meilen von unserer Wohnung entfernt, aber die Dringlichkeit in Stevens Stimme veranlaßte mich, an einer Tankstelle anzuhalten, die Telefonkabine zu betreten und Jordans Nummer in Louisville zu wählen.

»Es geht niemand dran«, sagte ich zu meinem Sohn, nachdem ich aufgelegt hatte. »Aber wir werden bald mit ihm sprechen.«

Er war sehr blaß und stand immer noch unter Schock. Getrocknetes Blut klebte an ihm, und Glassplitter hingen in seinen Kleidern. Außerdem hatte er Schmerzen. Zu Hause ließ ich ihm heißes Wasser einlaufen, half ihm in die Wanne und legte meine Arme um ihn, während er sich ausweinte.

Mein eigener Zustand war nicht viel besser. Ich stand kurz vor einem Zusammenbruch. Neben dem Schock, um ein Haar meinen Sohn verloren zu haben, empfand ich tiefe Trauer über den Verlust der anderen Familie, und ich fühlte mich in gewisser Weise schuldig. *Waren die Dämonen aus dem Haus uns nach Kent gefolgt? Hatten sie meinen Sohn auf einem zweispurigen Highway verfolgt und statt dessen einen anderen erwischt?* Ich hatte geglaubt, daß dieses Ding uns nicht folgen würde. Doch nun bestand kein

Zweifel, daß genau dies eingetroffen war. Irgend etwas sagte mir, daß es keine rationale technische Erklärung für Stevens Unfall geben würde. Es war uns gefolgt.

War so etwas möglich? Was in aller Welt war *es*? Ein Geist? Ein Dämon? Eine Halluzination? Verdammt, ich wollte endlich Klarheit.

»Laß uns zum Haus zurückfahren und Jordan anrufen«, sagte ich zu Ron. »Wir müssen mit ihm reden.«

Bevor wir dazu kamen, in Louisville anzurufen, ging das Telefon. Der Anrufer stellte sich als Officer True vor, ein Polizeibeamter aus Indiana.

»Ich muß mit Steven sprechen«, sagte er. »Könnte ich für ein paar Minuten bei Ihnen vorbeikommen?«

»Selbstverständlich«, antwortete ich.

Steven saß in frischen Sachen am Küchentisch, als der Polizist an die Tür klopfte. Er betrat die Küche, blickte meinen Sohn an und behauptete mit steinerner Miene: »Du kannst nicht wirklich hier sitzen. Es ist unmöglich, daß du noch am Leben bist.«

Verwirrt sah Steven auf.

»Ich komme gerade vom Unfallort und habe deinen Wagen gesehen. Es ist kaum zu glauben, daß du lebend aus diesem Wrack herausgekommen bist. Du hattest wahrhaftig einen Schutzengel, mein Sohn.«

Steven konnte nur nicken.

»Bevor du irgendwas sagst«, fuhr True fort, »muß ich dir deine Rechte vorlesen. Dir droht eine Anklage wegen fahrlässiger Tötung.«

Von einer kleinen Karte, die er in der Hand hielt, verlas er Steven den *Miranda*-Hinweis, den ein amerikanischer Polizist jedem Verdächtigen auf Anweisung des Obersten Gerichtshofes vorzulesen hat: *Sie haben das Recht zu schweigen ... alles, was Sie sagen, kann vor Gericht gegen Sie verwendet werden ... Sie haben das Recht, einen Anwalt hinzuzuziehen ...*

Die Worte, die wie eine Einführung ins Strafrecht klangen, hallten wie Hammerschläge in meinen Ohren, und ich konnte kaum die Fassung bewahren. *Es gibt keinen Ausweg,* dachte ich, *keine Möglichkeit, diesem Wahnsinn ein Ende zu bereiten, keine Grenze, die dieses Etwas nicht überwinden könnte.*

»Was ist passiert, mein Sohn?« fragte True, nachdem er Steven seine Rechte vorgelesen hatte. Er war immer noch fassungslos, einen Überlebenden aus dem Plymouth-Wrack vor sich zu haben.

Steven zögerte einen Augenblick. Würde er berichten, was tatsächlich geschehen war, fände sich die ganze Familie vermutlich in der Gummizelle wieder. Wie sollte er einem Polizeibeamten, der in einem Fall von fahrlässiger Tötung ermittelte, beibringen, daß wir von Dämonen heimgesucht wurden, die unser Haus anzündeten, unsere Autos sabotierten, Fenster einschlugen …

»Ich weiß nicht«, sagte Steven. »Das Gaspedal ging nach unten und löste sich nicht mehr. Ich habe nach unten gegriffen und versucht, es mit der Hand hochzuziehen, aber es bewegte sich nicht.«

True nickte. »Ja, Zeugen haben bestätigt, daß sie sahen, wie dein Kopf immer wieder nach unten verschwand, als ob du nach irgend etwas auf dem Boden greifen würdest.«

»Der Wagen wurde immer schneller«, sagte Steven. »Ich hatte keine Möglichkeit, ihn zu stoppen.«

»Junge, ich glaube dir, daß du dein Bestes getan hast. Eine Möglichkeit wäre gewesen, den Zündschlüssel rumzudrehen. Aber ich nehme an, du warst einfach zu unerfahren.«

Aus dem, was der Polizist Stevens Schilderungen hinzugefügt hatte, konnten wir uns inzwischen ein Bild vom Verlauf des Unfalls machen. Als Stevens Wagen immer schneller wurde, war er bei dem Versuch, das Gaspedal mit der Hand zu erreichen, von einer Spur auf die andere geschwenkt und hatte mehrere Wagen gerammt. Als er schließlich auf die Bremsen trat, kam der Wagen ins Schleudern, überschlug sich dreimal und traf dabei einen entgegenkommenden Pickup, wobei er eine der Türen des anderen Fahrzeugs wegriß. Der Fahrer, ein achtundzwanzigjähriger Mann namens Charles Claudel, wurde herausgeschleudert und getötet. Drei weitere Insassen des Pickup wurden leicht verletzt.

Mehrere Autofahrer hatten angehalten, berichtete True, aber keiner näherte sich Stevens Wagen, der wie ein zusammengeknülltes Stück Papier aussah und, dem aufsteigenden Qualm nach zu urteilen, jeden Moment zu explodieren drohte.

»Jeder ist davon ausgegangen, daß, wer immer in dem Plymouth saß, unmöglich überlebt haben konnte. Statt dessen eilten alle zu dem Pickup, der den Oberkörper von Charles Claudel unter sich begraben hatte.

Steven hatte bei dem Aufprall das Bewußtsein verloren. Als er wieder zu sich kam, lag sein Wagen auf dem Dach, und er selbst hockte auf den Knien. Er kroch durch die zerbrochene Heckscheibe heraus und stolperte zu dem Truck hinüber. Niemand kam auf die Idee, Charles Claudel unter seinem Fahrzeug hervorzuziehen. Steven fing an zu schreien und versuchte den Pickup anzuheben, bis eine Frau ihn fortzog und darauf bestand, daß er sich hinsetzte und auf den Krankenwagen wartete. »Du bist verletzt«, sagte sie zu ihm.

Daß der andere Fahrer getötet wurde, erfuhr Steven erst, als er hörte, wie der Arzt im Krankenhaus Ron davon berichtete.

»Wir werden uns wahrscheinlich nochmal unterhalten müssen, mein Junge«, sagte True. »Es wird eine Untersuchung geben. Bevor diese abgeschlossen ist, kann ich nicht sagen, ob es zu einer Anklage kommen wird oder nicht.«

Wir waren dankbar, wie er unseren Sohn behandelte. Er war so höflich und zuvorkommend wie möglich, doch die nächste Unterredung würde vielleicht weniger glimpflich verlaufen. Womöglich tauchte er mit einem Haftbefehl auf.

Nachdem er gegangen war, ging ich ins Bad und kauerte mich heulend in die Dunkelheit. Ich flehte Gott an, meiner Familie und der Familie von Charles Claudel beizustehen.

Ron rief nochmals bei Jordan an und sprach mit dessen Sohn, der versprach, daß sein Vater zurückrufen würde, sobald er nach Hause käme. Eine halbe Stunde später klingelte das Telefon. Ron ging an den Apparat und erklärte Jordan, was geschehen war.

Als ich den Hörer übernahm, klang Jordan ernsthaft erschüttert.

»Sie müssen mir glauben, Doretta«, versicherte er, »ich hätte nie damit gerechnet, daß diese Macht derart stark würde. Sie wissen, Lorraine Warren und ich haben uns beide Sorgen um Steven gemacht, aber mit so etwas haben wir nicht gerechnet. Ganz gleich, was ich tun muß, ich finde einen Weg, dem ein Ende zu setzen. Ich werde alles für ihre Familie tun, was nötig ist. Steven braucht jetzt eine umfassende Behandlung … Ihre ganze Familie.«

Wir waren alle von Jordan abhängig geworden; in den folgenden Monaten würde sich diese Abhängigkeit noch verstärken. Ich dankte Jordan für seine Fürsorge.

»Wann wird der Priester kommen, um Ihnen zu helfen?« fragte er.

»Er soll am Mittwoch in Cincinnati ankommen und Donnerstag bei uns eintreffen.«

»Der Exorzismus darf jetzt nicht mehr länger hinausgezögert werden«, sagte Jordan. »Das müssen Sie ihm klarmachen. Die Kirche hat die Sache lange genug schleifen lassen. Da wäre noch etwas. Sie müssen für Steven einen Anwalt nehmen, und Sie müssen ihm die Wahrheit über das sagen, was ihrer Familie zugestoßen ist.«

»Ja, wir haben auch schon an einen Anwalt gedacht«, antwortete ich.

»Rufen Sie mich an, wenn Sie mit dem Priester zusammengetroffen sind«, sagte er.

»Okay.«

Wir verriegelten das Haus und machten uns durch die kalte, freudlose Nacht auf den Weg nach Kent. Die Belastung dieses Abends war mir in sämtliche Glieder gefahren. Ich konnte mich kaum noch auf den Beinen halten, meine Arme waren schwer wie Blei und mein Kopf vollkommen taub. *Bitte Gott, jetzt führe Du mich. Führe meine Familie,* betete ich stumm, während die dunkle Landschaft am Fenster vorüberglitt.

Steven und Ashley saßen still auf dem Rücksitz. Ron starrte geradeaus auf die Straße. Seine Züge wirkten abgespannt und verhärmt im matten Licht des Armaturenbretts.

»Wir sind nicht weit genug geflohen«, sagte ich zu ihm. »Das nächste Mal gehen wir an einen Ort, wo es uns niemals finden kann.«

20. Kapitel

Wir erfuhren kaum etwas über den Aufenthalt oder die Aktivitäten des Exorzisten, außer, daß er sich in der Gegend aufhielt und uns am Donnerstag treffen würde. Da Ron arbeiten mußte, würde er an diesem ersten Zusammentreffen nicht teilnehmen.

»Kommen Sie morgen nachmittag mit den Kindern zum Gemeindehaus. Sie können Ihren Wagen dort stehen lassen und mit Pater Jeff und mir zusammen im Jeep fahren«, instruierte mich Pater John mittwochs abends.

»Und wohin fahren wir?« fragte ich

»Das darf ich Ihnen im Augenblick noch nicht sagen. Sie werden es wissen, wenn wir unser Ziel erreicht haben.«

Wir trafen zur vereinbarten Zeit ein. Zusammen mit Ashley und Steven kletterte ich auf den Rücksitz des Jeeps. Die beiden Priester saßen vorn. Noch immer hatten sie nichts über unser Ziel verlauten lassen. Was für einen Ort mochte der mysteriöse Exorzist wohl für dieses Rendezvous gewählt haben? Eine geheime Kathedrale, die irgendwo zwischen den Hügeln versteckt lag? Eine verborgene Lichtung am Flußufer? Wir fuhren Richtung Ohio, überquerten die schmale, verwitterte Brücke nach Kentucky, bogen links ab und fuhren auf dem Highway 36 den Fluß entlang, bis wir zu einem Hardeels-Restaurant in Carollton kamen.

Nachdem wir den Wagen geparkt hatten, blickten wir uns suchend um. Da die beiden Priester Pater A bisher noch nie zu Gesicht bekommen hatten, wußten sie auch nicht, nach wem sie Ausschau halten sollten. Durch die breiten Fenster sah ich im Inneren des Restaurants einen Mann sitzen. Obwohl er keine Priesterkleidung trug, wußte ich sofort, daß es sich um den Exorzisten handeln mußte.

Als wir ausstiegen, kam der Mann nach draußen und wartete, bis wir uns ihm näherten. Er streckte die Hand aus und sagte: »Ich sehe aus wie Pater Kerris, nicht wahr? Alle sagen das.«

Er war genauso selbstgefällig und arrogant wie während unserer ersten Telefonate, aber ich war nicht in der Stimmung, seinem Ego noch mehr zu schmeicheln.

Ich musterte seine Züge einen Augenblick und antwortete: »Nein, ich finde überhaupt nicht, daß Sie ihm ähnlich sehen.«

In Wirklichkeit hatte er tatsächlich eine gewisse Ähnlichkeit mit Kerris, dem jungen Priester aus dem Film »Der Exorzist«. Pater A besaß ein bestechendes Äußeres und trotz seiner eher durchschnittlichen Größe eine starke Ausstrahlung. Er trug schwarze Hosen, ein helles Hemd und schwarze Schuhe. Seine Kleidung wirkte weitaus kostspieliger als ein gewöhnliches Priesterornat. Mit seinem olivfarbenen Teint, dem schwarzen, welligen Haar und den dunklen Augen, unter denen dunkle Ringe lagen, konnte er aus dem Mittelmeerraum oder dem mittleren Osten stammen. Er mochte etwa Ende vierzig oder Anfang fünfzig sein; es war schwer zu sagen. Etwas an seiner Haltung, in seinem Auftreten, ließ ihn älter wirken, als seine äußere Erscheinung vermuten ließ.

Er war der erste Priester, den ich kennenlernte, der Schmuck trug.

»Sind Sie von einem Dämon besessen?« fragte er mich mit bohrendem Blick.

»Nun, heute habe ich mir noch nicht den Kopf herumdrehen lassen«, gab ich zurück und bereute meine Leichtfertigkeit augenblicklich. »Verzeihen Sie meinen Sarkasmus. Aber würde ich es überhaupt merken, wenn ich tatsächlich besessen wäre?«

Wir betraten das Restaurant, setzten uns an einen Tisch und bestellten Kaffee. Er zog eine Einhundertdollarnote aus einem Bündel weiterer Hundertdollarnoten und bezahlte die Getränke. Pater John und Pater Jeff blickten auf das Geldbündel und sahen sich an. Man konnte förmlich spüren, wie ihre Augenbrauen sich hoben.

»Ich würde mich gern allein mit Ihrem Sohn unterhalten«, sagte Pater A. »Geht das in Ordnung?« Mit einem Mal war seine Stimme viel freundlicher, geradezu sanft, als hätte er seine Herablassung zusammengefaltet und in seiner Brieftasche verstaut.

»Wohin gehen Sie mit ihm?«

»Nur ein paar Schritte nach draußen.«

»Na schön.« Später erfuhr ich, daß er Steven wegen des Autounfalls ausgefragt hatte.

Als sie zurückkehrten, setzte Pater A sich mir gegenüber an den Tisch und nahm meine Hand. Für ein, zwei Minuten blickte er mich stumm, fast hypnotisierend an; dann ließ er meine Hand abrupt fahren, als sei der Bann plötzlich gebrochen. Er lehnte sich zurück. »Okay«, sagte er. Offenbar hatte er in mir gelesen, mein Inneres nach Dämonen erforscht. Okay bedeutete, daß keine Besessenheit vorlag.

»Schauen Sie«, sagte er, »ich möchte nicht überheblich erscheinen. Ich bin nicht Gott. Im Gegenteil, ich bin weit davon entfernt. Aber ich muß Sie so hart anfassen, und ich muß auf der Hut sein. Sie könnten eine Hexe sein.«

Ich schlug die Augen gen Himmel, und er beeilte sich, mich zu beschwichtigen. »Es gibt gute und böse Hexen«, räumte er ein. »Viele Leute nennen mich einen Hexenmeister.«

Pater John und Pater Jeff sahen gequält drein.

»Es ist schon einmal vorgekommen, daß eine Hexe mich mit einem Fluch belegt hat. Sie können sich nicht vorstellen, was für Qualen ich litt. Tagelang konnte ich kaum laufen. Nachts erwachte ich vor Schmerzen schreiend. Die Ärzte konnten sich nicht erklären, was mit mir los war. Eines Tages rief sie den Erzbischof an und verkündete: Pater A's Pein wird ein Ende haben, denn heute nacht wird ein Opfer gebracht. Sie stahl ein Baby und opferte es, und meine Qualen waren vorüber.«

Sie hätte Pater A opfern und das Baby verschonen sollen, schoß es mir durch den Kopf. Was für eine Geschichte aus dem Mund eines Priesters! Ich war nicht sicher, ob ich ihm glauben sollte, und fand die Geschichte eines Babys, das geopfert wurde, um einen Priester zu erlösen, geradezu widerwärtig.

Stundenlang schwafelte er weiter und erzählte uns Geschichten von Kämpfen, die er Auge in Auge mit dem Teufel ausgefochten hatte, körperlosen Erfahrungen, übersinnlichen Heilungen und Wahrnehmungen – kurz, das gesamte Sortiment übernatürlicher Phänomene. Er schien mir sowohl mit seinem Mut und seiner Gerissenheit als auch mit seiner Frömmigkeit imponieren zu wollen. Eine Geschichte war phantastischer als die andere, und ich war nahe daran zu rufen: *Okay, verdammt noch mal, jetzt steig in den Ring mit diesen Mächten in meinem Haus und zeig, was du kannst.*

Spät am Nachmittag sagte er: »Ich möchte, daß Sie Ihren Mann anrufen. Ich will, daß er hierher kommt. Sagen Sie ihm nur, daß er kommen soll, sonst nichts. Kein Wort über das Warum und wer hier ist.«

Nach einigen weiteren Kostproben von Pater A's Heldentaten erschien Ron und setzte sich zu uns an den Tisch.

»Wir müssen sehr vorsichtig sein, wegen dieser Geschichte mit dem Unfall«, sagte der Exorzist. »Ich stehe in ständigem Kontakt mit der Kirche. Wir werden unser

Vorhaben zwar durchführen, aber durch den Unfall hat sich einiges geändert. Diese Macht ist stärker, als ich erwartet habe. Es müssen mehr Sicherheitsmaßnahmen getroffen werden. Ich will, daß ein Arzt eingeflogen wird, der bei dem Ritual anwesend ist.«

Szenen aus einem alten Film, der im Zweiten Weltkrieg spielte, kamen mir in den Sinn: Felsbrocken und Minenwerfer flogen von den umliegenden Hügeln auf einen leichenübersäten Strand.

»Außerdem will ich einen Psychologen und einen weiteren Priester mit mehr Erfahrung als Pater Jeff und Pater John dabei haben«, fuhr er fort. »Ich kenne einen in Michigan, der sicher bereit ist, zu kommen, wenn ich ihn anrufe.«

Vor meinem geistigen Auge tauchte ein junger Soldat auf, der sich in den Sand eingrub und über ein Feldtelefon Verstärkung und mehr Deckung aus der Luft anforderte. *Wir werden hier unten abgeschlachtet,* hörte ich ihn rufen.

»Ich werde mich mit Ihnen in Verbindung setzen, sobald ich die nötigen Vorbereitungen getroffen habe«, schloß Pater A. »In der Zwischenzeit erwarte ich, daß Sie gewisse Schritte einleiten, um das Risiko von Verletzungen auf ein Minimum zu reduzieren. Verkleben Sie alle Fenster, und sichern Sie alle losen Gegenstände.«

Ron machte ein Gesicht, als habe ihm jemand einen Stoß in den Magen versetzt.

»Solch ein Ritual kann zu einer recht brutalen Angelegenheit werden«, sagte der Priester. »Vermutlich wird dieses Etwas nicht freiwillig aus Ihrem Haus verschwinden, und ich werde möglicherweise Gewalt anwenden müssen.«

Nach dieser erhebenden Information war unser Treffen beendet, und Pater A fuhr in seinem Wagen davon, vermutlich Richtung Cincinnati. Ron brachte die Kinder nach Hause, und ich fuhr auf dem Rücksitz des Jeeps mit den beiden Priestern zurück zum Gemeindehaus, um meinen Wagen abzuholen.

»Nehmen Sie es mir nicht übel«, sagte ich zu den beiden Geistlichen, »aber ich habe kaum etwas von dem, was er gesagt hat, begriffen. Dauernd fragt er, ob ich einer satanischen Gemeinschaft oder so etwas angehört hätte, dabei klingt er selber ziemlich bizarr … mit seinem Gerede von Hexen und Kinderopfern.«

Sie mußten mir zustimmen. »Ich kann ihn auch nicht ernstnehmen«, sagte Pater Jeff. »Ein Teil von dem, was er erzählt hat, war wirklich zu phantastisch.«

Bevor ich das Gemeindehaus verließ, umarmten mich die beiden Priester. »Bleiben Sie am Ball«, ermunterte mich Pater Jeff. »Ich weiß, es ist hart für Sie, aber alles wird gut werden.«

Als Ron und ich an diesem Abend im Bett lagen – das immer noch aus einer Matratze auf dem Wohnzimmerfußboden bestand –, vernahmen wir ein seltsames Geräusch. Es klang, als würde eine Motte gegen die Scheibe flattern, ein stetiges, unregelmäßiges Schlagen, das von Flügeln herzurühren schien.

»Insekten?« fragte ich.

»Kann schon sein.«

»Es hört sich aber eigentlich zu groß für ein Insekt an«, sagte ich.

»Hm.«

»Außerdem gibt es um diese Jahreszeit doch gar keine Falter.«

Ron war bereits eingeschlafen.

Am nächsten Tag machte ich mit den Kindern Weihnachtseinkäufe in Clarksville. Auf dem Rückweg fuhren wir zu Hause vorbei, um den Anrufbeantworter abzuhören und frische Wäsche mitzunehmen. Wir waren kaum ein paar Minuten dort, als Ashley aufschrie, daß sie von etwas gebissen werde. Sie rieb sich Hals und Rücken. Auf ihrer Schulter entdeckte ich eine rote Schwellung, aber keine Spur von einem Insekt.

Kurz darauf setzte sie sich vor den Fernseher. Es vergingen keine zehn Minuten, als sie von neuem aufschrie. »Es beißt mich wieder!«

Ich streifte ihr das Hemd über den Kopf und fand eine weitere gerötete Schwellung unterhalb ihres Rückens. Wir packten unsere Wäsche ein und verließen das Haus. Nach zwei Meilen jammerte Ashley, weil sie in den Arm gebissen wurde. Steven zog ihr den Mantel aus, und wir sahen zwei Striemen auf ihrem Arm.

»Wie hat sich das Beißen denn angefühlt?« fragte ich sie.

»Wie von einer Katze, Mami. Es war, als ob eine Katze mich gebissen hätte.«

Die Angriffe hörten auf dem ganzen Heimweg nicht auf. In der Wohnung nahm ich sie in den Arm und legte mich mit ihr auf eine der Matratzen, doch sie hörte nicht auf zu jammern, und immer mehr Schwellungen erschienen auf ihren Armen und Beinen. Ron und ich sprachen Gebete und bemühten uns, das Ritual zu vollziehen, daß Jordan Pitkoff uns empfohlen hatte, indem wir ein imaginäres blaues Licht um uns visualisierten. Nach einigen Minuten entspannte Ashley sich und schlief ein.

Wieder einmal saßen wir vor dem Telefon und warteten auf den Anruf des Exorzisten. Er hatte versprochen, uns zu informieren, sobald er einen Arzt, einen Psychologen und den zweiten Priester aufgetrieben habe, und wir rechneten nicht mit einem baldigen Vorankommen des Geschehens. Auf die Nachricht, die uns erwartete, als das Telefon schließlich klingelte, waren wir allerdings erst recht nicht vorbereitet.

»Er ist abgereist. Heute nachmittag. Der Erzbischof hat ihn zurückgerufen«, teilte Pater John uns mit.

»Er ist abgereist?«

»Es tut mir aufrichtig leid.« Pater John äußerte die Vermutung, daß die Kirche fürchtete, aufgrund von Stevens Autounfall könne die Aufmerksamkeit der Öffentlichkeit auf uns gelenkt werden, und daß sie daher den Exorzismus verschoben hätten, bis der Unfall geklärt sei.

Ein Gefühl unendlicher Verlassenheit und gleichzeitiger Entrüstung breitete sich in mir aus. Als Ron am nächsten Tag den Hörer abhob, war ich immer noch außer mir.

»Pater A«, sagte er und reichte mir den Hörer.

»Ich will nicht mit ihm reden«, erwiderte ich, wohl wissend, daß ich meine Gefühle nicht würde im Zaum halten können. Trotz meines Zorns wollte ich es mir weder mit Pater A noch mit der Kirche – die ich beide nach wie vor brauchte – verscherzen, es war also besser, diese Beziehung nicht unnötig zu strapazieren.

Ron sprach ein paar Minuten lang mit dem Priester, und allein aus dem, was ich von der einen Seite der Unterhaltung mitbekam, konnte ich mir ausmalen, was Pater A am anderen Ende der Leitung für ein Aufhebens machte.

»Gib mir den Hörer«, verlangte ich spontan.

»Sie schulden uns keine Erklärung«, sagte ich. »Ich habe Verständnis dafür, daß Sie sich fürchten.«

»Fürchten?« fauchte er. »Ich fürchte mich nicht. Ich stehe auf der Seite Gottes. Es gibt keinen Grund für mich, mich zu fürchten. Ich möchte lediglich, daß ihre Familie sich zuerst den psychologischen Tests unterzieht, das ist der einzige Grund. Ihre Stimme hat einen sehr monotonen …«

»Wollen Sie damit sagen, ich spräche wie ein Zombie, nur weil man mir nahegelegt hat, meine Emotionen unter Kontrolle zu halten? Sie wollen Emotionen? Die können Sie haben. Fangen wir mit ihrem verdammten Erzbischof an ….« Ich verhielt mich äußerst undiplomatisch. Schließlich verfluchte man nicht einfach die Oberhäupter der Kirche, aber ich hatte mich nicht mehr unter Kontrolle. Wahrscheinlich war er jetzt überzeugt, daß der Dämon in mir erwacht sei. »Ich bin heilfroh, daß ich aus der Kirche ausgetreten bin. Ich kann kaum glauben, daß die Kirche das Leben von Menschen aufs Spiel setzt, nur weil sie Angst vor Publicity hat. Ich glaube vielmehr, daß Sie Angst vor dem haben, was in unserem Haus ist.«

Ich drückte meinem Mann wieder den Hörer in die Hand. Pater A versprach ihm, mit uns in Verbindung zu bleiben, aber ich hatte keinerlei Interesse, weitere Gespräche mit ihm zu führen. Sollte Ron allein in unserem Haus auf seine Anrufe warten, wenn er das wollte. Mein einziger Wunsch war, diesem Haus fernzubleiben, wenn es sein mußte für immer.

Am Samstag morgen war ich wie erschlagen. Soviel war in den vergangenen fünf Tagen geschehen – Stevens Unfall, das Treffen mit dem Exorzisten und seine plötzliche Abreise, die Attacken auf Ashley, die Störungen in unserer Wohnung – daß meine Nerven völlig bloß lagen.

Ich saß vor meinem Tagebuch und grübelte über meine Kinder nach. Beide hatten sich im Laufe unseres Martyriums verändert. Auf Ashleys Gesicht erschien nur noch selten ein Lächeln, und Stevens Unfall würde ihn bis an sein Lebensende verfolgen. Ich fühlte mich außerstande, ihnen oder mir selbst zu helfen, und meine Verzweiflung schlug sich in meinen Eintragungen nieder.

Es ist neun Uhr und ein sehr kalter Vormittag. Ich friere bis auf die Knochen. Ich habe die Heizung voll aufgedreht, aber angesichts des Alters und Zustandes der Heizkörper und der Tatsache, daß dieses Wohnhaus längst abbruchreif ist, erwarte ich nicht, daß es mir tatsächlich warm wird.

Ich hätte gern länger geschlafen, denn Schlaf ist im Augenblick meine einzige Fluchtmöglichkeit. Jeden Morgen erwache ich mit dem sehnlichen Wunsch, jemand möge mir sagen, daß all dies nichts weiter als ein langer Alptraum gewesen sei.

Ashley scheint ihrer Pein nirgends entkommen zu können. Ständig wirft sie sich schreiend hin und her, und selbst im Schlaf findet sie keine Ruhe. Steven kann zwar schlafen, doch der schreckliche Unfall hat dazu geführt, daß ein nervöses Zucken sein hübsches Gesicht entstellt. Mein Herz blutet für meine Kinder, und ich bin außer mir vor Zorn, daß ihr Leben so zerstört wird.

Ron reagiert wie ein Roboter. Er schaltet jede Form von Emotion aus, gerade so, als sei er nicht darauf programmiert. Vielleicht dient ihm dieses Verhalten als Sicherheitsventil. Zwölf Stunden des Tages ist er fort, an seinem Arbeitsplatz. Verschwunden in einer Welt, die sich nicht verändert hat. Manchmal kommt er abends heim und versucht, mir von Vorfällen zu berichten, die sich tagsüber ereignet haben. Ich lächle und gebe vor, ihm zuzuhören, aber ein Teil von mir würde am liebsten laut aufschreien: ›Und was ist mit uns? Was ist mit den Alpträumen deiner Tochter, mit ihren Weinkrämpfen? Was ist mit den ständigen Nackenschmerzen deines Sohnes? Was ist mit den Herzbeschwerden, die wie ein Krebsgeschwür an mir zehren?‹

Es kommt mir vor, als stünde ich nackt in einem Schneesturm, und Ron, in einen dicken Mantel gehüllt, neben mir. Vielleicht ist es unfair, aber ich spüre, daß er gegen die Kälte gewappnet ist und ich nicht, und ich bin verärgert, weil er eine Fluchtmöglichkeit hat, und ich nicht.

Die Dinge zu Papier zu bringen verschaffte mir keineswegs immer die gewünschte Klarheit, doch manchmal half es mir, eine schwierige Entscheidung zu treffen.

»Ich verschwinde hier«, verkündete ich, als Ron an jenem kalten Morgen die Küche betrat. »Wenn es mir gelingt, genug Geld zusammenzukratzen, miete ich mir eine Wohnung in Louisville.«

Er stöhnte.

»Begreifst du denn nicht«, sagte ich, »die Warrens wollten uns helfen, und ein Todesfall hat sie davon abgehalten. Die Kirche sendet uns einen Exorzisten, und wegen des Toten bei dem Unfall verschwindet er wieder. Vielleicht ist dieses Etwas stärker als wir vermuten. Muß jedesmal jemand sterben, wenn wir kurz davor stehen, Hilfe zu bekommen?«

»Pater A wird zurückkommen«, bemerkte er.

»Damit würde ich nicht rechnen. Er fürchtet sich viel zu sehr vor dem, was in unserem Haus ist, als daß er zurückkommt.«

»Er hat versprochen, heute abend anzurufen. Ich werde

versuchen, ihn davon zu überzeugen, wie wichtig es für uns ist.«

An jenem Abend kehrte Ron angewidert nach Hause zurück. »Seine Aufschneiderei hängt mir zum Hals heraus. Er hat mir haarklein die Geschichte eines dreizehnjährigen Mädchens erzählt, die er kürzlich von einem Dämon befreit hat.«

»Und was ist mit uns?«

»Er wollte wissen, wie die Untersuchungen bezüglich des Unfalls vorankommen ... ob Steven angeklagt wird. Ich habe ihm gesagt, daß es nicht so aussieht und daß der Beamte seit dem Unfall nicht mehr bei uns aufgetaucht ist. Aber er scheint anzunehmen, daß die Polizei wegen des Toten auf jeden Fall etwas gegen uns unternehmen wird. Ich glaube, Pater A können wir tatsächlich vergessen.«

Wir waren wieder genausoweit wie vier Monate zuvor. Der Parapsychologe aus Louisville war der einzige meiner kleinen Armee, der übriggeblieben war.

»Ich habe ein paar Leute aufgetrieben, die uns von Nutzen sein können. Wir werden eine Art Laien-Exorzismus durchführen, und ich möchte diese Leute dabeihaben.«

»Jordan, was wird uns das kosten ... ich meine, diese Leute von außerhalb hinzuzuziehen und das alles?«

»Alle haben eingewilligt, die Kosten selbst zu tragen. Ich werde Ihnen nur zweihundertfünfzig Dollar berechnen, das deckt die Kosten für die notwendigen Utensilien, die wir für das Ritual benötigen. Ich muß Kerzen, Bibeln und dergleichen kaufen. Aber bis auf meine Auslagen brauchen Sie nichts zu bezahlen.«

Das ist also der Mann, den der Priester, der uns im Stich gelassen hat, einen Scharlatan nannte, dachte ich. *Wenn er nicht wäre, säßen wir jetzt ganz allein da. Hätte die Kirche früher reagiert,* so sagte ich mir, *wäre uns Stevens Unfall erspart geblieben, und der junge Mann wäre noch am Leben. Dann läge ich nicht Nacht für Nacht wach und lauschte den Schreien mei-*

ner Tochter, und ich müßte nicht mitansehen, wie mein Sohn immer mehr in Schwermut versinkt.

»Wir werden uns Sonntag in Ihrem Haus einfinden«, sagte Jordan.

21. Kapitel

Um drei Uhr trafen Jordan und Teri mit zwei Männern ein, die bei dem Ritual assistieren sollten. Bei dem einen handelte es sich um einen Parapsychologen, dessen Namen ich vergessen habe, der andere war Ted Andrews, ein Spiritist aus Cincinnati. Obwohl ich dem ganzen übernatürlichen Gehabe nach wie vor skeptisch gegenüberstand, machte Andrews tiefen Eindruck auf mich. Er war Ende dreißig oder Anfang vierzig, von indianischem Äußeren und besaß eine freundliche, selbstsichere Art. Er hatte mehrere Bücher über Spiritismus verfaßt, und nichts in seiner Vorgehensweise ließ auf irgendwelchen faulen Zauber schließen.

Jordan brachte einige Utensilien mit, die für die Zeremonie benötigt wurden: zwei etwa vierzig Zentimeter lange, weiße Kerzen, mehrere Tonkrüge und Plastikbehälter, vier Glasbehälter, ein Dutzend Räucherstäbchen sowie Sand, Wasser, Salz, einen Rosenkranz, ein Medaillon aus Sterlingsilber, vier Kreuze, Gebetbücher, Bibeln und eine Kassette mit Kompositionen von Bach. Er bat mich um ein weißes Leinentischtuch, Streichhölzer, einen runden Tisch und Plastikbecher.

Außerdem brachte er eine Ausgabe des ›Katholischen Ritus bei Exorzismen‹ und Kopien von acht Gebeten mit, die in einer bestimmten Reihenfolge gesprochen werden sollten. Das Ritual sollte außerhalb des Hauses beginnen und an fünf Stellen – einschließlich unserer Wagen – von denen Jordan annahm, daß sie befallen seien, wiederholt werden.

Wir begaben uns in den Garten hinter dem Haus. Eine Kuh, die zum Cyrusschen Anwesen gehörte, stand etwa vierzig Meter entfernt auf einer Weide und beobachtete unsere düstere Prozession um die Stelle, an der ich im Traum den Schlangenbeschwörer gesehen hatte. Dort rezitierten wir zwei Gebete, eins in Latein und eins in Englisch.

Tantum ergo Sacramentum
Veneremur cernui:
Et antiquum documentum
Nove cedat ritui:
Praestet fides supplementum
Sensuum defectui.
Genitori Genitoque
Laus et jubilato,
Salus, honor, virtus quoque
Sit en benedicto,
Procedenti ab utroque
Comar sit laudatio. Amen

Seele Christi, weihe mich.
Corpus Christi, rette mich.
Blut Christi, erhebe mich.
Wasser aus den Händen Christi, reinige mich.
Jesus, mein Gott, erhöre mich.
In deinen Wunden berge mich.
Lasse nicht zu, daß ich mich von Dir lossage.
Rufe mich in der Stunde meines Todes
und nimm mich zu Dir.
Auf daß ich deinen Namen mit den Engeln preise.
Für immer und in Ewigkeit. Amen.

Wie oft hatte ich schon versucht, diesen Platz durch Gebete von seinem Fluch zu befreien? Würde Gott die Gebete von Parapsychologen und Spiritisten erhören, wo er meine verschmäht hatte? Dies war eine intensive, religiöse Liturgie, und während ich die Worte sprach, wünschte ich insgeheim, ein Priester sei anwesend.

Ted Andrews trug etwas vor sich her, das wie eine kleine Kugel aussah. Es war eine Art Trommel oder Gong, auf den er mit einem Metallstab schlug. Die Kuh hob den Kopf und ließ ein langgezogenes »Muuuuuuh« ertönen, bevor sie das Weite suchte. Ein Zeichen? Vielleicht hatte sie in dem Getrommel den donnernden Hufschlag ihrer Vorfahren oder den Ruf eines hochgewachsenen, grauhaarigen Mannes mit schwarzer Kleidung wiedererkannt, um dessen Arme sich Schlangen wanden. Was immer der Grund für die Furcht der Kuh sein mochte, mir vermittelte sie einen flüchtigen Hoffnungsschimmer.

Von einer Stelle zur anderen wandernd, umkreisten wir das Haus und wiederholten bei jedem Halt die Gebete. Bevor wir durch die Hintertür ins Haus traten, hielten wir inne und sprachen sechs weitere Gebete, jedes mit einer anderen Bittstellung:

Um den Schutz Gottes und die Gegenwart Christi:

... Möge Gottes Kraft mich stärken, Seine Weisheit mich führen ... Gottes Auge über mir wachen, Sein Ohr mich erhören.

Möge Gottes Hand mich schützen und mich auf Seinem Pfade leiten, Gottes Schild mich verteidigen, Seine Heerscharen mich erretten.

Um göttlichen Beistand:

Mein Herrscher und Gott, erhöre meinen Ruf.

O Herr, der Du Dich nicht an Verderbtheit labst und alles Böse von Dir weist. Möge mein Hochmut Dir kein Dorn im Auge sein. Dir, der du jene haßt, die da Böses tun; jene zerstörst, die mit falscher Zunge reden, und jene verabscheust, die da blutrünstig sind und Betrug begehen.

Um Erlösung von der Angst:

Der Herr ist mein Licht und meine Rettung; was soll ich fürchten? Der Herr ist meine Zuflucht; wen soll ich fürchten? Wenn das Böse mich zu verschlingen droht, werden meine Widersacher und Feinde gleichfalls stolpern und fallen.

Um Trost in der Verzweiflung:

Gleich Christus am Kreuz, als er sprach: ›Mein Gott, mein Gott, warum hast Du mich verlassen?‹ rufen wir nach Dir, o Herr.

Um geistige Erfüllung:

So wie die Augen der Diener auf den Händen ihres Herrn ruhen, so wie die Augen der Mägde auf den Händen ihrer Herrin ruhen, so ruhen unsere Augen auf Gott, unserem Herrn, auf daß er Mitleid mit uns habe.

Um Gelassenheit:

Auf daß wir uns niederlegen mit ruhigem Gewissen und uns voller Tatkraft erheben. Breite Deinen Frieden über uns, und führe uns durch Deine Weisheit. Schwäche die Kraft des Bösen, das auf all unseren Wegen lauert, und befreie uns von ihm. Gewähre uns Schutz in Deinem Schatten. Denn Du bist unser Gott, unser Führer im Dunkel der Nacht und der Erlöser von allem Übel und aller Furcht.

Im Inneren des Hauses wiederholten wir jedes Gebet. Nachdem Ted Andrews eine Art indianisches Ritual vollzogen hatte, sprachen wir die Gebete nochmals, und der eigentliche Exorzismus begann. Es war ein langer, ermüdender Nachmittag, und bei jedem Schritt der Prozedur erwartete ich, daß das Haus sich voller Protest aufbäumen und die Poltergeister in einem Feuersturm entweichen würden.

Doch das Haus war außergewöhnlich still. *Diese Wesen scheinen sich nicht vor Jordan zu fürchten,* dachte ich. Offenbar waren sie nicht im geringsten eingeschüchtert durch seine Anwesenheit und schienen diesen Frontalangriff auf ihre Existenz geradezu zu verschlafen. Bis auf Ron hatten wir alle die Köpfe geneigt.

»Lichter«, stieß er plötzlich flüsternd hervor.

Lichtkugeln, wie jene, die wir nach dem Hilferuf der Frau aus dem Stop-N-Eat durch das Radio in der Küche gesehen hatten, glitten durchs Wohnzimmer, schwebten einen Augenblick willkürlich umher und verschwanden wieder.

Jordan blickte mich an. »Ist Ihre Großmutter nicht kürzlich gestorben?« fragte er.

»Meine Stiefgroßmutter«, erwiderte ich. »Meine Großmutter starb vor acht Jahren.«

Jordan beendete das Ritual, und wir fuhren nach Kent, um es in unserer Wohnung zu wiederholen. Nachdem es vorüber war, fühlte ich mich vor Anspannung und Ungewißheit wie ausgelaugt. Hatten wir irgend etwas erreicht? Hatte ich zuviel erwartet? Eins war jedenfalls sicher: die Hand Gottes hatte sich nicht herabgesenkt, um unsere Geister und Dämonen unter deren Protestgeschrei an ihren Platz zu verweisen – wo immer dieser sein mochte.

»Wir haben es geschwächt, aber nicht vertrieben«, sagte Jordan. Er drängte mich, die Kinder am nächsten Tag keinesfalls zur Schule zu schicken.

Ein paar Tage blieb es ruhig. Zu ruhig, dachte ich, denn gewöhnlich folgte auf einen derartigen Frieden eine Katastrophe.

Ich machte mir immer wieder Gedanken über das Haus und das Land, auf dem es stand; darüber, ob die Seelen von Menschen, die hier starben oder ermordet wurden, auf diesem Grundstück gefangen waren. Nicht nur die Seelen der Indianer von vor zwei- oder dreihundert Jahren, auch andere, wie die des kleinen Mädchens, der Frau in der Badewanne, vielleicht sogar des Alten, dessen Identität so unklar war. Aber aus welchem Grund sollten diese Seelen das Land für sich beanspruchen?

Die Sitzungen und Auraheilungen bei Jordan beantworteten meine Fragen nicht, und auch seine Ratschläge brachten mich nicht weiter. Ich wünschte mir Lorraine Warrens Hilfe und die Hilfe der Kirche, aber obwohl wir davon ausgehen konnten, daß keine Anklage gegen Steven erhoben würde, sah es nicht so aus, als habe Pater A die Absicht zurückzukehren.

Drei Tage lang zerrte die Stille an meinen Nerven. *Es wartet nur ab, um neue Kräfte zu sammeln, um loszupreschen, sobald unsere Wachsamkeit nachläßt.* Ich war ein Nervenbündel, und ich ahnte, daß ich verlieren würde.

Nachdem ich einige Einkäufe in Madison erledigt hatte, fuhr ich zu unserem Haus und hielt an. Alles lag im Dunkeln. Doch ich spürte ihre Anwesenheit, fühlte, wie ihre spöttischen Blicke zwischen den zugezogenen Vorhängen hindurch auf mir ruhten.

Ich ging hinein und drehte das Licht an. Stille lag in den Räumen. Kalt bis ins Mark, blieb ich reglos stehen und betrachtete die Fotos auf dem antiken Tisch: meine glücklich lächelnden Kinder. *Dies ist ihr Zuhause. Hier gehören wir hin.* Tränen rannen über mein Gesicht, und ich spürte einen schmerzhaften Knoten in meiner Brust.

»Zeig dich, du Bastard!« schrie ich. »Sag mir, was du willst! Laß meine Familie in Ruhe, du Scheusal! Laß uns endlich in Frieden!«

Ich lag mit Ron im Bett, und wir sprachen darüber, wie es weitergehen sollte. Ich wollte die Wohnung so bald wie möglich verlassen.

»Warum können wir keinen Kredit aufnehmen und eine Wohnung in Louisville mieten?« fragte ich. »Ich halte es hier nicht mehr aus.«

»Angenommen, dieses *Etwas* ist gar nicht hinter uns her, sondern hinter diesem Pater A«, erwiderte Ron.

»Wenn er wirklich der große Dämonenschreck ist, benutzt es uns womöglich nur, um ihn anzulocken.«

»Nun, da hat *es* wohl Pech. Er wird nicht zurückkommen. Ich bin sicher, er hat Angst und hat sich deshalb aus dem Staub gemacht. Jedenfalls glaube ich nicht, daß die Kirche ihn so plötzlich zurückgerufen hat.«

Wir drehten und wendeten unsere Theorie noch bis in die Nacht: Dieses *Etwas* hatte sich in den Wochen bis zur Ankunft des Exorzisten relativ ruhig verhalten. Und dann, einen Tag vor dem vereinbarten Treffen, hatte Stevens Wagen plötzlich derart verrückt gespielt, daß ein unschuldiger junger Mann ums Leben gekommen war. Pater A behauptete, es zu kennen, ihm schon oft gegenübergestanden zu haben. Der Autounfall war womöglich eine Warnung aus der Hölle, die Pater A nicht kaltgelassen hatte.

Während wir uns diese Theorie zurechtlegten, ertönte ein Kratzen an der Decke. Kurz darauf hörten wir Stimmen. Offenbar unterhielten sich Steven und Ashley. Wir lauschten.

»Dad, bist du das?« fragte Steven.

Gleichzeitig sprangen wir auf und rannten ins Zimmer der Kinder. Steven saß aufrecht im Bett.

»Dad, er war an der Tür«, sagte er.

»Wer war da?«

»Ich dachte, du wärst es, aber dann sah ich einen Mann mit Strohhut und Latzhose.«

Bei meinem nächsten Besuch bei Jordan Pitkoff teilte ich ihm mit, daß ich Indiana so schnell wie möglich verlassen würde.

»Der Exorzismus hat nicht funktioniert«, sagte ich. »Alles, was in Madison passiert ist, fängt jetzt auch in Kent an.«

»Ein Ritual reicht nicht immer«, erwiderte er. »Wir müssen es noch ein- oder zweimal wiederholen.«

»Kann sein. Aber ich werde meine Kinder keinem Risiko mehr aussetzen.«

Wie so oft lenkte Jordan das Gespräch vom Haus auf mich und auf das, was er meine übernatürlichen Kräfte nannte. Ich spürte, daß er mich wieder überreden wollte, mich seinem parapsychologischen Zirkel anzuschließen, ein Einflußbereich, auf den ich gut verzichten konnte. Seine Strategie bestand offenbar darin, einen Keil zwischen mich und Ron zu treiben. Da zwischen uns bereits eine Kluft bestand, sah ich keinen Sinn darin, diese durch Außenstehende noch vergrößern zu lassen.

Wieder setzte er mich wegen Ron unter Druck, kritisierte die ›Schwäche‹, die mich veranlaßte, die Ehe mit einem Mann aufrecht zu erhalten, dem die Courage fehlte, mir beizustehen.

Mir platzte der Kragen. »Sie haben kein Recht, so zu reden«, sagte ich und sprang auf. Ich war nahe daran, ihm entweder eine Ohrfeige zu verpassen oder auf der Stelle den Raum zu verlassen. »Ganz gleich, wie er sich verhält, er ist mein Mann, und es steht Ihnen nicht zu, schlecht über ihn zu reden.«

Er stand auf und wich zurück. »Ganz ruhig. Ganz ruhig«, sagte er. »Atmen Sie mal tief durch.«

Dieser Zwischenfall markierte den Beginn eines schwierigen Ablösungsprozesses von Jordan Pitkoff, der bis dahin mein einziger Verbündeter gewesen war, das einzige Licht im Dunkel. Aber ich spürte, daß er versuchte, mich zu manipulieren, und das wollte ich nicht zulassen, selbst wenn es bedeutete, daß ich die Sache ganz allein durchstehen mußte.

Angesichts dieser Möglichkeit beschloß ich, daß es an der Zeit sei, mir eigene Kenntnisse anzueignen. Dem Buch der Warrens hatte ich bereits entnommen, daß das Studium von Geistern, Dämonen und übernatürlichen Phänomenen ein äußerst umfassendes Gebiet darstellte, das ich nun weiter erforschen wollte. Der Angestellte der Buchhandlung führte mich zu einer verwirrend vielfältigen Abteilung über Parapsychologie.

Ich wählte *Umgang mit dem Übernatürlichen,* da der Titel auf meine unmittelbaren Bedürfnisse zugeschnitten schien. Anschließend schwankte ich zwischen zwei Werken von Loyd Auerbach, *Übersinnliche Wahrnehmung, Heimsuchungen und Poltergeister* sowie *Wiedergeburt, Channeling* und Besessenheit*. Beide trugen den gleichen Untertitel: *Handbuch für Parapsychologen*.

Keines davon war einfach zu lesen. Nachdem ich sie durchgeblättert hatte, beschloß ich, beide zu nehmen. Einige der Begriffe waren mir halbwegs vertraut: *Hellseherei, Präkognition, Telepathie*. Von anderen dagegen hatte ich noch nie etwas gehört: *Psychometrie, Psychokinese*, und ihre rätselhafte Verwandte, die *Periodische Spontanpsychokinese*. Doch das Einführungskapitel in Auerbachs Buch über Heimsuchungen und Poltergeister ermutigte mich ein wenig.

> Seit die Wissenschaft vor etwa hundert Jahren begann, sich im Zuge der Erforschung des Übernatürlichen (heute unter dem Begriff Parapsychologie bekannt) mit Erfahrungen und Fähigkeiten zu befassen, die außerhalb des »Normalen« liegen, hat sich für die Parapsychologen eines ganz deutlich herauskristallisiert: ganz gleich, ob man an die Existenz des Übernatürlichen glaubt oder nicht, oder ob man der Meinung ist, solche Behauptungen seien absurd oder gar geistiger Verwirrung entsprungen, weltweit haben Menschen Erfahrungen gemacht, die sie als übernatürlich (übersinnlich, anormal) beschreiben. Aufgrund von Unerfahrenheit und mangelnder Information rufen derartige Phänomene in manchen Kulturkreisen unglücklicherweise grundsätzlich Unbehagen, Furcht, Entsetzen oder Verdrängung hervor. In jedem Fall wissen nur die wenigsten Menschen, wie sie mit derartigen Phänomenen umgehen sollen.

* Kanalisieren. Übertragung von Wissen und Botschaften einer höheren Bewußtseinsebene mittels eines Mediums. (Anmerkung des Übersetzers)

Obgleich die Parapsychologie oder die Erforschung des Übernatürlichen weit außerhalb eines anerkannten wissenschaftlichen Rahmens liegt, widmen sich Männer und Frauen diesem Bereich mit äußerster Leidenschaft, selbst wenn sie sich aufgrund ihres akademischen Grades ebensogut auf konventionellen wissenschaftlichen Gebieten einen Namen machen könnten. Wenn sie nicht der Meinung wären, daß diese Rätsel letztendlich lösbar seien, was sollte sie zu der Erforschung dieser Phänomene veranlassen?

Bereits bevor ich mich an die Lektüre der Bücher machte, blätterte ich die letzten Seiten durch, überflog sämtliche Indexe, Anhänge und Bibliographien und stellte mir eine Expertenliste zusammen. Mit einigen konnte man sich über die Verleger in Verbindung setzen, andere lehrten an Universitäten, und wieder andere gehörten Organisationen an, die sich der Erforschung übernatürlicher Phänomene verschrieben hatten.

Es konnte nichts schaden, meine Geschichte so vielen Fachleuten wie möglich darzulegen, also begann ich, Briefe aufzusetzen. An Loyd Auerbach, an Dr. Arthur Hastings vom Kalifornischen Institut für Transpersonale Psychologie, an Dr. Julian Isaacs von der John F. Kennedy Universität in Orinda, Kalifornien, an Dr. Elisabeth McAdams von der Südkalifornischen Gesellschaft zur Erforschung des Übersinnlichen in Los Angeles und an Dr. William G. Roll von der Psychologischen Fakultät des West Georgia College in Carollton, Georgia.

Dr. Roll hatte beeindruckende Referenzen aufzuweisen – die University of California, Oxford University, Universität Lund, Schweden, und er war außerdem der Verfasser diverser Bücher und unzähliger Abhandlungen über Parapsychologie. In Auerbachs Texten wurde er häufig zitiert, und von ihm hoffte ich besonders auf eine Antwort. Im ersten Kapitel über Psychokinese (PK), die Auerbach als die ›wahre Willenskraft‹ bezeichnet, wurde Dr. Rolls Name im Zusammenhang mit Poltergeisterfahrungen genannt, die den unseren sehr ähnlich waren. Obgleich ich nicht alles verstand, gewann ich den Eindruck, daß die Zusammenhänge ganz anders lagen als die Geister- und Dämonentheorie, die man mir seit sechs Monaten auftischte:

> Wir kommen nun zu einem Phänomen der Psychokinese, das im Laufe dieses Buches mit besonderer Ausführlichkeit behandelt werden wird: Die Poltergeisterscheinung. Im Deutschen steht dieser Begriff für »lärmender Geist«; für Parapsychologen besteht jedoch bei diesem Phänomen ein unmittelbarer Zusammenhang zu lebenden Personen und streßbelasteten Situationen. Im Falle von Poltergeistern berichtet man von Objekten, die sich aus eigenem Antrieb bewegen, Dingen, die von selbst zerbrechen, unerklärlichen Geräuschen. Gelegentlich wurden auch unbestimmte, schemenhafte Erscheinungen beobachtet. In der Regel erfolgen diese Vorfälle nach einem bestimmten Muster, d. h. sie treten auf, wenn eine bestimmte Person anwesend ist (wir bezeichnen diese Person im folgenden als Agent). Der Zeitpunkt der Vorfälle unterliegt im allgemeinen dem Zufall. Da diese Phänomene dazu neigen, sich zu wiederholen, prägte William G. Roll, Mitglied der Stiftung zur Erforschung des Übersinnlichen, Chapel Hill, North Carolina, dafür den Begriff ›Periodische Spontanpsychokinese‹.

Obwohl mir der Gedanke unangenehm war, daß jemand in unserer Familie – ich? Ashley? – in gewisser Weise verantwortlich sein sollte, empfand ich Auerbachs Theorie weniger schuldzuweisend als die von Pater A und Jordan Pitkoff. Jordan zufolge waren die Geister durch meine unterdrückten Emotionen genährt und angelockt worden, und nach Pater A's Auffassung suchten mich die Dämonen als Vergeltung für meine Sünden auf.

Während der ganzen Zeit hatte ich nach einer rationalen wissenschaftlichen Erklärung für die Dinge gesucht, die uns widerfahren waren. Mochte die *Psychokinese* auch keine hochgradige Wissenschaft sein, so war es doch wert, der Sache nachzugehen. Zumindest würde es nicht weniger Sinn machen als alle anderen Spuren, die ich bisher verfolgt hatte.

22. Kapitel

Die Wohnung, die ich in Louisville für uns ausgesucht hatte, gefiel Ron überhaupt nicht, was ich ihm nicht einmal verübeln konnte. Sie lag in jener ärmlichen Gegend, in der ich nach meiner ersten Ehe gelebt hatte, als ich, vollkommen mittellos, mit meinem Baby ums Überleben kämpfen mußte. Immerhin kostete sie nur dreihundert Dollar im Monat, und dafür konnte man kaum etwas Besseres verlangen. Ron fand mittels lokaler Immobilienbroschüren eine Wohnung für achthundert Dollar am anderen Ende der Stadt. Sie lag in einem Gebäudekomplex, zu dem so attraktive Einrichtungen wie Fitneßraum, Swimmingpool und ein weitläufiger Spielplatz gehörten. Die Kinder waren begeistert, und wir beabsichtigten, in der ersten Januarwoche einzuziehen.

Weihnachten rückte näher. Die Aussicht, schon bald wieder in Louisville zu wohnen, trug dazu bei, daß ich mich von der festlichen Stimmung anstecken ließ. Vor uns lag ein neuer Anfang, und voller Vorfreude schrieb ich einen Tag, nachdem die Entscheidung für den Umzug getroffen war, in mein Tagebuch:

Endlich sehe ich Licht am Ende des Tunnels. Wir beginnen ein neues Leben. Schluß mit den täglichen Fahrten zu unserem Haus, diese Straße entlang, die uns immer wieder an den Unfall erinnert. Unsere Wunden können endlich heilen. Ich freue mich auf die einfachsten Dinge: meinen Kindern dabei zu helfen, ihre Zimmer einzurichten, Elternabende zu besuchen. Endlich werde ich mein Leben wieder unter Kontrolle haben. Natürlich wird es noch Probleme geben, aber es gibt auch wieder Hoffnung – etwas, das ich fast aufgegeben hatte.

Jordan führte einen weiteren Exorzismus in unserem Haus durch. Ron, nicht gerade versessen auf unseren Umzug nach Louisville, versuchte, sich und mich gleichermaßen davon zu überzeugen, daß es diesmal erfolgreich gewesen sei und daher kein Grund mehr bestand, das Haus weiterhin zu meiden.

Meine Vorbehalte sollten sich jedoch bestätigen, als ich mich eines Morgens mit Ashley auf den Weg nach Madison machte und der Motor genau in dem Augenblick, als wir in den Clifty Drive einbogen, zu kochen begann. Obwohl ich mir geschworen hatte, das Haus nie wieder zu betreten, war ich nun gezwungen, dort anzuhalten, um im Haus zu telefonieren. Ich überlegte, was ich tun sollte. Ron befand sich fünfundvierzig Minuten entfernt, also versuchte ich Kellie zu erreichen. Sie war nicht zu Hause, ebensowenig Janet. Ich bestellte ein Taxi und hielt durchs Küchenfenster nach ihm Ausschau.

»Mami«, sagte Ashley, »um deinen Kopf ist ein Licht.«

Ich zuckte mit den Schultern. *Licht, das durchs Fenster hereinfällt,* dachte ich.

»Mami«, sagte sie, »dein Kopf glüht.«

Ich starrte weiter aus dem Fenster und wartete vergeblich auf das Taxi. Schließlich rief ich Ron an, der seinen Arbeitsplatz verließ, um uns aus unserer mißlichen Lage zu befreien. Nachdem er den Thermostat meines Wagens ausgewechselt hatte, fuhren wir zusammen zurück nach Louisville.

Am gleichen Abend – wir saßen beim Abendbrot – blickte Ron mich über den Tisch hinweg an. »Ich glaube, ich träume ... «, sagte er mit aufgerissenen Augen und murmelte etwas von einem Lichtschein, der mich umgab.

»Was zum Teufel ist los mit dir?« fragte ich.

»Steh mal auf«, sagte er, »geh aus dem Licht.«

Ich dachte, er sei nicht mehr ganz bei Trost, doch ich erhob mich und ging ein paar Schritte in eine dunklere Ecke der Küche.

»Das Licht ist wieder da, Mami«, sagte Ashley.

»Das gibt es doch nicht«, staunte Ron. »Dein ganzer Körper scheint zu glühen.«

Ich ging ins Bad und blickte in den Spiegel. Nun sah ich es selbst. Ein mattes, durchscheinendes Schimmern umhüllte meine Gestalt in etwa drei Zentimeter Entfernung.

Etwa eine Stunde später kehrte Steven von einem Freund zurück.

»Fällt dir irgend etwas an mir auf?« fragte ich ihn. Er blinzelte und starrte mich eine Sekunde lang an. »Ja, du glühst. Man kann deine Aura sehen.«

Das Glühen hielt während der nächsten vierundzwanzig Stunden an. Statt beunruhigt zu sein, fühlte ich mich auf merkwürdige Weise gestärkt, als ob ich von einer schützenden Hülle umgeben sei.

Andererseits war ich mir nicht sicher, ob es sich nicht um das Vorzeichen eines neuen Desasters handelte.

Verglichen mit den hinter uns liegenden Monaten war dieser Winter in Louisville geradezu paradiesisch und wurde höchstens durch unsere Erinnerungen getrübt. Doch ich war zuversichtlich, daß auch diese inneren Narben bald verheilt sein würden.

»Das alles wird bald der Vergangenheit angehören«, versprach ich den Kindern. »Bald werden wir nicht einmal mehr darüber sprechen.«

Wir hatten den Großteil unserer Möbel aus Madison mitgebracht und das Haus komplett verschlossen. Die Fenster waren vernagelt, die Gardinen zugezogen und der Strom abgeschaltet. Wir hatten vor, die Raten für das Haus abzuzahlen, bis wir es verkaufen oder anderweitig nutzen konnten.

Ein paar Monate lang nahm unser Leben wieder einen

normalen Verlauf, und ich war so naiv zu glauben, positiv in die Zukunft zu schauen würde genügen, unser Martyrium für immer hinter uns zu lassen. Immer wieder stellten die Kinder Fragen. »Ist es jetzt vorbei? Ist wirklich wieder alles wie früher?«

Zu Beginn des Frühjahres verfiel Steven in eine tiefe Depression. Obwohl er es zu verbergen suchte, lasteten der Unfall und der Tod von Charles Claudel schwer auf seinem Gemüt. Er aß kaum noch, magerte ab und entwickelte nervöse Zuckungen, die sein Gesicht oft regelrecht verzerrten. Sprach ich ihn darauf an, stritt er ab, daß etwas an ihm nagte. Doch er sprach häufig über den Tod und davon, was mit einem Menschen geschieht, wenn er stirbt. Eines Tages fragte er mich: »Glaubst du, daß Charles Claudel jetzt ein Geist ist?«

Ich versuchte vergeblich, ihn zu trösten und ihm zu versichern, daß der Unfall nicht seine Schuld gewesen sei. Eines Tages brach er zusammen. »Mom, ich kann nicht mehr«, schluchzte er.

Wir nahmen immer noch gelegentliche Termine bei Jordan Pitkoff wahr. Er sprach uns Mut zu, setzte seine übernatürlichen Heilkräfte bei uns ein, doch ich wußte, daß das nicht ausreichte.

»Wir werden uns um professionelle Hilfe für Steven kümmern«, sagte ich zu Ron. »Das stehen wir auch noch durch.«

Ich nahm Steven vorübergehend von der Schule und brachte ihn nach Tenbrook, eine psychiatrische Klinik. Zögernd erzählte ich ihnen die ganze Geschichte. *Wahrscheinlich denken die, wir sind beide verrückt,* dachte ich. *Aber es ist Zeit, die Karten auf den Tisch zu legen.* Zu meiner Überraschung war das Krankenhauspersonal jedoch durchaus vertraut mit Poltergeistern und anderen übernatürlichen Phänomenen.

Auch Ashley hatte Probleme. Sie schlief schlecht, litt wieder unter Alpträumen und klagte, daß sie sich beobachtet fühle. Sie behauptete, Schatten auf dem Flur zu sehen, die sich bewegten, und beschrieb einen davon als zweiköpfiges Monster. Um uns zu überzeugen, malte sie sogar Bilder von diesen Schattengestalten.

Ich setzte mich mit der psychologischen Fakultät der Universität in Louisville in Verbindung und fragte, ob sie mir den besten Kinderpsychologen der Stadt empfehlen könnten. »Clara Maddox«, lautete die Antwort.

»Es kann eine Weile dauern«, erklärte Clara mir. »Die Alpträume werden nicht von heute auf morgen verschwinden, aber schließlich wird sie sich öffnen und alles verarbeiten.«

Ich durfte wieder aufatmen. Die Kinder erhielten die notwendige therapeutische Betreuung. Unsere Dämonen waren uns nicht gefolgt, und Jordan Pitkoff hatte uns versichert, daß es dabei bleiben würde. Wir waren auf dem Weg zurück ins normale Leben. So glaubte ich jedenfalls.

In der schlimmsten Zeit im Haus am Clifty Drive waren unter anderem auch viele Gegenstände verlorengegangen oder verlegt worden, darunter einer meiner Lieblingsohrringe. Er verschwand irgendwann Ende 1990 oder Anfang 1991. In der Hoffnung, er würde eines Tages wieder auftauchen, verwahrte ich den dazugehörigen Ohrring. Nach einem Jahr gab ich diese Hoffnung auf.

Drei oder vier Monate, nachdem wir die Wohnung in Louisville bezogen hatten, betrat ich eines Tages das Schlafzimmer und sah den Ohrring auf der Frisierkommode liegen. In der Annahme, es sei der verbliebene Ohrring, wollte ich ihn zurück in meine Schmuckschatulle legen. Zu meiner Überraschung stellte ich fest, daß der zweite Ohrring an seinem Platz in der Schatulle lag.

»Komisch, daß er nach so langer Zeit wieder aufgetaucht ist«, sagte ich zu Ron.

Aber es war alles andere als komisch. Wir hatten uns eingeredet, daß wir die Dämonen oder Geister zurückgelassen hätten, doch Ende April war es nicht mehr zu leugnen, daß die Ereignisse von Madison uns in Louisville eingeholt hatten.

Der Fernseher schaltete sich selbständig ein und aus. Ein großer, goldgerahmter Spiegel, den ich seit Jahren besaß, fiel herunter, und die verbogene Aufhängung sah aus, als habe ihn jemand mit Gewalt heruntergerissen. In den Wänden erschienen unerklärliche Risse, und wir hörten kratzende Geräusche unter dem Verputz, so daß unsere Katze fauchend von ihrem Lager aufsprang und wie gebannt an die Decke oder in eine leere Zimmerecke starrte. Wenn wir nach Hause kamen, fanden wir die Wohnung oft in völliger Unordnung vor, die Möbel waren umgeworfen oder Gegenstände von den Tischen oder Regalen gefegt worden.

Jordan behauptete, wir sollten uns keine Sorgen wegen dieser Zwischenfälle machen; zum Teil könnten unsere eigenen übernatürlichen Kräfte der Auslöser dafür sein. Mein Verstand wollte ihm glauben, doch mein Gefühl sagte mir das Gegenteil.

Steven schien gute Fortschritte zu machen, doch Ashleys Therapie ging nur langsam voran. Sie sprach nur widerwillig mit Clara Maddox über das Haus und das kleine Mädchen, das nachts in ihr Zimmer gekommen war. Zu Hause wechselte ihre Stimmung oft von einem Augenblick auf den anderen. In der einen Minute schien sie zutiefst verängstigt wegen der Schatten, die sie sah, in der nächsten Minute saß sie friedlich vor dem Fernseher. Manchmal, wenn wir im Wohnzimmer beim Essen saßen oder spielten, zeigte sie plötzlich in irgendeine Richtung und sagte: »Sie beobachten uns.«

Ron und ich nahmen an Ashleys Therapiestunden teil, und allmählich wurde sie Clara Maddox gegenüber zutraulicher. Sie gestand, wie sehr sie ihre Freundinnen Erika und Kendra vermisse und wie traurig sie darüber sei, daß sie ihr Zuhause in Madison hatte verlassen müssen. »Ich will wieder zurück«, sagte sie. Bald begann sie auch über das Haus zu sprechen und erwähnte zum ersten Mal das kleine Mädchen.

»Wie heißt sie denn?« fragte Clara.

»Lucy«, erwiderte Ashley ohne zu zögern.

Ron und ich blickten uns verblüfft an. Uns hatte sie stets erzählt, daß sie den Namen des kleinen Mädchens nicht kenne und nichts über sie wisse, außer daß sie auf dem Dachboden lebe und keine Mami habe.

Lucy. Wir erwähnten Dr. Maddox gegenüber nichts, doch wir dachten beide an das Gleiche. *Lucy* ... der Name, der in den Weidenkorb eingeritzt worden war, nachdem die Lichtkugeln zum ersten Mal in unserem Haus aufgetaucht waren.

Zu Ashleys Geburtstag, am dritten Mai, veranstalteten wir ein großes Fest. Kellie kam mit ihren Mädchen aus Madison, und ein paar andere Freunde und Familienmitglieder waren eingeladen. Es gab Ballons, die mit Helium gefüllt waren, Fähnchen, jede Menge gutes Essen und Spiele, und überall stapelten sich Geburtstagsgeschenke.

Ich hatte Kellie in den vergangenen Monaten nur selten gesehen, und wir verbrachten diesen gemeinsamen Nachmittag in heiterer Stimmung. Ich überredete sie, über Nacht zu bleiben, damit wir mehr Zeit zum Plaudern hätten.

Ron und Steven kamen an diesem Abend früh nach Hause, und kurz darauf brachten wir die Mädchen zu Bett. Ich setzte mich mit Kellie zusammen; sie erzählte mir von den neuesten Ereignissen in Madison und erkundigte sich dann nach unserer Situation.

»Ist es vorbei?« fragte sie.

»Ja«, antwortete ich. »Alles läuft bestens. Wir haben es endlich hinter uns.«

Ich berichtete ihr von meinem wiedererwachten Interesse an Religion und davon, wie mein Vertrauen und meine Gebete uns trotz meines kürzlichen ›Zusammenstoßes‹ mit der katholischen Kirche geholfen hatten, die schwere Zeit durchzustehen. Kellie konnte sich einen gewissen Zynismus nicht verkneifen.

»Hier geht's doch nicht um Gott«, sagte sie. »Ganz egal, was die sagen.«

Sie hatte die Worte kaum ausgesprochen, als fünf oder sechs Ballons, die unter der Decke geschwebt hatten, sich von dort herabsenkten, durch den Raum schwebten und neben meinem Kopf verharrten.

»Doretta Johnson, ist das dein Werk?« fragte Kellie.

Ich brach in Gelächter aus. »Na, habe ich die Ballons etwa berührt?« erwiderte ich. Offensichtlich war ein Teil des Heliums aus den Ballons entwichen. Wir lachten immer noch, als von dem Tisch in der Nähe des Fernsehers ein klickendes Geräusch ertönte. Der Schlitz des Videorecorders hatte sich von selbst geschlossen. Obwohl sich keine Kassette darin befand, spulte das Gerät bei voller Geschwindigkeit summend zurück. Kellie lehnte sich nach vorn und reckte den Kopf.

»Verdammt«, sagte sie.

»Was ist los?«

»Doretta, das Ding ist nicht mal eingesteckt.«

»Vielleicht ist es …« Ein durchdringender Schrei, der vom Balkon zu kommen schien, unterbrach mich. Es klang weder menschlich, noch hatte ich jemals ein Tier so schreien hören. Wie ein scharfkantiges Stück Metall schien der schrille, hohe Ton die Nacht zu durchschneiden.

Ich sprang auf, und das Blut gefror mir in den Adern.

»Mein Gott«, flüsterte ich, »ein Banshee.«

Wir traten auf den Balkon. Das Heulen kam aus einem gegenüberliegenden Gehölz, das an die kleine Rasenfläche vor dem Gebäude angrenzte. In der Dunkelheit konnten wir nichts erkennen, aber das Rascheln im Gebüsch ließ darauf schließen, daß irgend etwas davonrannte. Am Knacken der Äste und Zweige konnte man seinen Weg durch die Dunkelheit genau verfolgen. In Sekundenschnelle schien es eine Strecke von hundert Metern zurückzulegen. Soweit ich wußte, war weder ein Mensch noch ein Tier in der Lage, sich derart schnell fortzubewegen.

Kellie sah aus, als sei ihr etwas im Hals steckengeblieben. »Du hast gesagt, das war ein Banshee?« fragte sie mit verständnisloser Miene.

»Ich weiß auch nicht, wieso ich das gesagt habe«, erwiderte ich. »Ich weiß nicht mal, was ein Banshee ist.«

Wir hatten uns kaum wieder gesetzt, als die Metallklappe des Briefschlitzes an der Wohnungstür schepperte. Ich vergewisserte mich, daß niemand draußen stand. Die Klappe schlug noch ein paarmal, bis Kellie schließlich sagte: »Du hast mir nicht die Wahrheit gesagt, D. J. Es ist keineswegs vorbei. *Es* ist zu dir zurückgekommen. *Es* ist dir gefolgt.«

»Nein, nein. Das ist nicht wahr.«

»Doretta, du lügst. Du kannst von mir aus behaupten, was du willst, aber es ist noch nicht zu Ende. Finde dich lieber damit ab.«

Nachdem Kellie und die Mädchen am darauffolgenden Morgen abgereist waren, machte ich mich daran, die Spuren der Party zu beseitigen und in Ashleys Zimmer Platz für ihre neuen Spielsachen zu schaffen. Vergeblich versuchte ich die vergangene Nacht aus meinen Gedanken zu verbannen. *Banshee,* dachte ich. *Was zum Teufel ist ein Banshee?*

Ich holte ein Lexikon hervor und schaute nach. »Weibliche Geistergestalt der gälischen Mythologie, die mit ihrem Schrei den Tod eines Familienmitgliedes ankündigt.«

»Die Flucht hat uns auch nicht geholfen«, sagte ich zu Marilee, als sie nachmittags nach Louisville kam. »Es muß doch irgendwo eine Grenze geben. Es muß doch eine Möglichkeit geben, dieses Etwas endgültig aus dem Weg zu schaffen.«

Ich hatte mit Marilee kein ausführliches Gespräch mehr geführt, seit sie drei Jahre zuvor nach dem Spiel mit dem Buchstabenbrett mein Haus verlassen und jeden weiteren Besuch abgelehnt hatte. Inzwischen hatte sie geheiratet und war nach Salem gezogen. Ihr Sohn Jimmy lebte mit seiner Freundin in Henryville, in der Nähe von Louisville, und Marilee war in der Stadt, um ihn zu besuchen.

»Du kannst dir nicht vorstellen, was in den letzten beiden Jahren alles passiert ist«, sagte ich zu ihr. »Oder, vielleicht doch – du hast mich ja von Anfang an gewarnt.« Sie hatte recht behalten.

»Na ja, nach unserem Experiment mit dem Buchstabenbrett war mir klar, daß mit dem Haus etwas nicht stimmte«, erwiderte Marilee. Sie dachte einen Augenblick nach. »Hast du jemals herausgefunden, was es mit diesen beiden Buchstaben auf sich hat. CK?

KLICK! Auf einmal fiel es mir wieder ein.

»Marilee, diese Buchstaben wurden auf die Wand in der Wäschekammer gemalt, als wir einmal übers Wochenende fort waren.«

»Du meinst, jemand ist bei euch eingebrochen?«

»Nein. Wir waren bei Marge. In dieser Nacht träumte ich, ich wäre zurück nach Madison gegangen. Im Traum sah ich Leute im Garten hinter dem Haus. Einer davon war ein Mann, eine Art Schlangenbeschwörer. Und in der Wäschekammer sah ich die Buchstaben CK an der Wand. Ich habe Ron von dem Traum erzählt. Als wir am nächsten Tag nach Hause kamen, standen die Buchstaben tatsächlich an der Wand. Aber alle Türen und Fenster waren verschlossen. Keiner konnte ins Haus eingedrungen sein.«

»Das ist ja verrückt.«

»Ich bin nicht mehr dort gewesen, seit wir nach Louisville gezogen sind. Aber Ron. Er stellt immer noch Nachforschungen über die Geschichte des Hauses und die früheren Besitzer an, deshalb ist er noch ein paarmal dort vorbei gefahren. Er sagt, daß Ashleys Zimmer noch immer kalt ist, viel kälter als die anderen Zimmer. Komm, laß uns zusammen hinfahren und uns noch mal umsehen. Ich will wissen, was du davon hältst.«

»Das kann ich dir jetzt schon sagen. Ich finde, du solltest dich von dort fernhalten.«

»Ich habe darüber nachgedacht ... wenn dieses Etwas, was immer es ist, uns überallhin folgen kann, können wir genausogut zurück nach Hause gehen und dort dagegen ankämpfen. Bitte, schau dich in dem Haus um und sag mir, was für ein Gefühl du hast.«

Wir vereinbarten, Ashley am nächsten Tag bei Jimmy zu lassen und zusammen nach Madison zu fahren.

Es machte den Eindruck, als versuchten meine Tochter und Marilees Sohn uns von unserem Vorhaben abzuhalten. Ashley erwachte am nächsten Morgen mit heftigen Bauchschmerzen, und ich dachte, wir müßten die ganze Sache abblasen. Ich spielte mit dem Gedanken, Ron anzurufen und ihn zu fragen, ob er nicht bei Ashley bleiben könne. Doch bevor ich den Gedanken in die Tat umsetzen konnte, kam er bereits zur Tür herein und klagte ebenfalls über Bauchschmerzen.

Als ich Marilee abholen wollte, bettelte Jimmy seine Mutter an, zu bleiben. »Bitte, Mama, fahr nicht dort hin«, sagte er. »Dieses Haus ist verhext.«

»Meine Schwester braucht meine Hilfe«, antwortete Marilee. »Also werde ich fahren. Es besteht überhaupt kein Grund zur Sorge.«

Als wir uns Madison näherten, konnte ich meine Unruhe kaum noch verbergen.«

»Entspann dich«, sagte Marilee zu mir.

Wir wechselten nervöse Blicke und traten durch die Hintertür ins Haus. Die abgestandene Luft des leerstehenden Hauses schlug uns entgegen. Wir hatten uns keinen Plan zurechtgelegt.

»Geh einfach ein bißchen herum«, forderte ich sie auf. »Sag mir, was du siehst oder empfindest.«

Sie ging durch den Wintergarten, den Flur, bis in Ashleys Zimmer, wo sie am Fußende des Bettes stehenblieb. »Hier riecht es nach Rosen«, bemerkte sie. »Außerdem ist es verdammt kalt. Meine Zehen fühlen sich an, als stünde ich auf einem Eisblock.«

Sie trat ein paar Schritte nach links. »Hier ist es überhaupt nicht kalt … im Gegenteil, ganz warm.«

Im Elternschlafzimmer rümpfte sie die Nase. »Hier stinkt es nach vergammelten Socken … nach Verwesung oder so.«

Ich nickte.

Sie bog den Kopf zurück und schnüffelte. »Es kommt von der Decke.«

Wir gingen ins Bad, in Stevens Zimmer, ins Wohnzimmer und landeten schließlich in der Küche. Marilee ging um das Ende des Tisches und blieb neben dem Fenster stehen, das auf den Clifty Drive hinausgeht. »Ich rieche Feuer«, sagte sie. »Du auch?«

»Nein«, antwortete ich. »Aber einer der Vorbesitzer hatte ein Feuer in dieser Ecke des Dachbodens ... genau über deinem Kopf. Das ist allerdings schon mehrere Jahre her.«

»Interessant«, bemerkte sie. Sie hielt ein Kruzifix in der Hand, das sie so fest umklammerte, daß ihre Knöchel ganz weiß wurden.

»Laß uns nach draußen gehen«, sagte ich. »Mal sehen, ob du dort irgendwas spürst.« Wir gingen umher, ohne daß ich sie in eine bestimmte Richtung führte.

Marilee schlenderte durch den Garten und blieb plötzlich an der Stelle stehen, an der in meinem Traum das Zelt und der Schlangenbeschwörer gestanden hatten. Die Hintertür, die ich offen gelassen hatte, schlug zu. Marilee starrte auf die Tür, dann auf den Boden, und ihre Augen weiteten sich.

»Mit dieser Stelle stimmt was nicht«, sagte sie. »Es ist, als ob man auf Treibsand stünde.«

»Was meinst du damit?«

Sie scharrte ein wenig mit den Füßen. »Ich weiß nicht, Doretta. Ich hab' schon auf weichem Boden gestanden, aber das hier fühlt sich unheimlich an. Es ist beinahe so, als sei überhaupt nichts darunter, als schwebte ich über einem Abgrund. Mein Gott, ich habe das Gefühl zu versinken.«

Sie trat rasch ein paar Schritte zur Seite. »Doretta, diese Stelle ist unheimlich. Keine Ahnung, ob es der Eingang zur Hölle oder ein Grab oder so was ist, aber mir gefällt es überhaupt nicht. Es war, als würde ich in die Erde gesaugt.«

Wir gingen zurück ins Haus, und ich erzählte ihr, daß ich an dieser Stelle oft die gleiche Empfindung gehabt hatte. »Ich wette, dort liegt jemand begraben«, sagte sie.

Die Tür, die ich zuvor hinter uns geschlossen hatte, schlug noch einmal zu.

Auf der Rückfahrt nach Louisville waren Marilees Nerven zum Zerreißen gespannt. »Ich habe das Böse gespürt«, sagte sie. »Ich habe gefühlt, wie es mich beobachtete.«

23. Kapitel

»Kannst du dich an irgend etwas Besonderes im Zusammenhang mit Jimmy Mikos erinnern?« fragte mich Marilee. »Eigentlich nicht«, erwiderte ich. »Es gibt ein paar Fotos, auf denen wir zusammen abgebildet sind, und Großmutter hat mir ein bißchen über ihn erzählt. Ich war noch sehr klein, als Mutter ihn heiratete. Wieso?«

Abwesend blickte sie mich an, ihre Gedanken wanderten zurück in die Vergangenheit. Marilee und ich hatten nie viel über unsere Kindheit gesprochen. Die Erinnerung an diese Zeit war für uns beide gleichermaßen schmerzhaft, und es bestand kein Grund, Details aus jenem Abschnitt unseres Lebens ans Licht zu zerren. Doch an diesem Abend, an dem die Eindrücke unseres Ausflugs nach Madison uns noch so gegenwärtig waren, sprachen wir vertrauter miteinander als je zuvor.

»Weißt du, ich wollte dich schon immer dafür um Verzeihung bitten, daß ich dich damals allein bei ihm zurückgelassen habe«, sagte sie über den Stiefvater, an den ich mich kaum erinnerte.

Ich hatte etwa ein Jahr bei meiner Mutter und Jimmy Mikos verbracht, während alle darauf warteten, daß ich kräftig genug für die bevorstehende Herzoperation würde. In jenem Jahr wurde ich drei Jahre alt. Marilee und meine Brüder lebten damals nicht bei uns.

»Wieso um Verzeihung bitten?« fragte ich.

»Hat er dir jemals weh getan?«

»Nein.«

»Hat er dich je angefaßt … oder ist dir zu nahe getreten?«

»Nein, nie«, antwortete ich. »Großmutter hat immer davon gesprochen, wie sehr er mich liebte und daß er sehr gut zu mir war.«

»Mich hat er belästigt, Doretta«, sagte sie. »Du lebtest damals bei Großmutter, aber Larry, Patrick, Billy und ich wohnten bei Mutter und Jimmy. Ich habe nie jemandem davon erzählt, aber ich rief damals meinen leiblichen Vater in Michigan an und bat ihn, mich zu holen. Ich nahm die Jungen mit und verschwand.«

»Nun, einen Tag nach meiner Operation hat das FBI ihn verhaftet«, sagte ich. »Also war ich sowieso nicht lange mit ihm allein. Aber genau kann ich mich nicht mehr erinnern.«

»Ich habe mich immer schuldig gefühlt, seit ich erfahren hatte, daß du mit ihm und Mutter zusammen gelebt hast«, sagte Marilee.

Schuldig. Litten alle meine Geschwister unter diesem Symptom? Dabei hatte ich angenommen, daß es nur mir so ginge. Wenn meine Stiefväter mich schlugen, fühlte ich mich stets schuldig und war überzeugt, die Strafe zu verdienen. Als Onkel Ross mich befummelte und zu vergewaltigen versuchte, fühlte ich mich schuldig. Wenn meine Mutter mich beschimpfte, fühlte ich mich schuldig. Wenn meine Großmutter ihre Predigten herunterleierte und mich mit dem Gürtel schlug, fühlte ich mich schuldig. Wenn Küchenschaben auf meinem Teller herumkrabbelten, man mich in die Toilette sperrte oder fremde Männer in das Bett krochen, das ich mit meiner Mutter teilte, fühlte ich mich schuldig. *Ich muß sehr schlecht gewesen sein, solch eine Behandlung zu verdienen.*

Am schlimmsten war es nach dem Tod meiner Mutter. Noch nie hatte ich mit jemandem darüber gesprochen, doch ein erdrückendes Schuldbewußtsein lastete seither auf mir. Marilee hatte mir ihr Herz ausgeschüttet. Jetzt hatte ich das dringende Bedürfnis, es ihr gleichzutun, mir die schwere Last von der Seele zu reden. Wie von selbst sprudelten die Worte aus mir hervor.

»Ich habe Mutter umgebracht«, platzte ich heraus.

Sie blickte mich verständnislos an, und ihr Mund blieb vor Überraschung offen stehen.

»Es war nach ihrer Krebsoperation«, berichtete ich. »Ich war damals mit Ray Holmes zusammen, dem Typen, den ich später heiratete. Wir fuhren ins Krankenhaus, um sie zu besuchen, und bevor wir ihr Zimmer betraten, nahm eine der Schwestern uns beiseite. Sie sagte, daß Mutter sehr krank sei und daß sie uns möglicherweise um ein Glas Wasser bitten würde. Sie wies uns darauf hin, daß neben Mutters Bett Eiswürfel stünden, die wir ihr geben könnten, doch unter keinen Umständen dürften wir ihr etwas anderes zu trinken geben.

Na ja, wir betraten ihr Zimmer, und es war regelrecht unheimlich. Es stank fürchterlich, und in eine bauchige Plastikflasche, ähnlich wie die, die man zum Wasserabfüllen verwendet, lief über einen Schlauch eine ekelerregende, dunkle Flüssigkeit, die aus Mutters Magen kam. Ihr Leib war geschwollen wie der einer Schwangeren im neunten Monat. Ich trat an ihr Bett, und sie bat mich um ein Glas Wasser.

»Ich befeuchte dir die Lippen mit Eiswürfeln«, erwiderte ich und erklärte ihr, daß ich ihr kein Wasser geben dürfe. Ich begann, ihr die Eiswürfel in den Mund zu träufeln. Sie konnte sich zwar nicht rühren, aber sehr wohl sprechen. ›Gib mir verflucht noch mal ein Glas Wasser‹, fuhr sie mich an. Ich habe immer Angst vor ihr gehabt, Marilee. Selbst in diesem Augenblick, als sie über und über mit Schläuchen bedeckt und ans Bett gefesselt vor mir lag, fürchtete ich mich noch vor ihr. Ich begann zu zittern, genau wie als Kind. Sie befahl mir, ins Bad zu gehen und ihr ein Glas Wasser zu holen. Ich hielt ihren Kopf, während sie trank. Mein Gott, ihre Lippen waren völlig ausgetrocknet und rissig. Sie wirkte wie eine Verdurstende in der Wüste. Nachdem sie das Wasser getrunken hatte, schien sie sich zu entspannen. Sie stöhnte ein wenig und schlief lächelnd ein.«

Marilee wandte keine Sekunde den Blick von mir.

»Ray kam zu mir, nahm meine Hand, und wir gingen. Auf dem Weg nach Hause, während der Busfahrt, sprachen wir kaum ein Wort. Er sagte nur: ›Wenn meine Mom nach Wasser verlangt hätte, hätte ich genauso gehandelt.‹ Bis zu diesem Augenblick war mir nie der Gedanke gekommen, daß sich ihr Zustand durch meine Tat verschlechtern könnte.

Am gleichen Tag fuhren die Großeltern abends ins Krankenhaus. Großvater kehrte bald zurück, während Großmutter bei Mutter blieb. Später kam ein Anruf von Großmutter, und er fuhr wieder ins Krankenhaus. Stunden vergingen, bevor sie wieder zurückkehrten. Großmutter war in Tränen aufgelöst, und Patrick und ich versuchten herauszufinden, was geschehen war. Beinahe hysterisch rückte sie mit den Einzelheiten heraus. Sie hatte an Mutters Bett gesessen. Ihr geschwollener Leib sei plötzlich aufgebrochen und die Eingeweide herausgequollen. Großmutter hatte entsetzt zu schreien begonnen, bis eine Schwester herbeieilte und Mutters Leib mit einem Tuch bedeckte.

Während ich mir die ganze Geschichte vor meinem geistigen Auge ausmalte, traf es mich wie ein Keulenschlag. *Das Wasser. Mein Gott, das Wasser mußte schuld daran gewesen sein, daß Mutters Leib aufplatzte.* Ich rannte in mein Zimmer und vergrub mein Gesicht in den Kissen. ›O mein Gott, ich habe sie umgebracht. Ich habe meine Mutter getötet.‹ Ich konnte nichts anderes mehr denken. Nie habe ich jemandem von dem Glas Wasser erzählt, aber ich bin überzeugt, daß ich sie damit getötet habe.«

»Das ist doch Unsinn, Doretta«, sagte Marilee. »Sie hatte Krebs. Man hatte ihr den halben Unterleib herausgeschnitten. Du hast nicht das Geringste damit zu tun.«

»Es gab Zeiten, da glaubte ich, sie genug gehaßt zu haben, um sie umzubringen«, sagte ich. »Vielleicht war ich unbewußt sogar froh, auf diese Weise eine Möglichkeit dazu gehabt zu haben.«

»Schlag dir das aus dem Kopf«, erwiderte Marilee. »Ihr Krebs hat sie umgebracht. Krebs, Alkohol und Drogen.«

Ich nickte, aber es war eine leere Geste.

Während der folgenden Tage verschlimmerten sich Ashleys Bauchschmerzen. Zuerst litt sie unter Durchfall, später übergab sie sich ständig und war unfähig, etwas bei sich zu behalten. Der Doktor sprach von einer Virusinfektion, doch sie hatte kein Fieber. Sie bekam das übliche Medikament für solche Fälle, Imodium, worauf der Brechreiz zwar nachließ, sie jedoch nach wie vor unter Durchfall litt. Ich ging weiter mit ihr zum Arzt, dessen Diagnose von Mal zu Mal unverbindlicher wurde. Das Geheul des *Banshee* immer noch im Kopf, zitterte ich jedesmal vor Angst, wenn Ashley sich übergab oder über Schmerzen jammerte.

»Keine Sorge, beruhigen Sie sich«, beschwichtigte mich der Arzt. »Es ist nur ein harmloser Virus.«

Ich hätte Ashley am liebsten ins Krankenhaus gebracht, aber der Arzt hielt es nicht für notwendig. Dennoch wollte ich sie aus der Wohnung haben, fort vom Ort der unheilverkündenden Botschaft des Banshee.

Als Ron nach Hause kam, überraschte er mich beim Packen.

»Was geht denn hier vor?« fragte er.

»Ich ziehe zu Großvater.«

»Doretta, du kannst doch nicht ewig so weiter ...«

»Und ob ich kann. Wenn es sein muß, bis in alle Ewigkeit. In Kent hatte ich ein paar Wochen Ruhe«, erwiderte ich. »Nachdem wir hierhin gezogen sind, war ebenfalls ein paar Monate Ruhe. Jetzt ziehe ich wieder um, und vielleicht geht es wieder eine Weile gut.«

»Das ist doch lächerlich«, widersprach er.

»Kann sein, aber ich fahre trotzdem zu Großvater.«

Nachdem er ins Schlafzimmer gegangen war, um sich eine Weile hinzulegen, kam Ashley zu mir herein.

»Mami, mir geht's besser«, sagte sie. »Kann ich mich ein bißchen draußen auf die Stufen setzen?«

Es war ein klarer, sonniger Tag, und ich war der Meinung, die Sonne würde ihr gut tun.

»Okay, aber geh nicht die Treppe hinunter.«

Ich fuhr fort zu packen. Etwa zehn Minuten später sah ich nach ihr. Ihre Puppe auf dem Schoß saß sie auf ihrem Stühlchen auf dem Treppenabsatz und schien vollkommen mit sich und der Welt zufrieden. Ich wandte mich wieder unserem Gepäck zu.

Es waren kaum fünf oder sechs Minuten vergangen, als ich hörte, wie sich die Tür öffnete. Ich drehte mich um und sah, wie Ashley in die Wohnung taumelte. Am Hals und auf ihrem Hemd befanden sich Blutspuren, und sie rang keuchend nach Luft.

Ich hob sie auf, rannte in die Küche und schrie nach Ron. Ashleys Hals sah aus, als habe ihr jemand von einer Seite zur anderen einen Schnitt versetzt. Nachdem ich die Wunde mit Wasser gereinigt hatte, stellte ich fest, daß der Schnitt nicht sehr tief war.

Ron betrat die Küche. »Was ist passiert?« fragte er mit einem Blick auf ihren Hals.

»Ich weiß nicht, Daddy.«

»Ashley, erzähl mir, was passiert ist!«

Schluchzend berichtete sie, daß sie an einem Baum gehangen habe. Ron eilte nach draußen, während ich Ashley hastig fürs Krankenhaus umzog.

Er ging zu dem großen Baum, der in der Mitte des Hofes stand, und entdeckte ein dünnes Nylonseil, das von einem der Äste herabbaumelte. Das Ende war glatt durchgeschnitten, als sei es mit einem Messer durchtrennt worden.

»Sind Sie der Vater des kleinen Mädchens?« fragte ein Mann, der aus einer der anliegenden Wohnungen herausgetreten war.

»Ja«, antwortete Ron gedehnt. »Haben Sie gesehen, was hier vorgefallen ist?«

»So mehr oder weniger«, erwiderte der Mann. Er drehte sich um und zeigte auf eine Balkontür in der Nähe des Baumes. »Ich sah fern und hatte die Balkontür offen stehen, als ich etwas vernahm, daß sich wie der Schrei eines Tieres anhörte. Zuerst dachte ich, es sei eine Katze, aber dann stand ich auf und blickte hinaus, und da sah ich die langen Haare zwischen den Ästen hin und her baumeln. Mir wurde klar, daß ein kleines Mädchen dort hing, und ich sprang über den Balkon und rief meiner Frau zu, sie solle mir ein Messer bringen. Ich hab' das Mädchen hochgehoben, um den Druck von ihrem Hals zu nehmen und versucht, das Seil zu lockern, aber ich konnte nicht mal einen Finger darunter hindurchschieben. Mann, das schlug wirklich dem Faß den Boden aus.«

»Was meinen Sie?« fragte Ron.

»Das Seil war nicht einfach um den Hals des Mädchens geknotet, sondern mehrfach um ihren Hals geschlungen. Erst als meine Frau mir das Messer brachte, konnte ich sie befreien.«

»War sonst noch jemand hier draußen?«

»Nein, der Hof war leer ... es war kein Mensch zu sehen.«

Auf dem Weg ins Humana Hospital versuchte ich noch etwas aus Ashley herauszubringen, doch ohne Erfolg. Sie bestand darauf, daß sie sich an nichts erinnern könne. In der Notaufnahme scharten sich sofort die Schwestern um uns.

Ich teilte ihnen mit, was ich wußte, und daß Ashley keinerlei Erklärungen abgegeben hatte.

Eine Schwester beugte sich zu Ashley hinab. »Ich würde gern wissen, wie es passiert ist. Du brauchst keine Angst zu haben, aber du mußt mir die Wahrheit sagen.«

Ashley wirkte eingeschüchtert durch den ernsten Tonfall der Schwester. »Ich stand unter dem Baum, und dann hing ich auf einmal daran«, sagte sie. »Ich weiß nicht, was geschehen ist.«

»Wir müssen das Jugendamt informieren«, teilte mir die Schwester mit.

»Informieren Sie, wen Sie wollen. Hauptsache, Sie kümmern sich um sie«, erwiderte ich.

Sie wandte sich wieder an Ashley. »Du weißt genau, was geschehen ist«, sagte sie. »Du mußt es mir erzählen.«

Ashley begann zu weinen. »Ich weiß es nicht. Ich kann mich nicht erinnern.«

»Doch, Schätzchen, du erinnerst dich«, beharrte die Schwester.

Ich stand stumm daneben. Wenn ich mich einmischte oder etwas sagte, würden sie glauben, ich versuchte meine Tochter zu beeinflussen. Sie führten uns mit Ashley in einen Nebenraum, wo der Arzt sie gründlich untersuchte und Ron und mich über die näheren Umstände befragte.

»Hören Sie, ich war nicht dabei«, erklärte ich ihm. »Ein Mann aus der Nachbarschaft hat sie abgeschnitten. Ich zeige Ihnen, wo er wohnt, dann können Sie mit ihm sprechen.«

»So leid es mir tut«, sagte er, »aber ich werde einen Bericht hierüber schreiben müssen.«

Es war zum Verrücktwerden, daß ich ihm nicht sagen konnte, was ich vermutete. Hätte ich angefangen, von Banshees, Dämonen und Poltergeistern zu faseln, hätte ich riskiert, daß man mir meine Kinder fortnahm.

Ashleys Genick wurde geröntgt, und während wir auf die Aufnahmen warteten, sprachen wir noch einmal mit dem Arzt und den Krankenschwestern. Sie schienen uns zu glauben, daß wir unschuldig an dem Vorfall waren, konnten jedoch Ashleys Verstocktheit nicht begreifen.

Eine der Schwestern setzte ihr besonders zu. »Du sagst uns nicht die Wahrheit. Wenn du mir nicht alles erzählst, darfst du nicht nach Hause gehen.«

Ich verlor die Geduld und mischte mich nun doch ein. »Natürlich wird sie mit uns nach Hause gehen«, widersprach ich. »Meine Tochter lügt nicht, sie hat Ihnen alles gesagt, woran sie sich erinnern kann.«

Ashleys Blick wanderte zwischen der Krankenschwester und mir hin und her. »Ich habe nur auf dem Baum gespielt«, sagte sie, »und mich dann in dem Seil verfangen, das ist wirklich alles.«

Die Röntgenaufnahmen wiesen nicht auf einen Bruch oder eine andere ernste Schädigung hin, und Ashley durfte gehen. Man legte mir nahe, sie nach einer Woche nochmals zur Kontrolle vorzustellen.

Am nächsten Morgen klingelte um sechs Uhr das Telefon. »Hier spricht Dr. Steel«, stellte sich die Stimme vor. »Ich möchte Sie keinesfalls beunruhigen, aber ich muß Sie bitten, mit Ashley zurück ins Krankenhaus zu kommen. Seien Sie vorsichtig, wenn Sie sie ins Auto setzen. Wie geht es ihr heute morgen?«

»Ganz gut, sie schläft noch. Ich habe die Nacht bei ihr verbracht. Sie hat weder geweint noch sich beklagt. Stimmt etwas nicht?«

»Ich vermute, daß ihr Halswirbel angebrochen ist.«

»Wie konnten Sie das gestern übersehen?«

»Nun ein Bruch in diesem Bereich ist schwer zu identifizieren. Man muß schon sehr genau hinschauen.«

Ich setzte Ashley zwischen mehrere Kissen gebettet ins Auto und fuhr vorsichtig zum Krankenhaus. Jeder Halt, jede Kurve oder jedes Schlagloch konnte unabsehbare Folgen für den Bruch haben.

Es wurden weitere Röntgenaufnahmen gemacht und Bluttests durchgeführt. Beim Anblick der Nadeln begann Ashley zu schreien und um sich zu treten. Eine der Schwestern brachte ihr ein großes Stofftier.

»Na, wo haben wir denn unseren Josey Wales?« fragte der Arzt lächelnd, als er den Raum betrat, in Anspielung auf einen Geächteten aus einem Film, der, nachdem er gehängt werden sollte, mit schweren Narben am Hals überlebt hatte. *Na prima,* dachte ich, *wird Ashley etwa auch so aussehen?*

»Deine Mami kann ganz beruhigt sein«, sagte der Arzt. »Es ist keine Fraktur, nur ein kleiner Bluterguß, der sich an der Stelle gebildet hat.«

»Wird sie Narben zurückbehalten?«

»Genau wie Josey Wales«, antwortete er. »Ich würde ihr ein paar hübsche Halstücher kaufen, die sie tragen kann. Es sollte eine Weile möglichst kein Sonnenlicht an die Narben kommen. Tragen sie regelmäßig Salbe auf, dann werden sie in sechs bis acht Monaten zu verblassen beginnen. Bis sie zu einer jungen Dame herangewachsen und ernsthaft besorgt um ihr Aussehen ist, werden die Narben kaum noch zu sehen sein.«

Als ich Ashley kaum eine Woche später für die Schule fertigmachte und ihr Kleid zuknöpfte, bemerkte ich, daß die Narben nahezu verschwunden waren. Wie konnte das möglich sein? Einige Tage später bekam ich Gelegenheit, mich danach zu erkundigen. Großvater war erkrankt und lag im Humana Hospital. Zusammen mit Ashley stattete ich ihm einen Besuch ab. Auf dem Weg in die Cafeteria kamen wir an der Notaufnahme vorbei und begegneten einer der Schwestern, die sehr freundlich zu Ashley gewesen war und von Ashley strahlend begrüßt wurde.

»Wie geht's dir, Kleine«, fragte die Schwester.

»Schauen Sie sich ihren Hals an«, sagte ich.

Sie beugte sich hinab und tastete Ashleys Hals ab. »Du liebe Zeit, was haben Sie mit ihr angestellt, sie zu einem Wunderheiler gebracht oder so was?«

»Nein, sie sind einfach verschwunden.«

Wieder einmal waren wir auf der Flucht, und es brach mir das Herz, mitanzusehen, wie sehr Ashley darunter litt. Seit zwei Jahren war ihr Leben ein ständiges Chaos aus Schmerzen, Alpträumen, Ärzten, Therapien, einem Leben aus Kisten. Nie konnte sie sicher sein, was der nächste Tag brachte. Bevor wir uns daran machten, die Kartons zu packen, brachte Ron sie zu Marge. Einen Teil unserer Sachen wollten wir in Großvaters Haus unterstellen und den Rest in einem Lagerraum aufbewahren.

»Wo sollen wir denn heute nacht schlafen«, fragte Ashley.

Ich wollte sie in den Arm nehmen und ihr versichern,

daß alles in bester Ordnung sei. Ich wollte schreien und um mich schlagen, gegen die Wände hämmern und unser Unglück verjagen.

Statt dessen sagte ich zu ihr: »Mach dir darüber keine Sorgen, Kleines. Wir übernachten bei Großvater. Aber bald gehen wir nach Hause zurück. Bald werden wir wieder in unser Haus ziehen.«

Abends fuhr Ron zu seiner Mutter, um Ashley abzuholen. Völlig außer sich kehrte er zurück.

»Ich hatte eine Auseinandersetzung mit Mutter«, berichtete er. »Sie wollte wissen, warum wir schon wieder umzögen und fragte mich über Ashleys Unfall aus. Ich sagte ihr, daß uns die Dämonen gefolgt sind und daß wir befürchten, sie haben es auf Ashley abgesehen. Sie glaubt, daß all die Vorfälle nur in unseren Köpfen existieren ... es gebe keine Geister und Dämonen. Ihrer Meinung nach sind wir einfach verrückt. Außerdem meint sie, die Tatsache, daß Ashley an einem Baum hing, sei eine Warnung Gottes gewesen, weil wir keine guten Christen seien.«

Seine Stimme brach, und er war den Tränen nahe. »Wie kann meine Mutter nur glauben, daß Gott so etwas tun würde? Weißt du, was sie noch gesagt hat? Sie hat behauptet, mein Vater hätte vor seinem Tod nur deshalb so leiden müssen, weil er Gott gekränkt habe, und daß Gott ihn so für seine Sünden bestraft hat.«

Ich konnte verstehen, daß Marge nicht an Geister glaubte und nicht nachvollziehen konnte, was mit uns geschah. Wir verstanden es ja selbst nicht. Aber ich war außer mir, wie unbeteiligt und verständnislos sie sich ihrem Sohn gegenüber verhielt, und daß sie ihm unterstellte, verrückt zu sein.

Die Furcht, für verrückt gehalten zu werden, hatte uns immer veranlaßt, ausschließlich mit Personen über unser Problem zu sprechen, zu denen wir ein gewisses Vertrauen hegten. Dazu gehörten die Therapeuten der Kinder, der Anwalt, den wir nach Stevens Unfall hinzugezogen hatten, ein paar enge Freunde, Verwandte, und natürlich Jordan Pitkoff, Lorraine Warren und die Kirche.

»Weißt du«, sagte Ron, »neulich habe ich mich mit ein paar Arbeitskollegen unterhalten ... es ging um übernatürliche Phänomene und so. Natürlich habe ich nichts über uns erzählt, aber ich habe festgestellt, daß sie solche Sachen gar nicht für so absurd halten. Einer von ihnen hat ein Foto mitgebracht, das in einem Haus in Prestonville aufgenommen wurde. Man konnte genau diesen merkwürdigen Schatten darauf erkennen, der wie ein Mann geformt war. In dem Haus sind angeblich auch eine Menge merkwürdiger Dinge passiert. Einer hat erzählt, daß er schon mal ähnliche Erlebnisse hatte, du weißt schon, Geräusche, und Umrisse, die er bei sich zu Hause wahrgenommen hat.«

Er schien beruhigt, daß er, sollte unsere Geschichte jemals bekannt werden, nicht den Spott seiner Freunde und Kollegen fürchten mußte. Ein wahrhaft tröstlicher Gedanke, denn schon bald sollte unsere Geschichte in aller Munde sein.

24. Kapitel

Tagebucheintragung, 26. Mai 1992:

Heute sind wir mit dem Umzug fertig geworden. Alle Möbel sind untergestellt. Zu Großvater haben wir nur Kleider und persönliche Dinge mitgenommen. Steven klagte über Rückenschmerzen und Unwohlsein. Er war außergewöhnlich hektisch und ist mit ein paar leeren Schubladen die Treppe hinuntergefallen. Wir hörten seinen Schrei und fanden ihn, gegen die Wohnungstür gelehnt, im Treppenhaus sitzend. Er rieb sich die Beine, die voller blauer Flecken waren. Er sagte, er habe das Gefühl gehabt, jemand habe die Beine unter ihm weggezogen. Außerdem schwebte dieser vertraute, gräßliche Geruch auf dem Treppenabsatz.

Ich denke immer wieder an Florida. Steven liebt das Meer

und die Palmen, und Ashley träumt schon lange von einem Besuch in Disney World. Ich habe Ron vorgeschlagen, mit den Kindern nach Florida zu fahren, aber irgendwie hat der Gedanke einen makaberen Beigeschmack, als würde ich sagen, »laß uns fahren, bevor es zu spät ist«. Sind wir schon so weit gekommen, daß wir jeden Tag in düsteren Vorahnungen schwelgen und uns fragen, ob nicht ein gräßlicher Unfall oder eine unbekannte Krankheit uns alle dahinraffen wird?

In Gegenwart der Kinder versuche ich mich optimistisch zu geben. Sie wären entsetzt, wenn sie wüßten, wie es wirklich um mich steht. Sie brauchen das Gefühl, daß ihre Mutter alles im Griff hat und sich keine Sorgen macht. Mit Ron ist es auch nicht anders. Ständig fragt er mich: »Was tun wir jetzt?« oder »Wohin sollen wir jetzt gehen?«

Jede Nacht bete ich zu Gott, daß er mich stark macht. Ich versuche mir einzureden, daß dieser Alptraum bald vorüber ist und unser Leben schöner wird. Vor meinem geistigen Auge male ich mir ein wunderbares Zuhause aus, in dem wir glücklich und zufrieden miteinander leben. Wenn ich es mir nur oft genug vorstelle, wird es vielleicht eines Tages Wirklichkeit werden.

Es erwies sich als Fehler, zu Großvater zu ziehen. Er war alt und verstockt geworden. Nach dem Tod meiner Großmutter hatte er zu trinken begonnen, und zu dem Zeitpunkt, an dem wir in sein Haus zogen, gerade eine Entziehungskur hinter sich gebracht. Die Kinder störten ihn, und das zeigte er deutlich. Obwohl Ron und ich für alle Lebensmittel aufkamen, beschwerte er sich ständig über die zusätzlichen Mäuler, die es zu füttern galt. Schon nach wenigen Tagen wurde uns klar, daß wir wieder ausziehen mußten. Doch wohin? Es war keine einfache Entscheidung.

Es war, als säßen wir in einem Boot, dessen Ankerleine gekappt war. Wie sollten wir einen neuen Hafen finden? Indem wir das Postleitzahlverzeichnis aufschlugen und willkürlich mit dem Finger auf einen Ort tippten? Mit einem Dartpfeil auf eine Landkarte zielen? Selbst wenn ein ganzer Kontinent zur Verfügung steht, auf dem man sich niederlassen kann, sind die Möglichkeiten auf geradezu groteske Weise beschränkt; man ist unweigerlich an heimatlichen Boden gebunden.

Wir überlegten, nach Madison zurückzugehen und dort eine Wohnung oder einen Wohnwagen zu mieten, bis wir eine Entscheidung bezüglich des Hauses getroffen hätten, aber ich fürchtete um die Sicherheit der Kinder.

Trotzdem beschlossen wir, eine Nacht zur Probe dort zu verbringen und das Haus auf mögliche Störungen oder die Anwesenheit von Dämonen zu testen. Nachdem wir Ashley bei Nancy abgesetzt hatten, machten wir uns, bewaffnet mit einer Videokamera, Räucherstäbchen und Kerzen, auf den Weg nach Madison. Außerdem hatten wir noch einen Generator dabei. Wir stellten die Kamera auf ein Stativ in Ashleys Zimmer, schalteten sie ein und verließen das Haus. Eine Stunde lang fuhren wir ziellos herum, in der Hoffnung, die Kamera würde uns verraten, ob sich immer noch Geister im Haus herumtrieben.

Als wir abends um elf zurückkehrten, war alles ruhig. Wir stellten die Kamera ins Wohnzimmer, zündeten Kerzen an und legten eine Matratze in die Mitte des Raumes. Während wir uns auf der Matratze sitzend unterhielten, begann der Motor des Generators zu stottern, als ob er jeden Moment seinen Geist aufgeben wollte. Kurz darauf normalisierte er sich wieder.

Wir machten uns bereit, schlafen zu gehen. Ron stellte die Kerzen vor dem Kamin auf, zündete den Kerosinofen an, damit wir es warm hatten, und schaltete den Generator aus. Das Haus war friedlich und still, und wir schliefen rasch ein.

Bis auf das Klicken der Videokamera, die sich selbständig aus und einschaltete, und ein lautes POP, das klang, als sei eine Birne explodiert, verlief diese Nacht störungsfrei.

Am nächsten Tag in Louisville spielte ich die Videokassette ab. In Ashleys Zimmer hatte sie in unserer Abwesenheit nichts Außergewöhnliches aufgezeichnet. Keine

Bewegungen, keine Geistererscheinungen, nichts. Dann kam die Sequenz im Wohnzimmer, während Ron und ich schliefen. Als erstes hatte das Mikrofon ein KLICK aufgezeichnet, als ob etwas gegen die Kamera tippe. Dann wurde die Aufnahme unscharf, und das Bild verschwamm einen Augenblick. Das Gleiche geschah noch ein paarmal, bis die Kamera hin und herzuschwenken begann.

Abends spielte ich Ron die Kassette vor.

»Irgend etwas ist immer noch dort«, sagte ich.

Am zehnten Tag in Großvaters Haus begann Ashley zu quengeln, daß wir nach Hause zurückkehren sollten. Steven unterstützte sie dabei. »Es wird Zeit, daß wir zurückgehen und kämpfen«, sagte er. Es bedurfte keiner langwierigen Familiendiskussion, zu einer Entscheidung zu gelangen.

Samstags fuhr ich mit Ron zurück nach Madison. Bevor wir Louisville verließen, schlug ich die Adresse eines geheimnisvollen Ladens nach, den jemand – Jordan oder Teri – mir empfohlen hatte. Es handelte sich um eine Art Vodooshop, der von zwei Frauen betrieben wurde. Dort wollte ich Räucherstäbchen, Weihrauchschwenker und anderes Zeug besorgen, das dazu beitragen sollte, das Böse aus meinem Haus zu vertreiben.

Die Außenfassade des Ladens war wie ein Zebrafell bemalt. Im Inneren wurde bestickte Baumwollkleidung, Kerzen, indischer Schmuck und eine ganze Palette mysteriöser Schnickschnack angeboten. Drei Frauen, die im Hinterzimmer saßen, beobachteten mich durch einen Perlenvorhang.

»Kann ich Ihnen helfen«, fragte eine von ihnen, während sie heraustrat. Sie war sehr groß, aber recht attraktiv. Zum ersten Mal schilderte ich meine Gruselstory einer völlig fremden Person. Zwischendurch bot sie mir einen Stuhl an, und ich fuhr fort mit meiner Geschichte, während die Frau wie gebannt an meinen Lippen hing.

»Ich bin gleich wieder da«, sagte sie und verschwand durch den Perlenvorhang.

Nachdem sie ihrer Schwester eine kurze Zusammenfassung meiner Geschichte präsentiert hatte, fragten sie mich über das Haus und meine Familie aus.

»Und das alles ist hier in Louisville geschehen?« fragte die große Frau.

»Nein, nein. In Madison, Indiana.«

Sie lehnte sich zurück und verdrehte die Augen. »Mädchen, in der Stadt wimmelt es nur so von Hexen und Satansanbetern.«

Sie ging im Laden hin und her, murmelte etwas von Drachenblut und Knoblauchzehen und suchte Schutzamulette, Weihrauch, Duftkerzen und ein paar andere Sachen zusammen, deren Bedeutung ich nicht kannte.

»Nehmen Sie das«, sagte sie zu mir.

Ich bezahlte die Sachen, und wir machten uns auf nach Madison, zurück in jenes Haus, daß sich Pater A, der Dämonenschreck, zu betreten fürchtete; das Haus, das Jordan Pitkoff mit seiner Spiritisten- und Mystikerbande nicht befreien konnte, das Feuer spuckte und grollte und dessen düstere Geheimnisse Visionen heraufbeschworen. Dorthin war ich nun, mit einer Tüte voller Vodookram bewaffnet, unterwegs. Meine Zuversicht hielt sich in Grenzen.

Eine spürbare Präsenz erfüllte das Haus. In der Eingangshalle schwebte ein süßlicher Duft nach Rosenblättern, und als ich Ashleys Zimmer betrat, hätte ich schwören können, einen Schatten zu sehen, der die Wand entlang huschte. In dem Zimmer herrschte eine Temperatur wie in einem Kühlhaus, und schläfrige Benommenheit befiel mich. Ich setzte mich aufs Bett und hörte Ron nach mir rufen. Seine Stimme schien von weit her zu kommen, wie von der anderen Seite einer gähnenden Schlucht.

»Gehen wir«, sagte er.

»Ich bin zu müde, um mich zu rühren.«

»Steh auf«, befahl er, »machen wir, daß wir fortkommen.«

An diesem Abend saßen wir mit den Kindern auf der Veranda, damit sie Großvater nicht ständig im Weg waren. An allem mäkelte er herum – an den Kindern, unserer Kleidung, unserer Katze ...

Wir saßen lange draußen und unterhielten uns bis spät in die Nacht, obwohl es längst Schlafenszeit für die Kinder war.

»Lieber gehe ich in dieses Haus zurück, als daß ich mich hier weiter so behandeln lasse«, sagte ich zu meinem Mann.

»Ich fange morgen früh damit an, unsere Sachen zurück nach Madison zu bringen«, antwortete er.

Alles lief schief. Auf dem Weg nach Louisville hatte der Lieferwagen einen Platten, so daß Steven und Ron den Wagen vollkommen entladen mußten, um an den Ersatzreifen zu gelangen. Ich verbrachte den halben Tag damit, Material zusammenzustellen, das ich an Ed und Lorraine Warren schicken wollte, aber hauptsächlich war ich damit beschäftigt, Ashley und Großvater voneinander fern zu halten. Zuerst stritten sie darüber, wer die Fernbedienung betätigen durfte, also schickte ich Ashley zum Spielen nach draußen. Dort biß die Katze sie in die Hand, und Großvater bekam einen Wutanfall. Statt böse auf die Katze zu sein, schimpfte er mit Ashley.

Steven und Ron kehrten mit schlechten Nachrichten zurück. Der Wasserboiler in unserem Haus war explodiert und mußte erneuert werden, bevor wir daran denken konnten, wieder einzuziehen. Offensichtlich gingen Gegenstände sogar dann zu Bruch, wenn das Haus leerstand.

»Es wird ein paar Tage dauern, bis der Schaden behoben ist«, sagte Ron.

»Also hier halte ich es nicht mehr aus. Dann ziehe ich für eine Woche zu Marilee.«

Wir vereinbarten, daß Ashley bei mir und Marilee bleiben sollte. Steven und Ron würden in der Zwischenzeit das Haus wieder in einen bewohnbaren Zustand versetzen.

Ein paar Vögel, die vor dem Schlafzimmerfenster zwitscherten, hielten mich bis weit nach Mitternacht wach. Um fünf Uhr dreißig erwachte ich, weil Ron zur Arbeit ging. Ich ging ins Bad, knipste das Licht an und – POP – zerbarst eine Glühlampe, während der Duft eines strengen Herren-Eau-de-Toilette mir in die Nase stieg. Es war der gleiche Duft, den ich bereits im Haus am Clifty Drive so oft bemerkt hatte. Ich wandte mich um und hätte mich nicht gewundert, die Erscheinung des Alten hinter mir zu erblicken. *Wenn du mir hierher gefolgt bist, alter Bastard, dann hättest du dir die Mühe sparen können. Jetzt kannst du nämlich wieder zurück mit mir nach Madison ziehen.* Hinter mir war niemand zu sehen.

Wäre Marilee all dies zugestoßen, wäre sie möglicherweise anders damit umgegangen. Sie war von Natur aus viel empfänglicher für das Übernatürliche und besaß ein gesundes Vertrauen in ihre eigenen Instinkte und Vorahnungen. Als sie sich einige Jahre zuvor mit einer Parapsychologin anfreundete, war sie völlig unbefangen und ohne jene Skepsis, die ich solchen Dingen gegenüber an den Tag legte, in diese Materie eingetaucht. Marilee glaubte zwar nicht an Geister, sondern an Gott, sah jedoch keinen Widerspruch in der Ansicht, daß die rein physikalische Realität durchaus nicht alle anderen Wirklichkeiten ausschließt.

Kaum daß ich mit Ashley ihr Haus, das etwas außerhalb von Salem lag, betreten hatte, stürmte sie auf mich zu. »Schwesterherz, ich *muß* dir etwas zeigen. Ich habe ein Buch in unserer Bücherei entdeckt. Ich weiß nicht wieso, aber ich fühle, daß ich es dir unbedingt geben muß. Frag mich nicht warum, ich kann es nicht erklären. Ich weiß nur, daß du es dir ansehen mußt.«

Sie verschwand im Schlafzimmer und kehrte mit einem dünnen Band mit dem Titel ›Jenseits des Zufalls‹ zurück. Der Verfasser war ein gewisser Alex Tanous, der laut Beschreibung auf dem Umschlag ein angesehener Parapsychologe sein sollte. Ich blätterte es kurz durch, klappte es wieder zu und betrachtete noch einmal den Einband. Zwischen den Buchstaben des Titels blickte mich aus dunklem Hintergrund das Gesicht eines Mannes an, ein Gesicht, von dem ich sicher war, daß ich es schon einmal irgendwo gesehen hatte. Ich schlug die Innenseite des Einbands nochmals auf, wo sich ein weiteres Foto von Alex Tanous befand, das schärfer und besser belichtet war.

Das durfte nicht wahr sein. Ich zeigte Ashley das Foto. »Hast du diesen Mann schon mal gesehen?«

»Hm«, nickte sie. »Das ist doch Pater A.«

A wie Alex, dachte ich.

Ich hatte noch nie von diesem Buch gehört, aber bei der Lektüre erlebte ich ein déjà vu nach dem anderen. Alle diese Geschichten kannte ich zur Genüge. Alex Tanous' Berichte waren identisch mit den persönlichen Erlebnisberichten Pater A's, die er während unserer unzähligen Telefonate und während des einzigen Treffens, das zwischen uns stattfand, zum Besten gegeben hatte. Alex Tanous ließ sich über spektakuläre Fälle übersinnlicher Wahrnehmung und telepatischer Fähigkeiten aus. Er beschrieb, wie er von der Polizei bei der Suche nach vermißten Kindern hinzugezogen worden war, brüstete sich mit seinen übernatürlichen Heilerfolgen, und damit, wie er Menschen von Dämonen befreit hatte, und klagte über die Qualen, die er erleiden mußte, wenn Hexen ihn mit einem Fluch belegten. Er fühlte sich stark zur katholischen Kirche hingezogen und strebte die Priesterweihe an. Doch solange die Kirche ihre Haltung gegenüber parapsychologischen Praktiken nicht milderte, war er ein Außenseiter.

Alex Tanous und der untergetauchte Pater A waren ein und dieselbe Person, dessen war ich mir sicher. Doch eine Frage blieb offen. Tanous war sechzig Jahre alt, als sein Buch 1976 veröffentlicht wurde. Er mußte also

1991 weit über fünfundsiebzig gewesen sein, während Pater A zu diesem Zeitpunkt höchstens Anfang fünfzig war.

»Nichts ergibt mehr einen Sinn«, sagte ich zu Marilee. »Aber wenn dieser Typ hier Pater A ist, dann werde ich ihn finden.«

Am nächsten Tag rief ich die Parapsychologische Vereinigung im Research Triangle Park, North Carolina, an. Aus Lloyd Auerbachs Buch wußte ich, daß es sich hierbei um die einzige professionelle parapsychologische Organisation der Welt handelte. Selbst wenn Alex Tanous kein Mitglied war, würde mir dort gewiß jemand etwas über ihn und seinen Verbleib sagen können.

Die Dame am anderen Ende der Leitung beantwortete meine Frage knapp. »Alex Tanous ist tot«, sagte sie.

»Wann ist er gestorben?«

»Vor ein paar Jahren, mehr kann ich dazu nicht sagen.«

»Wissen Sie, ob ...?«

»Ich habe keine Zeit, mich weiter mit Ihnen zu unterhalten«, antwortete sie brüsk und legte auf.

Marilee war die erste gewesen, die mich gedrängt hatte, aus dem Haus in Madison auszuziehen. Jetzt drängte sie mich noch mehr, auf keinen Fall dorthin zurückzugehen, bis wir jemand gefunden hätten, der uns helfen konnte. Ich stand immer noch in Verbindung mit Jordan Pitkoff, aber bisher waren seine Methoden nicht sehr erfolgreich gewesen, und es gab keinen Anlaß zu der Vermutung, daß sich daran in Zukunft etwas ändern sollte.

»Was ist mit den Leuten, denen du geschrieben hast?« fragte Marilee.

»Ich habe nie eine Antwort bekommen.«

»Dann ruf sie an.«

Ich bekam ein paar Nummern über die Auskunft und hatte wenig Glück, bis ich es bei Dr. William Roll am West Georgia College versuchte.

»In welcher Angelegenheit wünschen Sie ihn zu sprechen?« fragte die Frau in der Psychologischen Fakultät, die meinen Anruf entgegennahm.

»Ich brauche Hilfe, und meine schriftlichen Gesuche wurden nicht beantwortet.«

»Er hat sich zur Ruhe gesetzt«, erklärte sie. »Geben Sie mir Ihren Namen und Ihre Telefonnummer, ich werde sie an ihn weiterleiten.«

Am nächsten Morgen rief Dr. Roll mich zurück. »Sie sind diejenige, die den Brief geschrieben hat, stimmt's?«

»Ja, und in der Zwischenzeit hat sich nichts geändert. Im Gegenteil, es wird immer schlimmer.«

Nachdem wir uns eine Weile unterhalten hatten, sagte er: »Ich würde gern zu Ihnen kommen.«

»Wieviel wird mich das kosten?«

»Ich würde sagen, etwa zweitausend Dollar«, antwortete er. »Ich nehme zweihundert Dollar pro Tag, plus Spesen.«

»Es könnte genausogut eine Million sein«, erwiderte ich resigniert. »Ich bin pleite. Vielleicht kann ich versuchen, einen Kredit aufzunehmen.«

»Warten Sie, ich habe eine andere Idee. Vielleicht kann ich private Geldgeber finden. Ich könnte bei einer Produktionsfirma oder einem Fernsehsender nachfragen, ob sie an der Finanzierung interessiert wären.«

»Nein«, widersprach ich. »Ich will keine Publicity. Das würde ich nicht durchstehen.«

Er schwieg einen Augenblick. »Okay, ich höre mich mal um, ob sich andere Möglichkeiten bieten … Stiftungen oder dergleichen.«

Kaum hatte ich eingehängt, fiel Marilee wie eine Furie über mich her. »Das ist doch wohl nicht dein Ernst?« schimpfte sie. »Ich glaube es einfach nicht. Ist dir das, was euch zustößt, so verdammt peinlich, daß du deswegen Hilfe ausschlägst? Was hast du vor? Dieses Etwas solange gewähren zu lassen, bis eins deiner Kinder ums Leben kommt?«

Ich griff erneut zum Telefon, rief Dr. Roll an und gab ihm meine Zustimmung, wenn nötig ein Abkommen mit einer Fernsehanstalt in die Wege zu leiten.

»Ron und Steven sind im Begriff, wieder in das Haus einzuziehen, habe ich das richtig verstanden?«

»Genau.«

»Würde es Ihnen etwas ausmachen, wenn sie mit Ashley noch etwa eine Woche dort blieben, wo Sie sich zur Zeit aufhalten?«

»Nein.«

»Gut. Ich bin der Ansicht, daß Sie sich an einem Ort aufhalten sollten, an dem Sie sich absolut sicher fühlen.«

Drei Tage später telefonierten wir erneut. Er erwähnte einige Fernsehshows, die sich mit übernatürlichen Ereignissen beschäftigten und mit denen er sich in Verbindung setzen wollte. Ich erhob keine Einwände, zeigte aber auch wenig Begeisterung darüber, eine Angelegenheit, die mir todernst war, in ein Medienspektakel zu verwandeln.

Dr. Roll zeigte Verständnis für mein Widerstreben, und wir zerbrachen uns den Kopf über andere Finanzierungsmöglichkeiten. Bei diesem Gespräch schwante mir zum ersten Mal, daß seine Beurteilung unserer Lage sich gänzlich von allem unterscheiden würde, was wir bis dahin gehört hatten.

»Es besteht immer noch die Möglichkeit, daß wir von kirchlicher Seite Unterstützung erhalten«, sagte ich.

»Rechnen Sie lieber nicht damit«, erwiderte er. »Mir wäre es sogar lieber, Sie würden diesen Gedanken ganz aufgeben. Das Ganze hat nichts mit der Kirche zu tun. Vielmehr bin ich der Meinung ... Ziehen Sie zum gegenwärtigen Zeitpunkt nicht wieder in das Haus, Doretta. Okay?«

Da haben wir es wieder, dachte ich. *Ein weiterer Abschnitt auf der endlosen Skala der Schuldzuweisungen.* »Ich verstehe nicht ganz. Ich meine, womit rechnen Sie denn eigentlich?« fragte ich. »Sind Sie auch der Meinung, daß wir in gewisser Weise selbst für die Geschehnisse verantwortlich sind und dieses Etwas wieder aktiviert wird, wenn wir zurückgehen? Denken Sie, daß etwas Schreckliches passieren wird?«

»Es ist keine Frage der Verantwortlichkeit«, antwortete er. »Es ist viel komplizierter als das. Ich muß Sie etwas fragen, steht Ihr Haus in der Nähe von Überlandleitungen?«

»Ja.«

»Das dachte ich mir. Sehen Sie, die Sache ist folgende: Wahrhaft kreative Menschen – Künstler, Techniker, Physiker, Musiker und so weiter, zu denen offenbar auch Sie gehören – besitzen eine besondere Art von Bewußtsein. Erfährt dieses Bewußtsein bestimmte Einwirkungen, etwa durch elektromagnetische Schwingungen, die das Gehirn beeinflussen, kann das zu simplen, zufälligen Reaktionen führen, deren sich die Menschen, die sie auslösen, nicht einmal bewußt sind.

Wir wissen noch nicht, wodurch dieser Prozeß in Gang gesetzt wird. Bisher haben wir nichts als Theorien. Wir arbeiten daran, diesem Phänomen auf den Grund zu gehen. Fest steht, daß Personen mit übernatürlichen Fähigkeiten – das heißt, hochempfindlichen Temporallappen des Gehirns – unter bestimmten Voraussetzungen fähig sind, Erfahrungen zu machen, die die meisten Menschen allenfalls als subjektive Träume bezeichnen würden. In einem solchen Fall verschmilzt die Traumwelt, also die Welt des Unterbewußtseins, mit der physischen Welt. Manche Faktoren, wie angestauter Streß, oder auch Hochspannungsleitungen, wirken wie ein Katalysator auf das Unterbewußtsein, das dadurch ins Bewußtsein gerückt, auf die Umwelt projiziert und von anderen Individuen wahrgenommen wird. Sie sehen also, daß das Bewußtsein wie ein Sender fungieren kann.«

Ich begriff immer noch nicht, wovon er eigentlich sprach. »Ich habe schon einmal Botschaften aus dem Radio erhalten«, bemerkte ich, in Erinnerung an den Notruf der Frau aus dem Stop-N-Eat. Er hatte allerdings von etwas anderem gesprochen.

»Auch Sie sind solch ein Sender«, erwiderte er.

»Also können *sie* mich als Kanal benutztzen, um nach außen zu gelangen?«

»Es handelt sich nicht um *sie*. Nicht im Sinne eines eigenständigen Etwas oder Wesens, das getrennt von Ihnen existiert. Sie selbst sind diejenige, die *Dinge* nach außen überträgt, so daß andere Menschen sie hören und sehen können. Verstehen Sie?«

»Ich bin mir nicht sicher.«

»Was ich damit sagen will ist, daß das, was geschieht, ein Ausdruck Ihrer eigenen, inneren Welt ist. Wir bewegen uns jetzt auf dem Gebiet der klinischen Psychologie. Das hat nichts mit Okkultismus zu tun. Bei solchen Wesen oder Erscheinungen handelt es sich nicht um die Geister Verstorbener, sondern um einen Ausdruck unserer selbst – eine Seite unserer Persönlichkeit, die bis dahin verborgen war. Wir alle tragen unsere Kindheitserlebnisse durchs Leben. Wenn diese in unerfreulichen Erfahrungen und Verletzungen bestanden, versuchen wir sie aus unserem Bewußtsein zu verbannen. Aber wir tragen diese Erfahrungen stets in uns, selbst wenn wir sie längst vergessen glauben, und sie können unsere Realität beeinflussen.«

Er versuchte mir klarzumachen, daß mein Unterbewußtsein alles, was uns zugestoßen war, erträumt und diesen Traum wie einen dreidimensionalen Film in unser Leben hineinprojiziert hatte.

»Aber eine Menge Leute haben erwiesenermaßen ähnliche Erfahrungen in dem Haus gemacht, lange bevor wir dort eingezogen sind«, wandte ich ein und dachte dabei an die Cyrus-Familie.

»Es werden immer wieder Menschen derartige Erfahrungen in dem Haus machen, da es offenbar in einem starken Magnetfeld steht. Aber im Augenblick spreche ich von gewissen übernatürlichen Fähigkeiten Ihrer eigenen Persönlichkeit, Ihrer besonderen Empfindsamkeit.«

»Das hört sich alles so verworren an.«

»Nicht, wenn Sie es einmal verstanden haben«, erwiderte er.

»Nun, Ihre Theorie ist mir auf jeden Fall lieber als dieser Gespensterkram.«

Das entsprach nicht ganz der Wahrheit. In Wirklichkeit behagten mir beide Theorien nicht besonders. In beiden Fällen war ich die Schuldige; entweder waren die Poltergeister durch mich herbeigelockt worden, oder mein Gehirn hatte die ganze Show inszeniert. Sollte ich jemals herausfinden, daß meine übersinnlichen Fähigkeiten für die schrecklichen Dinge verantwortlich waren, die meiner Familie zugestoßen waren, würde ich so schnell wie möglich aus dem Leben jener Menschen, die mir am meisten bedeuteten, verschwinden.

25. Kapitel

Ich wünschte, Großmutter hätte mir damals mehr über gewisse Dinge erzählt. Bisher hatte Jordan Pitkoff mich nicht davon überzeugen können, daß ich übernatürliche Fähigkeiten besaß, obwohl auch Dr. Roll sich dahingehend geäußert hatte, als er von den hochempfindlichen Temporallappen meines Gehirns sprach. Ich versuchte mir eine Art drittes Auge vorzustellen, das in den Tiefen des Bewußtseins Dinge erblickt, die nicht dafür bestimmt sind, an die Oberfläche zu gelangen; lichtlose Kerker, in denen düstere Kreaturen hausten und unvorstellbare Taten begingen.

Immer mehr gelangte ich zu der Überzeugung, daß Großmutter mir bestimmte Dinge bewußt verschwiegen hatte. Warum sonst hatte sie die Träume, die mich nach Mutters Tod regelmäßig heimsuchten, so ernst genommen? Träume, in denen Mutter am Fuße meines Bettes erschien und mich über einen langen Korridor führte, Träume, die mir Blicke in die Zimmer der Sterbenden gewährten, unter ihnen mein Cousin, der mit aufgedunsenem Bauch in seinem Bett lag.

Während ich selbst niemals daran geglaubt hatte, daß meine Mutter tatsächlich an meinem Bett gestanden hatte, schien Großmutter fest davon überzeugt und quetschte mich nach Einzelheiten aus. Was Mutter getragen hätte, ob sie geweint hätte … Beantwortete ich ihre Fragen, wimmerte sie wie ein Kind und bat Gott um Gnade für ihre verstorbene Tochter.

Nach dem Gespräch mit Dr. Roll erinnerte ich mich an einen weiteren Zwischenfall, der sich zutrug, als ich etwa acht Jahre alt war. Patrick spielte mit einem Jungen aus der Nachbarschaft Basketball. Während ich ihnen zuschaute, huschte ein flüchtiges Bild durch meinen Kopf, das die beiden in eine Prügelei verwickelt zeigte. Eine weitere Gestalt, mit einer Waffe in der Hand, tauchte in dieser Szene auf.

»Du wirst dich mit diesem Jungen prügeln, und irgend jemand wird eine Waffe ziehen«, prophezeite ich meinem Bruder kurz darauf.

»Woher willst du das wissen?«

»Ich habe es gesehen … in meinem Kopf.«

Er lachte. »Du spinnst dir was zusammen, Mädchen.«

An jenem Abend bei Tisch schlug Patrick Großmama vor, sie solle mich besser zu einem Psychiater bringen. »Sie sieht Dinge in ihrem Kopf«, spottete er.

Großmutter war nicht die Spur belustigt. »Was für Dinge?« fragte sie mich.

»Ich will nichts mehr von diesem Unfug hören. Hört sofort auf damit«, herrschte Großvater uns an. »Das ist Teufelskram.«

Er blickte mich über den Tisch hinweg an. »Das ist der Teufel, der in dich gefahren ist.«

Großmutter wollte sich nicht mit ihm streiten. Aber nachdem er sich im Wohnzimmer vor dem Fernseher niedergelassen hatte, fragte sie mich noch einmal, was ich gesehen hatte. Besorgnis stand ihr ins Gesicht geschrieben. »Du mußt vorsichtig mit dem sein, was du vor anderen Menschen sagst«, ermahnte sie mich. »Für solche Bemerkungen sind schon Menschen als Hexen verbrannt worden. Wenn du wieder einmal Dinge siehst, sag Großvater nichts davon. Komm lieber damit zu mir.«

Ein oder zwei Tage später geriet Patrick in eine furchtbare Schlägerei mit dem Jungen. Dessen Vater tauchte mit einem Revolver in der Hand an unserer Haustür auf. Er tobte wie ein Wahnsinniger und drohte, Patrick umzubringen, weil er seinen Sohn verprügelt hatte.

Dr. Roll rief mich an, um mir mitzuteilen, daß er sich mit Leuten von Fox Television Network in Verbindung gesetzt habe. Sie wollten einen Produzenten mit Kamerateam nach Madison schicken, um ein paar Einstellungen für ›Sightings‹ zu drehen, eine Sendung, die sich von Geistern bis zu UFOs mit dem ganzen Spektrum übersinnlicher und unerklärlicher Begebenheiten befaßte. Dafür, daß er an der Sendung teilnahm, würde der Sender für seine Reisekosten aufkommen, berichtete Dr. Roll. Es waren keine dramatischen Nachstellungen der Vorfälle vorgesehen, lediglich Interviews, Aufnahmen des Hauses und des Grundstücks, kurz, alles was dem Team interessant erschien.

Zögernd willigte ich ein. Es war uns nicht gelungen, eine Geldquelle aufzutreiben, die nicht kommerziell gewesen wäre. Da die einzige Möglichkeit, Dr. Roll in unseren Fall einzubeziehen, darin bestand, an die Öffentlichkeit zu gehen, mußten wir uns eben damit abfinden.

»Sie wollen wahrscheinlich schon in den nächsten Wochen nach Madison kommen. Ich werde übrigens auch jemanden mitbringen.«

»Wen?«

»Patricia Hayes und ein paar Leute vom Delphi Inner Age Center in McCaysville, Georgia«, erklärte er. »Sie ist die Gründerin und hat einen Abschluß in Verhaltensforschung. Sie hat sich intensiv mit solchen Dingen beschäftigt.«

›Sightings‹ würde für ihre Auslagen ebenso aufkommen wie für die von Bill Clema und Marshall Smith, die mit Patricia und ihrem Partner Institut, dem Delphi College für Parapsychologie, zusammenarbeiteten. In diesem Institut wurden Workshops über Automatisches Schreiben, Channeling, Psychometrie, Mediumtraining und Besessenheit durchgeführt. All diese Leute waren also Parapsychologen, was mich einigermaßen überraschte. Nach meinen Gesprächen mit Dr. Roll hatte ich nicht erwartet, daß er sich unserem Fall unter diesem Aspekt nähern würde. Eigentlich schien er die Meinung der Parapsychologen, daß übernatürliche Begebenheiten äußerliche Erscheinungen hervorrufen, nicht zu teilen.

»Parapsychologen können bei derartigen Untersuchungen hilfreich sein«, erklärte er. »Ich persönlich würde es allerdings begrüßen, wenn sie weniger auf Erscheinungen fixiert wären. Das ist darauf zurückzuführen, daß Parapsychologen meist spirituellen Strömungen angehören und an ein Leben nach dem Tod glauben. Auf jeden Fall ist es nützlich, ihre Beurteilung über das Haus und seine Bewohner miteinzubeziehen. Es lenkt unseren Blick auf das, was sich hinter den Geschehnissen verbergen könnte.«

Angesichts so vieler Experten, die überzeugt waren, daß ich latente übernatürliche Fähigkeiten besaß, begann ich mich zu fragen, weshalb ich oder andere dies nicht schon früher bemerkt hatten. Daß ich als Kind hin und wieder gewisse Dinge intuitiv vorhergesehen hatte, konnte doch wohl kaum als Beweis dafür gelten, daß ich verantwortlich für das Martyrium meiner Familie war. Ob ein solches Etwas tatsächlich existierte oder vom Gehirn herbeigeträumt wurde, war für mich weniger wichtig als die Frage: Warum mußte ausgerechnet ich mich damit herumschlagen?

Während Ron und ich auf dem Weg zu Großvater waren, zermarterte ich mir das Gehirn nach Anhaltspunkten, nach irgendeinem Hinweis, der mir helfen würde, Klarheit zu gewinnen. Vielleicht konnte Großvater mir weiterhelfen. Aber er reagierte ziemlich barsch und ablehnend auf meine diesbezüglichen Fragen.

»Großvater, ich will doch nur wissen, ob es irgendein Ereignis gab …«

»Fang bloß nicht wieder damit an«, fuhr er mich an.

»Womit denn? Bitte sag mir, was ich damals getan habe.«

»Ich denke nicht daran, mit dir darüber zu reden. Du wirst sofort damit aufhören.«

»Habe ich etwas Schlimmes getan? Sag mir doch, was es war.«

Zitternd wich er vor mir zurück. Noch nie hatte Großvater sich mir gegenüber so verhalten, selbst Ron war erschrocken. Mein Großvater war normalerweise ein ruhiger Mensch, der sich unter Kontrolle hatte. Jetzt benahm er sich, als stünde der Leibhaftige persönlich vor ihm.

»Du bist schlecht, Mädchen, es ist das Böse, wovon du sprichst.«

Er wandte sich an Ron, der ihn mit offenem Mund anstarrte. »Ihre Großmutter war auch eine von denen. Ich will nichts mehr damit zu tun haben.«

Am 25. Juni, dem Tag an dem das ›Sightings‹-Team eintreffen sollte, fuhr ich mit Steven und Ashley nach Madison. Ron wollte nach der Arbeit zu uns stoßen, und Marilee wollte später von Salem nachkommen. Ich war gespannt auf Dr. Roll, machte mir aber, ehrlich gesagt, keine großen Hoffnungen. Neugierde wäre eine treffendere Beschreibung für meine Gefühle gewesen. *Ob er wirklich ein Wissenschaftler ist? Vielleicht ist er nur scharf auf einen Fernsehauftritt. Vielleicht drehen wir uns nach wie vor im Kreis, diesmal mit einem neuen Mitspieler?*

Dr. Roll und das Fernsehteam waren im Hillside Inn abgestiegen, also mietete ich uns dort ebenfalls ein Zimmer. Um ein Uhr war ich mit ihm im Speisesaal verabredet.

Wir ließen uns an einem Tisch mit Blick auf Madison

und den Ohio nieder und besprachen die kommenden Tage. Dr. Roll entsprach genau der Vorstellung, die ich mir nach den wenigen, kurzen Telefongesprächen von ihm gemacht hatte. Er trug ein legeres Jackett, ein Hemd mit offenem Kragen und sprach mit einem leicht europäischen Akzent. Mit seinen dicken Brillengläsern, dem leicht zerzausten Haar wirkte er wie ein gehetzter Kinderarzt, auf den ein Zimmer voller kleiner Patienten wartete. Seine Stimme war sanft, und ich war von seiner gewählten Ausdrucksweise beeindruckt.

Er war alles andere als ein Unheilsverkünder, und während dieses Gespräches wurden mir zum ersten Mal gewisse Nuancen der Parapsychologie als Wissenschaft bewußt und inwiefern sie sich von dem Dogma und den Methoden der Parapsychologen, Dämonologen und Exorzisten unterschied, mit denen wir es bis dahin zu tun gehabt hatten.

Es war von Anfang an offensichtlich, daß Dr. Roll sich mehr für mich interessierte als für das Haus. Die meisten seiner Fragen galten meinem persönlichen Hintergrund. Es fiel mir überraschend leicht, mit ihm über meine Kindheitserlebnisse zu sprechen, die ich so lange zu verdrängen versucht und noch nie jemandem anvertraut hatte. Wir unterhielten uns, bis Ron und Marilee gegen achtzehn Uhr kurz nacheinander eintrafen.

Dr. Roll sprach mit beiden einzeln, wobei er versuchte, ihnen durch präzise Fragen die gewünschten Informationen zu entlocken. Ich hatte den Eindruck, daß er genau wußte, wie er vorgehen mußte.

Während Dr. Roll sich mit Marilee zu einem Gespräch zurückgezogen hatte, trat Pater John aus einem Aufzug. Er kam auf uns zu und erkundigte sich nach dem Stand der Dinge.

»Wir haben Verbindung mit einem Parapsychologen und einem Fernsehteam aufgenommen«, berichtete ich. »Sie werden eine Sendung über uns bringen. Es war die einzige Möglichkeit, die erforderliche Hilfe zu bekommen.«

Falls er die bevorstehende Publicity mißbilligte, zeigte er es jedenfalls nicht.

»Es ist sehr bedauernswert, daß die Kirche Ihnen derart den Rücken zugekehrt hat«, sagte er.

»Das finde ich auch«, erwiderte ich.

»Pater Jeff und ich haben versucht, etwas über Pater A in Erfahrung zu bringen«, sagte er. »Aber man legte uns nahe, uns um unsere eigenen Angelegenheiten zu kümmern und keine weiteren Nachforschungen über ihn anzustellen.«

Nachdem Marilee mit Dr. Roll zurückgekehrt war, brachte sie Ashley hinauf in unser Zimmer. Auch Steven verabschiedete sich, weil er mit einem Freund ins Kino wollte. Also blieben Ron und ich allein mit Dr. Roll zurück. Er befragte uns noch einmal nach den ungewöhnlichen Vorfällen, wann sie aufgetreten und inwiefern sie durch das kirchliche Engagement beeinflußt worden seien.

»Ich hatte immer das Gefühl, daß dieses *Etwas* stärker wurde, sobald die Kirche involviert war«, sagte ich. »Das erste Mal, nachdem das Haus gesegnet wurde, und dann, nachdem Pater A sich eingeschaltet hat.«

»Als die Kirche den Begriff Dämon ins Spiel brachte, nahm dieses *Etwas* dämonische Züge an«, bemerkte Dr. Roll. »Sehe ich das richtig?«

»Genau so war es«, bestätigte ich, unsicher, worauf er hinauswollte. »Das machte alles noch unheimlicher. Ich kam mir vor wie ein Roboter. Jordan Pitkoff hatte mich so weit gebracht, daß ich mich vor jeder Gefühlsregung fürchtete. Durch Trauer oder Zorn soll dieses Etwas sich nähren.«

»Wer hat das gesagt?«

»Jordan Pitkoff. Angeblich lag die Verantwortung bei mir. Ich bin ein sehr emotionaler Mensch und kann nicht sehen, daß meinen Kindern etwas zustößt, ohne zu weinen. Aber seiner Meinung nach war genau das falsch.«

»Ihre Emotionen würden die Macht der Dämonen verstärken?«

»Genau.«

Dr. Roll erinnerte mich an ein Telefongespräch, das wir kurz zuvor geführt hatten. Darin hatte er mir erklärt, daß er sich nicht mit Dämonen oder Geistern befasse, daß jedoch durch das Verschmelzen der mentalen und der physischen Welt gewisse Phänomene mittels eines Katalysators oder der Kombination verschiedener Katalysatoren hervorgebracht werden können. In meinem Fall handelte es sich dabei um ein elektromagnetisches Feld, das wie ein Starthilfekabel auf meine psychischen Kräfte einwirkte.

»Wenn Sie zum Beispiel über jemanden verärgert sind, kann diese Art von Emotion eine psychische Reaktion hervorrufen. Das hat nichts mit Dämonen zu tun, die sich von ihrem Zorn nähren, sondern es ist ihr Zorn, der nach außen projiziert wird und Gestalt annimmt.«

»Glauben Sie, daß das ..., daß dadurch Geräte zerstört oder Motoren zum Explodieren gebracht werden können?«

»Nun, das ist durchaus möglich«, antwortete er. »Ich habe da schon einiges erlebt.«

»Wir hatten plötzliche, unerklärliche Feuer ...«

»Ich weiß. Es ist, als ob zwei Energien aufeinandertreffen – die elektromagnetische Konstellation außerhalb des Hauses, die ungewöhnliche Phänomene hervorrufen kann, und ihre eigenen übersinnlichen Kräfte. Sehen Sie, Sie wissen einfach nicht genug über diese Energie, Doretta. Sie wissen ein wenig, aber noch lange nicht alles.«

»Sie meinen, ich weiß nicht, wie ich es kontrollieren soll, wenn ich es bin ...?«

»Sie wissen weder, wie Sie es kontrollieren können, noch, was es bewirken kann, weil Sie diese Energie nicht spüren. Wenn sie zornig auf jemanden sind und demjenigen stößt etwas zu, können Sie nicht wissen, ob Sie wirklich der Auslöser sind.«

»Wenn jemandem etwas zugestoßen ist, war ich oft meilenweit entfernt. Ich kann doch unmöglich über derart starke Energien verfügen.«

»Gewöhnlich geschehen diese Dingc in der direkten

Umgebung, im psychischen Einflußbereich einer Person. Aber es gibt Ausnahmen. Zum Beispiel in Fällen übernatürlicher Heilungen. Wir haben diese Phänomene untersucht und wissen, daß sie, unabhängig von räumlicher Distanz, möglich sind. Also existiert das Gegenteil möglicherweise auch: jemandem über weite Entfernung Schaden zuzufügen. Man muß sich dieser Fähigkeit nicht notwendigerweise bewußt sein, um sie anzuwenden.«

»Mein Gott«, murmelte ich. »Meine Kinder sind dadurch beinahe ums Leben gekommen. Sie wollen doch nicht behaupten, daß ich … selbst wenn es unbewußt …«

Er lächelte mich an. »Natürlich nicht. Sie haben eine Menge durchgemacht, Doretta. Es ist absolut nicht bewiesen, daß jeder dieser Vorfälle mit jenen Dingen in Zusammenhang steht, über die wir gerade sprechen. Stevens Unfall war möglicherweise nicht mehr und nicht weniger als ein technischer Defekt am Wagen. Es gibt noch eine Menge Dinge zu klären, und wir werden uns zu gegebener Zeit damit befassen.«

Während sein Kassettenrekorder lief, stellte Dr. Roll Fragen über Fragen – bezüglich meiner Kindheit, meiner Ehe, meiner Kinder. Geduldig lauschte er meinen Antworten und überließ das Reden die meiste Zeit mir. Stück für Stück schilderte ich ihm von unserem Leben am Clifty Drive, die Geschichte meiner Kindheit und mein Verhältnis zu meiner Mutter.

Er erkundigte sich, ob ich jemals einen Psychologen konsultiert hatte.

»Einmal«, antwortete ich.

Als ich im vierten Monat mit Steven schwanger war, verschlechterte sich mein Gesundheitszustand plötzlich. Ich nahm Woche für Woche unverhältnismäßig stark zu, mein Gesicht war aufgedunsen, meine Hände geschwollen, und bald sah ich aus wie die Werbefigur von Goodyear. Im siebten Monat diagnostizierten die Ärzte des General Hospital in Louisville eine seltene Form von Vergiftung, auch Enclampsia genannt, bei der der Blutdruck der Schwangeren lebensbedrohlich steigt und ihr Körper ohne ersichtlichen Grund Flüssigkeit speichert. Kurz vor dem Geburtstermin prüfte eine Schwester meinen Blutdruck. »Das wird nicht gutgehen«, sagte sie und rief einen Arzt herbei. Ein Kaiserschnitt wurde in Betracht gezogen, doch das Baby wollte nicht warten. Von meinem Bett aus hörte ich, wie zwei Ärzte vor meiner Tür über mich sprachen und einer von ihnen vorschlug, einen Priester zu rufen.

Die Geburt war eine einzige Tortur. Bis es vorüber war, verblutete ich fast und krümmte mich unter entsetzlichen Krämpfen, so daß man mich mit Gewalt auf meinem Bett festhalten mußte. Zehn Tage verbrachte ich auf der Intensivstation zehn Tage, an die ich so gut wie keine Erinnerung habe.

Als ich endlich wieder zu mir kam, hatte ich keine Ahnung, was geschehen war. Dr. Cash, der meinen Sohn auf die Welt geholt hatte, erzählte mir, daß ich beinahe gestorben sei. Kurz bevor ich entlassen wurde, führte ich ein längeres Gespräch mit ihm, und er erklärte mir, daß ich auf keinen Fall noch einmal schwanger werden dürfe. »Das nächste Mal«, sagte er, »würden *weder* Sie *noch* das Kind überleben.«

Er erbat meine Genehmigung für eine Sterilisation, und ich stimmte zu. Es gelang ihm jedoch nicht, zwei weitere Ärzte – die vorgeschriebene Zahl zur Befürwortung eines solchen Eingriffs – zu überzeugen. Da ich erst sechzehn war und erst ein Kind hatte, argumentierten sie, sei ein solcher Eingriff voreilig. Doch als ich das Krankenhaus verließ, warnte mich Dr. Cash nochmals eindringlich, von einer weiteren Schwangerschaft abzusehen.

Ich hielt mich daran. Bis ich etwa zwei Jahre später – ich war inzwischen von Ray Holmes geschieden – durch meinen Bruder Patrick einen anderen Jungen kennenlernte. Ich war achtzehn und er zwei Jahre älter als ich. Jeder in meiner Familie mochte ihn, obwohl er vorbestraft war und ein gewalttätiges Temperament besaß. Doch er war auch clever, charmant und belesen, und seine Weltgewandtheit verlieh ihm ein gewisses Flair. Ich war hingerissen genug, eine Weile mit ihm zusammenzuziehen, bis er mich mit seinen Prügeln und Saufgelagen vertrieb. Als ich wieder zu Großmutter zog, war ich schwanger.

In der zwölften Woche hatte ich bereits sieben Kilo zugenommen und war mehrmals zusammengebrochen.

»Sie müssen eine Abtreibung vornehmen lassen«, sagte der Arzt zu mir.

Für mich kam dieser Gedanke nicht in Frage, und das machte ich dem Doktor auch klar.

»Sie werden es nicht überleben, und das Baby ebenfalls nicht«, warnte er.

Großmutter unterstützte seine Meinung und bestand darauf, daß ich einen Schwangerschaftsabbruch vornehmen ließ.

Nach ein paar Tagen fügte ich mich, aber der Gedanke, ein Kind, das in mir wuchs, getötet zu haben, brachte mich beinahe um. Ich verfiel immer wieder in Phasen tiefer Depression, litt unter Angstzuständen und Alpträumen. Doch mit der Zeit wurde auch dieser Schmerz in jene Tiefen meines Bewußtseins verbannt, in denen ich von jeher unerfreuliche Erinnerungen zu vergraben pflegte.

Beinahe drei Jahre vergingen, bis sie wieder hervorbrachen. Ich war inzwischen mit Ron verheiratet und lebte zum ersten Mal ein Leben, das man als normal bezeichnen konnte. Im Gegensatz zu allen anderen Männern, die ich bis dahin kennengelernt hatte, war Ron freundlich, ambitioniert und in jener heilen Welt zu Hause, nach der ich mich mein Leben lang gesehnt hatte. Er kam aus einer intakten Familie, besaß Entschlußkraft und Zielstrebigkeit und war vor allem nicht vorbestraft. Vor uns lag eine gemeinsame Zukunft.

Dann starb Großmutter, und mein altes Leben drohte wie eine Schlammlawine über mich hereinzubrechen. Ihr Tod war ein Trauma für mich, und ich brütete stundenlang über diesen Verlust. Ich dachte an die Opfer, die sie gebracht hatte, um die Kinder ihrer Tochter aufzuziehen, den Schmerz und die Armut, die sie erlitten hatte, die

Wünsche, die sie sich nie erfüllen konnte. Sie war diejenige gewesen, die mir Kraft gegeben hatte. Ohne sie hätte ich niemals überlebt.

Einige Monate nach ihrem Tod saß ich eines Morgens am Küchentisch und las in der Bibel. Ich dachte an das Baby, das ich getötet hatte und fragte mich, ob Gott mich dafür strafen wollte, indem er mir den liebsten Menschen nahm, den ich auf dieser Welt besessen hatte. Vergeblich versuchte ich, in der Heiligen Schrift Trost zu finden. Es war kurz vor neun, als irgend etwas meine Aufmerksamkeit auf die Mikrowelle lenkte. Ich blickte hinüber und sah ein männliches Gesicht in der getönten Glastür. Es bewegte sich nicht. Daneben erschien das Antlitz eines wunderhübschen kleinen Mädchens mit lockigem, dunklen Haar, das den winzigen Mund zu einem süßen Lächeln verzog.

Die beiden Gesichter wirkten wie eingebrannt in die Glasscheibe der Mikrowelle. Nach meinem Empfinden schienen kaum fünf Minuten verstrichen zu sein, bis sie wieder verschwanden. Ich blickte auf meine Uhr. Es war zwei Uhr. Vier Stunden waren vergangen.

»Jetzt ist es soweit«, sagte ich zu mir selbst. Ich stieg in den Wagen, fuhr zu einer psychiatrischen Klinik in Louisville und marschierte hinein. »Ich bin verrückt«, verkündete ich.

Ich wurde in dem Krankenhaus aufgenommen, aber Ron erschien noch am gleichen Tag und bestand darauf, daß ich mit ihm nach Hause zurückkehren solle. Eine Woche lang blieb ich zu Hause mit einer Decke über den Kopf gezogen im Bett liegen, was meinen Mann an den Rand der Verzweiflung trieb. »Reiß dich zusammen und steh auf«, forderte er. »Sieh zu, daß du es in den Griff kriegst.« Das war Rons Art, mit den Dingen umzugehen: allein damit fertig zu werden, ohne die Hilfe eines Seelenklempners.

Kurz darauf vereinbarte ich einen Termin mit Carolyn Peters, einer Psychologin. Ich suchte sie regelmäßig auf, bis sie mich davon überzeugte, daß ich keineswegs verrückt war. Die Halluzination sei das Ergebnis aufgestauter Schuld- und Angstgefühle gewesen, sagte sie, und ich müsse versuchen, mich von beidem zu befreien.

Dr. Roll hatte meiner Geschichte sichtlich fasziniert zugehört.

»Ist damals noch mehr geschehen, oder haben Sie nur dieses Bild gesehen?« fragte er.

»Die beiden Gesichter waren wie von innen erleuchtet.«

»War es, als ob sie in einen Fernseher blickten?«

»Ja. Wie ein Bildschirm, auf dem zwei Gesichter zu sehen waren.«

»Was glauben Sie, wer der Mann gewesen ist?«

»Keine Ahnung. Vielleicht Gott. Ich dachte, das kleine Mädchen sei das Kind gewesen, das ich abgetrieben habe. Sie hatte so ein friedliches Lächeln auf dem Gesicht.«

»Wie haben sie sich danach gefühlt?«

»Ziemlich verwirrt. Aber nachdem ich aufgehört hatte, mich für verrückt zu halten, habe ich mich eigentlich sehr gut gefühlt«, sagte ich. »Es war, als sei eine schwere Last von meinen Schultern genommen. Seit der Abtreibung hatte ich ständig unter Alpträumen gelitten. Von diesem Tag an nicht mehr. Ich war mit mir selbst ins reine gekommen. Aber mein Großvater warnte mich damals, wenn ich noch einmal irgend jemand von dieser Vision erzählte, würde man mich einsperren.«

»Ich habe den Eindruck«, sagte Dr. Roll, »daß diese Vision eine sehr positive Sache war. Wieso waren alle so außer sich?«

»Weil ich sie sah.«

»Und Ihnen war es untersagt, etwas zu *sehen*.«

26. Kapitel

Joe Day, der Produzent von ›Sightings‹, war entschlossen, für sein Publikum einige unserer Geister mit der Kamera festzuhalten. Da meine ›Erscheinungen‹ sich in der Vergangenheit nie sehr kooperativ verhalten hatten, war ich nicht sonderlich optimistisch, daß sie ausgerechnet im Scheinwerferlicht vor laufenden Kameras und einem Haus voller Fremder defilieren würden. Abgesehen von uns Familienmitgliedern hatten bisher nur Jordan Pitkoff und Teri sie gesehen, und – wenn ich die parapsychologische Sichtweise richtig verstand – es waren ohnehin nur wenige Menschen dieser Art des Sehens fähig. Menschen mit übersinnlichen Fähigkeiten, so hatte Jordan mir erklärt, sehen diese Phänomene nicht mit den Augen, sondern erfassen sie vielmehr mit ihrem Bewußtsein. Da Joe Days Kameras vermutlich nicht mit übersinnlichen Fähigkeiten ausgestattet waren, würden sie meine Gespenster möglicherweise selbst dann nicht erkennen, wenn sie bei strahlendem Sonnenlicht im Smoking aufmarschierten.

Andrerseits, warum eigentlich nicht? Immerhin hatte ich, kurz bevor wir aus dem Haus ausgezogen waren, mit meiner kleinen 33-Millimeter-Sofortbildkamera eine verschwommene Silhouette aufgenommen. Ich war nach wie vor überzeugt, daß es sich um den Umriß einer Schlange handelte. Vielleicht hatte Jo ebensoviel Glück. Ich hoffte es. Genau wie er wünschte ich mir einen handfesten Beweis.

Am Samstag vormittag, Ron und ich sprachen gerade mit Dr. Roll über Jordan Pitkoff, gesellte Joe Day sich zu uns. Ich war inzwischen recht ernüchtert, was Jordan Pitkoff betraf und machte kein Hehl daraus. Meiner Meinung nach benutzte er unsere Familie nur, und seine Hinhaltetaktik hatte uns bisher keinen Schritt weiter gebracht. Er behauptete zwar nach wie vor, sein Exorzismus sei erfolgreich verlaufen, aber ich wußte es besser. Gleichzeitig versuchte er uns einzuschüchtern, indem er uns suggerierte, die Gefahr sei noch nicht völlig gebannt. Bei meinem letzten Besuch hatte ich ihm klar zu verstehen gegeben, daß ich genug hatte. »Mir reicht es. Ich werde an keinen weiteren Sitzungen mehr teilnehmen.«

»Sie sollten vorsichtig sein«, hatte er geantwortet. »Ich sehe eine gefährliche Erscheinung, die sich Ashley zu nähern versucht.«

Wir überlegten, ob wir Jordan zu den Aufnahmen hinzuziehen sollten. Während Joe sich dagegen aussprach, war ich selbst unsicher. Hauptsächlich, weil ich damit rechnete, daß es schwierig werden würde, Jordan fernzuhalten. Dr. Roll schlug vor, daß Joe ein Interview mit ihm machen sollte. Allerdings sollte Jordan das Haus verlassen haben, bevor Patricia Hayes und die übrigen Parapsychologen aus dem Delphi-Center eintrafen.

Joe interessierte sich hauptsächlich für das, was die Poltergeister provozierte, was sie veranlaßte, in Erscheinung zu treten, Gegenstände zu bewegen, Geräusche zu verursachen und sterbliche Seelen zu verspotten.

»Farbe«, antwortete Ron. »Sie brauchen nur einen Farbeimer zu öffnen, und PENG, augenblicklich verändert sich die Atmosphäre im Raum.«

»Haben Sie Farbe im Haus?« fragte Joe.

»Jede Menge.«

Ich warf ein, daß Gregorianische Chöre den gleichen Effekt erzielten, wir jedoch die Kassetten nicht dabei hätten.

»Ich könnte den Produktionsassistenten losschicken, um welche zu besorgen«, schlug Joe vor. »Wie wär's?«

Dr. Roll nickte zustimmend.

»Was sonst noch?« überlegte ich. »Ach ja, Emotionen spielen eine Rolle.«

»Glauben Sie, Sie könnten sich über etwas ärgern, während wir im Haus drehen?« fragte Joe. »Oder soll ich das übernehmen?«

Ich zuckte mit den Schultern. »Wie Sie wollen.«

Wir unterhielten uns noch eine Weile über das Haus, legten Aufnahme- und Interviewtermine fest und besprachen die Experimente, durch die wir die Poltergeister hervorlocken wollten. Zum Schluß erzählte Joe uns von einem Traum, den er in der vorhergehenden Nacht gehabt hatte.

»Ich ging den Hotelkorridor entlang und kam an einer Tür vorbei, deren Griff mit Handtüchern umwickelt war. Die Tür war geschlossen, aber die Handtücher blockierten das Schloß. Irgend jemand war bei mir, und ich sagte ›die Handtücher sollen verhindern, daß die Tür ins Schloß fällt. Es muß ein Einbrecher in dem Zimmer sein.‹ Hinter mir führte eine steile Treppe nach unten. Ich glitt dieses Treppe im Halbschlaf hinab, und je tiefer es ging, desto heller wurde es ... aber es war kein blendendes Licht ... plötzlich dachte ich, *o nein, das kann nicht gut ausgehen. Ich muß aufwachen ... aufwachen.*

Obwohl ich wußte, daß es nur ein Traum war, hatte ich das Gefühl, daß am Fuß der Treppe eine Gefahr auf mich lauerte. Normalerweise fürchte ich mich bei solchen Halbwach-Träumen nicht, weil mir bewußt ist, daß ich träume. Aber diese Gewißheit war plötzlich verschwunden. Irgend etwas stimmte nicht, und ich wollte unbedingt aufwachen. Schließlich erwachte ich mit dem Gefühl, sofort von hier verschwinden zu müssen.«

Meine Reaktion überraschte Joe. »Ich habe das untrügliche Gefühl, daß eine Menge Antworten in der Erde unter dem Haus zu finden sind.«

»Im Ernst?«

»Im Ernst.« Ich berichtete ihm von meiner Vision des Schlangenbeschwörers im Garten und dem unheimlichen Gefühl, das Marilee an der gleichen Stelle befallen hatte. Ich erzählte ihm von der Vision des Mannes, der die Frau und das kleine Mädchen im Badezimmer ermordet und unter der Falltür vergraben hatte. »Der einzige Grund, daß ich bisher noch nicht nachgesehen habe, was sich unter dem Fußboden des Badezimmers befindet, ist die Tatsache, daß ich nicht den Mut dazu hatte.«

»Also gut«, sagte Dr. Roll, »wir besorgen vier Kassetten, zwei Schaufeln und einen Spaten.«

Joes Augen leuchteten auf. »Wenn ihr wirklich bereit seid zu graben, würde ›Sightings‹ vielleicht auch für einen Bulldozer aufkommen.«

»Wenn die anderen Parapsychologen auch der Meinung sind, daß da unten irgend etwas ist, soll es mir recht sein. Dann will ich auch wissen, was es damit auf sich hat«, willigte Ron ein.

»Haben Sie irgendeine Vorstellung, vor wieviel Jahren diese Menschen dort gelebt haben könnten ... das kleine Mädchen und die anderen ... hundert Jahre ...?« fragte Joe.

»So lange ist es nicht her«, erwiderte ich. »Ich glaube eher, es spielte sich Ende der fünfziger, Anfang der sechziger ab. Das sagt mir mein Gefühl.«

»Spürt Ashley das kleine Mädchen immer noch?« fragte Dr. Roll.

»Sie behauptet, daß sie immer noch im Haus ist. Als ich ihr erzählte, daß Leute kommen würden, um uns bei unseren Problemen mit dem Haus zu helfen, fragte sie: ›Werden sie dem kleinen Mädchen auch nicht weh tun? Können sie ihr sagen, daß sie ins Licht kommen soll? Deshalb ist sie nämlich dort. Sie hat sich vor dem Licht gefürchtet, also ist sie fortgelaufen und seitdem in der Dunkelheit gefangen.‹«

»Woher hat sie das mit dem Licht?« fragte Dr. Roll.

»Ich habe ihr einmal erzählt, daß man, wenn man stirbt, in ein wunderbares Licht tritt und sich nicht davor fürchten muß«, erklärte ich.

Patricia Hayes, Bill Clema und Marshall Smith trafen am Nachmittag ein und machten sich sogleich auf den Weg zum Haus. Dr. Roll hatte darauf bestanden, daß wir erst mit ihnen zusammentreffen sollten, wenn sie sich ein Bild von dem Grundstück gemacht und eine parapsychologische Wahrnehmung durchgeführt hatten. Für neunzehn Uhr war eine PSI-Sitzung vorgesehen, an der nur die Familienangehörigen, Dr. Roll und die erforderliche Anzahl des ›Sightings‹-Teams teilnehmen durften.

Ron und ich trafen als letzte ein. Trotz all der Gerätschaften des Kamerateams, die über alle Räume verteilt waren, wirkte das Haus unbewohnt und verlassen und erinnerte mich an einen leeren Silo inmitten brachliegender Felder. Dennoch herrschte fröhliche Stimmung unter den Anwesenden. Joe Day, der Kameramann und die Techniker tauschten Scherze und unbekümmertes Geplänkel aus. Ich hatte den Verdacht, daß sie damit ihre Nervosität überspielen wollten. Patricia Hayes und ihre Kollegen entsprachen nicht dem Bild, daß ich mir von ihnen gemacht hatte. Sie waren fröhlich und kommunikativ und strahlten durchaus nicht die Abgehobenheit oder den verschwommenen Mystizismus aus, die ich befürchtet hatte. Verblüfft hörte ich mir an, was bei ihrer Begehung des Hauses und des Grundstücks herausgekommen war. Jede ihrer Wahrnehmungen entsprach präzise den Erfahrungen, die ich selbst in den einzelnen Räumen gemacht hatte, obgleich nicht alle in jedem Zimmer das Gleiche gespürt hatten.

Patricia hatte das kleine Mädchen gesehen, die beiden Männer hingegen nicht. Die Präsenz des *Alten* konnten alle spüren. Patricia und einer der Männer hatten die blonde Frau gesehen. Zweifelnd fragte ich mich, ob Dr. Roll sie nicht vorher eingeweiht hatte. Aber während sie mir ihre Notizen vorlasen, stellte ich fest, daß Dinge darin vorkamen, über die ich mit Dr. Roll noch gar nicht gesprochen hatte.

»Die blonde Frau ist hier, um das kleine Mädchen zu beschützen«, erzählte Patricia mir. »Aber es ist nicht ihre Mutter. Der Mann bedroht die weibliche Gestalt. Er hat sie ihr Leben lang verfolgt und verfolgt sie nun im Tode. Die Frau kann zwar kommen und gehen, wie sie will, aber sie bleibt, bis sie weiß, daß dem kleinen Mädchen keine Gefahr mehr droht.«

In Vorbereitung auf die PSI-Sitzung, die sich nicht sonderlich von einer Séance unterscheidet, wurden Klappstühle im Halbkreis aufgestellt. Es gab einen Stuhl für jeden Teilnehmer und einen zusätzlichen Stuhl für das Wesen, das heraufbeschworen werden sollte.

»Es gibt keinen Grund, sich zu fürchten«, sagte Patricia, die an einer Seite des Halbkreises Platz genommen hatte. »Wir haben es nur mit Licht und Liebe zu tun.«

Wir würden lediglich mit dem Jenseits kommunizieren, sagte sie, ohne das Wort ›Geister‹ oder ›Dämonen‹ in den Mund zu nehmen. Eine sehr starke, liebevolle Ausstrahlung ging von ihr aus, und zum ersten Mal seit langer Zeit empfand ich keine Furcht in diesem Haus.

Wir setzten uns, faßten uns an den Händen und schlossen die Augen. Stille senkte sich über den Raum, und ich fühlte, wie mir eine leichte Gänsehaut über den Rücken kroch.

Patricia begann zu sprechen. Das ganze wirkte mehr wie eine Meditation als wie ein Ritual. Sie befahl uns, durch unseren Atem die heilende Kraft des Universums aufzunehmen. »... und während wir ausatmen, spüren wir, wie die heilende Energie unseren Kreis erfüllt.«

Sie forderte uns auf, zu wiederholen:

Ich bitte darum, daß heilende Liebe meinen Körper durchströmt.

Ich bitte darum, daß Heilung durch mich hindurch flutet.

Ich bitte, in den Schutz des weißen Lichtes treten zu dürfen.

»Stellt euch eine Lichtsäule im Zentrum unseres Kreises vor«, instruierte sie uns. »Jeder von uns konzentriert sich darauf, seine Energie in diese Säule zu leiten. Mit jedem Atemzug fühlt ihr euch leichter und freier ... leichter und freier, während ihr eins werdet mit dem Licht.«

Mit den Worten, »trete in unseren Kreis und zeige dich uns«, rief sie das kleine Mädchen herbei und forderte es auf, auf dem leeren Stuhl Platz zu nehmen. »Wir umschließen dich mit dem Licht unserer Liebe. Wähle unter uns, wen du willst, um deine Anwesenheit zu offenbaren. Wir heißen dich willkommen und sind bereit, deine Botschaft zu empfangen. Sprich zu uns, damit wir erfahren, was vor sich geht.«

Angenehme Wärme, die sich von meiner Brust ausgehend wie ein Energiestrom in meinem ganzen Körper ausbreitete, lullte mich ein. Schläfrig hörte ich meine eigene Stimme wie aus weiter Ferne auf Patricias Worte antworten. Es war, als spräche ich und blickte gleichzeitig als Zuschauer von weit oben auf das Geschehen hinab.

Das kleine Mädchen sprach durch mich zu Patricia und versuchte ihre Anwesenheit im Haus zu erklären. »Ich bin gefangen«, sagte sie. »Ich kann nicht fort.«

»Du mußt weiterziehen«, sagte Patricia zu ihr. »Hier wirst du keinen Frieden finden.«

Wieder einmal veränderte sich die Atmosphäre und knisterte vor Elektrizität. Ich hörte die Stimme eines der Parapsychologen. »*Er* ist da. Er ist gerade ins Zimmer gekommen.« Er meinte den *Alten*, die Verkörperung des Bösen.

»Warum bist du hier?« sprach einer der Anwesenden ihn an.

»Sprich zu uns«, forderte ein anderer ihn auf. »Sag uns, was du willst, wer du bist.«

Wie schon so oft, wenn die Präsenz des *Alten* zu spüren war, schnürte es mir den Hals zu, und ich begann schwer zu atmen. Er dachte gar nicht daran, mit den Parapsychologen zu kommunizieren, und kurz darauf war die Séance beendet.

Joe Day war entschlossen, dieses Wesen, das die Sitzung gestört hatte, aus der Reserve zu locken. Wenn es sich schon nicht auf Fotos bannen ließ, wollte er es wenigstens mit eigenen Augen sehen. Er ging in die Wäschekammer, öffnete eine Dose Farbe und malte ein Peace-Zeichen auf die Wand. Doch es erfolgte keine Reaktion. Besessen von seinem Vorhaben, tigerte er durchs Haus. »Ich muß es sehen«, murmelte er vor sich hin.

Ich unterhielt mich lange mit Patricia. Wir sprachen über ihr Institut in Georgia und darüber, wie Menschen mit übernatürlichem Wahrnehmungsvermögen sich dieser Fähigkeiten bewußt werden und sie weiterentwickeln können. Es war bereits sehr spät, als sie mit den beiden anderen Parapsychologen ins Hotel zurückkehrte. Ich war müde und wäre ebenfalls gern schlafen gegangen, aber Joe Day war immer noch besessen von seinem Vorhaben, die Erscheinung des *Alten* zu Gesicht zu bekommen.

Nachdem sein Versuch mit Farbe und Gregorianischen Chören fehlgeschlagen war, stürmte er durchs Haus und stieß wüste Beschimpfungen aus, die zumindest jeden Sterblichen zutiefst empört hätten.

»Zeig dich schon, du Schlappschwanz!» brüllte er. »Komm raus und zeig dich, wenn du den Mut hast.«

Seine Augen waren unnatürlich geweitet, wie die eines Kindes, das längst ins Bett gehört. Dr. Roll stellte sich ihm in den Weg und ermahnte ihn, sich zu beruhigen. »Das ist kein Spiel«, sagte er. »Schließlich führen wir hier keine Posse auf.«

Um vier Uhr morgens strichen die Kameraleute immer noch durchs Haus und machten hier und dort Aufnahmen, während Joe nach wie vor von Zimmer zu Zimmer jagte und unseren Geist verfluchte. Inzwischen wünschte ich, ich hätte mich nie auf dieses Theater eingelassen.

Ich betrat die Küche. Das einzige Möbelstück bestand aus einer Bank, die neben dem Fenster stand. Erschöpft ließ ich mich im Dunkeln darauf sinken und versuchte, die Geräusche, die aus den anderen Räumen herüberschallten, zu ignorieren.

Ich saß kaum ein paar Minuten dumpf vor mich hinstarrend dort, als die Erscheinung des *Alten* draußen auf dem Flur sichtbar wurde. Langsam bewegte sich die verschwommene, massige Schattengestalt durch die Küchentür auf mich zu, strich rechts an mir vorbei und hielt vor der vertäfelten Wand inne.

Meine erste Reaktion war Furcht. Die Atmosphäre im Raum war wie ausgewechselt, und ich spürte, daß dieses *Etwas* fähig war, Menschen Böses zu tun. Doch auf einmal verwandelte sich meine Angst in eine Mischung aus Ärger und Trotz. »Ich habe genug von dir, du Scheißkerl«, stieß ich hervor. Meine Stimme war kaum mehr als ein Flüstern.

»Du hast mein Leben zerstört, dabei besitzt du noch nicht einmal den Mut, dich vor den Kameras zu zeigen.«

Als Reaktion auf meine Provokation begann die Erscheinung zu glühen. Der Schatten schien zu Licht zu werden. Ganz allein mit diesem *Ding*, das ganz offensichtlich auf mich reagierte, ballte ich innerlich die Fäuste und wappnete mich für seinen nächsten Schritt.

Genau in diesem Augenblick kam Steven durch den Flur auf die Küchentür zu. Ich hob die Hand und signalisierte ihm stehenzubleiben. Er sah das Glühen vor der Wandvertäfelung und wich abrupt zurück, während er gleichzeitig Craig Highberger, einem der Kameramänner, ein Zeichen gab.

Craig betrat die Küche. »Verflucht«, stieß er hervor. Er kam gerade aus dem Garten und hatte seine Kamera nicht dabei, schien aber ohnehin zu fasziniert von der Erscheinung, um an Fotos zu denken. Durchscheinend wie ein glühender Energieball und umhüllt von einer Art Gashülle verharrte dieses *Etwas* an der Küchenwand. Craigs Augen traten ungläubig hervor, während er vorsichtig darauf zuging. Es hatte den Anschein, als reagiere die Erscheinung auf seine Anwesenheit, oder als wirkten beide gegenseitig aufeinander ein.

Plötzlich stürmte Joe Day, bewaffnet mit Kamera und Scheinwerfer, in den Raum, und augenblicklich verschwand die Erscheinung.

»Wo ist es?« rief Joe. »Wo ist es?«

Craig war sichtbar ergriffen. Den Tränen nahe, schien er gleichzeitig unter Schock zu stehen und von Ehrfurcht erfaßt.

»Mein Gott«, sagte er. »Ich traue meinen Augen nicht.«

»Was hast du gesehen?« fragte Joe wütend. »Los, sag schon! Wohin ist es verschwunden?«

»Ich fasse es nicht, daß du einfach mit der Kamera hier hereingepoltert kommst«, fuhr Craig ihn an.

Wäre Joe leise in die Küchentür getreten, hätte er womöglich die gewünschten Aufnahmen machen können. Doch nun rechnete keiner mehr damit, daß sich solch eine Gelegenheit nochmal bieten würde. Alle waren müde und wollten ins Bett, aber Joe wollte unbedingt noch ein Interview mit Craig aufnehmen. Er war entschlossen, die ganze Nacht im Haus zu verbringen, aber ich teilte ihm mit, daß er allein bleiben müßte. Wir anderen würden aufbrechen.

Er schwankte zwischen seiner Furcht vor dem Haus und dem Zorn darüber, daß der Geist ihm entwischt war.

»Ich muß mal kurz ins Bad«, sagte er zu mir. *Wieso zum Teufel teilt er mir das mit? Er weiß doch, wo das Bad ist.* Er blickte den Flur entlang und drehte sich zu mir um. »Allein gehe ich da nicht rein«, sagte er.

Ich mußte lachen. »Also ich werde Sie bestimmt nicht begleiten. Suchen Sie sich jemand anderen.«

Nach kurzem Zögern trottete er zur Hintertür, trat in den Garten und erleichterte sich auf dem Rasen.

In der Hoffnung, doch noch ein paar aufschlußreiche Aufnahmen zu ergattern, blieb das ›Sightings‹-Team noch ein paar Tage in Madison. Doch selbst als sie halbherzig begannen, hinter dem Haus im Garten herumzugraben, ließen unsere Geister sich nicht aus der Reserve locken. Ron wies auf ein paar Überlandleitungen hin, die das Grundstück triangelförmig umspannten, und Dr. Roll prüfte die elektromagnetische Spannung im Bereich der Leitungen mit einem Gerät, das er eigens für diesen Zweck mitgebracht hatte. In unmittelbarer Nähe der Leitungen fiel die Spannung sehr hoch aus, in der Nähe des Hauses dagegen eher schwach. Sollten Magnetwellen tatsächlich eine Rolle in meinen geistigen Exkursionen spielen, so schloß er daraus, konnte es sich nur um einen eher schwachen Einfluß handeln, dessen Auswirkungen unbeständig waren. Er sah sich ein wenig in der Umgebung um und unterhielt sich mit ein paar Nachbarn. Außerdem befragte er einige Leute, die früher in dem Haus gelebt hatten.

Alles in allem waren es sehr ermüdende und unproduktive Tage, die, abgesehen von meinem Zusammenstoß mit Jordan Pitkoff, gänzlich ereignislos verliefen. Pitkoff war wegen des Interviews von Louisville heraufgekommen. Er, der mir monatelang mit Geistern, Erscheinungen und anderen Heimsuchungen in den Ohren gelegen hatte, schränkte seinen diesbezüglichen Wortschatz vor laufender Kamera auf einmal drastisch ein. Er sprach lediglich von ›geisterähnlichen‹ Aktivitäten, als bezweifele er, daß derartige Wesen, außer in der Phantasie, tatsächlich existierten. Ich fühlte mich zum Narren gehalten. Monatelang hatte er von den bösartigen Energien geredet, die meine Familie bedrohten und mir dafür auch noch Geld abgeknöpft, und jetzt, vor der Kamera, kniff er den Schwanz ein.

Ich begann zu kochen und konnte mich nicht mehr beherrschen. Ohne auf die Kameras zu achten, setzte ich mich ihm gegenüber. »Mr. Pitkoff«, sagte ich mit vor Wut zitternder Stimme. »Reden wir doch einmal über Sie und die von Ihnen beschriebenen Heimsuchungen. Bisher haben Sie das Wort Geist noch nicht in Mund genommen. Genausowenig haben Sie bis jetzt die bösartigen Wesen erwähnt, die angeblich mich und meine Familie bedrohen.«

Joe Day war entzückt, aber Jordans Gesicht verfärbte sich, und auf seiner Stirn erschienen Schweißperlen.

»Beruhigen Sie sich«, sagte er und erhob sich von seinem Stuhl. »Beruhigen Sie sich. Schalten Sie die Kamera aus.«

»Nein, beruhigen Sie sich lieber«, erwiderte ich, während die Kamera weiter surrte. »Wissen Sie eigentlich, was Sie meiner Familie angetan haben? Sie haben mit unserem Leben gespielt, und jetzt tauchen Sie hier auf und tun so, als hätten Sie etwas ganz anderes gemeint?«

»So beruhigen Sie sich doch«, sagte er wieder. »Es ist nicht so wie Sie denken.«

»In diesem Haus hat es nie Geister gegeben, stimmt's? Kommen Sie, sagen Sie's mir ins Gesicht! Was war es dann?«

Er stammelte irgend etwas, ohne meine Fragen zu beantworten. Ich forderte ihn auf, das Haus zu verlassen und brachte ihn höchstpersönlich zur Tür.

Nachdem das Fernsehteam, Dr. Roll und die Parapsychologen die Stadt verlassen hatten, zogen wir wieder in unser Haus ein, ließen jedoch den größten Teil der Möbel in dem Lager in Louisville. Wieder einmal lebten wir wie Flüchtlinge auf Matratzen und aus Kisten.

Erleichtert darüber, wieder allein zu sein, schliefen wir in der ersten Nacht in unsrem Haus alle rasch ein. Etwa gegen ein Uhr erwachte ich aus tiefem Schlaf, weil mein Körper auf eigenartige Weise angenehm prickelte. Doch bald stellte ich fest, daß ich nahezu paralysiert war und weder Hände noch Beine bewegen konnte. »Ron«, versuchte ich zu flüstern, doch ich war unfähig, ein Wort herauszubringen.

Was ich dann feststellte, war noch unfaßbarer. Mein Körper lag nicht mehr auf der Matratze, sondern schwebte darüber und hob sich ganz allmählich höher. In dem Bemühen zu sprechen, spannte ich jeden Muskel an. Mit vor Entsetzen geschlossenen Augen gelang es mir schließlich, das Wort Ron mit den Lippen zu formen, und, als hätte mich jemand fallen lassen, plumpste ich zurück auf die Matratze.

»Das sind deine eigenen Kräfte«, hörte ich Ron sagen. »Du bist aus eigenem Antrieb geschwebt.«

Ich brach in Tränen aus. Ob er nun meinte, was er sagte, oder mich damit beschwichtigen wollte, auf jeden Fall hatte er keine Ahnung, wie entsetzt ich war. Vielleicht hatten Dr. Roll, Jordan Pitkoff und Patricia Hayes ihn davon überzeugen können, daß ich übernatürliche Fähigkeiten besaß. Für mich hingegen war diese Möglichkeit aus Gründen, die ich selber gerade erst zu verstehen begann, zu furchterregend, um sie auch nur in Erwägung zu ziehen.

27. Kapitel

Obwohl es mir zu jenem Zeitpunkt nicht bewußt war, übte die Verfilmung unserer Geschichte eine reinigende und befreiende Wirkung auf mich aus. Dank Dr. Roll begann ich, die Geschehnisse in einem anderen Licht zu betrachten, und Craig Highbergers Zusammentreffen mit einem meiner Gespenster hatte mir eine gewisse Genugtuung verschafft. Durch die Dreharbeiten begann sich unsere Geschichte in der Stadt herumzusprechen, und die Geheimnistuerei hatte endlich ein Ende. Nun konnte ich auch mit Außenstehenden offen über alles sprechen, wobei es jedem freistand, seine Meinung dazu zu äußern.

Zu denjenigen, mit denen ich dringend Kontakt aufnehmen wollte, gehörte Georgia Jeffries, deren Namen ich zum ersten Mal von Benny Cyrus gehört hatte. Sie hatte noch vor den Cyrus in dem Haus gelebt, als es noch das Wind Drift Motel gewesen war. Angeblich war damals ein unerklärliches Feuer auf dem Dachboden über der Küche ausgebrochen.

Als Joe Day mich fragte, ob jemand in der Stadt möglicherweise Informationen über das Haus beisteuern könne, hatte ich ihm ihren Namen genannt. Die Produzenten hatten unter anderen auch mit ihr Verbindung aufgenommen, um Interviews durchzuführen. Auch Dr. Roll hatte sich mit ihr unterhalten, um seine Notizen bezüglich des Hauses zu vervollständigen. Aus dem Protokoll, das er mir von diesem Gespräch zuschickte, entnahm ich, daß sie weit mehr über das Haus wußte, als Benny vermutet hatte.

Auf meine Bitte hin stattete Georgia mir einen Besuch ab, und wir verstanden uns auf Anhieb. Freimütig erzählte sie mir von der Zeit, während der sie das Haus bewohnt hatte. Sie lebte damals die meiste Zeit allein, weil ihre Kinder das College besuchten. Ihr Sohn hatte jedoch während der kurzen Aufenthalte zu Hause immer wieder geäußert, er habe das Gefühl, daß etwas ihn beobachte, und oft war er ohne ersichtlichen Grund erschaudert.

Genau wie bei uns gipfelten ihre Versuche, das Haus zu tapezieren, darin, daß die Tapete am nächsten Morgen auf dem Boden lag. Obwohl Georgia ihre Katze abends in die Wäschekammer sperrte, war es nicht selten vorgekommen, daß das Tier am nächsten Morgen durchs Haus strich oder neben ihr auf dem Bett lag. Sie erzählte auch, daß es außer dem besagten Feuer auf dem Dachboden noch einen anderen Zwischenfall in Zusammenhang mit Feuer gegeben hatte.

»Als wir in das Haus einzogen, funktionierte der Heizofen nicht, deshalb benutzte ich den Kamin. An besagtem Morgen war ich allein im Haus und erwachte, weil der Kamin fürchterlich qualmte. Halb erstickt wollte ich aufstehen, verlor jedoch das Bewußtsein und fiel zu Boden. Erst als unser Hund mich mit der Schnauze anstieß und mir das Gesicht leckte, kam ich wieder zu mir. Ich schaffte es gerade noch, zum Telefon zu kriechen und meine Tochter anzurufen. Als sie hier eintraf, hatte der Rauch sich bereits im ganzen Haus ausgebreitet, und ich war schon wieder halb ohnmächtig. Sie löschte das Feuer im Kamin, riß alle Fenster auf und brachte mich ins Krankenhaus. Wir haben nie herausgefunden, was eigentlich passiert ist. Irgendwie mußte sich die Lüftungsklappe im Rauchabzug geschlossen haben. Wir überprüften den Abzug natürlich, und er funktionierte einwandfrei. Offenbar hatte sich die Klappe von allein geschlossen.«

»Kennen Sie sonst noch jemandem, der hier gelebt hat?«

»Da war eine Dame ... sie soll hier gestorben sein. Ihr Name war Caroline Kersey.«

»Sie ist hier gestorben?«

»Ja. Angeblich hat sie sich umgebracht ... Schlaftabletten genommen oder etwas in der Art. Sie war gesundheitlich nicht besonders auf der Höhe, ein krankes Herz oder so. Ich weiß nichts Genaues darüber, aber angeblich hat sie eine Überdosis genommen und ist in der Badewanne gestorben.«

Caroline Kersey. Natürlich. Den Namen hatte ich in den

alten Eigentümerverzeichnissen gelesen. Aber ich hatte nie einen Zusammenhang hergestellt, als die Zeiger des Buchstabenbrettes bei Marilees erstem Besuch die Initialen C K anzeigten, und auch nicht, als diese Buchstaben bei unserer Rückkehr aus Louisville an der Wand der Wäschekammer prangten.

»War sie blond?« fragte ich.

»Nein«, antwortete Georgia. »Sie war dunkelhaarig und trug einen Kurzhaarschnitt. Es gab noch jemand, der hier gestorben ist, Großvater Kersey, Carolines Schwiegervater. Die beiden verstanden sich nicht besonders gut, angeblich hat sie ihn ziemlich mies behandelt.«

»Hatte sie Kinder?«

»Eine Tochter. Sie war zurückgeblieben oder so etwas. Jedenfalls ging sie nicht zur Schule. Sieht so aus, als hätte sie es nicht leicht gehabt.«

Tagebucheintragung, 31. Juli 1992:

Dies scheint der längste Tag meines Lebens zu sein. Die ›Sightings‹-Sendung mit der Reportage über uns wird um neun Uhr ausgestrahlt. Noch acht Stunden. Wir haben die Ausschnitte schon gesehen und waren recht zufrieden. Der Bericht ist beeindruckend und stellt unsere Familie in einem guten Licht dar. Gott sei Dank …

Der Spott, den ich befürchtet hatte, blieb aus. Unser Familienname wurde in der Sendung nicht bekannt gegeben und das Haus nicht von vorn gezeigt. Nicht einmal die Stadt wurde namentlich genannt. Da Ron und ich jedoch in den Interviews zu erkennen waren, blieb die Sache in Madison natürlich kein Geheimnis. Ein paar Leute, die ich flüchtig kannte, schauten mich zwar ein wenig schräg an, aber falls sich jemand über uns lustig machte, ließ man es uns nicht spüren.

Das Gegenteil war der Fall. Kurz nach der Sendung riefen mich völlig fremde Menschen an und boten mir bereitwillig Informationen über das Haus an. Ein Mann, der Noble Maddox noch gekannt hatte, berichtete, daß das Haus während der Bauarbeiten einmal bis auf die Grundmauern niedergebrannt sei. Jemand anders erzählte, er habe gehört, daß kurz nach der Errichtung des Hauses ein Mann darin verbrannt sei. Die Lokalzeitung brachte eine Story über uns, und aus Louisville meldeten sich ebenfalls Reporter. Da die Medien überall ehrlich und sachlich über uns berichteten, ließen meine Bedenken wegen der Publicity allmählich nach. Ein Londoner Boulevardblatt brachte einen Artikel über uns, und ein japanischer Fernsehsender kündigte für September den Besuch eines Reporter- und Kamerateams an. Wir willigten ein, daß unsere Geschichte im Rahmen der Sendung ›Heimsuchungen‹ etwas dramatisiert wurde und erhielten sogar Angebote sensationslüsterner Leute, die das Haus in der Hoffnung auf persönliche Poltergeisterfahrungen für ein Wochenende mieten wollten.

Eine ausgesprochen negative Reaktion verursachte unsere Story jedoch bei unserer Bank. Da wir so gut wie pleite waren, suchten wir nach einer Möglichkeit, uns über Wasser zu halten. Nachdem die Aufnahmen für ›Sightings‹ abgedreht waren, aber vor ihrer Ausstrahlung, bemühten wir uns um eine Hypothek auf das Grundstück. Ein unabhängiger Gutachter setzte den Wert des Grundstücks auf den beinahe zweifachen Betrag dessen fest, was wir dafür bezahlt hatten – die Arbeit, die wir hineingesteckt hatten, war also nicht völlig umsonst gewesen –, wodurch das Risiko für den Geldgeber gering war. Mit der Auflage, daß wir ein paar Ausbesserungsarbeiten an dem Haus vorzunehmen hätten, erklärte sich die Bank einverstanden. Trotz unserer finanziellen Misere und verschiedener offener Rechnungen nahmen wir die gewünschten Reparaturen vor, in dem Glauben, sie von dem Darlehen bezahlen zu können. Die Darlehenspapiere trafen zusammen mit einem Brief ein, in dem man uns den Banktermin für die zu leistenden Unterschriften mitteilte.

Am vierten August, einige Tage nach der Ausstrahlung von ›Sightings‹ stattete uns der Vizepräsident der Bank einen Besuch ab. »Die Bank zieht ihr Darlehensangebot zurück«, verkündete er.

»Weshalb denn das?« fragte Ron.

Er wich unserem Blick aus. »Weil es in Ihrem Haus spukt«, antwortete er.

Das Beste an der Tatsache, daß wir in den Mittelpunkt der allgemeinen Aufmerksamkeit gerückt waren, war, daß es mir dadurch möglich war, weiterhin mit Dr. Roll in Kontakt zu bleiben. Er selbst berechnete uns nichts für seinen zeitlichen Aufwand, und die Kosten seiner Besuche in Madison wurden in der Regel von den Fernsehanstalten übernommen.

Während unserer regelmäßigen Telefonate überließ er das Reden gewöhnlich mir. Er hörte geduldig zu, stellte hin und wieder Fragen, versuchte jedoch mich weder zu manipulieren noch zu belehren. Anstatt mir Anweisungen oder Vorstellungen einzuhämmern, war er vielmehr bemüht, etwas aus mir herauszubringen. Er hatte mir versichert, daß die Geister aus meinem Inneren kämen, also ließ er mich reden. Je mehr ich von mir preisgab, glaubte er, desto eher wäre es ihm möglich, den Ursprung meiner Geister, ihre Natur oder Identität, zu ergründen. Dr. Roll hielt entschieden an seiner Theorie fest, daß diese Heimsuchungen durch meine übersinnlichen Fähigkeiten hervorgerufen wurden, und ermunterte mich sogar, mit diesen Fähigkeiten zu experimentieren, sie auf eine Art und Weise zu testen, die mir selbst nicht geheuer war.

Ich widersprach ihm. »Wenn mein Inneres diese Dinge in die Außenwelt projiziert, wie erklären Sie sich dann die Visionen – den Schlangenbeschwörer, die blonde Frau in der Badewanne? Visionen von Menschen, die nicht das Geringste mit mir zu tun haben und offensichtlich einer ganz anderen Zeit entstammen?«

»Nicht nur Menschen haben Erinnerungen, Doretta«,

antwortete er. »Orte und Gegenstände bewahren ebenfalls Erinnerungen. Mit Ihren übersinnlichen Fähigkeiten, die durch ein zeitweiliges Ansteigen der elektromagnetischen Schwingungen um Ihr Haus noch verstärkt werden, können Sie diese orts- und objektgebundenen Erinnerungen aufnehmen.«

Für mich klang das alles viel zu weit hergeholt, viel zu abstrakt, und ich hatte Mühe, es zu begreifen. Dr. Roll schickte mir eine Abhandlung, die er unter dem Titel ›PSI, Psychologie und Parapsychologie‹ verfaßt hatte.

> Außersinnliche Wahrnehmung könnte – wie auch die bekannten Sinne – von einem Sinnesorgan abhängen, das einem eigenen sensorischen Feld zugeordnet ist. Bis vor kurzem war jedoch kein sensorisches Feld bekannt, das diesem hypothetischen Sinnesorgan entspräche. Erst durch den kürzlich erbrachten Nachweis der Existenz von Gravitationswellen wurde auch ihr Übertragungsmedium, die Raumzeit, verifiziert. Die Temporallappen des menschlichen Gehirns scheinen wegen ihrer Orientierung auf die Vergangenheit diesem Feld (der Raumzeit) angepaßt zu sein. Während die bekannten Sinne den Körper im Raum orientieren, ordnen ihn die Temporallappen in der Zeit ein. Gleichermaßen könnte die Raumzeit das Übertragungsmedium für PSI-Wechselwirkungen sein.

Dieser Artikel warf interessante Fragen auf. Konnten wir in die Vergangenheit sehen? Natürlich. In gewisser Weise tun wir nie etwas anderes. Betrachtet man einen Gegenstand, der auf einem Tisch liegt, sieht man ihn nicht in der Gegenwart, sondern in der Vergangenheit, so, wie er eine zehnmillionstel Sekunde zuvor dort lag – in der Zeit, die das Gehirn braucht, dieses Lichtsignal zu empfangen. Betrachten wir den Mond, sehen wir ihn so, wie er zwei Sekunden zuvor am Himmel stand, Zeit, die dieses Bild, oder das Licht, welches davon ausgeht, benötigt, unsere Augen zu erreichen. Astronomen, die sich einen fernen Stern durch ein Teleskop ansehen, sehen ein Bild, das Millionen oder Milliarden Jahre zurückliegt.

Was veranlaßt ein Gehirn dazu – mittels Temporallappen oder anderer Besonderheiten – mehr zu sehen als andere Gehirne? Vielleicht ist etwas Wahres daran. Schließlich sind auch die gewöhnlichen Sinnesorgane bei jedem Menschen unterschiedlich entwickelt. Manche haben einen stark entwickelten Geruchssinn, andere einen ausgeprägteren Tast- oder Geschmacksinn, schärfere Augen oder Ohren. In der Tierwelt ist das Wahrnehmungsvermögen sogar noch vielfältiger. So hören Hunde zum Beispiel Laute, die das menschliche Ohr nicht wahrnimmt. Kann man deshalb behaupten, daß diese Laute nicht existieren? Ein Katzenauge benötigt nur einen Bruchteil des Lichtes, das ein Mensch braucht, um ein Objekt zu erkennen.

Nun gut, wenn ich tatsächlich dieses übersinnliche Wahrnehmungsvermögen besaß, mochte ich in der Lage sein, in die Vergangenheit dieses Hauses zu blicken oder bruchstückhafte Bilder aus dieser Vergangenheit zu empfangen. Doch von all den Dingen, die uns in den vergangenen fünf Jahren in diesem Haus und in unserem Leben widerfahren waren, hatte ich die Visionen als am wenigsten bedeutungsvoll, am wenigsten beängstigend empfunden.

Wie stand es dagegen mit den Erscheinungen, den Gerüchen, kalten Stellen und zerbrochenen Fensterscheiben? Was war mit den Lichtbällen, dem Feuer, den Geräuschen auf dem Dachboden und den Gegenständen, die sich selbständig bewegten, der Farbe und den Tapeten, die nicht halten wollten, dem Fleck über dem Kamin, der sich nicht entfernen ließ? Diese Dinge waren nicht so einfach zu erklären. Laut Dr. Roll waren oder sind sie Produkte meines Unterbewußtseins, etwas, das in meinem Kopf verborgen liegt und aus hochempfindsamen Regionen meines Gehirns in die physische Welt hinaussickert.

»Man begegnet diesem Phänomen sehr häufig bei Jugendlichen, die unter ungewöhnlichem Streß leiden und sich auf der Schwelle zum Erwachsenenalter befinden«, sagte Dr. Roll. »Wenn wir uns die Vergangenheit dieser Individuen näher betrachten, stoßen wir fast immer auf eine traumatische Kindheit, die durch Gewalt, Verlassenheitsgefühl oder sexuellen Mißbrauch geprägt wurde.«

Nun, in dieses Schema paßte ich hervorragend hinein.

Im allgemeinen würden diese Störungen durch Streß oder emotionalen Aufruhr verursacht, erläuterte Dr. Roll weiter.

Auch dieser Punkt traf auf mich zu. Zu dem Zeitpunkt, als wir in das Haus am Clifty Drive gezogen waren, hatte es in unserer Ehe Spannungen gegeben. Und was noch schwerer wog: Damals durchlebte ich das Trauma, meine Schwester aus dem Gefängnis herausholen zu müssen und im Rahmen ihrer Therapie mit Fakten über unsere Kindheit und unsere Mutter konfrontiert zu werden, die mich zutiefst erschüttert hatten.

Psychokinese ist der geläufige Begriff für sogenannte Poltergeistaktivitäten. Der Sieg des Geistes über die Materie. Massive Gegenstände werden allein durch die Kraft des Unterbewußtseins bewegt, ohne daß das Bewußtsein in irgendeiner Form daran beteiligt ist. Selbst im Schlaf ist das Unterbewußtsein solcher Aktivitäten fähig.

Für mich blieben diese rein geistigen Kräfte nach wie vor ein Rätsel. Und doch hatten sowohl Dr. Roll als auch Patricia Hayes und Jordan Pitkoff mich ermuntert, mit dieser Kraft zu experimentieren, sie weiterzuentwickeln und dadurch zu lernen, sie zu kontrollieren. Aber irgend etwas an diesem Gedanken flößte mir Angst ein, ließ mein Herz schneller schlagen und all meine Sinne dagegen rebellieren.

Wann immer ich doch einmal versucht war, mit dieser Fähigkeit zu experimentieren, hielt eine unbestimmte Furcht mich zurück ... tauchte dieses Bild vor meinem geistigen Auge auf ... ein einsames kleines Mädchen, das durch die Gitterstäbe seines Krankenhausbettchens zum Nachbarbett hinüberblickt, in dem ein Junge von Spielsachen und Stofftieren umringt ist und von seinen Eltern liebevoll umhegt wird ... der Vater des Jungen, der dem kleinen Mädchen einen Teddybär reicht ... die Mutter des Mädchens, die ihr das Stofftier ärgerlich entreißt ... der Teddybär, der aufgerissen und in Fetzen auf dem Boden liegt ...

Konnte der Zorn eines dreijährigen Kindes unsichtbare Bestien für diesen zerstörerischen Akt heraufbeschworen haben? Besaß ich wirklich diese Kräfte?

Es gab Augenblicke, in denen ich die Mutmaßungen der Spiritisten und Dämonologen dem Rationalismus der Wissenschaftler vorzog, Augenblicke, in denen ich glauben wollte, daß die Geister und Dämonen wirklich existierten und ich nur ein unschuldiger Beobachter, ein zufälliges Opfer war.

Erst nach der Abreise des japanischen Filmteams stand ich den übersinnlichen Experimenten nicht mehr ganz so ablehnend gegenüber. Ein Foto, oder besser gesagt, zwei Fotos, hatten zu diesem Meinungsumschwung geführt. Sie zeigten eines von beiden: eine Geistererscheinung oder eine Projektion meines Unterbewußtseins. Was auch immer es darstellte, auf diesen Fotos war es sichtbar, und es war an der Zeit, ein für alle Male seinen Ursprung zu ergründen.

Die siebenköpfige Crew von On-Air Tokio rückte Anfang September samt Bus und der umfangreichsten technischen Ausstattung, die ich je außerhalb eines Studios gesehen hatte, in Madison an. Im Wintergarten bauten sie einen Computer und Monitore zur Messung von Beta- , Alpha- und anderen Schwingungen innerhalb des Hauses auf. Überall stolperte man über Geräte und alle möglichen Instrumente, und im ganzen Haus wurden Videokameras installiert, die an die Monitore im Übertragungswagen angeschlossen waren. Kabel schlängelten sich über den Korridor, und das Team fotografierte jeden Quadratzentimeter des Hauses.

Kurz nach ihrer Ankunft präsentierte sich das Haus so friedlich wie selten, und die Japaner waren sichtlich enttäuscht, daß ihre hochentwickelten elektronischen Zauberinstrumente dem Haus nichts Bedeutungsvolles zu entlocken vermochten.

Doch am zweiten Tag ging eine der Mitarbeiterinnen, eine junge Frau, durch das Haus und schoß Polaroidaufnahmen von den leeren Zimmern. Sie stand in einer Ecke in Stevens Zimmer und richtete die Kamera auf die Tür. Da die Vorhänge geschlossen waren und im Korridor keine Lichtquelle existierte, lag der Raum im Dämmerlicht. Dennoch zeigte das Foto, nachdem es sich entwickelt hatte, ein großes, spiralförmiges Licht, das sich deutlich von der hölzernen Tür abhob, die vor der weißen Zimmerwand offen stand.

Sie betrachtete die Aufnahme eingehend und rief schließlich einen ihrer Kollegen hinzu, der ihr vorschlug, an derselben Stelle noch eine Aufnahme zu machen. Auf dem zweiten Bild war die Lichtspirale nicht mehr zu sehen. Auch alle anderen Aufnahmen von dieser Kassette waren völlig normal, so daß ein defekter Film ausgeschlossen werden konnte. Angesichts der Tatsache, daß sie die weite Reise offenbar doch nicht vergeblich gemacht hatten, wurde das Team von sichtbarer Begeisterung erfaßt.

Das geheimnisvollste Foto wurde jedoch erst ein paar Minuten später aufgenommen. Ich wollte eine Kopie von dem Foto mit dem Licht haben, aber da Polaroidkameras keine Negative produzieren, von denen man Abzüge machen kann, mußte man die Originalaufnahme noch einmal fotografieren.

Wir hefteten die Aufnahme an die Küchentür, hielten die gleiche Polaroidkamera so nah wie möglich davor und knipsten die Aufnahme. Voller Zweifel, ob die Lichterscheinung auf der Kopie auch detailliert zu sehen sein würde, beobachtete ich, wie das Foto sich langsam entwickelte.

Da ich lange genug mit den Geistern dieses Hauses

unter einem Dach gelebt hatte, glaubte ich, daß mich so leicht nichts mehr erschüttern könne. Doch als das Bild sich entwickelt hatte, wurde ganz offensichtlich, daß es sich nicht um die gleiche Aufnahme handelte. Das spiralförmige Licht, das sich über den größten Teil der Originalaufnahme erstreckte, hatte sich auf der Kopie in einen geraden Lichtstrahl verwandelt, der quer über der geöffneten Tür lag. In der unteren rechten Ecke war das verschwommene Abbild zweier Menschen zu sehen: ein dunkelhaariger Mann mit Schnurrbart, der ein weißes Hemd mit aufgeknöpftem Kragen trug, und eine Frau mit gewelltem, blonden Haar, die um einiges kleiner als der Mann war und ein weißes Kleid anhatte.

Die Japaner inspizierten beide Fotos eingehend, fanden jedoch keine Erklärung für die unterschiedlichen Variationen. Alle stimmten darin überein, daß das Bild in der Ecke zwei Menschen zeigte und daß die Form des Lichtes verändert und auf der Kopie noch deutlicher zu erkennen war. Nichts, was sie in Betracht zogen – weder ein defekter Film noch eine defekte Kamera oder ein Lichteinfall –, konnte dieses Resultat hervorgebracht haben.

Mit den Worten: »Gibt es eine verlorene Seele, die dort herumirrt?« sollte der Moderator die Sendung wenige Wochen später eröffnen. »Wurden diese Aufnahmen durch einen Geist manipuliert?« würde er fragen, während die Fotos eingeblendet wurden.

Oder wurde dieses Phänomen vom Unterbewußtsein der Doretta Johnson inszeniert? Als ich mir die Sendung wenige Wochen später auf Video ansah, kam mir plötzlich eine Erkenntnis. Warum ich nicht eher darauf gekommen war, wird mir immer ein Rätsel bleiben. Ich suchte die Polaroidaufnahme hervor, ging ins Schlafzimmer und hielt sie neben die Fotografie, die in einem herzförmigen Rahmen über unserem Bett hängt – unser Hochzeitsfoto: Ron, ohne Krawatte, mit längeren, dunklen Haaren und Schnurrbart, und ich, in einem weißen Kleid. Auf mysteriöse Weise hatte sich dieses Motiv auf den Polaroidschnappschuß übertragen, der in einem anderen Zimmer aufgenommen wurde.

28. Kapitel

Eines Abends – ich schrieb gerade einen Brief an Marilee – hielt ich auf der Suche nach einer Formulierung einen Augenblick inne. Der Stift lag locker in meiner Hand und berührte noch das Papier. Auf einmal legte sich ein Druck auf meine Hand, und angetrieben durch eine unsichtbare Kraft, begann der Stift sich zu bewegen. Viel schneller, als ich normalerweise schreibe, glitt meine Hand über den Briefbogen und hielt erst am Ende eines Satzes inne, der nicht meine eigenen Schriftzüge trug: *›Unter dem Badezimmerboden‹*.

Inzwischen hatten wir unsere Möbel wieder kommen lassen, und das Haus befand sich in ordentlichem und behaglichem Zustand. Trotzdem zog ich in Betracht, dieser Nachricht Folge zu leisten und den Boden unter der Falltür im Bad auszuheben. Ich hatte bereits vom Phänomen des Automatischen Schreibens gehört und mich brieflich mit Dr. Roll darüber ausgetauscht. Es gab zwei Theorien darüber: eine ging davon aus, daß die Geister der Verstorbenen diesen Weg der Kommunikation wählten, indem sie ihre Gedanken durch ein sterbliches Medium in die wirkliche Welt kanalisierten; Verfechter der zweiten Theorie vertraten die Meinung, daß das Unterbewußtsein auf diese Weise mit dem Bewußtsein kommunizierte. Ich hatte von Autoren, Musikern und Erfindern gehört, die behaupteten, ihre besten Ideen seien ihnen in einem tranceähnlichen Zustand gekommen. Nach einem regelrechten Kreativitätsrausch hatten sie begeistert festgestellt, welch überragende Leistung sie vollbracht hatten.

Ich konnte mich auf keine dieser beiden Theorien eindeutig festlegen, denn trotz der rationaleren Alternative neigte ein Teil von mir zu der Annahme, daß es eine Kommunikation jenseits des Todes geben mußte. Diese Vermutung und meine Überzeugung, daß die Geheimnisse dieses Hauses in der Erde, auf der es errichtet wurde, vergraben sein mußten, verliehen der Botschaft in meinen Augen genug Glaubwürdigkeit, um meinen Mann zu veranlassen, unter dem Badezimmerboden zu graben und der Sache auf den Grund zu gehen.

Es gab Zeiten, in denen er einem solchen Anliegen energisch widersprochen und sich strikt geweigert hätte. Dieses Mal nicht. Die Botschaft, davon war ich überzeugt, stammte von der blonden Frau und erfolgte zu einem Zeitpunkt, da ihre Präsenz in unserem Haus stärker denn je schien. Ich hatte sie in der Mordszene in der Badewanne gesehen, und Ashley hatte sie sich ebenso gezeigt wie den Parapsychologen, die unser Haus besucht hatten.

Doch in jenem September trat sie auch vor anderen in Erscheinung, geradeso als versuche sie ihrer Gegenwart einen gewissen Nachdruck zu verleihen.

Ron war dabei, eine Verkleidung über einem Fenster anzubringen, das wir auf Geheiß der Parapsychologen mit Brettern vernagelt hatten, da sie der Meinung waren, daß Geister sich durch dieses Fenster Zugang zum Haus verschafften. Plötzlich hatte er das Gefühl, daß jemand ihn beobachte, und als er sich umdrehte, erblickte er eine attraktive junge Frau mit blondem, langen Haar. Ihre Haut war außergewöhnlich blaß, beinahe durchscheinend, und sie trug ein pfirsichfarbenes Kleid. Als Ron in der Annahme, sie wolle nach dem Weg fragen, auf sie zuging, verschwand sie.

Kurz darauf engagierten wir Greg Jeffries, Georgias Sohn, für einen Abend als Babysitter, weil wir ausgehen wollten. Bei unserer Rückkehr fanden wir das Haus in makellosem Zustand vor. Das gesamte Geschirr war abgewaschen, jeder Tisch und jedes Regal gewischt und sämtliche Böden gestaubsaugt. Wir hatten erwartet, Greg bereits schlafend anzutreffen, aber er war immer noch auf den Beinen und putzte. Als wir ein wenig nachhakten, gestand er uns, daß es ihm zu unheimlich gewesen sei, schlafen zu gehen oder sich ruhig vor den Fernseher zu setzen.

Auf dem Weg vom Wohnzimmer ins Bad war ihm auf

dem Korridor eine junge, blonde Frau in pfirsichfarbenem Kleid begegnet, die ihn angestarrt hatte.

Ich konnte nicht länger akzeptieren, daß es sich bei der Frau auch um eine Erfindung meines Unterbewußtseins handeln sollte. Sie mochte vielmehr eine lange zurückliegende Erinnerung des Hauses oder des Grundstücks sein – in jedem Fall jedoch eine Erinnerung, die befreit werden mußte, befreit von dem, was sie an diesen Ort fesselte.

»Ich glaube, sie wurde hier vergraben«, sagte ich zu Ron, »und kann nicht fort, bevor man sie findet.«

Er öffnete die Falltür, die sich bereits bei unserem Einzug im Badezimmerboden befunden hatte. Der darunterliegende schmale Schacht ließ auf allerlei Aktivitäten aus der Vergangenheit schließen. Wir fanden ein Kondom, eine Fliegenklatsche und die Verpackung eines elektrischen Sägeblattes. Steven erklärte sich bereit, am nächsten Morgen den Boden unter dem Schacht auszuheben.

In jener Nacht träumte ich von dem Loch unter dem Badezimmerboden. Ich sah eine junge Frau, ermordet, sexuell mißbraucht, zerstückelt und vergraben; ich sah einen Mann, der Beton über die Oberfläche eines frischen Grabes schüttete.

Nachdem Ron das Haus in der Frühe verlassen hatte, machte Steven sich mit einer Schaufel ans Werk. Ich erzählte ihm nichts von meinem Traum. Mittags mußte er sein Vorhaben aufgeben, weil er in etwa einem halben Meter Tiefe auf einen harten Widerstand gestoßen war und nicht weiterkam.

Unseren Vorsatz auszuführen hätte also bedeutet, daß wir schwere Geräte ins Haus holen und noch mehr Schaden im Bad anrichten müßten, das jetzt schon aussah, als habe eine Bombe eingeschlagen.

Also schütteten wir das Loch wieder zu, verschlossen die Falltür und ließen die Geheimnisse im Boden ruhen.

Als wir wieder in das Haus eingezogen waren, hatten wir angenommen, daß der schlimmste Teil unseres Martyriums hinter uns lag. Der Kontakt mit Dr. Roll hatte mich in dem Vertrauen bestärkt, daß es nur eine Frage der Zeit sei, bis sich alles aufgeklärt habe und wir wieder ein normales Leben führen könnten.

Doch schon in den ersten beiden Monaten kamen immer neue Belastungen auf uns zu.

Großvater wurde krank, und wir mußten ihn zu uns nehmen, um ihn zu pflegen. Noch immer hatten wir erhebliche finanzielle Sorgen, und es gab Zeiten, da schienen unsere Poltergeister munterer denn je; sie klopften an die Wände, schlugen mit den Türen und wisperten in dunklen Ecken miteinander.

Ich hatte beängstigend lebhafte Alpträume und war überzeugt, daß es sich dabei um seherische Träume handelte. Manche hatten einen geradezu beunruhigend prophetischen Charakter, andere wirkten wie verschwommene Rückblicke in die Vergangenheit – nicht meine Vergangenheit, sondern die von anderen Menschen. Wochenlang waren diese Träume meine Wirklichkeit, reiste ich vor und zurück durch die Zeit.

Einmal träumte ich von einem Zugunglück, das sich in England ereignete. Als ich Ron den Traum bis ins kleinste Detail beschrieb, erklärte er mich für verrückt. Am nächsten Tag berichteten die Nachrichten von einem Zugunglück in der Nähe von London.

Ein anderer Traum war so verwirrend, daß ich Georgia Jeffries davon berichtete. Er spielte sich in meinem Haus ab, und ich nahm keine aktive Rolle darin ein, sondern war nur eine unbeteiligte Beobachterin.

»Da waren zwei Männer und eine Frau«, erzählte ich Georgia. »Die Frau war zwar nicht gekleidet, wie ich mich normalerweise anziehe, und bewegte sich vollkommen anders, aber aus irgendeinem Grund war ich sicher, daß ich es war. Sie sah aus wie ich … das Gesicht und die Augen … aber sie hatte blondes Haar. Im Wohnzimmer fand ein Kampf statt, bei dem es um ein Eifersuchtsdrama ging. Die Frau rannte mit einem der Männer aus der Tür. Der andere Mann lag auf dem Boden. Er war zwar nicht tot, aber ziemlich übel zugerichtet. Sie lief mit dem Mann in ein sehr gut besuchtes Restaurant, zu dem ein langer Flur gehörte. Auf einmal war es kein Restaurant mehr, sondern eine Apotheke. Die beiden diskutierten mit jemandem, der ihnen schließlich ein paar Tabletten aushändigte. In der Hand der Frau lagen zwei große weiße Pillen. Der Mann befahl ihr, sie zu nehmen. Als die Frau gehorchte, hatte ich das untrügliche Gefühl, daß ich diejenige war, die die Tabletten eingenommen hatte. Wenn ich sie schluckte, das wußte ich, wäre es aus mit mir.«

»Du mußt von Beth geträumt haben«, sagte Georgia. »Sie gehört zu denen, die das Haus vor uns bewohnten, und sie ist mit dem besten Freund ihres Mannes durchgebrannt. Sie waren ziemlich üble Charaktere, handelten mit Drogen und so. Als Greg und ich dich kennenlernten, sprachen wir darüber, wie sehr du Beth ähnelst – bis auf dein dunkles Haar.«

Kurz vor Weihnachten erwachte ich wieder einmal aus einem fürchterlichen Alptraum. Ich ging ins Wohnzimmer und weinte so erbärmlich, daß Großvater davon erwachte und mich fragte, was los sei.

»Ach, ich habe geträumt, Steven sei tot.«

Es war einer jener Träume, die man nicht so einfach abschütteln kann. Am nächsten Morgen nahm ich mit Ashley am alljährlichen Nikolausfrühstück in der St. Michael-Schule teil. Ich zitterte immer noch, als ich mich mit Georgia und einigen anderen Frauen an den Tisch setzte und Kellie mit ihren Töchtern eintraf.

»Was ist denn mit dir los?« fragte sie mich.

»Ich hatte einen Alptraum und werde ihn einfach nicht los«, antwortete ich. »Es ging darum, daß ein paar Jungen bei einem Autounfall ums Leben kamen. Ich erhielt einen Anruf, in dem man mir mitteilte, daß mein Sohn sich aus seinem Zimmer geschlichen habe und zusammen mit den anderen Jungen getötet worden sei. Ron und ich fuhren in ein Waldgebiet, wo wir die Leiche identifizieren sollten.

Sie war mit Laken zugedeckt. Als wir sie zurückschlugen, war Steven gar nicht tot. Er war nicht einmal verletzt. Von den anderen Jungen war mir keiner bekannt, aber ich weiß noch, daß einer von ihnen ein Flanellhemd trug.«

»Vergiß es, Schätzchen«, sagte Georgia. »Es war nur ein Traum.«

An diesem Nachmittag rief ein Kollege aus Rons Betrieb an. Er berichtete, daß vier Teenager in der vergangenen Nacht durch einen Autounfall ums Leben gekommen waren. Unter ihnen befand sich Jason, einer von Stevens besten Freunden. Er hatte den Abend mit einem Freund verbracht, und sie waren mit zwei anderen Jungen im Auto herumgefahren. Der Wagen war von der Straße abgekommen und gegen einen Baum geprallt. Einer der Jungen, so erfuhr ich später, hatte ein Flanellhemd getragen.

Erdrückt von Schuldgefühlen (trugen meine Träume zu den Tragödien, die sie zeigten, bei?) und der zunehmenden Gewißheit, daß ich wirklich übersinnliche Fähigkeiten besaß, die ich nicht verstand, erfüllt von der Angst, meiner Dämonen niemals Herr zu werden, glitt ich in eine tiefe Depression. Die Zuversicht, die ich durch meine Gespräche mit Dr. Roll gewonnen hatte, verschwand. Ich stand diesen Mächten wehrlos gegenüber, war unfähig, diesem Sumpf zu entfliehen.

Dr. Roll kehrte nach Madison zurück, und wir versuchten, ein paar übersinnliche Experimente durchzuführen. Zuvor hatte ich schon einmal allein und in aller Ruhe probiert, mich auf ein Streichholz zu konzentrieren und es durch pure Geisteskraft zu bewegen. Bei einem anschließenden Telefonat erzählte ich Dr. Roll, ich sei überzeugt gewesen, daß das Streichholz sich bewegt habe. In seiner Anwesenheit war ich jedoch unfähig, das Kunststück zu wiederholen und fragte mich, ob ich mir den Erfolg beim ersten Mal nicht nur eingebildet hatte.

»Das letzte Mal sind Sie spielerischer damit umgegangen«, sagte er. »Dieses Mal nehmen Sie es ernster, weil ich den ganzen Weg von Georgia gekommen bin und …

»Ja, das ist es. Diesmal fühle ich diese Erwartungshaltung. Auf einmal scheint es eine richtige Aufgabe zu sein.«

»Es ist auch nicht ganz leicht, dem ganzen die Ernsthaftigkeit zu nehmen«, erwiderte er. »Meinen Sie, Sie könnten das Spielerische, Unschuldige daran wieder herstellen?«

»Ich weiß nicht recht. Wissen Sie, das ist wie die zwei Seiten einer Medaille. Ein Teil von mir ist neugierig, empfindet es als Spaß, der andere Teil dagegen fürchtet sich, und eine innere Stimme sagt mir, daß ich zuwenig von diesen Dingen verstehe, um zu begreifen, wohin sie führen können. Schon wenn ich mich zum Beispiel über meinen Mann ärgere, habe ich Angst, daß ich dadurch etwas Schlimmes heraufbeschwören könnte.«

»Ich verstehe. Einerseits sagen Sie sich, wenn Sie beweisen, daß Sie diese Fähigkeiten besitzen, wäre das eine tolle Sache, andrerseits …«

»Andererseits wäre es auch eine verdammt unangenehme Sache«, beendete ich seinen Satz.

»Nun, wir können es auch erst einmal auf sich beruhen lassen und abwarten, wie die Dinge sich entwickeln«, sagte Dr. Roll, »oder etwas versuchen, das Ihnen leichter fällt. Sie sind diejenige, die entscheidet.«

»Wie groß ist die Kontrolle, die man gewinnt, wenn man sich darauf einläßt«, fragte ich ihn.

»Sie gelangen zu Erkenntnissen … gewinnen möglicherweise mehr Zugang zu sich selbst. Sie können die Fähigkeit des Channeling erlangen. Das heißt, sie können Ihr höheres Ich sprechen lassen. Dieses höhere Ich, Ihr Schutzengel, oder wie immer man es nennen will, wird Sie leiten.«

»Solche Art der geistigen Selbsterforschung birgt auch Gefahren in sich«, erklärte mir Dr. Roll. »Sie vermag verschlossene Türen zu öffnen, hinter denen sich schmerzhafte Erinnerungen aus der Vergangenheit verbergen.«

»Sie müssen selbst wissen, ob dies der richtige Zeitpunkt ist, hinter solche Türen zu sehen«, sagte er. »Auch in diesem Punkt haben Sie die Wahl. Horchen Sie in sich hinein, ob es an der Zeit ist, diesen Schritt zu tun, und später vielleicht einen weiteren Schritt folgen zu lassen. Bedenken Sie dabei, daß alles, was unterdrückt wird, neuen Druck erzeugt. Das ist allgemein bekannt. Dieser Druck schlägt sich in anderen Bereichen nieder, Bereichen, die nicht kontrollierbar sind.«

»Ich wüßte gern, ob meine Stimmungen der Auslöser oder das Resultat der Geschehnisse sind. Neulich abends zum Beispiel ging ich müde, aber aufgewühlt zu Bett, nachdem ich mich an einigen Experimenten versucht hatte. Ich spürte deutlich eine Präsenz im Zimmer ... die Gegenwart des *Alten*. Ich sah einen Schatten vor dem Fenster und hörte einen Hund aufgeregt bellen. Ich wüßte gern, ob die Furcht, die ich in diesem Augenblick empfand, *durch* diese Präsenz hervorgerufen wurde oder durch die Tatsache, *daß* ich diese Dinge wahrnehme.«

»Diese psychischen Störungen – die Träume, das, was Sie als Poltergeistaktivitäten beschreiben, die Erscheinungen – sind Manifestation eines Druckes, der sich irgendwo in Ihrem Inneren aufgestaut hat. Stellen Sie sich einen verschlossenen Raum in Ihrem Kopf vor, in dem verdrängte Erinnerungen rumoren. Wenn Sie etwas Licht in diesen Raum lassen, das Licht des Bewußtseins vielleicht ...«

»Ich glaube, mein größtes Problem ist Aufrichtigkeit«, sagte ich. »Wenn ich diese Tür öffne, bin ich vielleicht gezwungen, mich mit dem, was darin ist, auseinanderzusetzen. Und ich weiß, daß sich sehr viel Leid und Schmerz darin befinden.«

»Das Licht ihres Bewußtseins kann Ihnen helfen, damit fertigzuwerden«, wandte er ein.

Was, so fragte ich mich, würde in diesem verschlossenen Raum zum Vorschein kommen? Ich hatte bereits einen großen Teil meines Erwachsenenlebens damit verbracht, mit bedrückenden Erinnerungsfetzen zurechtzukommen, die mir während der Auseinandersetzungen mit meinem Mann, Therapiesitzungen mit meiner Schwester, in Alpträumen und Visionen zu schaffen machten. Was konnte dieser Raum noch beinhalten? Sollte ich wirklich die Tür entriegeln?

»Wir könnten versuchen, Sie unter Hypnose zurück in die Vergangenheit zu versetzen«, schlug Dr. Roll vor. »Unter Hypnose wird ihr Unterbewußtsein vielleicht in der Lage sein, Ihrem Bewußtsein Dinge aus der Vergangenheit zu vermitteln, die es ausgeschlossen hat, weil es sie damals nicht verarbeiten konnte. Dann können Sie sich mit diesen Dingen auseinandersetzen und sie hinter sich lassen.«

»Ich werde darüber nachdenken.«

Wie eine eisige Plage suchte der Winter den Süden Indianas in diesem Jahr heim. Während die Nächte länger wurden, der Wind Wald und Feld mit einer Schneedecke überpuderte, zog ich mich, wie in eine Höhle, immer tiefer in das Haus am Clifty Drive zurück. Großvaters Gesundheitszustand verschlechterte sich, und ich war beinahe Tag und Nacht an seiner Seite und pflegte ihn unermüdlich. Die Tatsache seines nahenden Todes versuchte ich verbissen zu ignorieren. Sein Atem wurde rasselnd und schwer, während das Leben langsam von ihm wich. Wir schafften einen Beatmungsapparat für ihn an, den wir auf dem Korridor vor Ashleys Zimmer aufstellten. Dort verbrachte Großvater, dessen Haar und Bart inzwischen lang und schlohweiß geworden waren, seine letzten Tage in einem Sessel. Während ich eines Nachmittags beobachtete, wie er nach Atem rang, überkam mich wieder eine dieser blitzartigen Erinnerungen an ein Geräusch und eine Vision. Ein Jahr zuvor hatte ich an dieser Stelle des Korridors ein rasselndes Atmen und das Geräusch eines Beatmungsapparates gehört und die Erscheinung eines alten Mannes gesehen, der in einem Sessel ruhte – eines alten Mannes mit langen weißen Haaren und Bart.

Das war keine Erinnerung des Ortes gewesen. Meine übersinnlichen Empfangsantennen hatten damals kein

Signal aus der Vergangenheit dieses Hauses erhalten. Ich hatte das Todesröcheln meines Großvaters vernommen, lange bevor er krank geworden war.

Mein Verhältnis zu Ron, das sich vorübergehend gebessert hatte, seit auch er die Erscheinungen und Poltergeistaktivitäten wahrnahm, verschlechterte sich wieder, seit wir beide zu der Überzeugung gelangt waren, daß meine übersinnlichen Fähigkeiten in direktem Zusammenhang mit den Ereignissen der vergangenen Jahre standen. Während der Zeit, in der wir Dämonen und geisterhafte Eindringlinge für unser Elend verantwortlich machen konnten, waren wir so etwas wie vorsichtige Verbündete gewesen. Doch die Poltergeister waren immer noch da, und die Schuld lag bei mir. Nach wie vor schlugen nachts Türen, und die Erscheinung des kleinen Mädchens war fast ständig präsent. Zwar waren diese Störungen weder so mächtig noch so gewalttätig wie früher, doch sie wirkten wie ständige stichelnde Erinnerungen an ungelöste Konflikte. Vielleicht war Ron inzwischen zu dem Schluß gelangt, daß ich doch verrückt sei. Auf jeden Fall war er davon überzeugt, daß ich diejenige war, die das Problem zu lösen hatte, und in dieser Hinsicht hatte ich jämmerlich versagt.

Wenn ich mich über etwas aufregte – was häufig vorkam –, waren Vorfälle, die wir inzwischen der *Psychokinese* zuschrieben, die Regel.

Eines Tages kehrte Ron von der Arbeit zurück und wurde von Ashley mit dem Ausruf: »Daddy, Daddy, die Kerze hatte Flügel und ist durchs Zimmer geflogen«, empfangen. Düster blickte er mich an und schien zu fragen: »Hört das denn niemals auf?«

An diesem Nachmittag hatte ich nach einer Kerze gegriffen, die in einem Glashalter auf dem Herd gestanden hatte. Noch bevor meine Hand sie berührte, hatte sich die Kerze gehoben, war unter Ashleys und meinen Blicken durchs Zimmer gesegelt und zerbarst schließlich samt Halter auf dem Boden neben dem Tisch.

In solchen Augenblicken war mein innerer Konflikt

besonders heftig. Ich konnte die Kerze nicht dazu gebracht haben, sich zu bewegen, also mußte ein Geist im Zimmer sein. Warum hätte ich so etwas tun sollen? Oder verhöhnte mein Unterbewußtsein mich, indem es mir auf diese Weise demonstrierte, daß immer noch es, und nicht etwa ich – nicht mein bewußtes Ich – die Kontrolle besaß? Seit wir in das Haus zurückgezogen waren, hatte ich darum gekämpft, den Dämonen die Kontrolle zu entreißen, auch wenn diese Dämonen meine eigenen Kreaturen waren. Doch alle Willenskraft und Energie, die ich aufzubringen vermochte, hatten dabei nichts ausrichten können.

Dr. Roll hatte für diesen Winter einen weiteren Besuch in Madison angekündigt, und ich faßte einen Entschluß. Mit seiner Hilfe wollte ich versuchen, den verschlossenen Raum in mir aufzubrechen. Man würde ja sehen, was dabei ans Licht käme.

29. Kapitel

»Ich würde vorschlagen, Doretta, daß wir als erstes versuchen, zu einer Situation Ihres Lebens zurückzugehen, die für die Dinge, die Sie in diesem Haus erlebt haben, von Bedeutung sein könnte«, begann Dr. Roll. »Wir wandern zurück zu diesem Augenblick, und Sie lassen die Erfahrung an sich vorüberziehen wie einen Film, den Sie auf einem Fernsehbildschirm verfolgen.«

Das Wohnzimmer lag trotz der späten Vormittagsstunde im Halbdunkel, da durch die zugezogenen Vorhänge nur spärliches Tageslicht von draußen hereindrang. Ich hatte mich auf dem Sofa ausgestreckt und konzentrierte mich darauf, jeden Muskel meines Körpers zu entspannen und alle Gedanken und Geräusche bis auf die monotone Stimme Dr. Rolls auszuschalten. Später würde ich mich kaum an diese Sitzung erinnern; was ich davon weiß, entnahm ich hauptsächlich der Aufzeichnung auf Dr. Rolls Kassettenrekorder.

»Entspannen Sie sich, Doretta«, sagte er. »Entspannen Sie sich. Stellen Sie sich vor, Sie sitzen vor einem Fernsehgerät. Die Fernbedienung liegt in Ihrer Hand. Sie schalten den Fernseher an und entscheiden sich für den Kanal, der eine bestimmte Geschichte ausstrahlt; eine Geschichte aus dem Leben einer Frau, eines Mädchens, namens Doretta. möglicherweise wird die Szene, die Sie sehen, von starken Emotionen beherrscht sein, aber vergegenwärtigen Sie sich, daß sie sich nur auf dem Bildschirm abspielt. Sie werden diese Emotionen lediglich als Beobachterin erfahren; sie können Ihnen nichts anhaben.

Sie sind jetzt vollkommen entspannt. Sie sind entschlossen, herauszufinden, was in diesem Hause vor sich geht. Sie wollen die Stücke des Puzzles zusammensetzen, um zu verstehen, welche Erfahrungen Ihres Lebens zu den Ereignissen in diesem Haus beigetragen haben. Sehen Sie sich jetzt das Programm an. Es trägt den Titel ›Spielplatz des Bewußtseins‹. Sie haben alles unter Kontrolle und können das Programm beliebig ein- und ausschalten. Ich werde jetzt bis vier zählen. Bei vier schalten Sie das Programm ein. Eine Geschichte wird sich vor Ihnen abspielen.«

Langsam zählte er bis vier. Ein Bild erschien vor meinen Augen.

Ein kleines Mädchen. Ich spüre, daß ich es bin, bin mir jedoch nicht sicher. Sie fürchtet sich und schlägt nach etwas, das ich nicht erkennen kann.

»Schauen Sie genau hin«, sagte Dr. Roll. »Wonach schlägt das kleine Mädchen?«

Nach ihrem Stiefvater. Danny Daines. Er schreit sie an, beschimpft sie und jagt ihr Angst ein.

»Wie alt ist das kleine Mädchen?«

Sie ist fünf Jahre alt und versucht, sich zu verstecken. Aber ihr Stiefvater packt sie am Arm. Er schlägt sie mit einem Gürtel. Ihre Mutter steht daneben und schaut tatenlos zu. Sie greift nicht ein. Die Mutter hilft ihr nicht. Niemand hilft ihr.

»Warum ist der Stiefvater so ärgerlich auf das Mädchen?«

»Weil ich nicht in den Laden gehen durfte. Niemand sollte es erfahren. Mom hat mich hingeschickt. Ich mußte gehen.«

Die Bilder kamen und verschwanden, wie ein schwacher Radiosender. Ich bemühte mich, eins der Bilder festzuhalten … etwas im Zusammenhang mit Danny Daines. Ich kam mir vor wie ein Kind, das in einer Spielzeugkiste nach einem verlorengegangenen Malstift sucht. Vielleicht hatte es doch nichts mit Danny zu tun …

Das kleine Mädchen liegt im Bett. Sie ist gerade aufgewacht. Danny Daines sitzt neben ihr, die Ellenbogen auf die Knie gestützt. In seinen Augen stehen Tränen, und ein bekümmerter Ausdruck liegt auf seinem Gesicht:. »Deine Mutter hat uns verlassen«, sagt er. Das kleine Mädchen steigt aus dem Bett und wandert durch die leere Wohnung. Alle Schränke sind leer, bis auf den einen, in dem ihre eigenen wenigen Kleider hängen. Die Kleider der Mutter sind fort; Marilees Sachen sind fort. »Zieh dich an«, hört sie Danny sagen. Er packt ihre Habseligkeiten in eine Einkaufstasche und ruft ein Taxi. Das kleine Mädchen ist verwirrt. Die Mutter ist auf und davon und hat sie zurückgelassen. Was hatte sie verbrochen? »Ich kann dich nicht bei mir behalten«, hört sie Danny sagen. »Ich muß für eine Weile verschwinden.« Das Taxi holpert die Straße entlang und hält vor dem Haus der Großeltern. Sie betrachtet es durch das Autofenster. Das Haus ist still und verlassen. Die Großeltern sind ebenfalls fortgezogen. Was hatte sie bloß falsch gemacht?

»Ihre Mutter ist auf und davon und ließ Sie bei dem Mann zurück, der Ihnen weh getan hatte?«

»Mutter fürchtete sich vor ihm und ließ mich bei ihm zurück, weil sie mich haßte.«

»Weshalb?«

»Ich weiß nicht.«

»Ist noch etwas vorgefallen? Etwas, was sie noch nicht gesehen haben?«

Für den Bruchteil einer Sekunde sah ich das zerrissene Stofftier auf dem Krankenhausboden und ein kleines Mädchen, das mit vor Wut funkelnden Augen die Gitterstäbe seines Krankenhausbettchens umklammert. Dann rollte die Zeit noch weiter zurück.

»Was ist geschehen?« fragte Dr. Roll.

»Ich trete um mich und schreie.«

»Weshalb?«

»Er hält meine Arme fest.«

»Wie alt sind Sie?«

»Zwei.«

»Wer hält Sie fest? Danny Daines?«

»Nein.

»Ein anderer Mann? Oder ist es eine Frau?«

»Ein Mann. Ich kann ihn nicht sehen.«

»Blicken Sie nach oben. Sie kennen ihn. Schauen Sie nach oben in sein Gesicht. Wer ist es? Wollen Sie es nicht sagen?«

Ich begann schwer zu atmen und zu weinen.

»Sehen Sie sich die Szene in aller Ruhe an. Sehen Sie den Mann?«

»Ja.«

»Sehen Sie das kleine Mädchen?«

»Ja.«

»Was empfindet das kleine Mädchen?«

»Sie will zu ihrer Mami.«

»Was tut der Mann? Will er das Mädchen schlagen? Oder hat er etwas anderes vor?«

»Sie mag ihn nicht.«

»Ist er ein Verwandter?«

»Ihr Stiefvater.«

»Ein anderer Stiefvater?«

Von allen Stiefvätern, die ich gehabt hatte, von all den Männern, die meine Mutter anschleppte, war Jimmy Mikos derjenige, von dem ich am wenigsten wußte. Ich war zwei Jahre alt, als ich in Vorbereitung auf die Herzoperation zu ihm und meiner Mutter zog. Großmutter hatte mir erzählt, wie zerbrechlich und anfällig ich damals war, und daß sie sich außerstande gefühlt hatte, mich die ganze Zeit zu pflegen. Mutter und Jimmy Mikos waren besser in der Lage, sich um mich zu kümmern.

»Gibt es irgend etwas, das so schmerzhaft ist, daß Sie es lieber nicht betrachten würden?« fragte Dr. Roll.

Ich trage Höschen und einen Büstenhalter – sonderbar, ein zweijähriges Kind mit einem Büstenhalter – und sitze auf Jimmy Mikos' Schoß. Jemand macht ein Foto von uns. Er drückt mich und bläst mir seinen Atem ins Gesicht, sauren, nach Whisky und Niedertracht stinkenden Atem. Ich trete um mich und schreie nach meiner Mutter. Wo ist meine Mama? Da ist sie, im gleichen Raum ... sie steht abseits ... beobachtet uns. Ich fühle einen Schmerz zwischen den Beinen und presse die Hände zwischen die Schenkel, um mich davor zu schützen. Eine mächtige Pranke reißt meine Hände fort und hält mir die Arme hinter den Rücken. Meine Beine werden gewaltsam auseinandergezerrt, und ein schneidender Schmerz scheint meinen Unterleib in Stücke zu reißen ...

»Haben Sie sich jemals vorher daran erinnert, daß er Ihnen das angetan hat?« fragte Dr. Roll.

»Nein, Mutter hat es niemals erwähnt. Man durfte nicht darüber reden.«

»Sie durften niemals darüber sprechen?«

»Nein, niemals. Zu niemandem.«

»Ich verstehe, es mußte ein Geheimnis bleiben. Nun, jetzt ist das Geheimnis gelüftet, nicht wahr? Was glauben Sie, Doretta, geschieht mit Dämonen, die ans Licht gezerrt werden? Ich glaube nicht, daß sie noch viel Macht besitzen? Was meinen Sie?«

»Meine Mutter war von einem Dämon besessen. Ich glaubte immer, ich hätte sie getötet.«

»Sie müssen sehr viel Zorn und Haß in sich aufgestaut haben. Glauben Sie wirklich, daß dieser Haß dazu geführt haben kann? Daß dieser Haß ihre Mutter getötet haben könnte?«

»Sie hat mich ...«

»Sie hat was?«

»Er hat mir das vor ihren Augen angetan.«

»Könnten Sie sich vorstellen, daß ihre Eltern eine Schuld daran tragen? Wurde Ihrer Mutter als Kind vielleicht auch weh getan? Hm, was meinen Sie, Doretta, könnte Ihre Mutter nicht ebenfalls schmerzliche Erfahrungen gemacht haben?«

»Sie hatte es nicht leicht ... sie ... sie hat all ihre Kinder weggegeben.«

»Sehen Sie sich das kleine Mädchen noch einmal an. Schließen Sie es in den Arm, und halten Sie es fest. Sie sind stark und können es beschützen. Die kleine Doretta ist nicht mehr allein und schutzlos. Der Schmerz hat aufgehört. Heute sehen Sie die Dinge in einem anderen Licht, weil Sie sie besser verstehen. Und wenn Sie die Ursache des Schmerzes verstanden haben, wird der Heilungsprozeß beginnen.«

Lange lag ich reglos da. Wie Morgentau im Sonnenlicht schmolz die Kränkung, die ich so lange mit mir herumgetragen hatte, dahin. Dr. Roll zählte langsam bis zehn und forderte mich auf, in die Gegenwart zurückzukehren und nichts von dem, was ich gesehen hatte, zu vergessen.

Während der darauffolgenden Wochen überfluteten mich die Erinnerungen. Manche waren so bizarr, daß ich an ihrem Wahrheitsgehalt zweifelte. Offenbar hatte Jimmy Mikos mich nicht nur vergewaltigt, sondern auf alle erdenklichen Arten mißbraucht. In meiner Erinnerung führte er scharfkantige Gegenstände, Stöcke und dergleichen in meine Vagina ein.

Ich schrieb an die Universitätsklinik in Indiana und erbat mir Kopien meiner Krankenberichte. Als die Papiere eintrafen, erfaßte mich rasender Zorn. Nachdem man mich für die Herzoperation aufgenommen hatte, stellte der Arzt, der die vorbereitenden Untersuchungen durchführte, fest, daß ein Fremdkörper in meinem Gebärmutterhals steckte. Die Ärzte hatten meiner Mutter gegenüber gewiß kein Stillschweigen bewahrt. Sie mußte es gewußt haben. Großmutter mußte es gewußt haben. Und doch hatte niemand etwas unternommen. Sollten sie alle in der Hölle schmoren! Wie konnte jemand zusehen, daß ein Kind derartig mißbraucht wurde, ohne einen Finger zu rühren?

Was für Geheimnisse, so fragte ich mich, hielt dieser verschlossene Raum in meinem Inneren noch für mich bereit? Was würde noch ans Licht gezerrt werden? War es wirklich notwendig, jene Dinge wieder heraufzubeschwören, um das geistige Chaos, das in mir herrschte, in den Griff zu bekommen? Je mehr ich über mich erfuhr, desto größer wurde meine Furcht vor den Mächten, die offensichtlich in mir wohnten.

Ich hatte gelesen, daß schwere psychische Belastungen und seelische Schockzustände, wie sie zum Beispiel durch Gewalt oder Mißbrauch hervorgerufen werden, zu einer Veränderung der chemischen Vorgänge im menschlichen Hirn und damit zu dauerhaften Schäden führen können. Mußte dieser Umstand in Verbindung mit angeborenen Hirnstrukturen, die zu übersinnlichem Wahrnehmungsvermögen befähigten, nicht zwangsläufig katastrophale Folgen haben? Ausgehend von meinen laienhaften Kenntnissen über Physiologie und Parapsychologie, schlug ich in Gedanken fragwürdige Brücken zwischen der geistigen und der physischen Welt, die andere und ich selbst um mich errichtet hatten. Beide Welten konnten miteinander verschmelzen, hatte Dr. Roll mir erklärt.

Vielleicht hatte der monatelange Mißbrauch durch den Stiefvater ein dreijähriges, übersinnlich-sensitiv veranlagtes Kind dazu gebracht, jene Fähigkeit zu entwickeln, die man Psychokinese nennt, und die es ihm ermöglichte, einen Teddybär, der ihm entrissen wurde, böswillig zu zerstören. Vielleicht hatten Jahre der Gewalt, des Mißbrauchs und ständigen Verlassenwerdens, die sich im Gehirn des vierzehnjährigen Mädchens eingebrannt hatten, sie dazu gebracht, den qualvollen Tod der Mutter herbeizuwünschen. Hatten Schuldgefühle, hervorgerufen durch eine Abtreibung, das gleiche Gehirn dazu veranlaßt, das Antlitz Gottes und eines toten Kindes in die Glasscheibe der Mikrowelle zu projizieren? Dann konnte solch ein Gehirn seine Dämonen auch in die Umgebung eines Hauses versetzen, das eine eigene qualvolle Vergangenheit in sich barg.

Wozu war es noch fähig? Stevens Unfall und das Bild von Ashley, aufgeknüpft an einem Baum, nagten in voller Schärfe an meinem Gemüt. Konnte dieses Hirn in seinen verborgenen Schichten und aufständischen Molekülen derartige Abartigkeiten beheimaten? Mein schlimmster Alptraum wurde wahr. Ich hatte einen Blick in die Abgründe meines Inneren gewagt und Fragmente meiner selbst erblickt. Nun mußte ich lernen, damit zu leben.

Im Februar 1993 verbrachte ich eine Woche in Patricia Hayes' Delphi School of Inner Sense Development in McCaysville, Georgia. In Anbetracht unserer finanziellen Situation war das Seminar unerschwinglich, aber Dr. Roll war der Meinung, daß es wichtig für mich sei, mich mit meinen übersinnlichen Fähigkeiten auseinanderzusetzen und arrangierte eine Art Stipendium für mich. Auch Patricia verhielt sich ausgesprochen entgegenkommend, sowohl meinetwegen als auch um des Beitrags willen, den meine Anwesenheit für die anderen Teilnehmer bedeutete, deren übersinnliche Erfahrungen längst nicht so tiefgreifend waren wie meine.

Ich erwartete von dem Seminar nicht viel mehr als ein etwas besseres Verständnis übersinnlicher Sensitivität, doch ich erwarb weit mehr als nur Wissen. In Patricias Seminar eröffnete sich mir eine Welt voller Würde, Liebe und inneren Wachstums – eine Welt, in der man seine geistigen Fähigkeiten nutzt, das Leben auf glückliche Art zu gestalten.

Die anderen Teilnehmer hießen mich nicht nur mit offenen Armen willkommen, sie schafften es auch, daß ich mir meines eigenen Wertes bewußt wurde. Endlich war ich keine Kuriosität mehr. Niemand fürchtete sich vor mir. Niemand zweifelte an mir. Niemand machte mich verantwortlich.

Ein Großteil der Zeit wurde übersinnlichen Experimenten gewidmet, in denen wir versuchten, die Geschichte eines Objektes – zum Beispiel eines Steines – zu erspüren oder unser Bewußtsein für das Channeling zu öffnen. Darüber hinaus hörten wir Vorlesungen über klinische Psychologie, wir führten Gespräche über die Vergangenheit und lernten, wie man Gefühle miteinander teilt, wie man inneren Schmerz herausläßt und Liebe und Verständnis an seine Stelle setzt. Und Vergebung. Wir lernten, anderen und uns selbst zu vergeben.

In den Gruppensitzungen sprach ich über tiefe, persönliche Gefühle, die ich nie zuvor mit jemandem geteilt hatte. Ich sprach über meine Ehe und über meinen Mann, den ich für die Kälte und Isolation, die unser gemeinsames Leben geprägt hatten, verantwortlich machte.

»Er behauptet, er wisse nicht, wie er mich lieben soll«, erzählte ich den anderen.

»Manche Menschen sind unfähig zu lieben, weil sie diesen Punkt in ihrem emotionalen Wachstum noch nicht erreicht haben«, erklärte uns Patricia. »Wir sollten dies nicht verurteilen, aber wir dürfen auch unser eigenes Glück nicht aus den Augen verlieren. Jeder von uns verdient es, geliebt zu werden, deshalb solltet ihr euch mit Menschen umgeben, die eine positive Wirkung auf euch ausüben.«

Sie machte mir klar, daß es keine Veranlassung gebe, in einer unglücklichen Situation zu verharren. Ich müsse mich von jenen, die eine negative Kraft in meinem Leben darstellten, befreien. Es sei nichts Schlimmes daran, Abschied zu nehmen.

Sollte ich mich von meinem Mann scheiden lassen? In den vergangenen drei Jahren hatte ich oft mit diesem Gedanken gespielt, doch es war ein Schritt, der mir ganz und gar nicht behagte.

Nach Beendigung des einwöchigen Seminars in der

Delphi School war ich wie ausgewechselt: ich fühlte mich stark, friedvoll und unter Kontrolle. In den Wäldern von Georgia hatte ich ein Leben voller Schuldgefühle und Verletzungen zurückgelassen, und erfüllt von Vorfreude auf mein neues Leben kehrte ich nach Madison zurück. Dieses Leben schloß meinen Mann mit ein. Wenn ich mich in derart kurzer Zeit so radikal ändern konnte, mußte er ebenfalls zu einer solchen Wandlung fähig sein.

Ich berichtete ihm in allen Einzelheiten von der Woche an der Delphi School, und er schien sich über die Veränderung, die mit mir vorgegangen war, zu freuen – über meinen Enthusiasmus, meine Offenheit, ja, sogar über meine forsche Art. Als ich ihm so liebevoll und sanft wie möglich klarmachte, daß er keine Kontrolle mehr über mein Leben besäße, meldete er keinen Protest an.

Doch im Verlauf der darauffolgenden Tage begann er mein neues Auftreten zu kritisieren. Er war verstimmt über meine Offenheit anderen Menschen und meine Bestimmtheit ihm gegenüber. Ich spürte, wie ich allmählich wieder im alten Morast zu versinken drohte. Nach wie vor hielt er seine Gefühle unter Verschluß, unfähig, mir jene Liebe zukommen zu lassen, auf die ich ein Anrecht besaß. Als ich das Thema Scheidung zur Sprache brachte, reagierte er, wie er es immer getan hatte.

»Das will ich nicht, Doe«, sagte er. »Ich möchte die Gefühle mit dir teilen, aber ich weiß einfach nicht, wie. Ich würde alles tun, damit du glücklich bist, aber irgend etwas scheint immer zwischen uns zu stehen. Ich kann anscheinend nichts dagegen tun.«

In gewisser Hinsicht wußte ich, daß sein Bedürfnis nach innerem Frieden ebenso groß war wie meines. Vielleicht trug er seine eigenen Dämonen mit sich herum. Warum sonst war er nicht in der Lage, seine Liebe zu zeigen? In der Delphi School hatte ich mit der gleichen Aufmerksamkeit in mein Herz geblickt, mit der ich die verschlossenen Räume in meinem Inneren erforscht hatte. Ron brauchte diese Art der Suche und Entdeckung ebenfalls. Ich liebte ihn, doch auf eine andere Art als zuvor. Ich wünschte mir das Beste für ihn, aber nicht mehr auf Kosten meines eigenen Glücks.

Es würde nicht leicht werden, das Geld zusammenzukratzen, damit auch er an Patricias Seminar teilnehmen konnte, aber vielleicht war es der einzige Weg, unsere Ehe zu retten.

Während seiner Abwesenheit führten wir jeden Abend lange Telefonate, und jedesmal ermutigten mich die Veränderungen, die ich an ihm feststellte. Er schien sich selbst und seine Gefühle zu entdecken, und beinahe jeden Abend sagte er: »Es gibt vieles, über das wir reden müssen, wenn ich zurück bin.«

Ron veränderte sich so sehr, wie ich es gehofft hatte. Er war liebevoll und zärtlich, umarmte mich, nur aus Freude an der Umarmung. Er Er lachte mit mir, brachte mir Geschenke und hinterließ mir Zettel mit kurzen, liebevollen Nachrichten. Wir hielten in aller Öffentlichkeit Händchen und küßten uns.

Ich kann mich nicht erinnern, jemals so glücklich gewesen zu sein, und diese Euphorie schien das Haus, ja, das ganze Grundstück zu durchtränken. Zum ersten Mal wuchsen Blumen in unserem Garten. Ich pflanzte Sträucher, Lilien und Rosenbüsche, und sie gediehen. Vier Jahre zuvor hatten wir vier kleine Kiefern gesetzt, die wir mehr recht als schlecht am Leben erhalten hatten; in jenem Frühjahr 1993 verdoppelten sie ihren Umfang. Der Rasen wurde saftig grün, und die Pflanzen im Inneren des Hauses trieben aus.

Ashley hatte keine Angst mehr, allein in ihrem Zimmer zu schlafen oder spät abends allein vor dem Fernseher zu sitzen. Steven hatte sich mit dem fatalen Autounfall abgefunden und kam in der Schule gut voran.

Wie Ron versprochen hatte, gab es vieles, über das wir uns unterhalten mußten. Vielleicht zu vieles.

Zu Beginn war seine Offenheit erfrischend und klärend. Er gestand mir, daß er während der elf Jahre unserer

Ehe nie restlos überzeugt gewesen war, mich zu lieben, und daß er sich erst nach seiner Rückkehr von dem Seminar wirklich in mich verliebt habe. Er bekannte sich zu Lügen und Vergehen, die ich lange vermutet hatte. Als es mit den Poltergeistaktivitäten losging, hatte er tatsächlich geglaubt, ich sei verrückt. Sogar, nachdem er die Heimsuchungen selbst erlebt hatte, war er unfähig gewesen, mich gegen die Anschuldigungen seiner Mutter, ich bilde mir alles nur ein, zu verteidigen.

Doch allmählich grenzte seine Offenheit an Grausamkeit. Jahrelang hatte ich mich danach gesehnt, daß er sich mir öffnen, ehrlich und gefühlvoll mit mir umgehen möge, und genau das tat er nun. Er entblößte seine Seele vor mir, legte mir sein Herz zu Füßen, und ich hätte ihn am liebsten angeschrien, er möge endlich aufhören. Als er sich schließlich auch noch zu einer Affäre mit einer Kollegin bekannte, wallte grenzenloser Zorn in mir auf, und ich machte keinen Versuch, ihn zu unterdrücken. Voller Wut holte ich aus und schlug Ron ins Gesicht.

»Aber ich habe mich geändert«, beteuerte er.

»Wie soll ich dir jemals wieder glauben?« schrie ich.

Vergebung war ein entscheidender Faktor für die innere Heilung, hatte Patricia uns gepredigt, aber in diesem Moment war ich Lichtjahre davon entfernt.

Dieser Zusammenprall mit Ron hatte meine emotionalen und spirituellen Kräfte geschwächt. *Mein Gott, wird es denn niemals aufhören?* fragte ich mich. Nachdem Ron und die Kinder am nächsten Morgen das Haus verlassen hatten, kämpfte ich mich durch die täglichen Hausarbeiten und ließ mir anschließend ein heißes Bad einlaufen, um das Elend fortzuspülen.

Ich hatte mich gerade mit geschlossenen Augen im Wasser zurückgelehnt, als es an die Hintertür klopfte. Ich glitt aus der Wanne, schlüpfte, naß wie ich war, in einen Morgenrock und ging in den Wintergarten, um von dort durch die kleine Luke der Tür zu blicken. Das Klopfen hielt an, doch ich konnte niemanden erkennen. Angezogen durch das hartnäckige Pochen schritt ich auf ein Fenster zu und blickte hinaus.

Es war niemand da. Als ich mich abwandte, um zurück ins Bad zu gehen, fiel mir auf, daß eine der Türen in dem leerstehenden Motelflügel offenstand. Wir hielten diese Türen stets geschlossen. Ein oder zwei Minuten spähte ich durch den Vorhang auf das schwarze Loch des offenstehenden Raumes. *Ich sollte hinausgehen und die Tür schließen.*

Ich griff nach der Türklinke und hielt inne. Der feuchte Morgenrock fühlte sich wie kalter Regen auf meiner Haut an, und eine Gänsehaut überzog meinen ganzen Körper. Ich ging zurück ins Bad und ließ mich wieder ins warme Wasser gleiten, zurück in den warmen Leib, zurück in die lange Nacht, den ganzen Weg zurück ... bis zum Beginn.

Epilog

Tagebucheintragung, 10. Januar 1995

Lange schien Scheidung die einzige Lösung für unsere Probleme zu sein. Ich beantragte die erforderlichen Papiere und forderte Ron auf, auszuziehen. Aber nach einigen Wochen begann ich die Situation aus einem anderen Blickwinkel zu sehen. Ron hatte das Gefühl, daß er sich wirklich geändert habe und nun für seine neuerworbene Offenheit bestraft würde. Er schlug vor, daß wir, sobald die Scheidung rechtsgültig sei, noch einmal heiraten und ohne die Bürde unseres alten Lebens von vorne beginnen sollten.

Der Vorschlag war absurd, denn ich konnte den Schmerz, den er mir zugefügt hatte, nicht vergessen.

Was veranlaßte mich dann, die Zeiger der Uhr anzuhalten und dafür zu sorgen, daß die Scheidungsformalitäten vorerst auf Eis gelegt wurden? Mit der Zeit wurde mir klar, daß es unfair war, ihm allein die Schuld am Scheitern unserer Ehe zuzuschie-

ben. Jeder von uns beiden hatte seine eigene Vergangenheit mit in diese Ehe gebracht, seine eigenen Unzulänglichkeiten und persönlichen Probleme, seine eigenen Dämonen. Rons äußerliche Gleichgültigkeit war unvereinbar mit meinen inneren Kämpfen. Doch war allein das der Grund? Ich hatte das Leben begehrt, das er in meinen Augen repräsentierte, jenes durchschnittliche Mittelklassedasein, das mir Sicherheit versprach. Durfte ich wirklich von ihm erwarten, daß er Verständnis für den Abscheu und die schwere emotionale Last meiner Kindheit aufbrachte, die ich mit in mein Erwachsenendasein geschleppt hatte?

Es sieht so aus, als hätte ich mein Leben damit verbracht, Menschen zu lieben, die meine Liebe nicht erwidern konnten, weil ich mich selbst in Wirklichkeit nicht liebte. Ich haßte meine Kindheit, ich haßte meine Mutter. Und ich haßte mich selbst dafür, daß ich so empfand.

Mit Dr. Rolls Hilfe hob ich das kleine Mädchen – die kleine Doretta – auf, nahm sie in meine Arme und schenkte ihr meine Liebe. Nun versuche ich, einen Weg zu finden, die junge Frau zu lieben, die heranwuchs. Vergebung ist ein Zeichen der Reife. Ich vergebe mir selbst. Ich versuche, dem Mann zu vergeben, der sagt, daß er mich liebt …

Mit diesen Aufzeichnungen habe ich versucht, einen gewissen Sinn aus den vergangenen acht Jahren herauszufiltern, vielleicht sogar aus den vergangen fünfunddreißig Jahren. Wenn meine Erklärungen stockend erscheinen, so mag es daran liegen, daß auch mein eigenes Verständnis nur stockend voran kam. In Dingen, die Verstand und Seele gleichermaßen betreffen, zeigt sich die Wahrheit oft nur in verschleierter Form.

Nachdem ich den verborgenen Raum in meinem Inneren einmal betreten habe, kämpfe ich nach wie vor darum, endlich klar Schiff zu machen, aber ich glaube, daß sich noch immer schmerzhafte Erinnerungen darin verbergen. In dem Maße, in dem ich sie entdecke, werde ich stärker werden und das, was um mich herum vorgeht, besser unter Kontrolle haben. Ich werde imstande sein, die Poltergeister zu bezwingen, obwohl ich mich immer noch manchmal frage, ob diese geräuschvollen Geister wirklich mein eigenes Werk sind. Oft habe ich den Eindruck, daß sie ein eigenes Leben, unabhängig von mir, führen. Vielleicht werde ich es niemals erfahren.

Das Haus rebelliert noch immer gegen meine Anwesenheit. Ohne ersichtlichen Grund schlagen Türen und bewegen sich Vorhänge bei völliger Windstille. Ich bemühe mich, meine Emotionen zu kontrollieren, aber nach wie vor ertönen gequälte Stimmen vom Dachboden, und kalte Luftzüge bewegen sich wie eigenwillige Motten von Raum zu Raum. Manchmal spüre ich noch eine Gegenwart, die nicht hierher gehört. Und was die Visionen, die hologrammähnlichen Erscheinungen, jene Erinnerungen dieses Hauses betrifft, so glaube ich inzwischen wirklich, daß ich die übersinnliche Gabe besitze, die Ereignisse der Vergangenheit zu erspüren. Ebensowenig läßt mich die Überzeugung los, daß auf diesem Grundstück Leichen vergraben wurden – vielleicht die einer blonden Frau und eines kleinen Mädchens – deren Seelen solange keinen Frieden finden werden, bis man sie entdeckt.

Eine Frage, die mir von Anfang an keine Ruhe ließ, betrifft Ashley. Weshalb suchten die Gespenster gerade sie am stärksten von uns allen heim? Sie war es, die als erste von dem kleinen Mädchen sprach, von den Leuten auf dem Dachboden, dem bösartigen *Alten,* der das Haus niederbrennen wollte. Sie war dabei, als ich zum ersten Mal die blonde Frau mit dem Gesicht nach unten in der Badewanne schwimmend wahrnahm. Es war ihr Zimmer, in dem die Puppe ohne Batterien zu sprechen begann, wo wir zuallererst die kalten Stellen und den Rosenduft bemerkten und wo der Lärm vom Dachboden am lautesten zu hören war.

Ich kann es mir nur so erklären, daß übersinnliche Fähigkeiten mit den Genen weitergegeben werden, daß diese Gabe mir von meiner Großmutter über meine Mutter vererbt wurde und ich sie meiner Tochter weitergab.

Einige Monate, bevor Ron aus dem Haus auszog, erzählte Ashley uns, sie habe geträumt, daß zwei Männer, von denen der eine dunkles Haar habe, bei uns einbrechen würden.

Zwei Wochen lang bestand sie darauf, daß dieser Traum sich bewahrheiten und jemand bei uns einbrechen würde. Doch nichts geschah. Kurz darauf erhielten wir einen Anruf vom Polizeipräsidium. Bei einem Einbruch in der Nachbarschaft waren zwei Männer festgenommen worden, bei denen man eine Liste potentieller Einbruchsobjekte gefunden hatte, auf der auch unsere Adresse stand.

Steven ist inzwischen erwachsen, und nach außen hin scheint er die vergangenen acht Jahre hinter sich gelassen zu haben. Ashley wacht manchmal des Nachts noch weinend auf, weil sie glaubt, daß etwas ihr nachstellt. Aber meistens ist sie fröhlich und zugänglich. Sie spricht jedoch immer noch von dem kleinen Mädchen, zu dessen Beschützerin sie sich auserkoren hat.

Ich beobachte meine Kinder nach wie vor mit Argusaugen, und ich werde nicht damit aufhören, bis ich sicher weiß, daß es zu Ende ist. Jedesmal, wenn eine Glühbirne flackert oder eine Tür schlägt, beschleunigt sich mein Herzschlag ein wenig, und ich spreche ein stummes Gebet. *Lieber Gott, laß nicht zu, daß es wieder beginnt.*

ENDE

Band 13 972
Johannes von Buttlar
Die Außerirdischen von Roswell

Was ereignete sich tatsächlich in der Nacht des 4. Juli 1947 unweit des Städtchens Roswell, New Mexiko? Warum versuchen amerikanische Militär- und Regierungsstellen bis heute, mit Drohungen, Schikanen und gezielten Desinformationen die Wahrheit über den Roswell-Zwischenfall zu vertuschen? Wer sind die Drahtzieher dieses Komplotts?
Monatelange Recherchen vor Ort und unzählige Gespräche mit Augenzeugen und Beteiligten brachten Johannes von Buttlar auf die Spur der größten Verschwörung der US-Militärgeschichte. Hinter dem dichten Netz aus Lügen und Täuschungen verbirgt sich die Lösung eines unglaublichen Geheimnisses.

BASTEI LÜBBE

Band 13 982
David Morehouse
Im Tunnel der Zeit
Deutsche Erstveröffentlichung

Für David Morehouse schien es das Ende einer vielversprechenden militärischen Karriere, als er im Frühjahr 1987 bei einem Truppenmanöver im Jordan eine Kopfverletzung erhielt. Die Wunde verheilte schnell, aber von nun an bedrückten den jungen Mann verwirrende parapsychologische Erlebnisse. Seine Vorgesetzten reagierten und boten David Morehouse eine neue Aufgabe, die ebenso reizvoll wie gefährlich war: Im Rahmen des Stargate-Programms sollte er für den CIA als eine Art Psycho-Spion operieren.
Die erste Herausforderung, die ihm gestellt wird: Zeitreisen in die Vergangenheit und in die Zukunft! Und es folgen bald weitere Missionen, die Morehouse – und auch seine Familie – an die Grenzen der psychischen Belastbarkeit führen …

BASTEI LÜBBE

Band 13 991
Andrew Boot
Die Jäger mit dem zweiten Gesicht
Deutsche Erstveröffentlichung

Was hat der Yorkshire-Ripper mit dem Medium Nella Jones zu tun? Welche Rolle spielte der durch seine Löffelverbiegungen berühmt gewordene Uri Geller bei der Überführung des Serienmörders ›Son of Sam‹? Wie gelang es dem Medium Edgar Cayce, den Kidnapping-Fall um den Sohn von Charles Lindbergh zu lösen?

Andrew Boot hat die sechzehn spektakulärsten Fälle der Kriminalgeschichte, bei deren Lösung Fähigkeiten wie Telepathie und Hellseherei eine Rolle spielten, neu recherchiert und durchleuchtet. Sein Buch wird allen zu denken geben, die im Unterschied zu Shakespeare nicht glauben, daß es mehr Dinge zwischen Himmel und Erde gibt, als sich unsere Schulweisheit träumen läßt ...

BASTEI
LÜBBE

Band 13 985
Thomas Gifford
Gomorrha
Deutsche Erstveröffentlichung

US-Präsident Charles Bonner hat den Geheimdiensten, die ein bedrohliches Eigenleben entwickelt haben, den Kampf angesagt. Sein schärfster Gegner ist dabei Bob Hazlitt, der republikanische Herausforderer um das Präsidentenamt, Multimilliardär und Kopf des ›Heartland‹ genannten Kommunikationsimperiums, das für zivile und militärische Zwecke Satelliten baut.
Die Situation spitzt sich für den amtierenden Präsidenten zu, als sein persönlicher Anwalt tot aufgefunden wird. Er bittet daher seinen Freund aus Studientagen, Ben Driskoll, sich der Sache anzunehmen. Alle Spuren führen nach ›Heartland‹, und Driskoll stößt auf ein geheimes Rüstungs-vorhaben von ungeahnten Ausmaßen.

THOMAS GIFFORD, Autor des weltweiten Bestsellers ›Assassini‹, hat mit ›Gomorrha‹ seinen zweiten Polit-Thriller um die Figur des Ex-Jesuiten Ben Driskoll geschrieben. Und die Macht der amerikanischen Geheimdienste ist nicht weniger bedrohlich als die des Vatikans …

BASTEI LÜBBE